公共关系学教程

（第二版）

主　编／蒋春堂
副主编／吴克明

图书在版编目(CIP)数据

公共关系学教程/蒋春堂主编.—2版.—武汉:武汉大学出版社,2003.3(2014.4重印)
ISBN 978-7-307-03531-7

Ⅰ.公… Ⅱ.蒋… Ⅲ.公共关系学—教材 Ⅳ.C912.3

中国版本图书馆CIP数据核字(2002)第106376号

责任编辑:陶佳珞 责任校对:张 昕 版式设计:支 笛

出版发行:武汉大学出版社 (430072 武昌 珞珈山)
(电子邮件:cbs22@whu.edu.cn 网址:www.wdp.com.cn)
印刷:崇阳县天人印刷有限责任公司
开本:850×1168 1/32 印张:16.25 字数:418千字
版次:1994年11月第1版 2003年3月第2版
2014年4月第2版第11次印刷
ISBN 978-7-307-03531-7/C·125 定价:22.00元

编写说明

公共关系作为一种新兴职业、一门新兴学科，于19世纪末20世纪初发端于美国。随着我国改革开放的深入和市场经济的发展，公共关系于20世纪80年代初进入祖国大陆，经历了萌芽、兴起和迅速发展阶段，到20世纪90年代已经发展得比较成熟。其成熟的主要表现为：公共关系学术活动正常有序地开展，公共关系专业教育逐渐走向正规，公共关系理论研究贴近中国现实，公共关系实践活动取得明显成效，公共关系专门职业正式得到承认。公共关系以其全新的思想和独特的功能，以其在社会主义建设中发挥的价值和作用，已经受到我国社会各界的普遍重视。

展望21世纪经济、政治、文化、科技的发展前景，可以预测将会出现公共关系地位战略化、公共关系活动全球化、公共关系教育普及化、公共关系人员职业化、公共关系实务规范化、公共关系手段网络化等发展趋势。

回顾过去，我们为公共关系事业已经取得的成就感到欣慰；展望未来，我们对公共关系事业的发展前景充满信心。总结已经取得的成就，以新的面貌迎接未来，便是我们编写这本《公共关系学教程》的初衷。

新版《公共关系学教程》与以往出版的公共关系学教材相比具有以下主要特点：

第一，借鉴了国内外的最新研究成果，并结合中国的实际情况，在理论体系的构建和基本内容的阐述方面避免了照抄照搬的原型思维痕迹，在一定程度上体现了中国特色。

第二，全书由公共关系原理、公共关系主体、公共关系客体、公共关系媒体和公共关系实务五编构成，理论体系更加严谨、完整、系统。

第三，在原来版本（蒋春堂主编《公共关系学教程》，原武汉测绘科技大学出版社 1994 年版）的基础上增加了公共关系实务的内容，体现了公共关系学理论与实务并重的学科特点。

第四，针对公共关系在我国发展过程中出现的误解与偏差，强调了公共关系的基本原则，增加了公共关系实务的工作要领。

第五，对学科基本理论的阐述透彻严谨，对基本概念的界定简明准确，对基础知识的介绍全面具体，对理论的应用结合中国实际。

新版《公共关系学教程》主要适合普通高等学校本科、专科学生的公共关系概论课程使用。

蒋春堂教授负责制定编写方案、编写提纲和全书统稿，并编写第一、二、四、七、八、九章。吴克明副教授编写第三章，杨重燕编写第五章，邵继红编写第六章，李萍编写第十章，杨素梅编写第十一章，姚申建编写第十二章，黄磊编写第十三章，曾荷爱编写第十四章。

构建公共关系学的学科体系涉及到一系列的理论与实践问题，是一项艰巨的系统工程。公共关系学科的完善和成熟需要公共关系界同仁长期地持续努力。本教材虽然做了一些新的探索，但也难免存在着某些疏漏和不足。我们诚望读者朋友对本书提出批评及修改意见。

编　者

目　录

第一编　公共关系原理

第二编　公共关系主体

第三编 公共关系客体

第四编 公共关系媒体

第五编　公共关系实务

第一编　公共关系原理

第一章　公共关系概论

公共关系学是一门新兴的综合性的社会科学。在一些经济发达国家，公共关系理论已被广泛应用于政治、经济、军事、文化等各个领域，用以指导各类组织的社会实践活动，并以它特有的价值和作用，受到人们的普遍关注。有人把以计算机为代表的现代科技水平，以旅游业为代表的富裕生活程度，以公共关系为代表的经营管理效能，并列为衡量一个国家经济发达程度的三大标志。

伴随着改革开放的进程，公共关系于20世纪80年代在我国兴起并且迅速发展，已经对社会主义物质文明和精神文明建设起到了巨大的促进作用。可以预料，随着经济全球化、社会信息化趋势的深入发展，公共关系将在更加广阔的领域里发挥更加重要的作用。

公共关系学作为一门新兴的独立学科，有其独特的研究对象。本章将对这门学科的基础知识和最基本的理论进行介绍和探讨。

第一节　关系、社会关系及其性质

公共关系是一种客观存在的关系，是一种特殊的社会关系。因此，对公共关系的探讨必须首先明确“关系”、“社会关系”以及与其相关的基础知识。

一、关系及其性质

“关系”是一个应用范围广泛、人们非常熟悉的常用词。从词义上分析，它既表示事物之间相互作用、相互影响的状态，也表示人和人或人和事物之间某种性质的联系。由此可见，关系广泛地存在于自然界、人与自然、人与人之间。

从自然界本身来看，斗转星移，日夜交替，风雨雷电，沧海桑田，月因日照而生辉，春随地转而到来，雨露滋润禾苗壮，万物生长靠太阳，究其实质，都是一种内在的、特定的关系相互制约的结果。

人与自然之间，原本就是一个错综复杂的关联体系。自然界以其千变万化的客观组合，孕育出五花八门的生物形态。“优胜劣汰，适者生存”是世间万物的发展规律。猿之所以要直立行走，能够进化成人，说到底就是为了生存而适应自然环境所致。自然界的运行规律，既是人类赖以生存的基础，也是人类寻求发展的依据。人类既需要依靠自然而生存，又需要通过改造自然而发展。从某种意义上来说，自然科学就是揭示人类认识自然规律的科学，自然科学史就是记录人类与自然之间关系的历史。

人与人之间的关系即社会关系。社会关系是指人们在共同的实践活动中结成的以生产关系为基础的相互关系的总称。如果从客观联系的角度来看，社会关系也是一种自然关系。但社会关系与一般的自然关系又有着本质的区别，它特指社会领域内人与人之间的关系。马克思所说的“动物不对什么东西发生**‘关系’**，而且根本没有**‘关系’**”，① 其中的“关系”就专指社会关系。关系具有以下基本性质：

（一）关系的能动性

以上引述的马克思的话，对“关系”作出了明确的限定，那

① 《马克思恩格斯全集》第3卷，人民出版社1960年版，第34页。

就是关系仅仅是对人而言的。虽然动物与外界环境发生联系，但是动物的全部活动都是本能活动，而不是对环境的能动反应。因此，动物与外界不构成关系，关系是人类所单独具有的。人和人以及人的活动是关系的构成要素，离开了人的存在和介入，就不会有任何关系。人类区别于其他动物的主要特点是具有意识，具有能动性，所以，主体的能动性是关系的重要性质。

（二）关系的客观性

关系是不以某个人的主观意志为转移的客观现象。关系的客观性具有双重含义：首先，关系必须以人类的存在为先决条件，有了人，有了社会，才能产生关系；其次，关系一旦产生，便超越了人的主观意志，影响和制约着人的行为。我们承认关系的客观性，是为了充分发挥人的主观能动性，正确地运用关系，自觉地改善关系，绝不意味着人在各种关系面前无能为力、束手无策。

（三）关系的广泛性

人们为了在社会中生存和发展，必然会与其他的人和社会组织发生各种各样的关系。这些关系以不同的构成对象、不同的表现形式、不同的性质特点、不同的作用目的广泛存在于人们的生活之中。我们每个人都可以用自己的切身体会和亲身经历来说明关系的广泛性。关系的广泛性在于告诉我们关系无处不在，无时不有，任何人或组织脱离了关系，便无法生存和发展。

（四）关系的复杂性

人类社会是一个开放性的关系网络系统，作为社会成员的人或组织都是这个总系统中的一个分系统。每个人都具有与其他人不同的关系体系。各自的关系体系中都具有多种形式的关系，如：家庭关系、邻居关系、同学关系、师生关系、同事关系等。每个组织都具有区别于其他组织的关系网络。每个组织的关系网络中都具有多种类型的关系，如：同行关系、协作关系、供求关系、领属关系、竞争关系等。相同形式或类型的关系又可能具有主动与被动、直接与间接、亲密与疏远、短暂与长久等一系列不同的特点。任何人或组织都面临着极其复杂的各种关系。关系的复杂性是一种客观存在，是不容忽视、不能回避的问题。只有发挥主体的能动作用，积极主动地去对待关系，才能使各种各样的关系得以建立、协调和改善。

（五）关系的角色性

每个人都有自己的关系体系，每个组织都有各自的关系网络。每个个人或组织在不同的关系中，都扮演着不同的角色。如：对于一个已经从事社会工作的成年人来说，在他的上级面前，他是下属；在他的下属面前，他是上级；外出乘车，他是乘客；到商店买东西，他是顾客；参加体育比赛，他是运动员；观看别人比赛，他便成为观众……作为一个组织，也同样充当着不同的角色，例如一家商店，对社会来说，它是一个单位；对供货单位来说，它是销售商；对用货单位来说，它是供货商；对供电局来说，它是用户；出资支持社会活动，它又成了赞助者……关系的角色性，使多种多样的关系具有了不同的性质和内容。每个人、每个组织都在不同的关系中充当着不同的角色，只有增强角色意识，善于变换角色，才能处理好各种关系。

（六）关系的时代性

关系的时代性是指不同的时代，具有不同形式、不同类型的关系，而且这些关系的性质也随着时代的发展而变化。关系的时代性取决于生产力的发展状况。

远古时代，人们以群居的方式、靠集体的力量抗御凶禽猛兽，征服恶劣环境并获取所需食物。农业时代，人们的交往局限于家庭、宗族和氏族范围，社会的发展节奏比较缓慢。工业时代，工厂、学校、机关、社团等各种社会组织蓬勃发展，不同的人置身于不同的组织之中。不同种类的组织以其固有的形式和特点，决定着每个成员之间的相互关系。组织的地位空前提高，人们之间的关系空前复杂。进入信息时代，人们受“市场法则”的影响和制约，必须以整个社会为目标，多渠道、全方位地谋求建立和改善关系。这使得传统的受各种组织制约的关系又呈现出日益弱化的趋势。也就是说，在生产力水平低下、科学不发达、交通不方便、信息不灵通的古代社会，社会互动处于原始状态，关系自然比较简单。“鸡犬之声相闻，老死不相往来”可以算做是对简单关系的写照。而现代社会的关系则已经复杂到必须建立多门学科来作分门别类探讨的程度。

随着关系的变化，关系的性质也在不断地发生变化。仅就人际关系而言，就正在由封闭型向开放型、由依赖型向独立型、由感情型向契约型、由同质型向异质型转化。

了解并掌握关系的时代性，便于我们面对现实地建立、处理和改善各种关系。

（七）关系的对称性

关系的对称性指的是两个主体之间的关系，假设两个主体为甲和乙，那么，甲和乙的关系可区分为以下三种情况：

如果甲与乙是同学关系，那么乙与甲一定是同学关系。这种关系叫做对称性关系。

如果甲喜欢乙，而乙却不一定喜欢甲。这种关系叫做非对称性关系。

如果甲是乙的上级，那么乙就一定不是甲的上级。这种关系叫做反对称性关系。

（八）关系的传递性

关系的传递性指的是三个主体之间的关系，假设三个主体分别为甲、乙、丙，那么，这种关系可区分为以下三种情况：

如果甲强于乙，并且乙强于丙，那么，甲一定强于丙。这种关系叫做传递性关系。

如果甲支援乙并且乙支援丙，那么，甲不一定支援丙。这种关系叫做非传递性关系。

如果甲与乙是父子关系并且乙与丙是父子关系，那么，甲与丙就一定不是父子关系。这种关系叫做反传递性关系。

关系的对称性和传递性告诉我们，每个个人、每个组织都处在不同性质的关系之中，都要受到不同性质的关系的制约和影响；要想更好地生存和发展，就必须针对关系的不同性质来妥善地处理或协调各种关系。

二、社会关系的类型

以内容作为标准，可以将社会关系分成物质关系和精神关系两种。生产关系是人们在社会生产中所发生的相互关系。这是不以人们本身意志为转移的物质关系，是社会关系的基础。在此基础之上发生的政治、法律、道德、宗教、艺术等关系是精神关系，其性质是由生产关系决定的。

如果我们仅从社会交往的角度来研究和考察关系的特征，那么，各种社会关系又可以简单地划分为：个体型关系、团体型关系和兼顾型关系。

个体型关系也可以叫做“私型关系”，特指利益归属具有明显私有性的个人、家庭或家族的关系。这类关系中以血缘关系和业缘关系最为典型。

团体型关系也可以叫做“公型关系”。它与“私型关系”相对应，特指利益归属具有公有性的国家、集团、机构、组织或集体的关系。这类关系中以国家关系和组织关系最为典型。

兼顾型关系是公私型关系的混合物。通常的表现方式既可能是以“团体型关系”的表象而谋求私利，也可能是通过“个体型关系”的途径而谋求团体的发展。

三、关系的结构与实现

社会是由人组成的。人不可能脱离一切关系而孤立生存。只要有人存在，社会关系就必然发生，人到哪里，社会关系便延伸到哪里。关系是点和点的衔接，也是点和点的辐射；关系是网状的，每个人都是网上的一个纽结。人到哪里，社会关系之网便交织到哪里。没有“人”这些“纽结”，社会关系之网就无法形成，离开了社会这张网，人就无法生存。关系无处不在，无时不有，每个人都生活在特定的关系之中。那么，关系是怎样形成或实现的呢？探讨这个问题必须从关系的结构说起。

任何关系都必须由关系主体、关系客体和实现机制三部分构成。

关系主体是指关系发生过程中的主动者。关系客体是指关系发生过程中的被动者。实现机制也叫做中介，是指连接主体与客体使得各类关系过程得以实现的部分。

关系的主体与客体是相对而言的。就师生关系来说，如果是老师提问学生，那么，老师是主体，学生是客体；如果是学生请教老师，那么，学生是主体，老师则是客体。但是，当我们在研究某一特定的关系问题时，主体与客体则必须相对确定。仍就师生关系中的“教”与“学”来说，在“教”的问题上，老师是主体，学生是客体；而在“学”的问题上，学生是主体，老师是客体。主体与客体的相对确定是我们探讨问题的前提条件。

关系的实现需要依靠中介，在最一般的关系中，这种中介就是交往。马克思主义认为，交往是人的社会关系和个体关系的实现。这意思是说，人的所有关系都是在交往中实现的，“交往是人类历史的沉默伴侣，同时也是人的日常活动，日常接触中的沉默伴侣”。如果没有交往，关系就不会产生，离开了交往，关系就会中断或消失，由各种关系联结而成的社会也就不存在了。由此可见，关系对每个人，对整个社会都非常重要。为了进一步探讨关系，我们有必要了解关系的性质。

第二节 公共关系的含义

“公共关系”一词源自英语的“Public Relations”。“Public”

可译为“公共的”、“公开的”或者“公众的”。“Relations”可译为“关系”。英语“Public Relations”本来就是一个多义词。当我们将它翻译成汉语“公共关系”时，没有对其表达的不同概念加以区分。人们既用“公共关系”一词表述公共关系，又用它来表述与公共关系密切相关的一些事物和现象，如公共关系活动、公共关系状态、公共关系科学等。这样，就使得“公共关系”这个词语具有了更多的含义。这种一词多义的现象是对公共关系产生混淆与误解的直接原因。我们有必要对其进行严格的界定并且对与其相关的一些主要概念加以解释和说明。

一、公共关系的定义

公共关系的定义，是公共关系学研究中首先面临的问题，也是公共关系理论中的核心问题之一。学术界关于公共关系的定义一直争论不休，可以说是五花八门，众说纷纭。我们将通过对一些有代表性的定义的介绍和评述，然后总结概括出我们认为比较科学、严谨的公共关系定义。

（一）有代表性的公共关系定义

1.“管理职能论”

这种观点认为公共关系是一种管理职能。

国际公共关系协会曾给公共关系作过如下定义：公共关系是一种管理功能，它具有连续性和计划性。通过公共关系，公立的和私立的组织、机构试图赢得同它们有关的人们的理解、同情和支持——借助对舆论的估价，尽可能地协调它们自己的政策和做法，依靠有计划的、广泛的信息传播，赢得更有效的合作，更好地实现它们的共同利益。

《公共关系新闻》杂志的定义：“公共关系是一种管理职能，它评估公众的态度，检验个人或组织的政策、活动是否与公众的利益相一致，并负责设计与执行旨在争取公众理解与认可的行动计划。”

2．“传播沟通论”

坚持这种观点的学者认为公共关系是社会组织与公众的一种传播沟通方式。

美国人约翰·马斯顿（John Marson）讲得非常坦率：公共关系就是运用有说服力的传播去影响重要的公众。

英国人弗兰克·杰夫金斯（Frank Jefkins）认为：公共关系就是一个组织为了达到与它的公众相互理解的特定目标，而有计划地采用一切向内的和向外的传播沟通方式的总和。

3．“社会关系论”

坚持这种观点的学者认为公共关系是一种社会关系。

美国普林斯顿大学的希尔滋（H. L. Chils）认为：公共关系是我们所从事的各种活动、所发生的各种关系的通称，这些活动与关系都是公众性的，并且都有其社会意义。

《韦伯斯特新国际辞典》中的定义是：“通过传播大量有说服力的材料，发展邻里的相互交往和估价公众的反映，从而促进个人、公司或机构同他人、各种公众以及社区之间的亲善友好关系。”

4．“现象描述论”

这类定义往往是抓住公共关系的某一个侧面而进行形象、生动的描述。

例如：

公共关系就是“争取对你有用的朋友”。

公共关系是“内求团结、外求发展、树立形象、推销自己的艺术”。

公共关系是“和气生财的秘诀”。

公共关系是“旨在影响特殊公众的说服性传播”。

公共关系是“一门研究如何建立信誉，从而使事业获得成功的学问”。

“公共关系是创造同意的学问”。

公共关系就是"努力干好，让人知晓"。

5．"特征综合论"

这种定义是将公共关系的各种特征综合起来进行表述。

世界公共关系协会于1978年8月发表的《墨西哥宣言》认为：公共关系是一门艺术和社会科学。公共关系的实施是分析趋势，预测后果，向机构领导人提供意见，履行一系列有计划的行动，以服务于本机构和公众的共同利益。

美国公共关系研究与教育基金会主席哈洛博士，征求了83名公共关系领导人的意见，研究了472个定义，在此基础之上得出的定义是："公共关系是一种独特的管理职能。它帮助一个组织与其公众之间建立和保持相互沟通、了解、接受与合作的渠道；参与问题和纠纷的处理；将公众的意见传达给管理部门并作出反应；明确与加强为公众利益服务的管理责任；它还作为监视预警系统，帮助管理部门预先做好应变准备，与社会动向保持一致并有效地加以利用。它用调查研究和正确并合乎道德的沟通技术作为其重要工具。"

公共关系引进中国以后，国内学者在已经出版的教材、著作中，也提出了一些具有自己见解的定义。例如：

明安香在《塑造形象的艺术——公共关系学概论》中认为："所谓公共关系，就是一个企业或组织，为了增进内部及社会公众的信任与支持，为自身事业发展创造最佳的社会环境，在分析和处理自身面临的各种内部外部各项关系时，采取的一系列政策与行动。"

廖为建在《公共关系学简明教程》中认为："在现代社会，任何组织的生存和发展都离不开公众和舆论的支持。公共关系就是协调各种公众关系，争取社会舆论支持的一种实践活动。"在《公共关系学》① 中认为"公共关系是一个组织与其相关公众之

① 廖为建：《公共关系学》，高等教育出版社2000年版。

间的传播管理”。

居延安等人在他们编著、由复旦大学出版社出版的《公共关系学》中将公共关系的定义表述为：“公共关系是一个社会组织在运行中，为使自己与公众相互了解、相互合作而进行的传播活动和采取的行为规范。”

熊源伟在其主编的全国通用教材《公共关系学》中认为：“公共关系是社会组织为了塑造组织形象，通过传播、沟通手段来影响公众的科学和艺术。”

翟向东在《中国公共关系教程》一书的绪言中说：“如果把中国公共关系的含义作一广义的概括，即中国的公共关系是在建设有中国特色的社会主义理论指导下，社会组织（党的组织、政府、企业和事业单位、团体等）通过沟通信息、协调利益、化解矛盾，理顺和改善人际、社际、国际间在经济、政治、文化、科技等方面的关系，调动一切积极因素，促进社会主义物质文明和精神文明建设的一门科学。”

（二）对各种公共关系定义的评价

任何一门科学都是由若干个概念所组成的有机联系的理论体系。概念是人的理性认识，它应该概括地、准确地反映客观事物的本质属性。人们只有通过确切的定义，才能准确地掌握概念，只有通过概念与概念的结合与联系，才能去表述、学习和理解以至于掌握科学知识。

每一个定义都代表一种观点，五花八门的公共关系定义，反映出人们对公共关系的认识很不一致。初次接触公关的人，面对形形色色的定义，确实有“丈二和尚摸不着头脑”的感受。每个人接触的定义不同，对同一个定义又可能有不同的理解，如果各自都按照不同的定义及自己的不同理解去宣传公共关系，去开展公关活动，那么，就必然会导致认识上的误解与行动上的混乱。

对于公共关系定义问题所造成的不良影响，人们早已深有感受。正如公共关系学者斯蒂芬·菲茨杰拉德所说：“令人头疼的不是公共关系一词缺乏含义，而是这词包罗万象，囊括过多。”运用这种包罗万象、极其混乱的概念怎么能够进行深入的理论探讨呢？定义相差甚远，研究的方向决不会一致，这对公共关系事业和学科的发展是十分不利的。

我们以上介绍的都是在公共关系发展过程中出现的、被多数人所承认的具有代表性和权威性的定义。应该说，这些定义对推动公共关系事业和公共关系科学的发展起到了重要作用，对促进公共关系的理论研究和公共关系活动的开展产生过积极影响。同时，我们也应该看到，这些定义是在公共关系发展过程中的不同阶段出现的，而且出自不同知识背景的专家。不同发展阶段的公共关系必然具有不同的特点，不同知识背景的专家难免“仁者见仁，智者见智”。因此，现在看来，其中有些定义存在着不同程度的缺点，有的定义具有明显的片面性。

以上介绍的有些定义，从语词、语句形式上直观地看是在给“公共关系”下定义，但认真分析便可以看出其实不是、不完全是或不仅仅是给“公共关系”下定义，而是在给“公共关系职能”、“公共关系手段”、“公共关系方式和方法”、“公共关系工作”等概念下定义，或同时是在给“公共关系艺术、科学、活动”，“公共关系政策、行动”，“公共关系活动、规范”多个概念下定义。

以上介绍的“管理职能论”侧重强调的是公共关系的目标、作用或功能；“传播沟通论”则重点突出公共关系的方法或手段。这两种观点定义的被定义项概念虽然语词形式是“公共关系”，但多数指的是与公共关系相关的其他事物；“现象描述论”是抓住公共关系的某一个侧面，采用比喻、格言、特征描述等方法来对“公共关系”加以说明；“特征综合论”是将公共关系的各种特征综合在一起对“公共关系”加以解释。这两种观点的“定义”，其实不是定义，因为其中绝大多数不具备语句精练、结构严谨、表义准确的特点，更有的明显违反下定义的规则。

我们认为只有“社会关系论”才是真正抓住了公共关系的实质。从语词形式上看“公共关系”是个偏正词组，“关系”是中心词，也就是：“公共关系”的属概念是“关系”。“关系”一词有多种含义，是个外延非常大的概念，其中包括社会关系。社会关系是人们在共同的实践活动中结成的相互关系的总称。显然公共关系是社会关系的一种，因此，“社会关系”也是“公共关系”的属概念，而且是邻近的属概念。只有将“公共关系”这一概念放在“社会关系”这一概念里下定义，才能确切地揭示公共关系的本质属性，才能说清楚公共关系是一种什么样的关系。

（三）本教材对“公共关系”的界定

公共关系是一种社会关系。“社会关系”这个属概念下的种概念，除“公共关系”以外，主要还有“人际关系”、“人群关系”、“国际关系”等。我们要给“公共关系”下定义，就应找到“公共关系”与其他几个概念的差别即种差。种差是具有同属不同种概念之间相区别的特点，也就是事物的本质属性。事物的本质属性是多方面的，多层次的，所以从不同角度还可找到不同的种差。如果从关系本身的性质来看，一般认为，人际关系是人们在直接的物质和精神交往过程中发生、发展并确立下来的个人之间的关系；人群关系是指组织内部群体和群体、部门和部门之间的关系；国际关系则是国家与国家之间的交往关系；而公共关系却是组织与其公众之间的交往关系。那么，“组织与其公众之间的”便是“公共关系”的种差。如果从关系产生或建立的条件来说，“公共关系”又具有“通过传播媒介的信息沟通而建立起来的”本质属性；如果从关系的作用或功能来说，公共关系又具有“搜集信息、监测环境、传播沟通、协调关系、建立信誉、塑造形象、咨询建议、参与决策、教育引导、社会服务”等本质属性，也可以将此概括为“实现某种利益目标”。

对概念进行界定可以采用不同的方法，这要根据不同的情况、不同的角度、不同的目的而决定。

如果我们打算说明公共关系是怎样产生的，就可以给它下这样一个定义："公共关系是通过传播媒介的信息沟通而建立起来的社会关系。"这样的定义叫做发生定义。

如果我们打算突出公共关系的功能，就可以给它下这样一个定义："公共关系是为了实现某种利益目标而建立的社会关系。"这样的定义叫做功用定义。

如果我们下定义的目的是为了突出公共关系的性质，那么，就可以下这样一个定义："公共关系是社会组织与其公众之间的社会关系。"这样的定义叫做性质定义。

如果下定义的目的只是为了突出某一个侧面，那么，以上几个定义都是比较科学的。

基于"公共关系"这个概念在学科中的重要地位，它的定义应该既简洁、精练，又比较全面地概括反映本质属性，所以，我们认为可以对它作出如下界定：

公共关系是社会组织为了实现某种利益目标通过传播沟通与其公众建立并协调发展的互利互惠的社会关系。这个定义包含着以下含义：

第一，公共关系是一种社会关系，简单地说就是社会组织与公众之间的联系。

第二，在公共关系中，社会组织是关系的主体，公众是关系的客体，传播是构成关系的中介。

第三，公共关系是一种利益关系，追求某种利益是社会组织与公众建立并协调发展关系的目的。

第四，在追求和处理利益关系的问题上，社会组织和公众都必须以互利互惠为指导思想或行动方针。

"公共关系"是"公共关系学"这门学科中最基本、最关键、最重要、使用频率最高的一个概念。这一概念的含义确定之后，我们就可以在此基础之上，顺理成章地给出由"公共关系"所派生的一系列相关概念的定义。

二、公共关系的派生概念

以“公共关系”这个概念为基础，产生了一系列与其相关的概念。如：“公共关系意识”、“公共关系思想”、“公共关系状态”、“公共关系活动”、“公共关系活动方式”、“公共关系工作”、“公共关系事业”、“公共关系职业”、“公共关系科学”、“公共关系艺术”、“公共关系实务”、“公共关系策划”、“公共关系技巧”等。尽管这些概念都是由“公共关系”一词派生出来的，也有人有时笼统地称之为“公共关系”，但实质上这些概念它们都具有与“公共关系”不完全相同的特定含义。下面我们将对其中几个主要概念加以说明。

（一）公共关系意识

公共关系意识即公共关系思想或公共关系观念。公共关系作为一种思想可以说自古就有，如“礼之用，和为贵”、“天时、地利、人和”、“己所不欲，勿施于人”等。现代意义的公共关系观念或公共关系意识，是一种影响和制约组织政策与行为的经营战略和管理哲学。它是公共关系实践在人们头脑中的反映，是公关从业人员应该具备的基本素质的核心，其中主要包括塑造形象的意识、真诚互惠的意识、服务公众的意识、传播沟通的意识、创新审美的意识、立足长远的意识等。

（二）公共关系状态

公共关系状态是指一个社会组织所处的社会关系状况和社会舆论状况。公共关系状态是客观存在的，任何一个组织或个人都处在一定的公共关系状态之中。它既是组织开展公共关系活动的基础，也是组织开展公共关系活动的结果。一般来说，一个组织所面临的公共关系状态可有自觉和自然、良好与不良的区别。

自觉的公共关系状态是指组织通过有意识地开展公共关系活动而拥有的状况。

自然的公共关系状态是指组织在没有公共关系意识的情况下

自然形成的状况。

良好的公共关系状态是指组织拥有较好的形象和信誉，深受公众的信赖并能得到公众的支持。

不良的公共关系状态是指组织与公众的关系不和谐，社会舆论或公众环境不利于组织的生存和发展。

（三）公共关系活动

公共关系活动是指一个社会组织为了确认公众并与其建立、维系和改善公共关系而开展的协调、沟通、传播活动。“公共关系活动”包含着以下含义：

第一，公共关系活动是一个动态过程，这种动态过程的表现形式是传播沟通。

第二，公共关系活动是社会组织的一种行为，行为的目的是改善公共关系状态或优化社会环境。

第三，公共关系活动是一种有目的的活动，实现目的的程度取决于活动效果。

第四，公共关系活动的效果取决于公共关系构成要素的组合方式和协调程度。

根据不同的标准，可对公共关系活动作不同的区分。

1. 日常的公共关系活动和专门的公共关系活动

日常的公共关系活动是指在组织的日常事务中，为改善组织的公共关系状态，人人都可以并且应该做到的活动，如谦虚有礼、以诚待人、讲究信誉、维护形象等。

专门的公共关系活动是指为了实现组织的公共关系目标，经过调查、策划，有计划、有步骤地运用传播工具而开展的活动。如新闻发布会、记者招待会、联谊会等。

2. 自觉的公共关系活动和自发的公共关系活动

自觉的公共关系活动是指在相关理论指导下，有组织、有目的、有计划、按步骤而开展的公共关系活动。

自发的公共关系活动是缺乏理论指导，目的不十分明确，未经调查或策划而进行的公共关系活动。

3. 单一的公共关系活动和系列的公共关系活动

单一的公共关系活动是指目标单一，运作方式独立，规模较小的公共关系活动。

系列的公共关系活动是指具有长远目标，为取得良好效果，经过精心策划、科学组织，有计划、有步骤地开展的一组公共关系活动。

4. 初级层次、中级层次和高级层次的公关活动

这是根据公共关系的发展过程和开展活动的难易程度，对公共关系活动进行的区分。

初级层次的公共关系活动是指最早出现的以迎来送往、陪吃伴舞为主要形式的接待型公共关系活动。

中级层次的公共关系活动是指接着出现的以推销、谈判、联络、沟通为主要形式的销售型公共关系活动。

高级层次的公共关系活动是指最后出现的以塑造形象、优化环境为目的，有科学理论指导的出谋划策，充当智囊的策划型公共关系活动。

（四）公共关系职业

公共关系职业是指专门提供公共关系方面的劳务而收取费用的行业。从事该职业的机构叫做公共关系公司、公共关系事务所等；从事该职业的人员叫做公共关系从业人员或公关员。公共关系作为一种职业最早出现在美国。近几年，公共关系的职业化在我国也取得了突破性的进展。1999 年 1 月，国家劳动和社会保障部正式批准成立了国家职业资格工作委员会公关专业委员会。1999 年 5 月国家劳动和社会保障部正式出版了部颁《国家职业分类大典》，公共关系正式列入其中。受国家劳动和社会保障部的委托，全国公共关系职业审定委员会专家办公室拟定的公共关系职业的名称和定义如下：

公共关系职业名称：公关员。

公共关系职业定义：专门从事组织机构公众信息传播、关系协调与形象管理事务的调查、咨询、策划和实施的人员。

第三节　公共关系的要素与特征

一、公共关系的构成要素

公共关系由社会组织、公众和传播三大要素所构成。

（一）社会组织

社会组织是指人们在共同目标的基础上，按照一定的统属关系结合起来的群体。如：工厂、公司、学校、党派、政府机关等。

社会组织是由若干个不同的部分按照一定的组合方式而构成的完整体，又是处于一定环境条件下的功能活动体。组织具有整体性、目的性、功能性、适应性、多样性等基本特征。

任何社会组织都有一定的目标，公共关系目标是社会组织总目标中的分目标。开展公共关系活动必须紧紧围绕着社会组织的总体目标。

社会组织在公共关系的三大构成要素中，处于主体地位。它具有主导性，即社会组织主宰着公共关系活动，决定着公共关系状态的好坏。社会组织的任何行为，都会通过传播而影响公众，都会引起公众的反应和对组织的评价。

（二）公众

公众是指与特定公共关系主体相互联系和相互作用的个人、群体或组织的总和，是公共关系工作对象的总称。公众具有相关性、同质性、限定性、群体性、多维性、可变性等基本特征。

公众是公共关系活动的客体，在公共关系活动中处于受影响、被作用的地位，但这不等于说公众不重要。公众具有权威性，任何社会组织的生存和发展，都离不开公众的认同与支持。

公众的认同与支持是决定组织命运的关键因素。

（三）传播

传播就是信息的传递、输送、沟通、交流和分享。“信息”这一概念的外延很宽，包括消息、意见、观念、知识、资料、数据等。

传播是构成公共关系的中介，它具有效能性。社会组织的行为之所以能够影响公众，完全依赖于传播沟通。

社会组织是公共关系的主体，公众是公共关系的客体，传播是公共关系的中介。这三大构成要素都具有多样性、变化性和复杂性的特征。因此，在公共关系的三大要素之间，存在着多种多样的组合方式。一切公共关系活动所追求的都是这三大要素的最佳状态和优化组合。但是，最佳状态和优化组合总是相对而言的，即关系的协调是相对的，不协调则是绝对的。公共关系从业人员的全部职责就是为了使这三大要素尽量趋向协调。而要想取得理想的协调结果，则必须充分重视这三大要素的各个方面。

二、公共关系的基本特征

公共关系作为一种特殊的社会关系，它是关系的一种表现形式。因此，它必然具有关系的能动性、客观性、广泛性、复杂性、角色性、时代性、对称性和传递性等特征。除此之外，它还具有以下几个方面的基本特征：

（一）以公众为对象

公共关系是社会组织与其公众之间的社会关系。这句话说明：公共关系是组织与公众结成的关系，没有公众便不存在公共关系。社会组织开展的一切公共关系活动，都是针对着公众的；不是针对公众的活动，就不能叫做公共关系活动。社会组织的生存和发展，依赖于自己的公众，因此，公共关系从业人员必须始终坚持以公众为自己的工作对象。

（二）以美誉为目标

美誉是指组织的行为引起公众的赞誉、信任、依赖和支持。美誉度是衡量组织形象的重要指标。良好的形象是无形资产，美好的赞誉是无价之宝，美誉度的高低直接关系到一个组织的生存和发展。公共关系人员必须认识到，公共关系意识是从事公关职业必须具备的基本素质的核心，而塑造形象的意识又是公共关系意识的核心。树立良好的组织形象是公共关系活动的出发点，也是开展公共关系活动的重要目标。

（三）以沟通为手段

公共关系是通过传播媒介的信息沟通而建立并协调发展的社会关系。以“沟通”为手段这一特征在于强调公共关系与政治关系、经济关系、法律关系等在中介方面的重要区别。通俗地说，公共关系就是组织与公众之间的传播沟通关系。没有传播沟通，主体与客体之间的关系就不会产生；缺少信息沟通，就会产生误解与隔阂，使关系变得疏远或松散；断绝了信息沟通，即使有关系，也只能是徒有虚名。公共关系的建立、协调和改善，都依赖于信息的传播与沟通。

（四）以利益为纽带

公共关系是社会组织与公众之间的一种利益关系。公共关系的建立、协调与发展不是以血缘、地缘、业缘为基础，而是以某种利益为基础的。金钱、财产、权利、声誉、信息、知识、时间、空间、感情、友谊等在特定的情况下都可以成为利益。社会组织如果不是为了某种利益，就不会以某类公众为对象；公众如果不是为了某种利益也不会以某个组织为自己的关系主体。只有双方都有利益追求，才能产生公共关系。产生公共关系的目的在于利益互换，如果达不到互换的目的，关系就会受到影响，甚至终止。因此，公共关系的建立、改善与维护必须考虑谋求利益的结合点并坚持互利互惠。

（五）以真诚为信条

以美誉为目标即社会组织开展公共关系活动的目的是建立良好信誉，塑造美好形象。信誉既非无源之水，也非无本之木，公众评价的好坏以及对组织的信任程度，主要取决于组织自身的行为。社会组织要想塑造自身的美好形象，必须通过自己的行为来取信于公众。公众对组织行为进行评价的主要依据是信息传播。信息的真实或虚假，既能够对公众产生影响，同时又能够影响公众对组织的评价。信息传播是组织行为，行为是动机的外在表现，信息的真假程度取决于组织动机是否真诚。常言道：真为美，诚则灵。公众对组织的评价，决不是仅仅依靠行为表象，也不会单纯地看一时一事，虚假的信息只能欺骗一次一时，惟有真诚，才能地久天长。同时，真诚也是实力的一种表现，具有实力，占据优势，才会表里如一，实事求是。只有真诚，才能获得信任，才能赢得公众。

（六）以长远为方针

信誉是无形资产，形象是无价之宝。建立信誉、塑造形象是组织通过开展公共关系活动所追求的目标。但是，信誉的建立不能仅凭一时一事，形象的塑造也不能企求一朝一日，因为良好的信誉和形象取决于多方面的复杂因素。

“十年树木，百年树人”这句格言主要在于说明做人的难度。由于对人的评价涉及到不同方面，所以，成为一个名人、好人似乎并不十分困难，因为这不需要更多的评价标准；可是要想成为一个社会公认的完整的人，那就困难多了。与个体的人比较起来，一个社会组织要想得到社会的公认，要想赢得公众的信誉与好评，那就更加困难了。原因就在于组织形象的构成要素要比“完人”的标准复杂得多。由此可见，塑造良好的组织形象决不会一蹴而就，良好的公共关系状态决不是一日之功。作为公关从业人员，开展任何公共关系活动都必须兼顾既得利益与长远效果。

第四节　公共关系学学科

1924年，美国的《芝加哥论坛报》发表社论指出，公共关系已成为一种专门职业，一种管理艺术和一门科学，号召企业家和社会各界重视公共关系。这一社论的发表，被认为是公共关系学科化的标志。从此，公共关系学这门新兴学科以它特有的价值和作用，显示出了强大的生命力和蓬勃发展的生机。理论来源于实践，又指导实践活动。学习公共关系知识，开展公共关系活动，都需要了解和掌握公共关系学的研究对象、学科性质以及公共关系学与其他学科的关系。本节将探讨这几个问题。

一、公共关系学的研究对象

公共关系学是一门研究社会组织与其公众建立、协调、改善关系的原理、原则、方法及其规律并且探讨公共关系基础理论的应用问题的新兴科学。这个定义中的“公共关系学”是一个学科概念，包含着以下含义：

第一，强调指出公共关系学是一门新兴学科，并不是操作技巧的简单相加。

第二，确定了公共关系学特有的研究对象，即研究现代社会的公共关系。

第三，规定了公共关系学的任务是研究公共关系的原理、原则、方法及其规律并且探讨公共关系基础理论的应用。

学科名称、课程名称、教材名称是三个不同的概念，但它们之间却存在着必然的逻辑联系。课程所涉及的内容与学科的研究对象应该具有一致性，而作为教材则应该包括课程涉及的内容或学科的研究对象。因此，以上定义也可以视为对公共关系学课程和《公共关系学教程》教材内容的界定。

公共关系学的研究对象包括公共关系原理、公共关系主体、公共关系客体、公共关系媒体和公共关系实务五部分内容。以下分别叙述：

（一）公共关系原理

1. 公共关系学概论

探讨关系及其性质、社会关系的类型、关系的结构及实现，对公共关系的基本概念进行界定，分析公共关系的基本特征和构成要素，探讨公共关系学的学科性质、研究对象及公共关系学与其他学科的关系。

2. 公共关系的历史

介绍现代公共关系产生的历史背景，分析现代公共关系兴起的过程和原因，回顾公共关系在中国的发展过程，探讨公共关系的发展趋势。

3. 公共关系的功能

依次分别探讨公共关系的搜集信息、咨询决策、传播沟通、树立形象和协调关系的功能。

4. 公共关系的基本原则和工作要领

依次分别探讨公共关系的原则体系、公共关系的总体原则、公共关系的实践原则和公共关系实务的工作要领。

（二）公共关系主体

1. 社会组织及公关机构

探讨社会组织的特征、类型、目标，介绍公共关系社团、公共关系部门、公共关系公司的类型、特征和工作内容。

2. 公共关系人员

探讨公共关系工作人员的公关意识、心理素质、知识结构、能力结构和职业原则。

（三）公共关系客体

1. 公众及其分类

探讨公众的基本特征、公众的基本类型以及对公众的分析与确定。

2. 公众关系的协调

分析和探讨内部（员工、股东）关系的协调和外部（顾客、社区、媒介、政府、名流和国际）关系的协调。

（四）公共关系媒体

1. 大众传播

介绍传播的基础知识、大众传播媒介的类型和特点，探讨增强传播效果的方法和技巧。

2. 人际交往

介绍人际交往及其特征、人际交往的构成要素、人际沟通的正式方式和非正式方式，探讨人际沟通的技巧。

（五）公共关系实务

1. 公共关系调查和策划

探讨公共关系调查的含义和作用，公共关系调查的原则和程序，公共关系调查的基本内容和公共关系调查的基本方法。探讨公共关系策划的含义和作用，公共关系策划的原则和程序，公共关系策划的工作内容和公共关系策划的主要方法。

2. 公共关系实施和评估

探讨公共关系实施的意义和特点，公共关系实施的原则与方法，实施过程中的障碍及其消除。探讨公共关系评估的意义和程序，公共关系评估的主要内容，公共关系评估的人员和方法。

3. 不同组织的公关实务

探讨政府公共关系的特点和意义、政府公共关系实务的内容。探讨企业组织的类别及其公共关系实务、企业组织公关实务的重点内容。探讨不同事业组织的公共关系实务、事业组织公共关系实务的重点内容。探讨城市形象的构成要素、城市形象建设的主要内容、城市形象建设应该注意的问题。

4. 常见的专题公共关系活动

探讨公共关系危机事件及其特征，处理危机事件的程序，处理危机事件的原则和处理危机事件的方法。介绍公共关系广告的主要类型，探讨公共关系广告的基本要求和表现手法。

分析演讲的本质特征，探讨演讲的传播效果，对演讲口头表达的要求和对写演讲稿的要求。介绍谈判的理论基础、谈判的基本方式、谈判的基本原则、谈判的主要程序、探讨谈判策略的应用和谈判人员的素质。探讨辩说的主要功能、辩说的基本原则、辩说的基本类型及其相关技巧。介绍庆典仪式、社会赞助、形象展示、新闻发布和娱乐联欢等专题活动的主要内容。

二、公共关系学的学科性质

学科的性质是指某一学科与其他学科相区别的基本属性。了解学科的性质有助于理解其基础理论，掌握其基本知识和基本技巧，有助于提高学习效率以及应用能力。公共关系学的学科性质，是由它的研究对象和研究任务所决定的。公共关系学作为高等学校公共关系专业的基础理论课和其他相关专业的基础课，主要介绍该学科的基础理论和基本知识，并初步探讨基础理论的应用。公共关系学与其他学科比较，具有以下性质：

1. 综合性，边缘性

公共关系学是在广泛地吸收和融合大量社会科学理论的基础上构建而成的新兴学科。它以心理学、社会学、社会心理学、管理学、组织环境学、行为学、人际关系学、信息论等学科的相关理论为基础，应用了语言学、市场学、广告学、传播学、演讲学、写作学、谈判学等学科的相关方法和技巧，并借鉴了政治学、经济学、哲学、法学等学科的某些理论，因此，它是一门多学科相互渗透、兼容并蓄的综合性边缘学科。

正因为公共关系学与多门学科有联系，所以关于公共关系学的学科归属问题，关于公共关系的定义问题，人们至今都没有取得完全一致的意见。目前国内外较为流行的观点大体上有三种：第一，认为公共关系具有管理的职能，属于管理范畴，因此，公共关系学是管理学的一个分支学科。第二，认为公共关系是一种社会关系，本质上是一种社会组织的行为，因而，公共关系学是社会学或组织行为学的分支学科。第三，认为公共关系是一种传播活动，它遵循传播规律，所以，公共关系学是传播学的一个应用领域。以上三种观点各有侧重，分别强调了公共关系的管理职能、主体行为和传播手段三个方面，都有一定的合理性；由于公共关系的管理职能、主体行为和传播手段之间具有必然联系，因此，这三种观点本身也并不矛盾。以上现象揭示了一个道理，即公共关系学研究的内容与其他任何学科都不完全相同，不能简单地把公共关系学归属于其他某一学科。公共关系现象横跨许多学科的研究领域，这些学科都可以而且应该从各自学科的角度对公共关系现象及其规律进行研究。正因为如此，除了公共关系学之外的任何学科都不可能对公共关系现象进行全面系统的研究，所以，以公共关系现象为研究对象的公共关系学就必定是一门综合性的边缘学科。

我们强调公共关系学的综合性、边缘性，并不等于说它是上述各门学科的杂糅和拼凑。任何一门学科，如果没有自己的侧重点和专门理论，就不能称其为科学。公共关系学需要研究社会组织的行为，但重点是研究社会组织的管理行为；公共关系学需要研究社会组织的管理职能，但重点是研究社会组织的传播管理和信息管理职能；公共关系学需要研究传播活动，但重点是研究社会组织的传播活动。可见，公共关系学实际上是一种研究特殊的传播管理或信息管理的边缘学科。

2. 理论性，实践性

所谓理论就是人们把在实践中获得的认识和经验加以概括和总结形成的某一领域的知识体系。科学理论是从客观实际中抽取出来，又在客观实际中得到证明的，能够正确反映客观事物的本质及其规律。公共关系学虽然是一门新兴的现代科学，但从1924年《芝加哥论坛报》发表社论指出公共关系已经成为一门科学起，至今已经历了近八十个年头。在这段历史时期内，公共关系事业的蓬勃兴起，为公共关系科学的发展奠定了坚实的基础，为公共关系理论的完善提供了有利的条件。在这段历史时期内，人们通过对公共关系实践的历史和现状进行考察、分析、综合、鉴别、提炼，从中概括出了公共关系的基本含义、构成要素、基本功能、基本原则以及由非公众、潜在公众、知晓公众到行动公众的公众变化过程；按信息交流、情感沟通、改变态度、引起行为而逐渐深入的传播层次；按调查、策划、实施、评估依次进行的工作环节；依确定任务、制定方案、搜集资料、处理结果顺序而展开的公共关系调查程序；按确定目标、确定公众、设计主题、选择媒介、预算经费、审定方案而逐项进行的公共关系策划步骤等。这些理论都是客观事物的发展变化规律在人们头脑中的反映，揭示出了公共关系的本质特征和活动规律，总结出了公共关系实践所应用的科学方法和艺术技巧。这些内容都具有比较成熟、比较系统的理论性，成为具有独特性、规律性的公共关系学的基础理论。

科学理论是人类智慧的结晶，是对人类实践活动的正确反映、高度概括和经验总结。正确地反映了事物的本质和规律的科学理论，能够对人们的实践起指导作用。公共关系活动是历史久远而又充满生机的、人类创造物质文明和精神文明不可或缺的社会实践活动。从公共关系实践中总结概括出来的理论，其价值在于为实践服务，在于解决实际问题。公共关系学的理论探讨，其目的就在于将研究成果应用于现实的公共关系实践，指导公共关系活动。本教材第八章探讨的公众关系的协调，第十一章、第十二章探讨的公共关系调查、策划、实施和评估，第十三章探讨的不同组织的公共关系实务，第十四章探讨的专题公共关系活动等内容都具有明显的实践性。

从公共关系实践中总结概括出公共关系的理论，又将理论应用于公共关系实践，这充分体现了公共关系学理论与实践相结合的学科特点。

3. 广泛性，开放性

广泛性是就公共关系学科的研究对象来说的；开放性是针对公共关系学科的发展趋势而言的。

以上探讨的公共关系学的研究对象，在某种程度上是针对着普通和成人高等教育的性质以及本科、专科层次学生应该掌握的知识水平进行界定的。尽管这仅仅是该学科研究对象的主要内容，但已经涉及到了公共关系的理论和实务，涉及到了公共关系的主体、客体和媒体，涉及到了公共关系在政府部门、企业组织、事业单位的应用。这足以说明其研究对象具有广泛性的特点。

公共关系学科的发展趋势主要体现为学科细化和学科延伸两个方面。就目前出现的趋势来看，已经取得了众多的研究成果。属于学科细化的研究成果，如：政府公关、领导公关、企业公关、青年公关、秘书公关、饭店公关、公司公关、旅游公关、学校公关、科技公关、营销公关、国际公关等。这类成果所探讨的内容基本上是公共关系原理在各个不同领域中的应用。属于学科延伸的研究成果，如：公关口才、公关演讲、公关谈判、公关礼仪、公关写作、公关策划、公关调查、公关信息、公关伦理、公关语言等。这类研究成果所探讨的内容基本上是公共关系原理与其他相关学科知识的结合，趋向于形成交叉学科。

这些研究成果既增强了公共关系学科本身的生命力，同时，也使公共关系理论增加了浓厚的文化色彩，成为一种文化意识的折射和反映。当今，公关文化已从宏观、中观、微观三个层面对人类的社会生活发挥作用。在宏观层面，公共关系将优化人类生存空间，推进社会文明进程；在中观层面，公共关系优化组织行为，塑造良好的组织形象；在微观层面，公共关系优化个人行为，提高国民的行为素质。

尽管目前这些成果尚不完善，处于探索阶段，但这一发展趋势已经足以说明公共关系学科具有开放性的特点。

4. 技术性，技巧性

技术性和技巧性是公共关系实务的突出特征。具体的公共关系实务总是表现为一种行为或活动过程。在这一行为或活动过程中，除了要有一定的理论指导外，重要的是还要掌握和运用一系列专门的技术和技巧。

英国公共关系协会曾把公共关系定义为“公共关系是一种技术，此种技术在于激发大众对于任何一个人或一个组织的了解而对之发生信任”。公共关系的重要功能是传播信息，而传播信息必须借助一定的媒介，其中主要是大众传播媒介。大众传播媒介分为印刷媒介和电子媒介。运用不同的传播媒介就需要掌握不同的专门技术，没有专门技术，就无法取得良好的传播效果。

公共关系工作是双向的信息沟通，除了传播信息之外，还必须搜集信息。信息是公共关系活动的基础，没有信息作为基础，公共关系活动就成了无源之水。搜集信息要通过公共关系调查。调查有多种方法，运用不同的方法开展调查也都需要不同的专门技术。

公共关系实务总是通过一定的行为或活动过程来实现的，而这种行为或活动过程则具有整体性。也就是说，一项完整的公共关系活动可分解为几个相互联系的部分：调查、策划、实施和评估。完成某一部分的工作需要有专门的技术，而完成一项整体性的公共关系工作，则需要有全面性的技术。公共关系实务工作种类繁多、变化无常，这就要求公共关系从业人员既应该具有全面的业务能力，又应该掌握一定的专门技术。

技巧性特征可以从某些公共关系读物的书名得到印证，如《最新公共关系技巧》、《公共关系实用技巧》、《公关实务与技巧》等。作者之所以这样命名，主要目的在于突出公共关系实务的技巧性。

公共关系实务工作的范围十分广泛，面临的工作对象极其复杂，工作的具体内容千变万化，开展工作采用的活动方式多种多样，因此不可能使用一种固定不变的原则方法去处理一切公关实务，也不可能用千篇一律的模式去对待所有对象。这就要求公共关系从业人员必须具有一定的灵活性、应变性。公共关系实务活动千头万绪，但归根到底都是为了协调组织与公众之间的关系，为了塑造组织的良好形象，因此，灵活应变都不能脱离其宗旨。既要灵活应变，又不能脱离宗旨，这就需要有专门的技巧。

技巧性体现在各种公共关系实务活动之中，如在调查访谈过程中，要给受访人以良好的第一印象，要与受访人实现认同，访谈员与受访人要真诚相待、相互配合等。如在谈判过程中，经常使用的有说服对方的技巧、拒绝对方的技巧、问话的技巧、答话的技巧、让步的技巧等。在演讲过程中，有用声的技巧、使用语言的技巧、鼓动的技巧、开头的技巧、结尾的技巧等。总之，各种公共关系实务活动中都存在着一系列的技巧。技巧对于公共关系实务活动的效果起着至关重要的作用。

三、公共关系学与相关学科的关系

公共关系学是一门新兴的、综合性的边缘学科，它的形成与发展尤其与管理科学、行为科学、传播学、市场学有着密切的关系。

（一）公共关系学与管理科学的关系

管理科学是研究如何对人、物、事等组成的系统的运动、发展和变化，进行有目的、有意识地控制的科学。现代管理理论不单纯把人看做是生产要素或生产力，而开始从生产关系的角度来考虑管理，重视人的社会性和人与人之间的关系，认为在企业中，人与人的关系如何，对劳动生产率有着重要的影响。同时，科学技术在经济活动中起着越来越重要的作用，经营的好坏成为企业成败的关键。企业领导者在管理上不仅要把眼睛盯着内部，还要注意外部经营环境的变化，要按照市场需求的变化来组织企业内部的生产。

现代管理注重人际关系和外部经营的这些特征，是公共关系学的重要的思想来源。科学管理的目的是以人的根本利益为前提的，进行科学的组合和指挥，以发挥人的潜能，提高效益。公共关系也是以公众利益为前提而进行的一系列有目的、有意识的控制行为，它内求团结、和谐和协调，外求支持、合作和发展。因此，公共关系学需要运用大量管理科学的理论和方法。可见公共关系学与管理科学具有相互渗透、交相为用的密切关系。但是，管理科学与公共关系学毕竟又是不同的学科，它们存在着以下区别：

1. 研究的目的不同

管理科学更注重建立严密的制度，实现对本机构的科学管理，以提高组织的效率或效益；而参与管理只是公共关系的职能之一，公共关系的根本目标是树立组织的良好形象，争取内外公众的支持与合作。

2. 研究的范围不同

管理科学注重组织内部的管理，而公共关系学对组织内部和外部均进行研究，更重视研究组织的外部关系。

3. 研究的内容不同

管理科学侧重于研究指挥和领导，而公共关系学则侧重于研究传播沟通与协调。

4. 学科的性质不同

管理科学是研究有意识控制组织活动的学科，公共关系学是研究争取公众信任的学科。

（二）公共关系学与行为科学的关系

公共关系学与行为科学有着许多不解之缘。这不仅仅是因为它们都是现代社会的产物，都萌生于西方发达国家，更主要的还在于它们都是以人的行为为研究对象的科学。它们之间既有联系又有区别。它们之间的联系是：

其一，它们都以人的行为作为自己的研究对象，都必须研究人们行为的动机、规范、准则以及行为所产生的社会效果；其二，在研究的过程中，它们都必须运用心理学、社会学、人类学、经济学、伦理学、管理学等各种学科的原理和方式、方法；其三，它们互相利用研究成果。如行为科学所提出的行为规范和行为准则，通常被公共关系工作者直接用来要求和衡量组织内每一个成员的具体行为；而公共关系所创造的友好、和谐的社会环境，又正是行为科学制定人们行为准则的重要依据之一。

公共关系学和行为科学是两门不同的学科，它们之间的区别有：

1. 研究的目的不同

行为科学的研究目的是为了探寻行为规律，提高对行为的预见性和控制力，为每一个人指明如何创造最佳的生存与发展的环境；而公共关系学的研究目的则是为组织树立良好形象，创造"地利"、"人和"的局面，以推动组织的顺利发展。

2. 研究的侧重点不同

行为科学着重研究人的行为，包括行为产生的原因、行为的控制和改造、人与物的配合以及人与人的配合等；而公共关系学则不仅研究人的行为，更重要的是研究组织机构的行为，即组织机构内部的员工关系和外部的公众关系。

3. 研究成果的适用对象不同

行为科学的研究成果主要用来指导人的行为，使人的行为更规范；而公共关系学的研究成果主要用来指导组织的公共关系工作，使公共关系工作者能在最短的时间内，用最简便的方式、最低的代价，为组织树立起最佳的形象。

综上所述，公共关系学与行为科学只不过是有着密切联系的两门学科，只存在部分的交叉关系，绝不能将它们相互混淆。

（三）公共关系学与传播学的关系

传播学是随着电子传播媒介的飞速发展和行为科学的建立而在20世纪40年代迅速发展起来，以社会信息交流为研究对象的一门边缘交叉学科。它是研究人与人、人与其所属的群体、组织和社会是怎样借助语言、文字或非语言文字，直接或间接地进行信息、思想和感情的交流，并在此基础上形成人际关系和人群关系的学问。具体地说，传播学运用许多学科的研究方法和成果来研究传播的本质和概念，信息与对象交互作用的规律，信息的产生与获得、加工与传递、效能与反应，各种符号系统的形成在传播中的作用，各种传播媒介本身的作用与地位，传播与社会各领域各系统的关系等。这门学科的传播形式一般分为：其一，自我传播，即自我信息交流行为；其二，人际传播，即个人与个人之间的符号交流行为；其三，团体传播，即团体成员之间或团体与团体之间的符号交流行为；其四，大众传播，即以印刷或电子为媒介的、有目的的、面向大众的符号交流行为。

公共关系学是随着大众传播媒介的普及和传播技术的进步而发展起来的。社会组织开展公共关系活动必须借助于传播技术，传播是公共关系活动必不可少的技术和手段。传播学的理论研究，为公共关系的传播活动提供了新的方法和手段；同时，传播学理论在公共关系实践中的运用也推动了传播学理论研究的深入。

公共关系学与传播学的区别在于研究的重点和目的不同。

传播学研究传播媒介、传播过程和传播行为，是为了了解它们在人与团体关系中的作用和效果，进而推动传播媒介自身的进步，而公共关系学研究传播媒介和传播过程，是为了更好地运用传播媒介和传播技巧来促进人们之间的沟通，实现相互了解和信任。因此，传播媒介在传播学中是最主要的研究课题，包括研究它的本质、地位、作用等一系列问题，而在公共关系学中，它仅仅作为一种手段或工具，研究传播媒介的重点在于如何运用。

（四）公共关系学与市场学的关系

市场学是研究以满足消费者需要为中心的市场经营活动的一门新兴应用学科。市场学的研究对象主要是消费者，包括现实的消费者和潜在的消费者。市场学研究的主要内容有：消费者的需求、市场经营、市场营销、市场管理、市场规律，即市场营销活动的客观必然性。市场学是随着卖方市场向买方市场的转变而产生和发展起来的。从19世纪末到20世纪初，一些主要资本主义国家经过工业革命，生产迅速发展。一些企业家和经济学家开始研究产品推销和广告技术，这时，企业以生产观念作为销售活动的指导思想。从第一次世界大战后到第二次世界大战，市场学初步形成体系，并广泛应用于流通领域，参与企业争夺市场的竞争活动。但是，当时市场学的研究仍以推销产品为主，企业以营业观念作为指导销售活动的基本思想。第二次世界大战以后，随着第三次科学技术革命的兴起，劳动生产率得到了提高，产品供应量剧增，供过于求的情况突出，市场竞争激烈，企业非常重视市场研究，市场学此时也成为一门有完整体系的学科，并突破了流通范围，参与了企业的生产经营管理。许多企业开始以市场营销观念作为指导销售活动的基本思想。这种营销观念的基本内容是：企业一切计划与策略应以顾客为中心，满足消费者的需求与愿望是企业的责任。在满足需要的基础上，实现长期的、合理的经营目标。但是，资本家为了获得最大利润，经常采取强行推销、欺骗性广告等手段来损害消费者利益，引起了消费者的不满和反抗。20世纪60年代以后，资本主义国家逐渐兴起了保护消费者利益的“消费者利益主义”运动。在消费者运动的压力下，市场学在70年代出现了社会营销观念。这种营销观念的基本内容是：把满足消费者的需要及消费者与社会公众的长期福利作为企业的根本目的和责任。市场环境的变化促进了公共关系学的产生和发展，公共关系学的产生也为市场营销提供了新的手段和方法。因此，两门学科在根本上都重视社会公众的利益。

公共关系学与市场学的区别主要有：

1. 研究的对象不同

市场学的研究对象是消费者，而公共关系学的研究对象除了消费者以外，还有各种内部公众和其他外部公众。

2. 应用的领域不同

市场学的研究成果主要应用于工商企业，而公共关系学的研究成果除了工商企业外，还广泛应用于政府机关、事业组织、社会福利等各种组织。

3. 作用的范围不同

市场学主要在市场经营管理方面发挥作用，而公共关系理论除了在市场经营管理中发挥作用外，还在生产管理、财务管理、人事管理等方面发挥作用。

第二章　公共关系的历史

同任何其他事物一样，公共关系也有其产生、兴起和发展的历史过程。“Public Relations”一词，最早是1807年美国第三任总统托马斯·杰弗逊在议会宣言中提出来的。但在当时，它的含义却是“大众利益”。1882年，美国律师多尔曼·伊顿在耶鲁大学法学院为毕业班学生作演讲，演讲的题目是《公共关系与法律职业的责任》，开了公共关系在现代意义上运用的先河。公共关系作为一种专门职业和学科在20世纪初最早出现在美国。20世纪80年代，伴随着改革开放的进程，公共关系在我国内地兴起并迅速发展。了解公共关系产生和发展的历史过程及其客观背景，对于我们全面、准确、科学地理解和掌握公共关系思想与理论，构建具有中国特色的公共关系理论，开拓适合我国国情的公共关系事业，都具有重要的现实意义和深远的历史意义。

第一节　公共关系的前史

公共关系既是现代社会的产物，又是现代文明的标志。然而，同世界上任何事物一样，公共关系也有一个从兴起到发展，从萌芽到成熟，从低级到高级的渐变过程。考察公共关系的发展变化过程，可以明确其来龙去脉并从中发现一般规律。

一、古代的准公共关系

“公共关系”作为一个严格的科学概念是在现代社会才出现

的。现代社会是指建立在现代生产力（机器、电力、电脑等）基础上的人类生存方式，其具体表现就是较高的物质文明与精神文明。如果没有这种社会条件，那就不会有现代公共关系。严格说来，古代的公共关系，只是公共关系思想和类似的公共关系活动，所以，我们称它为准公共关系。但由于准公共关系与现代公共关系具有一系列相同的性质，我们对其进行考察，将有助于加深对现代公共关系的认识和理解。无论是我国还是外国古代就已经出现了准公共关系即公共关系思想和类似于当今的公共关系活动。早在2300年前，古希腊著名学者亚里士多德在其《修辞学》一书中，就已经开始研究如何运用语言来影响听众的思想和行为。为此，西方的一些公共关系学者认为《修辞学》是人类历史上最早探讨公共关系技巧的著作。

在古代，特别是奴隶社会和封建社会时期，近似于公共关系的社会行为和思想，在当时人们的政治生活、经济生活和日常交往中非常普遍。

（一）政治生活中的准公共关系

在政治生活中，一些比较开明的帝王、统治者和政治家，已经懂得通过诱导、宣传等手段来制造有利于自己的舆论，以巩固其政权。

在古希腊，社会非常重视沟通技术，对从事这门技术的人给予很高的评价和奖励。参加竞选国家最高统治者的人们，往往通过大肆吹捧和赞扬那些擅长言辞并在学识上享有较高声望的诡辩学者的功德、业绩和才能，以争取选民。有些第一流的演说家因为深谙沟通学问而被推为首领。

古罗马的独裁者凯撒大帝精通沟通技术。他面对即将来临的战争，采取散发传单的方式开展宣传活动，以赢得民众的支持。他为了标榜和宣传自己，专门写了一本记载其功绩的纪实性著作《高卢战记》。此书被一些西方著名的公共关系专家称之为“第一流的公共关系著作”。

古雅典的统治者曾在民众大会上采用过一种特殊的投票法——贝壳放逐法。即每年年初召开民众大会时，公民将自己认为具有危害民主政治可能性的人的名字写在陶片（或贝壳）上，如某人票数过半，则被放逐国外。这表明统治者已经开始重视民众舆论。

在我国古代，明显具有公共关系意识的事例不胜枚举。如商代的盘庚迁殷、周代的公刘迁豳，都在迁居前对其部族进行过宣讲动员。留存至今的《尚书·盘庚》与《诗经·大雅·公刘》中，十分具体、生动地描写和记述了两个人当时的演讲活动。西周末年，针对周厉王施政酷虐，造成民情鼎沸、怨声载道的情况，有人提出了“防民之口，甚于防川”的观点，认为社会舆论事关政权稳固，强调应该重视并根据民众传播的信息来调整施政纲领。

春秋战国时期，诸子百家从各自的学派立场出发，就如何处理人际关系的问题进行了论战，出现了众多能够体现公共关系思想的典型人物和言论，例如：墨子主张“兼爱”、“非攻”的与人为善的交往原则；兵家认为“攻城为下，攻心为上”，推崇“不战而胜”；孟子提出了“君轻民重”的观点，认为：“君之视臣如手足，则臣视君如腹心；君之视臣如犬马，则臣视君如国人；君之视臣如土芥，则臣视君如寇仇。”这明确表明了他对民众的重视。在此期间，各路诸侯为了巩固政权，争当霸主，纷纷雇用专职人员四处游说，宣传自己的政治主张。于是出现了专司游说宣传职责的说客，即当时所谓的“士”，这些人似乎就是当时的公共关系从业人员。他们从事的宣传游说工作十分类似于今天的公共关系活动。比如，东周洛阳人苏秦，周游列国，宣传自己“合纵”的政治主张，使赵、齐、楚、魏、韩、燕六国结成同盟。而魏国人张仪则宣传自己的“连横”主张，采取各个击破的办法，瓦解六国“合纵”的政治军事同盟。又如，冯谖为了巩固孟尝君的政治地位，采取了“焚券”和“市义”的策略，笼络人心，从而使孟尝君“为相数十年，无纤介之祸”。此外，子产不毁乡校、刘备三顾茅庐、诸葛亮七擒孟获等事例更是家喻户晓。以上这些足以说明在古代政治生活中已开始运用公共关系技巧。

(二) 经济生活中的准公共关系

在古代的经济生活中，尤其是商业活动中，人们也同样自觉不自觉地运用着各种传播手段和公共关系技巧来宣传自己，树立自己的声誉和形象，以便实现自己的经济目标。

考古学家曾在伊拉克发现了公元前1800年的农业公告。公告向农民宣传如何播种、灌溉和防治虫害等。这与当今的公益广告十分相近。我国汉代的张骞出使西域，所到之处，积极宣传汉朝的政治主张，开展经济文化交流。明代郑和率领船队七次下西洋，历时28年，途经三十多个国家，以瓷器、丝绸等物品作为与对方进行交换的条件，并与所到的亚非各国增强了沟通联络。以上两例都堪称为中国古代规模宏大而又成效显著的国际公共关系活动，在世界公共关系发展史上占有十分重要的地位。而我国古代酒店客栈门前的各色招牌、楹联，如“百年老店”、“童叟无欺”、“酒店门前三尺布，过来过往寻主顾”等则更具公共关系的色彩。广为流传的“和气生财”，作为经商准则，更集中地体现了公共关系基本原则在古代商业交往活动中的运用。

(三) 日常交往中的准公共关系

从古代人们的日常交往中，也可以看出公共关系意识或思想已经形成。孔子在《论语》中说：“有朋自远方来，不亦乐乎!”这里的以交友为乐，主要是指从与朋友的交往中获取了信息和知识。孔子还主张“己所不欲，勿施于人”、“己欲立而立人，己欲达而达人”的“忠恕”之道，并强调在人际交往中应讲求信义，认为“人无信不立”，“人而无信，不知其可也”。孔子曾对其宣扬的“仁”作过高度概括：“仁者，人也。”即认为“仁”是人际交往的最高道德原则。孟子说“天时不如地利，地利不如人和”。他所说的“人和”，是指人与人之间的和谐关系。孟子看重“人和”的重要作用，这与现代公共关系活动所遵循的基本原则和追求的目标——“以人为本”、“尊重公众”正好一致。正因为如此，有人把公共关系比喻为一种追求“人和”的艺术。

总之，在人类社会的早期，公共关系已是客观存在。但是，从严格意义上讲，无论是古代的中国还是外国，都只是存在着类似于现代公共关系的某些思想或活动。概括来说，这一时期的准公共关系具有以下两个基本特点：一是从自觉程度来看，当时人们所开展的各种沟通、协调活动带有明显的自发性和盲目性。二是从其所发挥作用的社会领域来看，由于当时的社会生产力低下，商品经济极不发达，人类早期的公共关系活动主要发生在政治生活中，带有强烈的政治和伦理色彩。古代准公共关系活动与现代的公共关系相比，在自觉性、科学性、规范性、技巧性等方面都不能同日而语、等量齐观，但也应该承认，古人在准公共关系实践活动中的某些成功经验现在仍然具有借鉴意义。

二、准公共关系产生的社会条件

准公共关系与其他新生事物一样，它的产生和发展需要具备相应的历史条件。

在人类的远古时代，原始先民之间的关系虽然十分单一，但为了生存，他们必须结成一定规模和一定形式的社会群体。在群体内共同劳动，共同生活，彼此之间不仅要在思想上和感情上相互沟通，而且还必须在意志上和行动上协调一致，否则，他们就无法适应严酷的生存环境。这说明原始先民们在其劳动生活过程中已经有了某些思想互动、情感互动和行为互动。这种原始的协作关系是人类各种社会关系赖以发生发展的社会基础，当然也是公共关系这种特殊的社会关系得以形成和发展的必要社会条件。

进入奴隶社会，生产力有了较大的发展。几次社会大分工(即农业与畜牧业、农业与手工业、手工业与商业的相互分离)的出现以及脑力劳动与体力劳动的相互分离，使得人们不仅需要交换生活资料，而且也迫切需要交换生产资料。随着产品交换或商业交往的不断发展和逐渐繁荣，古代的公共关系意识以及准公共关系活动便应运而生。

生产力的发展促进了社会分工，原始社会那种简单的社会群体也随之不断分化，社会的组织化程度进一步提高。一方面，社会组织化程度的提高，意味着人们可能从事不同的职业劳动，担任不同的社会角色，参与不同的团体组织，这使人类原始状态的思想、情感和行为交流的条件受到限制，交流的机会逐渐减少，也就是说，组织化程度的提高虽然造成了人与人之间的疏远与隔离，但同时也使得人们增强了彼此协调与沟通的迫切愿望；另一方面，社会组织化程度的提高，意味着各种社会团体和组织不断分化，这既导致不同的组织和团体其自身的运行机制与功能日益专门化，也导致组织与组织、团体与团体之间相互交往、沟通和协调的职能日益专门化。于是，社会的正常运转就依赖于人们在思想、情感、意志和行为方面更加广泛而深刻地交流、沟通与协调，这便要求社会组织之间的交流与沟通必须具有明确的自觉性、目的性、计划性、针对性和有效性。

在古代，统治阶级集团为了达到自己的政治目的，往往会不同程度地运用各种手段和方法“取信于民”。因此，带有某些公共关系意识并且类似于现代公共关系的活动，便较多地表现在当时的政治生活中。

由此可见，社会生产力的发展不仅引起人们经济关系和政治关系的复杂变化，而且为公共关系在古代的萌生创造了基本条件。

总之，公共关系的产生，依赖于社会生产力的进步以及政治、经济、文化等各种社会条件的不断形成与发展。

第二节　公共关系的兴起

公共关系作为一种新兴职业、一门学科，发端于 19 世纪末

20世纪初的美国。随着资本主义经济、政治、思想、文化和其他社会条件的不断发展变化，公共关系的兴起经历了几个不同的阶段，并呈现出新的发展趋势。

一、公共关系在美国兴起的表现

公共关系在美国的兴起主要表现在以下几个方面：

（一）以报纸为媒介宣传政治主张

现代公共关系起源于美国独立战争之后，当时，美国的政治斗争十分激烈，各个政治派别为了宣传自己的政治主张，达到自己的政治目的，经常以报纸作为媒介，发表文章进行公众宣传，想方设法取得公众的支持。本杰明·富兰克林、托马斯·杰弗逊、亚历山大·汉密尔顿、詹姆斯·麦迪逊等是进行报刊宣传的重要代表性人物。如以汉密尔顿为首的一批美国宪法起草人为了宣扬宪法精神，在报纸上接连发表了85封信。这些信件的政治观点对美国公众产生了重大影响。而以托马斯·杰弗逊为代表的种植园主则利用《国民公报》对联邦党进行反宣传。

（二）策划公关活动支持竞选总统

公共关系的兴起还表现为在美国总统的竞选活动中开始运用公共关系手段。1824年，美国的《宾夕法尼亚人报》和《明星报》向选民寄发“模拟选票”，以此来预测总统选举结果。这被看做公共关系调查手段——民意测验的开端。1888年，美国共和党和民主党候选人哈里森与克利夫兰竞选总统，双方都成立了竞选班子，利用各种宣传媒介，开展大规模的宣传鼓动工作，以争取选票。此后的历届美国总统选举中，候选人都要依靠由大批专家组成的竞选班子为其策划整个竞选工作，树立候选人在公众心目中的良好形象。这些活动就成为美国总统选举中的公共关系活动。

（三）企业生产经营应用公关手段

公共关系活动在生产经营领域也逐渐出现，少数企业开始注意到与公众关系的问题，并采取一些措施以满足公众的要求，协调企业与内外公众的关系。如 1858 年，美国博登公司将有关其经营状况的报告向公司的股东散发，这是对内部公众关系进行协调的较早尝试。1888 年，美国人寿保险公司雇用了专业人员处理与公众关系的事务。以上事例都是企业公共关系的早期实践活动，现代公共关系在此基础上逐渐兴起。

二、公共关系在美国的兴起过程

发端于美国的现代公共关系大体上经历了巴纳姆、艾维·李、伯内斯和卡特李普四个时期。

（一）巴纳姆时期

19 世纪中叶风行于美国的报刊宣传活动，被认为是现代公共关系活动的起始。在当时的报刊宣传活动中，最出名的代表人物叫巴纳姆，所以，后人将公共关系发展史的这一时期称为巴纳姆时期。

“报刊宣传活动”是指某公司、某组织所雇用的人员为了本公司、本组织的利益在报刊上进行的宣传活动。

19 世纪 30 年代，美国报界掀起了一场便士报运动。便士报运动使报纸完成了大众化、通俗化的飞跃。从此，价格低廉，以劳动大众为读者的报刊大量出版印行。这就为那些总想宣传自己，为自己制造神话的公司、组织提供了便利条件。由于这种报纸售价很低（一便士一份），一般劳动大众都买得起，因此报纸发行量大增，也导致广告费随之迅速上涨。有些公司或组织为了节省广告费用，便雇用专门的人员来制造煽动性新闻，编造关于自己的“神话”，以此来扩大影响。办报纸的人为了迎合下层读者的阅读心理，也乐于接受发表。这样两相配合，就出现了美国历史上有名的报刊宣传活动。

在报刊宣传活动中，各公司、各组织所雇用的宣传员的任务，主要是编造离奇的故事以引起公众的好奇和对自己的注意。

当时最有代表性的人物就是巴纳姆。巴纳姆曾编造过一个关于黑人女奴海斯的故事。故事中说海斯现年已有161岁，在一百年前曾养育过美国第一任总统乔治·华盛顿。这条“新闻”一经发表，立即引起了美国社会的轰动。

巴纳姆又乘势使用不同的笔名向报纸寄出“读者来信”。有的来信说，巴纳姆编造的所谓“海斯”的故事是个骗局；有的来信说，巴纳姆发现了海斯是一大功劳。巴纳姆面对这场由他自己引起的讨论说：“只要报纸上没有把我的名字拼错，随便怎么说都无妨。”

据说，海斯死后，对她的尸体解剖表明，海斯只不过80岁左右，并没有巴纳姆所说的161岁。巴纳姆却厚颜无耻地说“对此深感震惊，我本人也受了骗”。其实作为这场骗局的策划者巴纳姆，每周可从那些希望一睹海斯风采的美国人那里获得1500美元的门票收入，他达到了获利的真实目的。

后人认为，巴纳姆编造的信条是“凡宣传皆好事”。该时期报刊宣传的显著特点是：为了使自己和公司扬名，置公众利益于不顾，任意编造谎言和神话，利用新闻媒介“愚弄公众”。

这种把新闻媒介视为异己并利用新闻媒介“愚弄公众”的行为，引起了新闻媒介的不满，报纸杂志率先刊载揭露实业界那些“强盗大王”的恶劣丑闻。据统计，1903年至1912年的10年间，有两千多篇揭丑文章发表，同时还有社论和漫画，形成了美国近代史上著名的“扒粪运动”（也称做清垃圾运动或揭丑运动）。

在“扒粪运动”的冲击下，企业家们按自己的企图建造的一个个独立封闭的“象牙塔”摇摇欲坠。为求得生存与发展，他们只好提高企业的透明度，被迫从构筑“象牙塔”开始逐渐转向修建“玻璃屋”。例如，以经营炸药起家的杜邦公司，原先对外采取封锁消息的态度，对于公司发生的爆炸事故，一律不准记者采访报道。但大道不传小道传，社会公众中关于杜邦公司的谣言愈来愈多，甚至在社会上形成了一个很可怕的印象，即“杜邦公司等于杀人公司”。为此，杜邦十分苦恼，将他因得不到公众信任而烦恼不堪的心情告诉了他的一位在报界工作的挚友。这位报界人士建议他实行“门户开放”，如果遇到什么事故，干脆让记者将真相告诉大家，这才是制止谣言的最好办法。杜邦接受了这位朋友的建议，并请他到公司担任新闻局长。公司改变了原来的做法，不仅对事故进行报道，而且经常注意对社会舆论进行引导。他们当时的口号是：“化学工业能使你生活更美好！”杜邦公司的这一努力很有成效，使过去因各种爆炸事件给公司造成的不良影响得到了消除。

“扒粪运动”的冲击，使工商企业认识到取悦舆论的重要性，于是杜邦公司的做法得到肯定并逐渐流行。许多企业开始聘请专门人员，从事改善与新闻界关系的工作。这种专门人员被称为“新闻代理人”。新闻代理人为其委托人做新闻宣传，经常游说于新闻媒介之间，邀请记者到企业参观采访，或对公司的政策加以解释和辩护。从此，消除了企业和外界相隔绝的现象，“象牙塔”被“玻璃屋”所取代，企业的透明度大大提高。

在人们利用报刊进行各种宣传活动的同时，学术界也开始了对公共关系的理论探讨。1882 年，美国著名律师多尔曼·伊顿在耶鲁大学法学院发表了题为《公共关系与法律职业的责任》的演讲。1897 年，美国铁路协会主编的《铁路文献年鉴》正式使用了“公共关系”这一名词。

公共关系学者对这一时期有着不同的观点。有的人认为这一时期的报刊宣传活动主要是利用新闻媒介愚弄公众；早期的新闻代理活动也存在着大吹大擂、搪塞了事、混淆视听和隐瞒欺骗的弊端。所以，将这一时期看做是公共关系发展史上“不太光彩”的阶段。有的人甚至认为这一时期与现代公共关系是相背离的，是反公关阶段。

我们认为任何新生事物的成长都要经历一个艰难曲折的过

程，公共关系也不例外。我们既应该看到这一阶段的代表人物具有利用新闻媒介愚弄公众的思想倾向，同时也应该看到公共关系作为一种新生事物，它的三大基本构成要素（主体、客体、中介）已经形成。此外，它已不同于人类早期的准公共关系，不再局限于政治思想领域，而是带有一定的组织性和目的性，逐渐与经济利益相结合。

（二）艾维·李时期

艾维·李（1877～1934 年），毕业于普林斯顿大学，曾就学于哈佛大学法学院。在《纽约日报》、《纽约时报》、《纽约世界报》从事过记者工作。1903 年，他开办了第一家宣传顾问事务所。该事务所一成立，就生意兴隆，顾客盈门。艾维·李成为向客户提供劳务而收取费用的第一个职业公共关系人员。一般认为，现代公共关系的职业化也以此作为发端。

1906 年，艾维·李向新闻界发表了著名的、在公共关系发展史上具有里程碑意义的《原则宣言》。《原则宣言》全面阐明了他的事务所的宗旨："我们的责任，是代表企业单位及公众组织，就公众关心并与公众利益相关的问题，向新闻界和公众传播迅速而真实的消息。"这就是所谓的企业管理的"门户开放原则"，也反映了艾维·李"公众必须被告知"的公共关系思想。艾维·李认为：一家公司、一个组织要获得好的声誉，就必须把真情告诉公众；如果真情的披露对公司、对组织不利，那么就应该调整公司或组织的行为；企业与其员工和外界关系的紧张摩擦，主要是因为企业管理人员采取保守秘密的做法，妨碍了意见和消息的充分沟通。同时，艾维·李积极地协助企业管理人员改革旧的政策和做法，尤其是改善对待员工和公众的态度，使企业的一言一行，迎合公众和新闻媒介的要求。他先后被多家巨型公司，如美国电话电报公司、洛克菲勒财团、宾州铁路公司、无烟煤公司等聘请，处理劳动纠纷和社会摩擦，取得了令人瞩目的成效。在艾维·李的推动下，工商企业开始改变对待公众的态度。部分企业家开始意识到与公众关系的好坏，直接影响企业的兴衰成败，必须采取门户开放的经营态度和方式，与职工和社会保持良好的联系。

被后人誉为公共关系之父的艾维·李，不仅首创了公共关系这一专门职业，而且，他提出的“公众必须被告知”、“讲真话”的命题将“公共关系必须以公众利益为目标，开展公共关系活动必须真诚守信”的观念带进了公共关系领域，并逐渐发展成为公共关系的基本原则和指导思想。艾维·李的公共关系思想对于公共关系职业和公共关系学科的健康发展都起到了重要的推动作用。

(三) 伯内斯时期

爱德华·伯内斯（1891～1996年）是继艾维·李之后对公共关系发展作出重大贡献的代表人物。如果说艾维·李对公共关系发展的贡献主要是开创了公共关系职业，那么，爱德华·伯内斯对公共关系发展的贡献主要体现为注重公共关系的理论研究，并努力使之形成一个独立的科学体系。

1913年，爱德华·伯内斯被聘为美国福特汽车公司的公共关系部经理。他为该公司策划并实施了一系列旨在发展公众的福利及社会服务的计划，大大地提高了该公司在公众及社会中的影响，为促进福特公司的发展起了重大作用。第一次世界大战期间，他曾在威尔逊总统成立的官方公共关系机构“克里尔委员会”任委员，负责向国外新闻机构提供美国参战的有关情况和背景资料。第一次世界大战结束后，他和夫人在纽约开办了一家公共关系公司，并开始致力于公共关系的教学和理论研究。

1923年，爱德华·伯内斯出版了他的第一部著作《舆论明鉴》(有人译为《公众舆论之凝结》)，首次提出了“公共关系咨询”的概念，并认为“公共关系咨询有两种作用：其一是向工商业组织推荐它们应采纳的政策，这种政策的实施可以保证工商业组织的行为符合社会利益；其二是把工商业组织执行的合理政策、采取的有益社会的行为向社会广泛宣传，帮助工商企业组织赢得公众的好感、信任和支持”。伯内斯在此明确地肯定了向组织提供政策咨询是公共关系的重要职责之一，公共关系不仅仅是向社会做宣传。正是基于这种认识，他提出了公共关系的整个活动过程应当包括从计划到反馈，最后到重新评估的八个基本程序。伯内斯的《舆论明鉴》成为论述公共关系理论的第一部经典性著作。同年，他在纽约大学首次开设并主讲公共关系课程。1928年《舆论》一书脱稿出版，1952年，他编写出版了教材《公共关系学》。伯内斯对20世纪美国的公共关系实践进行了概括与总结，使公共关系的基本理论和方法形成了一个比较完整的学科体系。

伯内斯公共关系思想的一个重要组成部分就是他所主张的“投公众所好”。他认为，企业不仅要为社会及公众所了解，而且更重要的是必须获得公众的谅解与合作；企业只有获得公众的谅解与合作，方能得到稳定而又持续的发展。为此，他主张，一个企业或组织在决策之前，应首先了解公众爱好什么，对企业或组织有什么要求或期望，在确定公众价值与态度之后，再有目的地着手宣传工作，以迎合公众要求，这样才能做好公共关系工作。

爱德华·伯内斯对现代公共关系的重要贡献主要表现在：促使公共关系摆脱新闻业，向职业化的方向发展；提出了公共关系的运作程序；初步建立了现代公共关系的理论体系；强调了以“投公众所好”为指导思想引导公众舆论的重要性。“投公众所好”是公共关系思想的核心和立足点，使公共关系观念有了科学的含义；主张获得公众的谅解与合作应当成为公共关系的基本信条。爱德华·伯内斯的理论探讨和实践活动为公共关系的职业化、科学化，为公共关系教育和学科的发展作出了重要贡献，使他享有公共关系学先驱者之一的美誉。伯内斯在公共关系理论上作出的贡献，对于公共关系学科的形成和发展具有划时代的意义。

（四）卡特李普时期

继爱德华·伯内斯之后，1937 年，雷克斯·哈罗博士在斯坦福大学开设公共关系学课程。1947 年，波士顿大学率先成立了第一所公共关系学院，培养公共关系学学士和硕士。1952 年，斯科特·卡特李普、阿伦·森特、格伦·布鲁姆出版了《有效的公共关系》。在这本被美国人赞誉为公共关系圣经的权威性著作中论述了“双向对称”的公共关系模式。书中指出：“公共关系的一个开放模型，从根本上改变了普遍存在的认为公共关系是一项具体工作的看法。这一模式就是被后人称为‘双向对称’的模型。它表明沟通是双向的，而且信息交流改变着组织与公众双方的关系。”

运用“双向对称”的公共关系模式，其中最重要的要求是有目的地预测环境，以便事先发现对组织与公众关系有影响的环境变化。根据“双向对称”模式，公共关系必须有选择地注意那些对组织有影响的公众或者组织政策所涉及到的公众，即需要确定目标公众，而且需要运用科学的调查研究方法和传播沟通的技巧，协调组织与公众之间的利益关系。在组织内部运用“双向对称”的公共关系模式，便于引导内部员工采取对组织有利的正确行为，便于引导员工形成有利于组织发展的知识结构和能力结构。在这种模式中，对于公众的行为观点、知识结构和能力结构所施加的影响，都是为了实现和维持组织与公众双方的共同利益目标。

总之，“双向对称”的基本含义是：在公共关系的目标上将组织和公众的利益置于同等重要的位置，在方法上坚持组织与公众之间的双向传播与沟通。“双向对称”模式的基本思想是：一方面要把组织的想法和信息向公众进行传播和解释；另一方面又要把公众的想法和信息向组织进行传播和解释，目的是使组织与公众结成一种双向沟通与对称和谐的关系。

至此，公共关系的学科化已经基本形成。一门充满时代特征、理论性和实践性相结合的公共关系新兴学科开始得到承认并逐渐受到重视。

三、公共关系在美国兴起的原因

现代意义上的公共关系之所以首先在美国兴起，主要有以下四个方面的原因：

（一）美国具备公共关系兴起的思想基础

美国是个由许多民族移民组成的国家，国民思想中具有很强的平等意识与群体观念。“地理大发现”后，西方殖民者开始向美洲移民，最早到达美国这块土地上的是一批在英国受迫害的清教徒，其后，欧洲其他主要民族以及非洲的不少民族也不断有移民迁居这里。客观地说，这些人中绝大多数具有较强的平等意识，他们都期望在新的天地建立新的家园，谁也不愿任人宰割、受人奴役。移民来自不同的国家或地区，由于民族不同，语言不同，习俗不同，很自然地形成了强烈的群体观念。独立战争后，美国成为一个独立统一的国家，原先被分割的各个殖民地在政治、经济和思想文化上出现了大融合。各个社会组织之间、组织与其公众之间迫切需要有计划、有目的地沟通与协调。这便为公共关系首先在美国兴起奠定了思想基础。

（二）美国具备公共关系兴起的文化基础

由移民组成的美国，其文化体系中有三个突出的特性：个人主义、英雄主义、理性主义。个人主义的典型表现是富于自由浪漫的色彩；英雄主义的突出特点是富于竞争的精神；理性主义的明显标志是遵规守法，崇尚教条，重视数据和实效。管理科学的鼻祖泰罗的思想及其制度，便是理性主义的典型代表。泰罗制度的核心是通过“时间和动作分析”，强调对一切作业活动的计量定额，强调严格的操作程序。“人是机器”是这一时期最具有代表性的口号。这种将人视为机器的机械唯理主义的管理，虽然在短期内取得了明显的效率，促进了劳动生产力的发展，但同时也促使劳资矛盾日趋尖锐甚至逐渐激化。在严峻的现实面前人们逐渐意识到纯理性文化的局限，于是人文主义受到重视，注重人性的管理迅速获得人们的认同。20 世纪 30 年代初，由参加“霍桑实验”的哈佛大学教授梅奥和罗特利斯伯格提出并创立的“人群关系理论”，便体现了理性文化逐渐向人性文化转变的客观事实。随着大众传播媒介以及社会化大生产的发展，使人们的社会交往更加频繁，社会生活更加开放。这种尊重人性、重视尊严的人性文化逐渐取代理性文化的趋势，成为公共关系兴起的文化基础。

（三）美国具备公共关系兴起的经济基础

封建社会的经济模式是自给自足的小农经济，生产组织方式以家庭为基本单位，以村落为活动区域。这种社会环境下的社会联系是以血缘、地缘、姻缘为主要形式的人际关系。这种关系的突出特点是：非常狭隘，相当固定，极端封闭。受经济水平的限制，这种特点一直延续到资本主义社会前期。

“南北战争”之后，北方的工业经济与南方的种植经济归属于同一政府管理，社会环境趋于稳定。政府的有效管理促进了国内市场体系的健康发育。19 世纪末至 20 世纪初，在工业革命的基础上，商品经济得到迅速发展。商品经济社会以社会化生产、社会化交换为其重要特征。任何社会组织，都需要得到社会的广泛承认和整体支持，才能生存和发展。这便成为公共关系兴起的必要条件。

在商品经济的发展过程中，市场形式经历了由“卖方市场”向“买方市场”的逐步转变。在生产力尚不发达的资本主义前期，市场中供小于求，供求关系的不平衡，使得销售者可以趾高气扬、态度恶劣、恣意妄为、随意涨价、刻薄公众，根本不能体现自愿平等、互惠互利的交易原则。在这种以“卖方市场”为主导的情况下，卖方完全可以不考虑公众的需求，因此也就不需要公共关系。但随着生产力的提高，产品供给日渐充分，市场上的供求关系发生了根本变化。消费者具有了更多的选择优势，可以根据产品质量、价格、服务以及人情关系等条件决定向谁购买所需商品。在这种以“买方市场”为主导的条件下，作为卖方的企业或商家必须主动与买方联络感情，建立关系，才能有效地维持生存和发展。因此，搞好公共关系，增进组织与公众的相互理解，提高组织声誉就显得越来越重要了。

美国进入资本主义的垄断时期后，垄断资本间的竞争广泛、深入地影响着整个社会，不仅使生产结构和人际关系发生了迅速变化，而且市场体制也出现深刻变化。在经济活动已经由以生产为中心转变到以市场为中心的情况下，一个企业或部门能否更好地生存和发展不仅取决于产品的质量，而且取决于它适应市场、开拓市场的能力。换句话说，就是看其能否争取到广大消费者或社会舆论。愈来愈多的企业管理人员认识到了市场机制的重要作用。这在客观上便成为企业通过开展公共关系活动与社会各界和广大消费者建立互相信赖、互相合作关系的有利条件。

总之，市场经济取代小农经济，买方市场取代卖方市场，市场为中心取代生产为中心，成为公共关系在美国兴起的经济基础。

（四）美国具备公共关系兴起的政治基础

在统治者依靠高压政策、愚民政策实施统治的专制政治条件下，民众既不需要关心政治，也无法干预政治，公众舆论不可能对社会进程产生重要影响。在政治生活以“民怕官”为主要特征的社会里，公共关系是没有任何用处的。

在机器化大生产的工业社会中，政治生活的核心是民主政治。在民主政治条件下，市民的社会化程度逐渐提高，社会联系日益紧密，共同意识不断增强，民主意识趋向浓烈。有组织的社会公众越来越强烈地要求了解和参与政治生活，舆论对政治行为的影响力也越来越大，成为政治生活中不可忽视的政治力量。政治运动促进了资本主义工业社会民主政治的进一步发展。民主政治的重要标志是政治必须体现大多数人的意愿，满足大多数人的要求。这就需要有与此相应的民主制度作为保证。这在美国主要是通过代议制、纳税制和选举制来实现的。

代议制是由各种利益集团推选出自己的代表来进行公共事务的决策与管理。这是民主政治的基本体现与保证。而促使民众关注并参与公共政治的动力，则主要来自经济上的“纳税制”和政治上的“选举制”这两种民主化制度。

“纳税制”促使纳税人有权了解政府的政治运作情况，由此产生关心并参与政治的需要。“纳税制”也迫使政府有义务将政府决策与事务运作情况定期向纳税人公布或报告，接受纳税人的监督。

“选举制”赋予民众知情权、议政权，要求政治具有透明度。公众需要通过认真比较，精心挑选能真正代表自己意愿的人物去行政、执政，并且有权监督自己的代表能否准确地反映自身阶层的利益和意见。对于被选举者来说，为了登上或保住“席位”，更需要及时倾听民众的呼声，关心和解决民众所关心的问题。

由于代议制的民主政治在经济上依靠纳税制来支持，在政治上依靠选举制作为保障，这使得当权者不得不重视与社会各界公众搞好关系。

在这种民主政治的社会中，其政治生活的特征表现为“官怕民”。政府机关、社会公共组织与其公众之间主要体现为服从关系，此外还有民主协商、民主对话、民主监督的关系。

美国作为资本主义国家的后起之秀，与当时的其他资本主义国家比较，其政治体制的民主色彩更为浓厚。经过独立战争、南北战争（废奴运动），到 20 世纪初，美国确立了比较稳固、比较民主的三权分立的政治体制。民主政治取代专制政治，成为促进公共关系兴起的政治基础。早在 1791 年，美国通过的《人权法案》强调了新闻、舆论自由，已为公共关系的兴起提供了政治民主的保障。

（五）美国具备公共关系兴起的物质基础

传播手段和通信技术的进步是现代公共关系兴起的物质基础。20世纪初，科学技术在美国飞速发展，尤其是交通工具和传播手段的现代化，为现代公共关系的产生和发展提供了有利的物质条件。

在农业社会中，由于受经济生活、科技水平以及传播沟通手段的限制，社会公众的交往范围是非常狭小的，人们基本上处于与世隔绝的半封闭状态。在规模较小、变化缓慢的自然经济中，人们没有进行广泛交流、相互沟通的迫切需要。即使具备沟通的愿望与需要也受到交通工具和传播手段的限制。

在工业社会中，商品经济逐渐发达，科学技术突飞猛进，交通工具和传播手段日新月异。火车、轮船的发明改善了交通条件，电话、电报的应用优化了传播手段，印刷技术的提高使报刊遍及千家万户。各种大众传播媒介的迅速发展和广泛应用，为人们进行广泛而深入的相互交往提供了方便条件。日益精细的社会大分工，使人们之间、组织之间产生了纵横交错的复杂关系，同时也产生了相互沟通、彼此交往的迫切需要。

传播手段和通信技术的进步与普及，使得地球的半径在“逐渐缩小”，使得人们往确实有“天涯若比邻”的感受。

交通工具和传播媒介的进步为社会组织的生存发展提供了基本条件，也为公共关系在美国的产生和兴起提供了物质基础。美国社会正是具备了以上几个方面的基础条件，在其社会内部才自然而然地孕育出现代公共关系。

四、公共关系在其他国家的发展

20世纪20年代以后，公共关系首先在美国，继而在世界范围内得到迅速发展，成为一种既普遍又十分重要的热门职业。公共关系学也发展成为一门新兴学科。

1924年，美国的《芝加哥论坛报》发表社论指出，公共关系已成为一种专门职业，一种管理艺术和一门科学，号召企业家和社会各界重视公共关系。这一社论的发表，被认为是公共关系科学化的标志。从此，公共关系作为一种事业、一门科学蓬勃兴起并迅速发展。

1929 年，美国爆发了经济大危机，继而涉及全球。在这场经济大危机中有的企业破产倒闭，而有的企业却安然无恙。人们通过对这两种企业加以比较之后发现，导致两种企业不同命运的重要原因在于那些能够顺利发展的企业有着广泛、稳定的关系网络，在企业面临困境的关键时刻得到了公众的信任和支持。从此，公共关系在美国企业界受到格外重视。

1937 年，美国《企业周刊》第一次编制了研究公共关系的特别报告，统计当时美国共有公共关系专家 54 人，公共关系从业人员有5 000人，公共关系顾问公司 250 家。

第二次世界大战以后，美国的公共关系业有了更大的发展，除政界和实业界外，教育、卫生、工会、社团、宗教以及慈善组织等社会各界都开始运用公共关系。公共关系人员大量进入组织的最高管理机构参与决策。

1948 年美国成立了全国公共关系的最高组织——美国公共关系协会（PRSA)，并制定了作为公共关系从业法规的“公共关系人员职业规范守则”。到了 20 世纪 50 年代，美国的公共关系从业人员已达到 2 万人，1955 年美国全国已有 28 所学校设置了公共关系专业，有 66 所学校开设了公共关系课程。进入 60 年代，公共关系从业人员迅速增加到 3 万多人，1968 年，由美国各学校的在校学生发起成立了美国公共关系学生协会，协会成立时便拥有 80 多所院校的3 000多名学生会员。这些学生会员成为美国公共关系职业的后备力量。

70 年代中期，美国公共关系从业人员突破了 10 万人，顾问公司超过 1350 家。75%的大公司设有公共关系部门。1977 年美国进行过一次关于公共关系从业人员学历层次的调查，调查显示：在全美公共关系从业人员中有 54% 的人具有学士学位，有 29% 的人具有硕士学位。

进入 20 世纪 80 年代，美国的公共关系事业得到了进一步发展。据 1985 年美国劳工部的预计，公共关系从业人员已经达到 15 万人，美国 85% 以上的企业都自设公共关系机构或外聘公共关系顾问，各类公共关系专门公司逾2 000家。仅美国政府就雇用了12 000人处理公共关系事务。公共关系费用每年达数十亿美元，仅政府雇请公共关系人员的支出就高达 25 亿美元。美国的公共关系教育已经开始按不同的行业，制定不同的教学大纲，分门别类地培养专门人才。据统计，美国已有 400 多所高校正式开设公共关系课程，有 60 多所大学设置了公共关系专业、授予学士学位，有 37 所大学同时授予公共关系学士和硕士学位，有 13 所大学同时授予学士、硕士和博士学位。

当今美国的公共关系公司的业务范围极为广泛，涉及政治、经济、金融、旅游、文化、传播等领域。服务项目包括：一般公共关系顾问咨询，调查研究，为企业决策做参谋，协助客户与有关的公众联络及建立业务关系；为客户撰写新闻稿件；为企业搜集和汇编有关新闻报道、市场信息及各种政治、经济、文化情报；为客户设计公共关系广告和商业广告；协助客户推广产品；为客户制订销售计划，组织大型会议；为客户设计、编制和印刷企业公共关系内部刊物和外部刊物；为客户制作影片、录像带及其他视听材料；培训公共关系人员和传播媒介人员，等等。

1920 年，公共关系由美国传入英国并开始向西欧国家“输出”，但直到第二次世界大战前，公共关系活动的正式开展还局限于英语国家。

1946 年公共关系在法国崭露头角。法国人在战后的建设过程中认识到，企业、工厂向社会和公众开放，既能收到良好的经济效果，又能在社会中提高知名度，树立良好的形象。法国经济学家呼吁企业家们离开封闭的“象牙塔”，建造向社会和公众敞开的“玻璃屋”，建设现代企业。当时，法国一家公共关系机构就取名为“玻璃之屋”，象征着公共关系是一种开明的经营观念和方法。

1946年，荷兰也出现了首批公共关系事务所。随后，加拿大、英国、挪威、意大利、比利时、瑞典、芬兰、联邦德国等国家和地区相继成立了公共关系协会，推行开放企业的公共关系计划，以博取公众的支持。

1950年到1955年间，公共关系在中美洲、南美洲、澳大利亚等地区蓬勃发展起来。1955年，国际公共关系联合会（IPRA）在英国伦敦宣告成立。到20世纪后期，英国已有公共关系顾问协会170多家，澳大利亚有公共关系顾问公司近600家，加拿大公共关系协会已有7个地方分会。

日本的公共关系是在第二次世界大战后，随着美军进驻日本而传入的。1947年3月，驻日本盟军总部的民间情报教育局用行政命令的方式在日本各府县单位设立“公共关系办公室”。公共关系的观念与技术于是开始在日本传播与发展。1949年，日本全国地方政府中专门主持传播的官员100多人云集东京，参加历时三个月的公共关系讲习会。讲习会对日本地方政府官员，对日本广告业都产生了深远的影响。日本电通广告公司首任公共关系部长田中宽次郎搜集了有关公共关系的资料，结合广告业务积极研究和推广这门新的社会科学，在日本开创了“公共关系广告”这种新的广告形态，从而成为日本最早推广公共关系的人，为此电通广告公司也被称为日本的“PR王国”。

1957年以后，日本兴起了对海外开展公共关系活动的热潮，成立了全日本最大的“国际公共关系公司”。该公司在全世界38个国家和地区建立了业务合作关系，在纽约、巴黎、香港设有分公司。1964年日本公共关系协会成立。一些专家认为，战后美国传入日本的公共关系，成为促进日本经济快速发展的一个重要因素。

随着经济全球化、知识经济化、社会信息化的发展，国际公共关系的热潮正在兴起。据美国汤姆生公司总裁预测，在未来的年代中，国际公共关系事业将是发展最快的产业之一。

第三节　中国的公共关系

随着我国改革开放的不断深入和社会主义市场经济的迅速发展，公共关系作为一门学科和一种职业进入中国大陆，并在理论研究上取得成果，在社会实践中被广泛应用。公共关系以其全新的思想和独特的功能，以其在两个文明建设中发挥的价值和作用，受到社会各界的普遍关注和重视。回顾公共关系在我国的发展历程，总结发展过程中的经验教训，对于开拓符合中国国情的公共关系事业，构建具有中国特色的公共关系理论，具有重要的现实意义和深远的历史意义。

一、公共关系在中国的发展历程

公共关系是于20世纪80年代初，伴随着我国的对外开放而步入祖国大陆的。但早在20世纪60年代，我国台湾省和香港地区经济迅速发展时期，现代公共关系便已经传入台湾和香港并得到较快的发展。特别是在香港地区，一些跨国公司在其分公司内部设立公共关系机构，聘用受过专业训练的人员从事公共关系工作，他们开展的公共关系活动一般具有比较高的水平。此后，各个企业、酒店和宾馆纷纷设立了自己的公共关系部门，社会上涌现出一批公共关系专业公司，公共关系从业人员迅速增加，公共关系以其独特的社会作用在香港产生了良好的影响。

公共关系在香港地区的健康发展，为其传入中国内地创造了良好条件。公共关系传入祖国大陆后，呈现出由南向北、由东向西、由沿海向内地、由城市向村镇、由企业组织向事业单位、由服务行业向工业企业、由外资企业向国有企业、由企事业组织向政府各部门逐步发展的格局。公共关系在中国的发展，大致经历了以下三个发展阶段（主要介绍祖国大陆的情况）：

（一）引进萌芽时期

公共关系在中国的引进萌芽时期是指20世纪80年代初期至中期。1980年，深圳、珠海、汕头、厦门被定为经济特区。公共关系作为一种经营管理技术，首先在这些开放城市的合资企业中出现。深圳、广州、佛山、北京等地的一批中外合资企业和外商独资企业按照海外母公司的管理模式，设立公共关系部。这些企业的公共关系部经理多数由在海外受过公共关系专业训练的人员担任。为了适应特区建设的需要，提供经验与技术，1980年深圳蛇口华森建筑设计顾问公司率先成立，这是我国第一家公共关系性质的专业公司。1982年深圳竹园宾馆（深圳与港商合资）成立公共关系部；1983年北京长城饭店（中外合资）成立公共关系部；1984年广州中国大酒店以及广州的花园酒店、东方宾馆、白天鹅宾馆等企业和服务部门设立公共关系部。广东电视台以这批宾馆、饭店的公共关系活动为背景拍摄了电视连续剧《公关小姐》。该剧在全国的上映，对于普及公共关系知识，扩大公共关系影响起到了重要作用。1984年9月，广州白云山制药厂率先设立公共关系部，在开展公共关系实务方面进行了大胆而有益的尝试，开我国国有企业公共关系活动之先河。北京王府井百货大楼也设立了公共关系机构，为加强该公司与社会公众的联系起了重要的作用。1984年10月，跨国公共关系公司希尔·诺顿公司在北京设立了办事处。1984年12月26日《经济日报》发表长篇通讯《如虎添翼——记广州白云山制药厂的公共关系工作》，并配发了题为《认真研究社会主义公共关系》的社论，阐述了对引进并发展公共关系具有原则性和指导性的意见。接着，《光明日报》、《广州日报》、《北京日报》、《文汇报》等35家报刊先后载文报道或评论公共关系。许多报道和评论文章都具体介绍了我国新兴的公共关系事业的发展现状，阐述了公共关系在当代中国兴起与发展的必然性和紧迫性。《认真研究社会主义公共关系》社论的发表标志着公共关系在中国已经受到重视。

新闻媒介的报道对于人们正确地认识、了解和接受公共关系以及公共关系在中国的传播也起到了积极的作用。

公共关系在中国发展的引进萌芽时期主要是把国外的公共关系思想意识、实践经验以及某些具体做法引入中国，对公共关系的功能或作用有了初步认识，并且开始尝试着开展公共关系活动。但由于当初人们对公共关系的了解和认识都仅限于表面现象，因此开展的公共关系活动多采取简单照搬或模仿外国的做法。对于由封闭走向开放的中国人来说，能够以积极的态度接受外国的思想观念和经验技术，就已经是明显的进步。

（二）迅速兴起时期

公共关系在中国的迅速兴起时期是指20世纪80年代的中后期。20世纪80年代的中后期，随着我国改革开放的逐渐深入和社会主义市场经济的迅速发展，公共关系在我国呈现出蓬勃兴起的局面。

公共关系在中国的迅速兴起主要体现在公共关系公司、公共关系协会的成立，公共关系教育培训的起步，公共关系理论研究的开始以及公共关系实践活动的广泛开展等几个方面。

1985年，世界上影响最大的两家公共关系公司——伟达公司和博雅公司先后进入我国。同年8月，博雅公司与中国新华社所属的中国新闻发展公司签订协议，共同为在我国从事贸易的外国机构提供公共关系服务。中国新闻发展公司为此成立了中国环球公共关系公司，这是我国第一家公共关系公司。1986年1月，中山大学在广州成立了我国第一个公共关系研究会；同年11月，我国第一个省级公共关系协会——上海市公共关系协会成立；1987年5月，全国权威性的公共关系社团组织——中国公共关系协会在北京正式成立。此后，全国各省、直辖市、自治区以及若干大中城市相继成立地方性的公共关系群众社团和学术组织。这些学术团体积极开展公共关系的研究活动。从 1988 年起，全国公共关系组织联席会议相继在杭州、西安、广州等地召开，1989 年底，全国高校第一届公共关系教学研讨会在深圳召开。与此同时，许多企业内部的公共关系部开始挂牌运作，在公共关系实践方面取得了初步成果。其中广州白云山制药厂、健力宝集团、北京长城饭店、上海霞飞等企业的公共关系活动对于推动我国公共关系实践的发展产生了重要影响。

1985 年 1 月，深圳市总工会率先创办了公共关系培训班，开我国公共关系教育之先河。同年 6 月，北京大学研究生院举办公共关系讲座。全国各地的大专院校、企业和社会团体，也相继在不同的地区和范围内开办了各种形式的公共关系培训班。这些培训活动对于公共关系知识的传播和普及起到了积极的推动作用。随着公共关系实践的发展，培养高级公共关系专门人才的教育也开始起步，从 1985 年起，公共关系学开始列入我国的大学课程。1985 年 9 月深圳大学首先增设了公共关系专业。此后，中山大学、复旦大学、杭州大学、兰州大学、南京大学、清华大学、北京大学、中国科技大学、国际关系学院等上百所大学相继开设公共关系课程，从而使公共关系这种全新的思想观念和理论知识在高等学校得到迅速传播和普及。

20 世纪 80 年代中后期，一批有识之士开始结合中国政治、经济、文化的特点探索中国公共关系的理论问题。1986 年 11 月，中国社会科学院新闻研究所公共关系课题组编著的《公共关系学概论》率先问世；同年 12 月，王乐夫、廖为建等人的著作《公共关系学》随后出版。同时，英国著名公共关系专家弗兰克·杰弗金斯的著作《公共关系学》，被美国人赞誉为公共关系圣经的《有效公共关系》等在国际上具有重要影响的公共关系著作在中国翻译出版。1988 年 1 月，中国第一家公共关系专业报纸——《公共关系报》在杭州创刊，向全国发行；1989 年 1 月，中国第一份公共关系杂志——《公共关系》在西安创刊，向国内外公开发行，在我国理论界掀起了一股研究公共关系的热潮，并取得了一定的研究成果。据不完全统计，从1986年年底到1989年年底，在这短短三年的时间里，我国正式出版发行的各种公共关系教材、专著、译著达到100多种。

在公共关系的迅速兴起时期，由于具有中国特色、适合中国国情的公共关系理论尚未建立起来，而引进的国外的公共关系理论又不能有效地指导中国的公共关系实践，这种理论落后于实践而导致的偏差与误解，使得公共关系领域出现了机械模仿、良莠不分、鱼龙混杂等现象。这些现象不同程度地影响了公共关系事业在我国的正常发展。但同时也应该看到，这一时期在理论研究方面取得的成绩和进展，在实践领域积累的经验和教训，都将成为公共关系在我国稳步发展的基础和前提。

（三）稳步发展时期

从20世纪90年代初开始，公共关系在我国进入了稳步发展时期。其主要表现在公关学术活动正常有序开展、公关专业教育逐渐走向成熟、公关理论研究贴近中国现实、公关实践活动取得明显成效、公关专门职业正式得到承认等几个方面。

1. 公关学术活动正常有序开展

1990年7月，中国公共关系协会学术委员会在河北省新城县召开了第一届全国公共关系理论研讨会，会议以“公共关系与社会发展”为主题。之后在上海、福州、杭州、石家庄、大连等地召开第二届至第六届全国公共关系理论研讨会，分别以“公共关系与改革开放”、“公共关系与经济建设”、“公共关系与市场文化”、“公共关系策划”、“公共关系与名牌战略”为主题。1997年8月下旬，中国公关协会学术委员会在苏州召开了学术委员会四届一次（扩大）会议，会议以研讨中国公共关系基本理论问题为主题。以上会议都分别出版了论文集，记录了以会议主题为主要内容的相关研究成果。

1991年4月，中国国际公共关系协会在北京成立。中国国际公共关系协会成立后，联络国际性、地区性、全国性的公关组织以及学术团体，通过学术交流增进彼此间的相互沟通、了解与合作，为推进中国公关事业的发展作出了重要贡献。迄今为止，由中国国际公共关系协会主办的“中国最佳公共关系案例大赛”已经举办了4届，其中评选出荣获金奖的案例45项，评选出优秀奖或银奖案例46项。这一将理论与实践紧密结合，兼有社会性和学术性的活动，对于推进中国公共关系的理论研究和实践运作，促进中国公关事业向更高层次发展起到了重要作用。

1989年12月在深圳大学召开了第一届全国高校公共关系教学研讨会。之后分别由杭州大学、兰州大学、国际关系学院、湖北大学承办，于1991年11月、1994年7月、1996年10月、1998年9月召开了第二届至第五届全国高校公共关系教学研讨会。由于出席会议的代表绝大多数是高等学校的公共关系专业教师，因此，每次会议都认真地交流了有关公共关系教学的经验，也对某些公共关系理论问题进行了深入的研讨。这类学术活动将探讨公关教育与研究公关理论相结合，专业性、针对性强，效率高，效果好，对推动中国公共关系专业教育的健康发展起到了促进作用。

2. 公关专业教育逐渐走向成熟

公共关系专业教育的成熟主要体现在以下四个方面：

第一，专业建设基本形成多层格局。公共关系的普通教育已经有多所高校开设专科、本科专业，部分高校和科研院所招收了硕士和博士研究生；成人高等教育公共关系专业的自学考试已经由部分省市开设扩展到全国统一开考。

第二，教材建设初步呈现创新和升华。公共关系专业的教材建设已经由起步阶段的翻译、照抄、拼凑过渡到创新、开拓、升华，由肤浅、交叉、零散变得深刻、系统、正规。

第三，师资队伍已经形成专业梯队。公共关系教育兴起初期的任课教师多数属于半路改行，知识背景形形色色；而目前的师资队伍在年龄、职称、专长、学历等几个方面，基本上形成了老中青相结合、高中初成比例、整体素质较高、知识结构合理、理论联系实际、教学经验丰富的专业化梯队。

第四，课程设置大体符合培养目标。公共关系专业教育起步阶段开设的课程大多数是根据开设专业的原来学科和教师的知识背景而确定的，因此，不同学校相同专业所开设的公关专业课程相差甚远，同一学校不同专业所开设的课程却所差无几。目前，这种课程设置不合理的问题基本上已经得到解决，公共关系专业所开设的课程大体上能够体现专业的培养目标。

3. 公关理论研究贴近中国现实

任何事物都存在着共性和个性，公共关系也不例外。一门学科在科学领域和现实世界中的地位主要体现为：理论体系是否既有共性又有个性，理论能否有效地指导实践。

公共关系学是引进的交叉性学科。引进和构建初期的介绍、移植、搬套都是学科发展的客观需要，但这并不能形成适合我国现实情况、体现我国文化特色、具有独特研究对象的公共关系理论体系。引进的理论脱离国情，研究的对象迷失自我，其说不一的追求奇异，业内人士的无所适从，导致了公共关系发展过程的时冷时热，公共关系实践效果的有功有过，对公共关系认识评价的或褒或贬。经过了一段时间的消化吸收、分化整合、总结概括，目前已经基本克服了那种不切实际的崇洋、盲从、浮躁、媚俗、近视、吹捧等弊端，呈现出以下趋势：

第一，在研究方向上出现了学科细化和学科延伸。属于学科细化的研究成果基本上是公共关系原理在各个不同领域中的应用。属于学科延伸的研究成果基本上是公共关系原理与其他相关学科知识的结合，趋向于形成交叉学科。就目前的情况来看，因为公共关系基本理论尚不完善，体系框架仍在构建，所以无论是学科细化还是学科延伸都处于探索阶段。

第二，在研究方法上更加注重历史与逻辑相结合，理论与实践相结合，借鉴与创新相结合。

第三，在研究内容上更加重视突出特色，洋为中用，致力求同，抓大放小，奠定基础，完善整体，紧扣现实，开拓领域，初步形成了结构合理、核心突出、贴近现实、富有新意的理论体系。

4. 公关实践活动取得明显成效

公共关系实践活动最早出现在宾馆、商场、饭店等服务性组织，接着扩展到生产性的公司或企业，现在已经延伸到政府机关、事业团体、军事单位、宗教部门、慈善机构等各类社会组织，我国的公共关系实践活动已经遍及国际上公认的三大应用领域（政府、政界，经济实业界，非营利性组织）。

我国的公共关系实践活动的发展过程也与其他国家一样，经历了初级层次、中级层次，目前已经进入了高级层次。

开展公共关系活动的方式已经从片面强调“轰动效应”、“出奇制胜”等表面形式过渡到按科学程序办事，考虑近期影响，更注重长期效果。

公共关系活动取得的成效集中表现为：能够体现中国特色的、具有科学理论指导的、经得起实践检验的、取自各个不同领域的公共关系活动的成功案例在不断涌现，逐渐增多。如亚都有偿请教、希望工程、何伯权爆炒生命核能、“娃哈哈”——可爱的中国娃娃、“霞飞”展翅高飞、难忘的“中萃之夜”、让华语电视走向世界、香港回归祖国倒计时活动、上海动物园之友等。这些成功的案例代表着当前中国公关实践活动的整体水平。

5. 公关事业发展受到广泛重视

我国的公共关系事业虽然起步较晚，但其发展却突飞猛进，真可谓“春潮带雨晚来急”。公共关系以其在两个文明建设中发挥出来的特殊作用受到社会各界的普遍重视。1991 年 5 月，李瑞环同志在给中国十大杰出企业公关评优颁奖大会的贺词中说：

“中国公关事业的发展是中国改革开放的必然趋势。它以新型的管理科学，协调社会各方面的关系，密切党和广大人民群众的联系，调动各种积极因素，维护安定团结，促进社会主义建设。我相信，在实现十年规划和‘八五’计划的奋斗中，中国的公共关系事业一定会有一个更好的发展前景。”1995年5月，薄一波同志在首届全国公关会议的贺词中说：“公共关系在我国还是一项新事业，它是伴随着改革开放而发展起来的。搞好这项工作，对于扩大信息交流，促进商品流通，沟通企业联系，建立新型人际关系，都有着积极的作用。十年来，我国的公关事业取得了可喜的成绩，应该予以肯定。”李岚清同志于1994年2月5日在全国企业干部培训工作会议上讲话时说：“中国需要培养一批懂经济、懂技术、懂管理、懂文秘公关、会外语的企业家，造就一批中国自己的MBA……公共关系是门科学，搞国际经济技术合作不懂外语不行，不懂技术和经济管理不行，不懂公共关系也不行。”

中央领导对公共关系的重视不仅体现在讲话之中，而且，也注重在国家机关干部中普及公关知识。据《公共关系报》报道：国家机关工作委员会在举办的国家各部委机关党委书记理论研讨班上，邀请国际关系学院王朝文先生讲授“公共关系与党的工作”。这标志着公共关系真正步入了高层党务工作领域。

公共关系的职业化在我国也取得了突破性的进展。1999年1月，国家劳动和社会保障部正式批准成立了国家职业资格工作委员会公关专业委员会。1999年5月国家劳动和社会保障部正式出版了部颁《国家职业分类大典》，公共关系正式列入其中。国家职业资格工作委员会公关专业委员会成立后制定了公关职业标准，编写了《公关员职业培训与鉴定教材》，建立了公关员职业鉴定试题库。在国家人事部职称司制定的《高级经济师电脑测评系统》中，包括公关人员、决策人员、管理人员、营销人员四个系统。首届公关员考试已于2000年年末进行。这标志着国家已正式承认公共关系行业，公共关系将由此成为正式职业。

在我国，公共关系专业人才的培养有普通教育和成人教育两种方式；有专科、本科、研究生三个层次。就普通教育来看，1994年，经国家教委批准，以中山大学公共关系专业为本科试点，授予公共关系学士学位。该专业的毕业生颇受社会欢迎。经过几年试办后，现已得到承认，由试办转为正式招生。就成人教育的自学考试来看，1999年，国家教委将自学考试开考的400多个专业压缩到224个专业，并将其中适应性强、覆盖面广的66个专业列为全国统一计划、统一命题的专业。公共关系专业不但被保留下来，而且列为全国统考专业，将于2002年开始完全执行新的考试计划。这些事实说明，我国政府已经开始重视高层专业公关人才的培养，这将有利于我国公关事业的正常发展。

二、公共关系在中国兴起的原因

公共关系于20世纪80年代在中国兴起并迅速发展，具有其特定的客观原因。概括地说，主要有以下几点：

（一）我国的经济体制改革需要公共关系

我国的经济体制改革，其主要目的是扩大经济组织的经营自主权，使之成为独立的经济实体，以便增强竞争能力。改革开放以来，我国的社会生产力提高较快，商品流通量急剧增加，市场竞争也日趋激烈。社会主义企业作为相对独立、自主经营的经济组织，如何协调与消费者之间的利益，沟通与生产经营相关的各行业、各部门的关系，扩大自己在公众中的影响，自然成为加强竞争能力和取得发展优势的重要社会因素。

特别是我国《企业法》生效后（1988年11月1日，我国《企业法》正式生效。《企业法》规定，企业的所有权和经营权分离，厂长、经理是企业的法定代表人），企业作为一个独立的经济实体，一个开放系统，在生产和流通中遇到了一系列前所未有的复杂关系和困难局面，遇到了前所未有的竞争挑战和变化莫测的市场环境。市场经济发展所带来的生产和流通社会化的速度越来越快、社会再生产各环节职能部门的分工越来越细，使不同行业之间的联系、合作、协调也显得越来越重要。发展公共关系事业，有助于沟通企业与顾客的联系，减少企业与环境的摩擦，使得社会主义企业在改革中增强竞争能力，增强适应能力，以促进整个国民经济的发展。

(二) 我国的政治体制改革需要公共关系

经济基础决定上层建筑，经济体制的改革形势要求政治体制必须作出相应的改革。当前，以经济实力为主的经济安全理论已经成为国家的行为准则，将经济发展作为首要任务已成为世界潮流。各国政府都将政治与经济相融合，通过自由竞争而发展经济。

我国政治体制改革的目标是实现决策科学民主化、执政过程法制化、政治机构合理化、办事效率高效化和重大情况公开化，概括地说就是建立高度民主的社会主义政治制度。无论是建设社会主义的民主和法制，建设高效廉洁的领导机构，还是增强决策过程的科学性和透明度，都需要在政府和人民群众之间建立起一座信息沟通与交流的桥梁，进行广泛而深入的双向传播沟通。

从公共关系学的角度来看，政府也是社会组织，政府的公众就是人民群众，政府与民众的信息沟通交流，实际上就是公共关系活动。我国政府公共关系活动的内容是在公关思想（意识、观念）或公关理论指导下运用传播手段与社会公众建立、协调、改善关系。我国政府公共关系的主要目标是提高政府的美誉度，即通过广泛周到的社会服务满足公众的物质利益和精神需求，争取公众对政府工作的理解和支持，塑造“廉洁、勤政、务实、高效”的政府形象。

为了更好地实现政治体制改革的目标，政府以及各种社会组织的领导及其成员都必须学会利用公共关系的原理、原则、方法、技巧，来处理与其公众之间的关系。目前，我国的政府公共关系已经在市场经济发展、政府形象塑造、城市形象建设、精神文明工程等方面，取得了显著的成效。可以预测，随着政治体制改革的深入和民主化进程的加快，公共关系将会发挥越来越重要的作用。

（三）我国的精神文明建设需要公共关系

社会主义市场经济体制的建立，要求各种经济活动都必须严格按照公平竞争、等价交换、互利互惠、信守合同等基本规则运行，也需要稳定、融洽、祥和的社会环境和良好的社会风尚。这既需要加强法制建设，同时也要大力加强社会主义精神文明建设，以优化社会环境，改善社会风气。

实行改革开放之后，中央领导同志非常重视社会主义精神文明建设，明确提出了社会主义精神文明建设的目标，即培养有理想、有道德、有文化、有纪律的“四有”新人。精神文明建设包括理想、道德、文化、科学、教育建设，“道德建设”是其中的主要内容。《中共中央关于社会主义精神文明建设指导方针的决议》明确指出：“社会主义道德建设的基本要求是爱祖国、爱人民、爱劳动、爱科学、爱社会主义，要使‘五爱’在社会生活的各个方面体现出来，在全国各民族之间，工农和知识分子之间，军民之间，干群之间，家庭内部和邻里之间，以至人民内部的一切相互关系上，建立和发展平等、团结、友爱、互助的社会主义新型关系。”

无论是“四有”还是“五爱”都在于要求社会成员具有社会责任感，把社会和人民的利益放在第一位。而公共关系坚持以公众利益为出发点的原则，承担社会责任和社会义务，谋求组织与社会利益的一致性，正体现了这一现代文明的思想。

精神文明建设要求“要使‘五爱’在社会生活的各个方面体现出来”，“建立和发展平等、团结、友爱、互助的社会主义新型关系”。公共关系“内求团结，外求发展”的“人和”思想观念，正好与精神文明的要求相一致。

物质文明建设与精神文明建设具有互相渗透、互相影响、互相促进的关系。因此，在发展市场经济加强物质文明建设的同时必须加强社会主义精神文明建设。

社会主义精神文明建设需要公共关系在以下几个方面提供服务：为实现培养“四有”新人和实现“五爱”要求的目标服务；为继承和发扬爱国主义精神服务；为建立和完善市场经济体制下新的道德规范服务；为发展和繁荣社会主义科学文明服务。

（四）我国进行国际交流合作需要公共关系

当今世界以“信息化”、“市场化”和“跨国化”为基本标志的经济全球化趋势已经形成，特别是最近20年来，经济全球化进程逐渐加快，成为世界经济发展的主流。经济利益在各国对外关系中日益突出，政治经济一体化趋势更加明显。当今世界，科学技术的迅速进步，已将人类社会推向了空间时代、核能时代、信息时代、智能物化时代、生命科学时代、知识经济时代。在这种情况下，任何一个国家都不能孤立地生存，更不能在封闭状态下发展。正因为如此，各国政府都在将政治与经济相融合，积极利用政府外交开拓国际市场。

改革开放之前，虽然我国已经开始进入工业文明时代，但由于实行计划经济体制和与外界隔绝的封闭式管理，因此，中国的社会关系仍然基本停留在乡土关系的水平，而没有体现出真正意义上的市场关系。实行改革开放以来，发展市场经济，与国际市场接轨，使得我国与国外的文化、思想、科技、学术的交流、交往与合作日渐增多。国人也从此大开眼界，真正认识到生存在“地球村”中的人们，虽然民族不同、国籍不同、文化不同、观念不同，但是彼此之间却存在着千丝万缕的关联。为了生存和发展，就必须在相互尊重的基础上相互交往与合作。

实践表明，实行对外开放，发展市场经济，给我国的现代化建设事业带来了机会和挑战，带来了经验和信息，也带来了资金和技术。从宏观上讲，要引进国外资金，引进国外技术，就必须对国际经济、技术和金融市场等方面有深入的了解，必须以互惠互利的指导思想来协调国际经济合作关系。从微观上讲，中外合资、外商独资企业的发展使得我国的经济成分已经具有多样化特点。这在客观上便为我们的管理提出了理顺行业之间、企业之间、部门之间关系的要求，以便发展对外联系，改善投资环境，促进经济发展。这就要求我们必须加速发展公共关系事业。

对外开放是我国的一项基本国策。对外开放不仅是经济的开放、市场的开放，而且还是文化的开放、信息的开放。随着改革开放的深入发展，我国和各国政府间、企业间的来往，我国人民、团体与其他国家人民、团体之间的经济、文化、艺术往来将日益频繁。这就要求我们尽快发展公共关系事业，运用公共关系"双向传播"的独特功能，促进我们与对方的相互了解；需要应用公共关系的传播技巧，与对方协调关系，树立我们的信誉和形象。

当前，我国已经成为世界贸易组织（WTO）成员国，与其他国家进行国际交流合作的机会将日益增多。这就需要我们不仅应该重视建立和改善国内组织与公众之间的关系，而且更应该重视研究和探讨如何与不同文化、不同民族、不同国籍的组织与公众之间进行沟通与交流。国际交流与合作向公共关系的发展提出了更高的要求，将"内求团结，外求发展"的公共关系理论推向了新的境界。

第四节　公共关系的发展趋势

公共关系本身的特点具有综合性，公共关系的适用范围具有广泛性，影响公共关系的外部环境具有变化性，所以，公共关系也必然处在不断地发展变化之中。纵观20世纪公共关系的兴起和发展历程，审视公共关系在各个领域所发挥的作用，展望21世纪经济、政治、文化、科技的发展前景，可以看出公共关系的发展已经呈现出某些特点并可以预测将会出现以下发展趋势。

一、公关活动全球化

1955年，在国际性的公共关系活动十分活跃的背景下，国际公共关系联合会（IPRA）于英国伦敦宣告成立。到1985年底，该会已有60多个国家和地区的760名会员。国际性公共关系组织的成立，其成员的迅速增加，标志着公共关系活动的全球化发展趋势已经出现。

全球化是20世纪80年代以来在国内外广泛采用并被普遍接受的一个概念。全球化是指包括经济、政治、文化、技术和管理的世界一体化的进程。全球化趋势导致时空的缩小，国家边界的消失，把人们的生活联系得比以往任何时候都更加紧密和更加直接。全球化的鲜明特征表现为：新市场（外汇和资本市场），新工具（网络媒体），新主角（世贸组织），新规则（WTO达成的多边协定、执法机制等）。

我国学者普遍认为，"全球化"主要指经济全球化。经济全球化是指企业在全球范围内通过战略结盟和国际网络变得更为相互依存和相互关联的进程；也可以说，经济全球化是以科技进步和生产力发展为前提，以生产要素和资本流动为主要表现形式，以世界各国经济相互依存性增强为特点，反映了世界各国经济在生产、分配、交换和消费各环节的一体化趋势。经济全球化的基本标志是"三化"，即"信息化"、"市场化"和资本等生产要素自由流动的"跨国化"。

联合国贸发会议（UNCTAD）（1991年）认为全球化可以区分为三个层次。第一个层次是国际贸易的大发展；第二个层次是20世纪70年代迅速兴起的国际投资额；第三个层次（即全球化）是从20世纪80年代发展起来并处于竞争前沿的信息技术（IT）。

"经济全球化"的发展趋势必然导致公共关系活动的全球化。公共关系活动的全球化发展趋势主要表现为：

其一，国际贸易的全球化发展趋势。国际贸易的全球化发展趋势促使企业必须应用公共关系手段来为自己塑造良好形象，以获取全球性的认同。

在经济全球化进程中，始终以市场为主导。市场经济的出现和发展是一种世界现象，市场竞争决不可能被长久地限制在国界范围之内。任何国家要实现经济现代化，就必须发展市场经济，而一旦走上市场经济的发展道路，就将或早或迟地融入充满激烈竞争的国际市场。随着市场经济在全球范围的蓬勃发展，企业的市场传播活动与日俱增，企业之间的市场竞争空前激烈。公共关系在激烈的市场竞争中得到了充分的应用和发展。现代的市场竞争已经由经济实力、产品质量、技术、价格、服务的竞争，扩展到了人才、创新、信誉、形象、科技和知识的竞争，集中体现为企业和企业、品牌和品牌之间的形象竞争、信誉竞争。这种竞争涉及到企业经营的各种要素，因此，C1 形象战略（Corporate Identity System，企业识别系统，企业整体形象设计）逐渐成为市场公共关系的热点。同时，这种形象和信誉竞争也超越了单一的媒体和局部的市场，而逐步趋向媒体的多元化和范围的全球化，因此，企业的形象策划和传播呈现立体性和国际性的趋势，开始流行 IMC 市场传播战略（Integrated Marketing Communication，整合性市场传播）。它的核心是面对市场的“信息整体传播”或“信息战略组合传播”，力图为企业塑造一种“放诸四海而皆准”的“全球形象”，以获取全方位的、全球性的认同。

其二，政府公关的全球化发展趋势。全球政府公关的新趋势是政治与经济相融合，重点是自由竞争发展经济。形成于 20 世纪 90 年代的全球政治经济新格局，导致各个国家都将以经济实力为主的经济安全理论作为行为准则，将发展经济作为首要任务。纵观当今世界，经济利益在各国对外关系中的地位日益突出；政治—经济一体化趋势更加明显；改革政府的管理体制已经成为潮流。各国政府都正在努力实现从原来的统治者、指挥者、控制者的身份向协调员、通讯员、服务员的角色转换。政府首脑及主要官员都将推销本国产品、寻求合作伙伴、拓展投资领域、签订经贸合同、扩大对外贸易作为外交活动的重要内容；为了抢占国际市场都在将“政治攻势”与“经济公关”相结合，而且均有突出的业绩和表现。美国著名的营销专家菲利浦·科特勒面对世界政府公关新趋势，在传统的五种营销策略（产品、价格、销售渠道、促销手段、公共关系）基础上，又提出了“政治营销”的概念。这一观点很快得到人们的广泛认同。

其三，政治文化的全球化合作趋势。国际性的政治文化合作发展趋势迫切需要大量的公共关系人员参与全球性的沟通合作、调节冲突、维护和平。

现代社会的人类发展面临着诸多的全球性问题，如：自然环境保护，控制人口膨胀，抵御战争、倡导和平，打击国际恐怖主义、跨国贩毒和走私，控制原子、化学和生物武器的扩散，妥善处理人权与主权、区域性经济合作与发展的关系，人类新的生存空间与资源的研究开发等。这些问题的妥善解决对于改善人类的生存条件具有极其重要的现实意义和深远的历史意义。但这些问题的解决已远远超出某个国家、民族、阶级的能力范围，必须加强国家间的沟通与合作。这些问题需要在形成人类共识的基础上制定国际性的协调政策，并通过立法程序形成一系列国际性的规范和准则，依靠全人类的通力合作来加以解决。在这方面，公共关系的应用实践将涉及迄今为止最为广阔的一个领域。

各国的公共关系从业人员将面临一个共同的任务：通过全球性、跨文化的传播沟通去形成全球性的共同意识，促成国家间的协调与合作，推动全球性问题的研究与解决。可以预见，公共关系的协调沟通、咨询预测、危机管理等功能将会越来越受到重视，并得到广泛的应用。

全球化使人类社会进入了一个打破地域限制的发展阶段。这是不以人的意志为转移的发展趋势，必将对 21 世纪的世界经济产生深远的影响，也必将导致跨国公共关系公司的数量持续增多，公共关系业务领域的逐渐拓展，公共关系活动范围的不断扩大，公共关系的全球化发展趋势已经形成。

二、公关人员职业化

从 20 世纪 30 年代起，在欧美国家，专业化、职业化的公共关系咨询顾问公司纷纷出现，而一些大公司、大企业甚至政府机构则在内部设立公共关系部门，公共关系从业人员开始出现职业化的发展趋势。80 年代以来，全球咨询策划业蓬勃发展，而综合性的大型咨询策划公司则荟萃了各种高级人才，包括退休的政府官员、军事首脑、大学教授等。而且，咨询策划公司已遍布美国各地，而且出现了跨学科、跨部门、跨领域、跨国际组建机构的趋势。诸如兰德公司、安德森咨询公司、麦肯锡咨询公司等，近几年已经成了哈佛大学相关专业毕业生竞相加盟就职的热门单位。

目前，公共关系公司以及组织内部的公共关系机构已经逐渐扩展到发展中国家，使得公共关系从业人员的职业化发展趋势进一步加快，而且，这种发展趋势越来越明显。公共关系从业人员职业化成为一种趋势的主要原因在于：

其一，公共关系从业人员职业化具有坚实的社会基础。社会的发展使得各类组织所处的环境日益复杂化，其中存在着大量繁复的属于公共关系事务的社会问题。这些问题需要具有专业特长的人才和专门从事该项业务的部门通过协调关系才能得以解决。在客观实践中，公共关系活动介入解决一些重大社会问题，例如民族问题、和平问题、生态环境问题等，都取得了良好的效果。公共关系的全球化发展趋势促使公共关系从业人员要立足国内、面向世界，要能够利用高新科学技术处理重大的公共关系问题，开展高水平的公共关系活动，包括进行广泛深入的调查研究，策划公共关系活动方案，实施公共关系活动计划，对公共关系活动进行评估总结等。因此，公共关系从业人员必须向专业化、职业化的方向发展，只有专业化、职业化才能尽快地提高专业技能，增强处理和解决公共关系专门问题的能力。

其二，公共关系从业人员职业化有利于公关事业的发展。据有关资料，20 世纪 50 年代在信息部门工作的人员只占就业人数的 17%左右，到了 80 年代，从事信息部门工作的人员已经达到就业总人数的 60%左右。许多投资、咨询、销售、调查公司所雇用的职员大都来自公共关系专业和其他相关专业。其原因就在于公共关系是一种以处理公众关系为主要工作内容的职业。公共关系学是一门探讨处理公众关系的规律、原则、方法和技巧的科学。一个称职的公共关系人员除了具备本专业的基础知识之外，还必须具备良好的职业道德和公众意识、形象意识、沟通意识等方面的基本素质。公共关系专业公司、公共关系专门机构以及公共关系学术组织都非常重视对其成员进行职业道德教育，强化公共关系人员的道德观念，规范公共关系从业人员的职业行为。也就是说公共关系从业人员的职业化对于从事该职业的人员形成职业意识、提高专业水平都具有促进作用，而公共关系从业人员道德意识、职业意识的增强，也是公共关系事业健康发展的重要前提和坚实基础。

三、公关理论整合化

"公共关系"概念的内涵具有丰富性；公共关系学科的研究对象具有综合性；公共关系的理论体系构建具有探索性。这说明公共关系科学需要广泛吸纳诸多社会科学和人文科学的研究成果来充实自己，以便使其学科理论细化为适用于不同领域的学科或者进一步延伸形成交叉学科。

长期以来，由于公共关系学理论研究更多地强调本学科的相对独立性，从而限制了公共关系与其他社会科学的交叉性相关研究和学科细化研究，致使公共关系理论研究出现了某种程度上的狭隘性或局限性。近年来，公共关系学理论界加强了公共关系学与其他相关学科的综合研究。这些研究使公共关系学吸纳了诸多社会科学和人文科学的最新成果，出现了学科细化和学科延伸两种发展趋势（参阅本教材第一章第四节“公共关系学的学科性质”）。

四、公关实务专业化

20世纪的最后几年，国内市场与国外市场逐渐接轨，市场竞争的运作法则也随之走向规范，公共关系在市场竞争中的特殊价值得以体现。中国政府的领导人以及各类组织的高层管理人员，尤其是企业家阶层，真正认识到了公共关系在现代管理中的特定功能和重要作用。思想认识的提升和客观现实的需要，促使公关实务的专业化程度日渐提高。这主要表现在以下几个方面：

其一，公关实务的层次逐渐升级。公共关系实务在我国的发展过程也与其他国家一样，经历了初级层次（最早出现的以迎来送往、陪吃伴舞之类为主的接待型公共关系活动）、中级层次（接着出现的以推销、谈判、联络、沟通为主的销售型公共关系活动），目前已经进入了高级层次（最后出现的以塑造形象、优化环境为目的，有科学理论指导的出谋划策、充当智囊的策划型公共关系活动）。公关实务活动中已经逐渐摆脱了20世纪80年代中期形成的“公关小姐、公关先生、接待服务”的低层次现象，也基本扭转了由此所导致的负面影响。

其二，公关实务的内容渐趋丰富。目前，公共关系实务的内容已经涉及到多个方面：从涉及的领域来看，已涉及到企业公关、政府公关、事业公关、军事公关、环境公关、文娱公关、体育公关甚至福利和慈善公关等各个领域。从实务活动的方式来看，已涉及到民意测验、形象评估、信息传播、新闻发布、新闻宣传、产品展向、公益赞助、活动策划、危机管理等。

其三，公关实务的效果明显提高。公共关系在我国刚刚起步时，所开展的实务活动，基本上是开业三件事（剪彩、挂匾、布鲜花），活动三部曲（大赛、上街、上电视），片面强调“感情投资”或“微笑服务”，以取得“轰动效应”和“出奇制胜”的效果。目前已经由原来的表面形式、媚俗行为逐渐过渡到按公关活动的科学程序办事，有针对性地利用大众传播和人际沟通，既注重经济效益和近期影响，又考虑社会效益和长期效果。

公共关系实务专业化的发展趋势，使得开展公共关系活动的水平明显提高。某些需要开展公共关系活动的社会组织主动与专业公共关系公司合作的情况更加普遍，公关专业化的智力劳动价值得到了应有的体现。

五、公关手段网络化

随着现代科学技术的迅速发展，人类社会已经进入了信息化时代。信息化时代的重要标志便是全球的网络化。国际互联网是现代电脑技术、通信技术一体化的产物，代表了现代传播科技的最高水平。国际互联网的出现，将改变人类的传播意识、传播行为、传播方式，将转变人类长期形成的交往、时间、空间等观念，甚至影响人类社会生活的方方面面。在网络化时代，人类的学习与工作、生产与消费、生存与发展都需要依靠组织与组织、个体与个体的高度合作。人类的这种互相补充、互相依存的合作，需要以公共关系作为联系方式和推动力量。公共关系作为一种以传播沟通为中介的功利关系，必须迅速吸收和借助互联网这种最新的传播沟通技术，开发互联网中丰富的信息资源，发挥互联网强大的传播优势。互联网络的迅速发展，为公共关系提供了新的传播手段。目前，各国政府、各个企业、高等学校、科研院所等都越来越认识到网络公关的重要性。网络公关逐渐成为各种社会组织激烈竞争的新兴领域。据《公关世界》1998 年第 6 期张雷的文章《数字化时代的公关》介绍，英国、法国、西班牙、意大利的公共关系公司建立跨国界网络的比例分别是 20.5%、

23.3%、43.8%和50%。公共关系手段的网络化已成为大势所趋。

互联网与传统的大众媒介和其他电子媒体相比，具有不同的传播特征。这些特征主要表现为：双向互动、体现个性、超越时空、范围广泛、高度开放、成本低廉、容量无限、综合优势（详见第九章第二节“大众传播媒介的个性特征”）。

互联网可以进行文字、数据、图像、声音等多媒体的沟通，具有搜集信息、推广形象、联络沟通、新闻发布等多种传播沟通功能，为现代公共关系活动的开展提供了全新的途径和手段。

六、公关地位战略化

从公共关系实践活动的发展过程来看，最早出现的是以迎来送往、陪吃伴舞为主要形式的接待型公共关系活动；接着出现的以推销、谈判、联络、沟通为主要形式的销售型公共关系活动；目前，已经出现了以塑造形象、优化环境为目的，有科学理论指导的出谋划策、充当智囊的策划型公共关系活动。从公共关系管理功能的发展过程来看，首先是作为组织的“喉舌”，即组织的“发言人”，为组织及其政策、产品或服务做宣传；然后过渡成为组织的“耳目”，为组织监测周围环境的变化，加强与社会公众的双向沟通；现在它已成为组织的“智囊”或“参谋”，为组织经营和管理决策的制定出谋划策，即已经成为组织战略管理的重要组成部分。

1996年在北京召开的国际公关大会上，美国马里兰大学新闻学院的公共关系学教授詹姆斯·E. 格鲁尼格在发言中说：“我认为现在美国公共关系有四大趋势：首先，公共关系正在逐渐变成一个有着广博的知识体系的职业。其次，公共关系正逐渐变成一种管理功能而不仅仅是一种技术性的传播功能。第三，公共关系从业人员正逐渐变成战略咨询者，而不再像他们的前辈那样贯注于大众传媒上的宣传。最后，公关业由白人男性一统天下而变成女性占多数并且有许多来自各个种族的从业人员。”

在一些经济发达国家，公共关系理论已被广泛应用于政治、经济、军事、文化等各个领域，用以指导各类组织的社会实践活动，并以它特有的价值和作用，受到人们的普遍关注。有人把以计算机为代表的现代科技水平，以旅游业为代表的富裕生活程度，以公共关系为代表的经营管理效能，并列为衡量一个国家经济发达程度的三大标志。

美国全球伙伴研究公司即战略咨询公司，专门研究市场与联盟的关系。该公司的董事长兼总裁詹姆斯·穆尔于1996年撰写和出版了畅销书《竞争的消亡》，后来又在《华盛顿季刊》1997年冬季号上发表了《一种新的公司形式的兴起》的文章①。穆尔在其著作和文章中积极倡导培育商业生态系统，构建现代企业模式。他认为，商业生态系统乃是以发展为导向的协作性经济群体，它包括客户、供应商、主要生产厂家以及其他有关人员组成的群体，其中还有投资者以及有关的行业协会、工会、政府和半官方机构等。

穆尔倡导的企业生态系统，充满了开放和合作的现代人文精神，摒弃了封闭和滥用竞争的过时手法。从公共关系的视野来看，穆尔倡导的企业生态系统就是要建立企业与各类公众之间的关系网络，实际上也就是公共关系。

随着经济全球化、信息社会化、沟通网络化时代的到来，公共关系在组织管理中的战略地位必将逐步得以确立。这种战略地位的确立，将成为公共关系产业化的先决条件。

---

① 参见詹姆斯·穆尔《培育商业生态系统，构筑现代企业模式》，载《参考消息》1998年2月10～12、14～16日。

第三章　公共关系的功能

公共关系是社会组织为了实现某种利益目标与其公众建立并协调发展的一种社会关系。公共关系目标的实现必须依赖于坚持不懈地开展各种形式的公共关系活动。不同形式、不同内容、不同规模的公共关系活动既有相对独立的目标和各自的作用，同时，又相互联系，彼此渗透，为实现公共关系的总体目标共同发挥着整体作用。所谓公共关系的功能就是指为了实现公共关系目标所开展的各种具体活动共同体现出来的整体作用。公共关系的基本功能主要包括：搜集信息，咨询决策，传播沟通，树立形象，协调关系。本章将对这些基本功能加以探讨。

第一节　搜集信息

公共关系活动按其活动程序来说，一般是从搜集信息开始的。信息是指经过处理或排列，包含新内容、新知识并且具有利用价值的消息。搜集信息是指根据开展公共关系活动的需求，把关于组织内外环境的各种零乱无序的信息加以聚集并予以组织加工的过程。当今的世界是“信息爆炸”时代，信息被看做是经济发展的战略资源和重要因素。公共关系人员能否及时获取信息，以及获取信息数量的多寡和质量的好坏，直接影响着公共关系活动的效果。不同的社会组织，出于不同的目的、针对不同的公众、开展不同的公共关系活动所需要的信息也各不相同。如果我们以企业组织开展公共关系活动为例，那么，大体上需要搜集以下四类信息：

一、组织形象信息

组织形象是指社会组织的特征和表现在公众心目中的反映，是公众对一个组织的总体评价。组织形象信息是公众对组织形象构成要素的反映或评价。组织形象由多种要素构成，一般的企业组织，其形象构成要素可分为两大类：外在形象要素和内在形象要素。与此相对应，组织开展公共关系活动需要搜集的组织形象信息既包括外在形象信息，也包括内在形象信息。

（一）外在形象信息

外在形象要素属于具有代表性和象征性的实体，包括组织的名称、建筑、装饰、设备、装备、商标、广告等。公众通过对这些实体的观察和感受所形成的反映和评价便构成了该组织的外在形象信息。

1. 组织的名称

组织名称是组织形象的基本载体，名称中记载着组织的过去和现在，存贮着组织的发展和变迁，蕴含着组织的功过与得失。组织名称能够在某些地方，借某种时机，以某种方式塑造和传播组织形象。公众对某个组织的兴趣以及偏好最初可能就是从它的名称开始的。

2. 组织的建筑

组织的建筑群落是具有说服力的实力象征，装饰布局能够展示组织的精神风貌。建筑与装饰能够以实体形态向内外公众传播形象，成为鼓舞和感召内外公众的无形力量。

3. 组织的设备

一般来说，一流的设施、一流的产品和一流的服务三者相辅相成，设备的好坏直接影响着产品的数量、质量和经济效益。现代化的设备，风格化的装置会令人耳目一新、流连忘返，能够使组织内部公众增加几分自豪感。

4. 组织的商标

商标是商品的标记。它是商品生产者或经营者用以标明自己所生产或者销售的商品，与其他组织生产或者销售的同类商品相区别的标记。因此，商标在区别商品的同时，也起到了区别商品的生产者与经营者（即企业）的作用。商标注册后经过长期使用和广泛宣传，逐渐为公众所熟悉，也就能够成为组织形象的象征，成为组织的无形资产。

5. 组织的广告

随着市场经济的发展，已经出现了组织广告取代产品广告，公共关系广告取代商业性广告的趋势。也就是说，通过广告推销产品已经逐渐转变为通过广告树立和推销组织形象。广告对于塑造和传播组织形象具有明显作用，广告能够成为组织的象征。近几年，创造出成功广告的组织越来越多，成功的广告造就的成功组织也越来越多。

组织的外在形象要素还包括办事效率、经济实力、商品包装以及组织的工作环境等。

(二) 内在形象信息

组织形象不仅来自于有形的外显性事物，而且出自组织行为所体现出来的内在素质和精神，不但有能够为公众直观感知到的象征性内容，而且有经过长期努力形成的一整套管理制度、服务规范、质量标准、技术水平、信誉保证、企业精神、价值观念等内在基础性的内容。公众对这些内容的反映和评价便是组织的内在形象信息。

1. 组织的产品质量

由于科学技术的迅速发展和市场竞争的日益激烈，企业组织都极为重视产品的质量。目前，“以质量求生存”已经不仅仅是企业组织的口号，有人已把产品质量问题提升到有关“国家存亡”的高度。公众对产品的反映和评价是多方面的，如质量、性能、用途、价格、包装等。

2. 组织的服务水平

当代社会的经营观念发生了重大转变，即从消费导向的经营战略，转变为以人为中心的营销策略。公共关系事业的迅速发展便是这一重大转变的具体反映。在产品质量基本相同、价格所差无几的情况下，消费者更加重视服务的水平。这说明了服务水平已经成为公众评价组织形象的重要内容。

3. 组织的管理水平

组织管理是对组织的生产经营活动所进行的计划、组织、指挥、监督和协调。组织管理水平的高低，影响着公共关系状态，影响着工作效率、经济效益和发展前景。管理水平主要体现为组织机构的设置是否合理、运转是否灵活、办事效率高低等方面。

4. 组织的技术水平

组织的技术水平体现为技术装备情况和技术力量阵容两个方面。当代国际市场的竞争，正在从机器、设备、工具、产品、价格等方面的竞争，转变为以知识、信息、技术、人才、创新等为主的竞争。组织的技术人才阵容以及在技术创新、技术开发方面的成就已经成为组织形象的重要标志。

5. 组织的信誉状况

现代市场经济的高速发展，大众传播媒介和现代沟通技术的广泛应用，使组织与公众之间的相互联系和依赖大大加强，促使组织通过市场和传播媒介与整个社会联成一体。良好的组织信誉，已经成为巩固和开拓市场，获取理想效益的决定性因素，成为促进和推动组织发展的神奇力量。

6. 组织的价值观念

组织的价值观念体现在内部员工特别是主要成员的精神面貌、竞争观念、创新意识、行为方式、经营理念、人格特征、业务水平、文化素质、工作态度、工作作风等方面。公众对于组织以上这些因素的反映和评价也是内部形象信息的重要内容。

组织的形象信息来自于公众对组织的评价，公众的评价涉及到形象构成要素的方方面面；而知名度和美誉度作为评价组织形象的基本指标则是对各种构成要素的综合反映。

二、相关公众信息

公众是公共关系工作的对象，相关公众信息是搜集信息的重点内容。其主要内容包括公众构成情况信息、公众需求情况信息、公众评价情况信息。

（一）公众构成情况信息

公众构成情况信息主要涉及以下两个方面：

1. 内部公众构成情况

包括：组织成员的数量、专业、年龄、性别、能力、职务、职称、文化程度、需求层次、劳动态度、思想素质等。

2. 外部公众构成情况

包括：外部公众的数量、分布、特征、需求、观念、与组织的联系状态、对组织的重要程度、依赖程度等。

（二）公众需求情况信息

公众需求情况信息主要涉及以下两个方面：

1. 公众的物质需求信息

包括：公众对改善物质生活环境的需求、公众对获得优良物质产品的需求、公众对获得各种有形服务的需求。

2. 公众的精神需求信息

包括：公众对受到组织重视的需求、公众对合法权益的需求、公众对获得满意服务的需求、公众对获得相关信息的需求、公众对获得尊重的需求等。

（三）公众评价情况信息

公众对组织的评价信息主要涉及以下五个方面：

1. 对组织产品的评价

包括：对产品的内在质量的评价、对产品外型的评价、对产品价值的评价等。

2. 对服务质量的评价

包括：公众对组织服务项目、服务方式、服务措施、服务水平的评价等。

3. 对管理水平的评价

包括：公众对组织管理机构及其办事效率的评价、对组织经营创新和管理革新的评价、对组织管理效益的评价等。

4. 对人员素质的评价

包括：公众对组织领导人、中层管理人员、专业技术人员、一般员工、公共关系人员及特殊人物的评价等。

5. 对外向活动的评价

包括：公众对组织外向宣传活动、社会公益活动的评价等。

三、社会环境信息

开展公共关系活动，还需要搜集同组织有关的社会环境方面的信息。因为开展公共关系活动的目的，就在于优化组织的社会环境，使组织在与社会环境相互协调的过程中取得发展。因此，只有掌握了足够的社会环境信息，才能顺利地逐步实现活动目标。

社会环境信息的内容十分广泛，主要包括三个方面：

(一) 法律政策信息

法律政策信息是指国家权力机构颁布的各项法律，制定的有关政策。这些信息对各类社会组织均有指导与约束作用，为保证开展的公共关系活动遵守法律、符合政策，就得搜集与活动项目相关的法律政策信息。

(二) 社会问题信息

社会上的经济、政治、思想、文化等领域发生的重大事件，都会对公众产生影响，引起公众意见，形成社会思潮。如人口、就业、物价、生态等问题，不仅会引起公众意见，而且也关系到组织的发展前途。政府及相关部门对这些重大问题所采取的措施，往往形成不可抗拒的社会潮流。因此，开展公共关系活动就必须密切关注并搜集与这些问题相关的信息。

（三）社会公众信息

对一个社会组织来说，它所面临的公众是多种多样的，既有内部公众也有外部公众，既有个体公众也有群体公众，既有目标公众也有一般公众……开展公共关系活动虽然应该以目标公众为主要对象，但公众是相互影响并且不断发展变化的，因此，也需要考虑与活动项目相关的社会公众。例如，通过调查了解到社会公众的消费新动向，策划时就应该顺应变化趋势；通过调查获得了竞争对手所采取的最新策略，策划时就应该考虑采取相应的对策。

四、活动条件信息

这里所说的活动条件信息，是指开展公共关系活动的具体条件。其主要内容可以分为三个方面：

（一）相关传播媒介信息

传播媒介情况信息主要包括大众传播媒介情况信息和专题活动媒介情况信息。

1. 大众传播媒介情况信息

大众传播媒介信息的基本内容有：（1）大众传播媒介的分布情况。如地域分布情况、行业分布情况、类型分布情况、数量分布情况等。（2）大众传播媒介的作用情况。如涉及大众传播媒介的传播范围、传播内容、传播特色、传播效果、传播者的威信等方面的情况。（3）大众传播媒介对信息的需求情况。如一定时期内大众传播媒介的报道中心，新栏目的开辟，编辑和记者急需的内容等。

2. 专题活动媒介情况信息

专题活动媒介情况信息的主要内容有：（1）专题活动筹办情

况。如某次专题活动是由什么组织机构主办的，将在何时何地举办，拟办活动的主题、内容、规格、规模、参加活动的人数、估计影响等。(2) 专题活动效果评价情况。如某次专题活动的经验教训和利弊得失，经济效益与社会效益，主办单位的自我评价，参与活动者的印象，权威人士的看法，局外人士的见解，新闻媒介的报道情况等。

(二) 主体投入力量信息

任何社会组织所开展的任何一项公共关系活动都需要投入一定的人力和财力。如果缺乏必要的条件作为保障，就无法开展活动。因此，在开展公共关系活动之前，必须掌握参与此项活动的人力和组织所能承担的财力信息。

关于人力的信息主要指选派哪些人去参与这一活动；参加人员是从组织内部挑选，还是从专业公关公司选聘；被选人员有何专业特长、能力、经验，业绩如何，能否胜任此项工作任务等。

关于财力的信息主要指组织所能承担的经济实力或投入此项活动的资金数额。

(三) 活动相关环境信息

具体活动环境信息是指开展公共关系活动所需要的场地、设备以及各种规定或要求等方面的情况。

这方面的要求主要是指要查清各种用具（如桌椅、餐具、茶具等）的数目、质量及档次，搞清各种电器设备（如电话、扩音、照明等）的配置及使用效果。

开展一项公共关系活动，同活动场所周围的相关单位及部门都会发生联系，如交通部门、卫生部门、治安部门等。开展活动之前应了解这些部门的要求和规定，以便事先取得支持。

总之，开展公共关系活动需要搜集的信息内容是多方面的，掌握的信息越全面、越细致、越彻底，公共关系活动的针对性就越强，成功的可能性就越大。

第二节 咨询决策

公共关系机构和工作人员在一个组织内部不是决策者，而是决策者的咨询机构和谋士。事实上，公共关系人员的主要工作就是围绕组织发展过程中的各个目标，在搜集信息的基础上，提出各种可行性方案，供决策者进行选择。所以，公共关系机构充当的是组织的“参谋部”，而公共关系人员扮演的是“军师”角色。从公共关系的发展趋势来看，咨询决策在公共关系实务中越来越重要，应该成为公共关系最突出的功能。咨询决策可分为咨询建议和参与决策两方面的内容。

一、咨询建议

咨询建议是指专门业务人员就某个或某些问题向决策者提供可以借鉴或采纳的情况说明和意见。公共关系的咨询建议是指公共关系专业人员根据与公共关系相关的情况向组织领导提供可供借鉴或采纳的说明和意见。公共关系的咨询建议一般包括下述三类：

（一）公众的一般性情况咨询

这类咨询主要提供社会组织与公众状态的一般情况说明，如内部员工的归属感、社会公众对本组织的评价、顾客公众对组织产品的反映、新闻媒介关于本组织的舆论、同行对本组织的评估等。根据不同的需要，这类咨询可以是定期的，也可以是不定期的。其目的是要让决策者及时了解和掌握公众的一般情况，以便适时调节本组织的运行机制，为实现组织目标创造有利条件。因此，这类咨询是公共关系机构经常性的工作。

（二）公众的专门性情况咨询

这是指组织在举办某个专题活动之前，公共关系专业人员提供与该活动直接有关的情况说明和意见，以使专题活动更具有针对性。如组织打算举办新闻发布会，公共关系人员应当提供新闻媒介的近期宣传动向、新闻记者对本组织的了解程度等情况，还应建议安排邀请出席会议人员的名单、会场的布置等。

（三）公众心理变化趋势咨询

这类咨询是以组织的长期规划为依据，将经过观察和分析而形成的关于公众心理变化及其趋势方面的意见提供给决策者。上述的公众一般情况咨询，主要是对公众现状的分析和说明，但是由于各种社会因素的变化，公众的心理状态也会随之发生变化。公众的心理变化直接影响组织的运行，如果公众的心理已经发生了变化，而组织却仍按照原来的方式运行，则必将影响组织与公众之间的关系，使组织的目标难以实现。因此，公共关系人员必须密切关注公众的心理变化并对其进行分析，作出预测，以便向组织的决策者通报。这类咨询常常能富有成效地为组织中长期战略规划的制定和调整提供可靠的根据。

二、参与决策

所谓决策就是人们针对某个特定问题，从若干种有关未来事件的设想或解决方案中作出选择的过程或行为。任何决策过程都包含着对需要解决的问题情况的了解，包含着对未来事件进行的思考，包含着可供选择的若干方案，包含着对这些方案作出最后选择。对于决策来说，具有关键性意义的一环，在于作出选择或决断。如果没有这关键的一步，就不能称其为决策。正因为如此，我们也可以简单地说，决策就是选择并确定行动方案的过程。

从公共关系的角度来看决策是指组织在对自身条件和外界环境经过缜密考虑、进行比较后，对运行的具体目标以及实现目标的方法步骤所作出的决定性选择。由于组织的自身条件和外界环境都包含着公众因素，因此在组织的决策过程中，公共关系的参与是理所当然的，并且它还发挥着相对独立的作用。这种独立作用除了上面的咨询建议外，还表现在以下三个方面：

（一）站在公众立场上发现决策问题

所谓决策问题就是组织面临的客观现状与目标之间的差距。在组织中，地位不同的人具有不同的立场。一般说来，从各种不同的侧面、角度或立场，去寻找决策问题都是必要的，但站在公众立场上去寻找决策问题与从其他角度来观察决策问题相比较，往往能使发现的问题具有更明显的针对性，更能够揭示问题的实质。例如，当一家企业面临开拓新产品或转产的决策时，它必须首先考虑社会公众的特定需要。只有这样，它生产的新产品才会有公众消费，才能最终实现组织目标。

决策涉及到方方面面、多种多样的问题，并非任何决策都一定要站在现实公众的立场上来观察问题，如关于高科技领域的纯学术性研究的决策。但一般说来，经营性组织的决策，需要从公众立场上去发现决策问题，非经营性组织的总体目标决策，往往也需要站在公众的立场上去寻求决策问题。我们强调站在公众的立场上去寻找决策问题，并不意味着不需要从其他角度去寻找问题，而只在于说明从公众立场上去寻找决策问题具有更重要的意义。

（二）以公众利益作为决策的依据

组织在决策过程中，如果没有一定的约束就容易产生只顾自身利益而忽视公众利益的片面性倾向。这种情况在决策层目光比较短浅的组织中表现得尤为突出。有鉴于此，在决策中组织应当自觉地建立相应的约束机制。约束可以来自两个方面：外部约束（如社会舆论）和内部约束。公共关系参与决策就是它代表各种公众从组织内部对组织的决策进行约束。这种作用同样是独立的，不可取代的。公共关系要求本组织在决策中必须考虑公众利益，必须在决策方案中反映公众的利益和需求，从而有效地避免本组织在决策中只顾自身利益的片面性倾向。“以公众利益为目标”是公共关系的一条总体原则。以公众利益作为决策的依据，对于组织来说不仅仅是一种约束，而且还是组织决策正确性的一项保障。因此，在现代社会中，公共关系参与决策是组织生存和发展的重要条件。

（三）在决策中确立公共关系目标

组织的决策方案是根据各部门的任务和组织的总目标来确定的。公共关系参与决策能够保证在组织的决策方案中包含两个方面的内容：其一是公共关系工作的目标；其二是实现目标的具体措施。如果公共关系目标不能进入组织的决策方案，那么，不仅决策方案不完整，而且公共关系职能部门的工作也难以同其他职能部门的工作得到很好的协调，组织的运行就容易发生混乱。公共关系参与决策，能够保证在决策方案中体现出公关工作的具体目标及实现目标的具体措施，这样才能够从整体上保障组织总体目标的实现。公共关系参与决策的这三个方面是相互联系的，只有站在公众立场上去发现决策问题，以公众利益作为决策依据，才能在决策中确立公共关系目标，才能将满足公众利益的措施列入决策方案。

第三节　传播沟通

传播沟通是公共关系活动的主要方式。因为要想使一个组织在公众心目中树立良好的形象，要想让公众理解组织的行为并给予支持，首先就需要让公众了解组织的目标和现时的状况。这就必须在组织和公众之间形成畅通的双向交流，即做到“双向传播沟通”。开展公共关系活动的决策方案一经确立，接着就将进入以传播沟通为主要形式的运行阶段。所以，传播沟通既是公共关系的一种主要功能，也是公共关系活动的关键环节。

一、传播沟通的特点

公共关系活动中的传播沟通是指组织向公众提供自身将要实

施或正在实施的政策、行为等方面的信息，同时又接受来自公众方面的信息反馈。公共关系活动中的传播沟通具有以下特点：

1. 信息的双向交流。即不是组织或公众单方面提供信息，而是组织与公众双方面的信息交流。

2. 受组织控制的活动。传播沟通虽然是组织与公众之间的双向交流，但它作为公共关系的一种功能，其行为主体是组织，是在组织控制下开展的系统活动。

3. 具有综合性的交流。其一，传播沟通的内容不仅是交流一般的信息，同时还进行思想、情感、意见和态度的交流。其二，传播沟通的方式不仅仅是通过语言进行交流，还利用开展各种专题活动进行交流。其三，传播沟通的媒介不仅有大众传播媒介，而且也包括人与人之间的直接交往。

4. 具有不同的目的性。传播沟通的具体目的可能千变万化，但归纳起来基本上可分为四种：传递信息、沟通情感、改变态度、引起行为。这四种不同的目的是按层次逐级上升的。为了取得传播沟通的良好效果，应该注意目的的层次性。

二、传播沟通的任务

传播沟通的任务应该根据组织发展的不同阶段所面临的具体情况来确定，因此，组织发展的不同时期，传播沟通的作用和任务也有所不同。

在一个组织的创建时期，传播沟通的主要任务是争取公众对组织形成良好的第一印象，使组织对外富有吸引力，对内富有凝聚力。在这一时期，传播沟通工作应当注意造声势、树招牌，注重形成组织的独特风格和独特形象。

在组织发展的兴盛时期，传播沟通的主要任务是维护组织在公众心目中已经树立的形象和声望，在巩固既有成果的基础上进一步扩大组织在公众中的影响。在这一时期，传播沟通应当注重“居安思危”，着眼于未来，注重为组织的进一步发展奠定基础。

在组织发展的危难时期，传播沟通的主要任务是消除公众对组织的疑虑，争取公众对组织的信任，帮助组织化险为夷、转危为安，恢复或重振信誉。在这一时期，传播沟通工作要力求发挥创造性，灵活机动地解决潜伏着的危机问题。

三、传播沟通的原则

为了使传播沟通的功能正常发挥，应该遵循以下原则：

（一）目标性原则

传播沟通应该依据公共关系的具体目标选择传播沟通的方式。公共关系的具体目标不同，传播沟通的方式就应该有所区别。例如，当一个组织需要扩大其社会影响力时，就要借助传播范围广泛的新闻媒介开展工作；当一个组织需要解决内部公共关系问题时，其传播沟通就应采取当面对话、召开座谈会的方式，以利用内部刊物为主。

（二）灵活性原则

传播沟通应该因地制宜，因人而异，努力提高传播沟通的效果。传播沟通的效果表现为实现目的的程度，即传递信息、沟通情感、改变态度、引起行为的程度。任何传播沟通工作都应该针对公众的不同类型、特征、需要、变化而开展，才有可能取得最佳效果。例如，当传播沟通工作面对的是文化程度比较低的农民时，就应该尽量使传播内容通俗、易懂、实用；当主要对象是具有某种宗教文化背景的公众时，就应该特别注意传播的内容不要与其宗教文化观念相抵触。

（三）重效益原则

传播沟通既要注重社会效益，也要注重经济效益。开展传播沟通活动必然需要经费，但公共关系活动的经济效益往往难以做到立竿见影。公共关系工作虽然应该有长期投资的战略眼光，要立足于长远，但是，这不等于可以置经济效益于不顾。开展传播沟通活动应该力求花最少的钱办最多最好的事，即争取以最节约的投入而获取最佳的传播效果。

第四节　树立形象

树立组织形象是公共关系的一项重要功能。树立组织形象包括建立信誉和塑造形象两个方面的内容。分别介绍如下：

一、建立信誉

（一）信誉是组织的生命

信誉对任何组织来说都是至关重要的。古人云：得道多助，失道寡助。这说明人心的向背是一个国家能否进行有效治理，一个政党能否得到人民拥护，一个军队能否在战争中取胜，一个组织能否更好地生存和发展的根本条件。

古今中外的政治家都对“取信于民”的重要性有深刻的体会，历代的商品生产者也懂得取信于用户的重要意义。如今，在市场经济迅速发展、竞争激烈的条件下，信誉的作用越来越重要，已经成为任何组织盛衰成败的决定性因素。这是因为：第一，人们的需求越来越复杂，相同商品的种类越来越多，对于商品的优劣，没有公认的科学的鉴别标准，主要根据产品的品牌即商品的信誉来判断。第二，面对花样翻新，只有细微差别的同类商品，消费者往往偏爱已取得一定信誉的牌子和厂家。第三，随着经济收入的增加和生活水平的提高，消费者的好胜心理决定了消费行为的名牌化，所以，树立商品的信誉，对于争取消费者，占据竞争优势显然具有十分重要的意义。

在充满着激烈竞争的年代，消费者需求的多样性、新奇性，迫使产品更新换代的周期缩短。产品的有效生命周期缩短，如果只靠一个名牌产品，就很难在竞争中立于不败之地。一种新产品的问世，首先会遇到消费者的怀疑和顾虑，这就促使企业不仅要树立产品的信誉，而且更需要树立组织的信誉。具有较高信誉的组织，推出的产品、提供的服务就会具有强大的生命力，在激烈的竞争中就能取得优势。

（二）商品信誉与组织信誉

公共关系建立信誉的职能，可以用一句话来概括，就是在创名牌产品（或优质服务）的基础上创名牌组织。这里所说的信誉，包括两个层次的含义：商品信誉和组织信誉。其中，商品信誉是较低层次的信誉，而组织信誉则是较高层次的信誉。

商品信誉是商品在多次交换过程中形成的。只要一种商品在质量、价格、创新等方面优于同类产品，便有可能获得好的信誉。因此，商品信誉只能反映部分消费公众对商品生产者或经营者之间的信赖关系。

组织信誉反映的是包括消费公众在内的更多的外部公众对企业组织及其经营者的信赖关系，是组织良好的公共关系状态的反映。组织信誉是公众在与组织进行经济、技术交流以及社会交往过程中产生的。它不仅是技术水平和经济实力的反映，而且是组织作为社会的一员，承担社会责任的标志。它体现着公众的整体利益和长远利益。

以企业组织为例，建立信誉主要是为了适应消费者识别同类商品的需要，因此，建立信誉的工作，最初便集中到创“拳头”产品、创名牌产品方面。随着社会的进步和文明程度的提高，人们对客观事物的认识也越来越深刻、越来越全面。公众对组织的评价标准发生了变化，评价范围从单纯针对产品或服务，扩大到组织活动的各个方面，不仅仅看到现时的既得利益，而且还衡量长远的社会后果。市场经济的发展，企业竞争的加剧，使公众在购买商品、获得服务等方面有了更多的选择，这使得组织认识到了公众的重要作用。因此，争取舆论支持，争取公众信任，便成为组织求生存、争发展的极其重要的条件。与此相适应，建立信誉的工作，便从创名牌产品演进到创名牌组织的阶段。

（三）优质产品和优良服务是建立信誉的基础

一个组织要想建立良好的信誉，就必须通过公共关系活动，将组织的有关信息传递出去，为社会公众所了解。但是，良好的信誉必须以优质产品和优良服务为基础。正如有的公共关系学研究者所说："公共关系是百分之九十靠自己做得对，百分之十靠宣传。""自己做得对"是建立信誉的前提条件。政府部门要想建立信誉，就必须以为人民服务、为生产建设服务、为政清廉、办事高效为基础；学校要想建立信誉，必须以组织良好的教学活动，培养合格的学生为基础；交通运输部门要想建立信誉，必须以提供安全、迅速、舒适、方便的交通工具和周到、热情的服务为基础；生产性企业要想建立信誉，则必须以产品的优质新颖、价格合理、服务周到、信守合同为基础。

（四）建立信誉的原则

1. 整体性原则

建立信誉的整体性原则是指把一个组织不自觉、不连续的建立信誉的工作，提高到自觉和系统的水平上。在大多数企业组织中，建立信誉的工作是由各个部门分别负责的，因而是分散的，各自为政的，甚至是互相矛盾的，这将不利于工作的顺利进行。为了使建立信誉的工作取得显著成效，需要通过公共关系部门加以组织，使其统一化、整体化、科学化、规范化，使组织各个部门的公共关系工作相互促进，相辅相成。

开展建立信誉的工作，既要有规章制度作为保证，又需要员工的自觉和自愿。建立组织信誉的最终目的是造福社会和造福人类，如果缺乏这种明确的认识，只把信誉看做是促销优势，那么，组织公共关系工作既不可能持久，也不可能取得预期效果。只有认识到组织是作为一个整体而存在的，才能形成建立信誉的整体观念。

2. 竞争性原则

建立信誉的竞争性原则是指组织在看待和对待建立信誉的问

题上应该具有的竞争意识。在经济全球化的激烈竞争条件下，组织建立信誉的过程，也是开展竞争的过程。只有赢得良好信誉的组织，才能在竞争中顺利地生存和发展；而丧失信誉，则必然被社会所淘汰。所以，在建立组织信誉的问题上，应该具有强烈的竞争意识，及时将本组织与其他组织加以比较，不断学习和创造有效的建立信誉的方法，力争在信誉上赶上和超过竞争对手。

从占有和开拓市场的角度来看，建立组织信誉是加强组织竞争力的极其重要的手段。因为，信誉不可能依靠虚假的广告吹嘘而长期维持。组织开展信誉竞争的过程，是组织及其产品在市场上接受公众评判，优胜劣汰的过程。因此，开展公共关系活动应该从宏观着眼，引导组织成员造福于全社会，以良好的信誉作为一种重要的竞争手段。

3. 长期性原则

建立组织信誉的长期性原则是指建立信誉属于长期的战略性目标，为了实现这一目标需要经过长期坚持不懈的努力。

开展公共关系工作，造福人民，造福社会，难免与组织局部利益产生矛盾。应用公共关系的方法处理与各方面公众的关系，也难免与一些人所习惯的“拉关系、走后门”的风气相冲突。在解决这些矛盾和冲突的过程中，应该始终遵循建立信誉的基本原则，才会得到社会的承认和赞誉，才能既取得良好的社会效益，又增进经济效益。长期坚持建立信誉的工作，就会逐渐形成良好的组织风气，组织员工也会逐渐形成维护信誉、珍视信誉的观念。在信誉竞争中，任何组织稍有懈怠，就会落伍，并造成相应的后果。这种客观环境鞭策组织不断改进建立信誉的工作。只要存在这种竞争，公共关系建立和维护组织信誉的工作就不会结束。

二、塑造形象

（一）组织形象的含义

所谓组织形象就是公众对于社会组织的总体评价，是社会组织的特征与表现在公众心目中的反映。组织形象由三个方面的要素所构成。

第一是组织的总体特征与风格。如组织的精神、风格、实力、凝聚力、办事效率、人员素质；组织的建筑布局、房屋装饰、环境美化、员工仪表等。

第二是知名度和美誉度。知名度是一个组织被公众知晓、了解的程度，这是衡量组织名气大小的客观标准。美誉度是一个组织获得公众信任、赞誉的程度，这是评价组织名声好坏的重要依据。

第三是组织形象定位。组织形象定位是社会组织在公众心目中确定自身形象的特定位置。这个特定位置是通过将本组织的特性与其他同类组织的特征相比较并加以综合确定下来的。

（二）塑造形象的步骤

塑造形象通常要通过组织形象的评估、组织形象的选择、组织形象的树立等几个步骤来实现。

1. 组织形象的评估

要塑造良好的组织形象，必须对组织现有的形象进行调查分析，找出组织自我期望形象与实际社会形象之间的差距。

自我期望形象就是一个组织希望自己所具有的社会形象。它是组织发展的内在动力，自我期望形象的要求越高，自觉作出努力的可能性就越大。

自我期望形象包括两个方面：一是单位的领导层对组织形象的期望水平。领导层作为组织的决策者、管理者，他们的信念对组织形象的塑造具有决定性的作用；二是全体员工对自己组织的看法和期望。组织的运转最终要靠全体员工的努力，他们对本组织的看法和期望，会直接通过他们的工作态度和工作效率反映出来。

实际社会形象是指社会公众对一个组织的现实态度和总体评价。实际社会形象是通过知名度和美誉度反映出来的，即一个组织实际形象的好坏，取决于知名度和美誉度的高低。知名度和美誉度这两个指标反映了社会公众对一个单位总的态度和评价。通过舆论调查和民意测验，就能基本了解到组织在公众心目中的知名度和美誉度。

组织的实际社会形象是对组织现时状况的反映。将组织的自我期望形象与实际社会形象加以比较，便可以发现它们之间的差距。这个差距就是组织现时存在的问题。

2. 组织形象的选择

在对组织的现有社会形象进行评估之后，需要确定树立怎样的组织形象和怎样塑造良好的组织形象。公共关系从业人员应该对此加以比较鉴别，选择有利于组织发展的形象。

首先，应当根据首要公众的需要选择组织形象。面对组织的众多公众，应当权衡利弊，分清主次，重点考虑公共关系的主要对象，针对首要公众选择有利于组织的形象。其次，在确立组织形象时，也不能忽视其他公众的利益。事实上，各类不同的公众既有相互区别的特殊要求，也存在共同的利益和要求。只有正确权衡组织与公众之间的利益关系，才能明确首要公众与兼顾对象，才能对组织形象作出正确的选择。

3. 组织形象的树立

组织形象的树立是实现塑造形象目标的关键步骤。其过程就是根据公众对社会组织的期望和组织本身选择的形象，通过开展具有针对性的公共关系活动来实现目标。

首先，要提高美誉度，扩大知名度。知名度和美誉度之间存在着互相影响、互相制约的关系。两者既有区别又有联系，既相对独立又相互统一。知名度和美誉度都较高，说明该组织形象良好；知名度低而美誉度高，说明该组织注重完善自身，具有较好的发展基础；知名度和美誉度都低，说明该组织应从头做起；知名度高而美誉度低，说明该组织形象不佳或已经臭名远扬。因此，我们认为，知名度必须以美誉度为前提，才能产生积极效果，才能确保塑造的形象良好；美誉度必须以知名度为条件，才能使其成为资产，显示出它的社会价值。如果只注重美誉度，而不考虑通过提高知名度来扩大影响，那美誉度就成了水中月、镜中花，失去了它存在的意义；另一方面，如果只考虑知名度，而不顾美誉度，那就有可能不分青红皂白，不辨是非善恶，为了出名而不择手段，从而导致臭名昭著、身败名裂。

其次，塑造组织形象，既需要满足各类公众的共同要求，又需要照顾某些公众的特殊要求。在满足各类公众的共同要求时，要对他们的各种要求加以分析比较，从中找出相对的共同点。以此为根据塑造的组织形象就是组织的总体形象。同时，为了满足某些特殊公众的要求，还需要有针对性地塑造组织的特殊形象。

（三）塑造形象的原则

1. 形象性原则

一个组织在塑造形象时，应该考虑到形象的独特、生动，让公众便于记忆，易于传播。例如，商标和厂名是企业最重要的标记，公共关系人员对此进行设计时就应该努力做到惹人喜爱，易于识别。近些年来，一些企业为了将产品形象和企业形象结合起来推广，往往把商标和企业名称统一起来。国外公共关系界普遍认为，“可口可乐”是将企业名称与商标相统一的、最成功的标志之一。可口可乐公司及其产品能够风行世界，它的流畅、飘逸、琅琅上口、易于记忆的标记起到了重要作用。

2. 创新性原则

公共关系工作的生命力就在于创新。在发展市场经济的过程中，不可避免地存在同行业之间的“形象竞争”，每个组织都希望自己的形象比其他组织的形象更“光彩”，更能吸引公众，更能先声夺人。要做到这一点，绝不可一味地模仿对方。成功的形象选择与塑造应该富有新意，与众不同，别具一格，便于分辨，便于记忆。

3. 持久性原则

塑造组织形象是一项长期性的任务，是一项系统工程。通过公共关系活动来完成这一任务，必须经过长期坚持不懈的努力。在塑造组织形象的问题上，全体员工要形成珍惜和维护组织良好形象的观念，组织的决策层必须不断地调整公共关系策略，使本组织在激烈的竞争中取得优势，使组织长期保持良好的公共关系状态。

第五节 协调关系

协调关系也是公共关系的一项重要功能。通过协调组织与公众之间的关系，争取公众对组织的谅解和支持，目的是使组织与公众之间处于一种和谐的状态，为组织创造一个“人和”的环境。公共关系树立形象的功能，主要是使公众产生对组织的信任感，树立组织的“可敬”形象；协调关系的功能则是一种广结人缘的工作，是为了在公众中树立组织的“可亲”形象。协调关系的功能主要体现为目标公众的关系协调、预防和解决纠纷两个方面。

一、内外部关系协调

不同的组织具有不同的功能特点，具有不同类型的公众关系。组织的生存和发展需要协调多方面的公众关系，但一般情况下主要是协调与目标公众之间的关系。现代社会组织需要协调的目标公众关系可分为内部关系和外部关系两大类：

（一）内部关系协调

内部关系是组织生存和发展的基础。只有组织内部团结一致、关系融洽，才能激发员工的士气和工作热情。一个“内耗”严重的组织，不可能具有很强的竞争能力，也不可能取得出色的成就。组织内部需要协调的关系主要有以下三类：

1. 内部成员的关系协调

公共关系人员应该及时了解内部全体公众对本组织的态度和评价。主动协同各有关部门，妥善解决有关全体职工福利待遇、加薪、提职、业余生活、家庭困难等后顾之忧。通过教育引导，培养全体员工树立同组织“荣辱与共”、“休戚相关”的观念。

2. 领导人员的关系协调

组织要发展，需要凭借天时、地利和人和。而“人和”中最关键的是组织领导班子的“心和”。所以，领导人员之间的关系协调，首先是领导班子的成员要互相支持、取长补短、分工不分家。只有领导班子团结一致，才能使员工形成向心力，才能形成整个组织的祥和气氛。其次是组织领导要与员工协调好关系。组织领导在管理中既要严格规章制度，强化基础管理，又需要突出“以人为本”的理念，富有人情味，在管理工作中体现对员工的关心和爱护，创造和谐、融洽、友爱、宽厚的人际关系环境。

3. 企业与股东的关系协调

经济体制改革后，在我国出现了股份制企业。股份制企业组织内部的公众关系就增加了股东关系。协调处理好企业与股东的关系，不仅能够稳定现有的股东队伍，而且能够增进潜在的投资者对企业组织的了解与信任，创造有利的投资环境，从而吸引新的、更多的投资者。

（二）外部关系协调

外部关系协调就是要协调社会组织与外部公众的关系。“内求团结，外求发展”是公共关系工作的基本目标。与组织内部的公众关系比较，外部公众关系涉及的面更宽，关系更加复杂。而社会组织的生存与发展，必须依赖与各类外部公众的联系。因此，协调与外部公众的关系是协调功能中更为重要的方面。一般来说，企业组织需要与以下外部目标公众协调处理好关系：

1. 政府关系协调

政府部门和企业组织之间的关系协调主要涉及到组织行为与政府相关部门的审计、税收、制度、政策、法令等之间的差距。

2. 组织关系协调

这类关系协调主要涉及到相同行业的协作厂家、供销生产厂家。这类组织之间往往由于拖欠债务、供货不及时、随意提高价格、质量不合要求等问题而引起纠纷。

3. 顾客关系协调

组织与顾客的关系协调主要涉及到顾客认为企业组织存在着以次充好，以假冒真，刊登名不副实的广告，损害消费者利益等问题，向企业提出交涉，或向相关部门投诉而引起的纠纷。

4. 社区关系协调

企业组织与其所在社区公众之间，往往为企业生产造成的粉尘、噪音、废水等环境污染问题而引起矛盾。社区关系协调主要是企业组织如何纠正这些行为和采取弥补性措施。

组织外部的目标公众关系协调，需要公共关系人员通过各种交往活动为企业广结人缘，建立广泛、稳定、和谐的关系网络。这是协调外部公众关系的基础。

二、预防和解决纠纷

尽管组织经常开展广结人缘的公共关系工作，但由于现代社会的复杂性，市场竞争的激烈性，与公众产生矛盾与纠纷是不可避免的。因此，预防和解决纠纷便成为公共关系的一项基本功能。

(一) 及时预防纠纷

如果发生纠纷，就可能给组织造成危害，因此应该尽可能地在纠纷出现之前加以预防。这就要求组织或公共关系人员做到以下几点：

1. 增强预防意识

要具有同“防火”一样的强烈意识防止纠纷的发生。如果缺乏这种意识，就有可能对出现的矛盾与纠纷视而不见，听而不闻，置之不理，从而给组织带来麻烦，甚至造成不可挽回的严重损失。公共关系人员必须明确，组织与公众之间的矛盾或者是由于公众对组织行为的误解而引起的，或者是由于组织行为的不当而造成的，但是都具有其客观基础，即由某种客观事件或客观情况而引起的。公共关系人员的职责，就是要及时弄清引起矛盾的客观因素。如果是组织行为不当而引起的，应该促使组织予以纠正；如果是公众误解所引起的，应当通过适当途径，向公众解释清楚，以消除误解。

2. 建立自查制度

组织对自身的行为应当具有自我检查、自我评价的能力；能够自觉地去发现违章、违纪、违背政策法令、损害公众利益的行为，并及时加以纠正。健全的自查制度，能够及时消除“隐患”，防止纠纷的发生。

3. 健全信访制度

公众舆论会对组织的行为有所反映。这种舆论是公众可能采取进一步行动的信号，因此组织应尊重公众舆论，主动搜集公众的反映，认真接待公众的投诉。不能把公众舆论仅仅理解为在新闻媒介上的反映，公众的来信来访也是一种重要的、经常性的公众舆论。每位来信来访者都不是孤立的个人，往往代表着某一部分公众的情绪、意见和要求，带有一定的普遍性。如果组织能够致力于解决好来信来访者的问题，就有可能影响一批公众。因此，组织应该建立健全信访制度，公共关系人员应该以主动、热情、负责的态度，做好信访工作。

（二）妥善解决纠纷

组织与公众之间一旦发生纠纷，公共关系人员必须尽快地加以妥善解决。解决纠纷的目标是为了争取公众的谅解，因此，代表组织的公共关系工作人员不能一味地为己方辩护，更不能企图压服公众。公共关系工作人员必须明白，一件纠纷的处理，不仅仅是关系到某一公众或某几个公众的问题，它会给今后的工作带来影响，会给更多的公众造成某种印象，所以不能轻率从事。

公众对组织产生不满情绪，必然具有一定的原因。因此，在遇到对组织怀有不满情绪的公众时，首先要以同情的态度耐心地听取公众的申诉，然后查清公众反映的情况是否属实，弄清事件的详细情况或来龙去脉。在此基础之上，与申诉者充分交换意见，沟通思想，表示对他们所处的境遇的理解和同情，使他们感到满意，从而取得他们的谅解。

第四章　公共关系的基本原则

原则即指导思想，原则即行动准则。常言道："没有规矩不成方圆。"公共关系作为一门实践性很强的学科，没有原则自然就会见仁见智，各行其是，惟我所用。确立公共关系的基本原则，形成完整的"原则体系"观念，对于全面理解公共关系思想，完善公共关系科学理论，发展公共关系事业都具有重要的现实意义和深远的历史意义。

公共关系的基本原则包括：公共关系的总体原则、公共关系的实践原则、公共关系的系列活动原则、公共关系的活动步骤原则、公共关系从业人员的职业原则。本章重点探讨公共关系的基本原则体系、公共关系的总体原则、公共关系的实践原则和公共关系实务的工作要领。至于公共关系的系列活动原则我们已在本教材的第三章中分别进行了探讨；公共关系的活动步骤原则我们将在本教材的第十一章、第十二章中分别加以探讨；公共关系从业人员的职业原则请参见本教材的第六章。

第一节　公共关系的原则体系

原则是指人们观察、分析、研究、处理问题以及从事实践活动所依据的法则或标准。原则具有明确的规范性、普遍的指导性、显著的制约性和严谨的科学性。公共关系的基本原则是指研究公关理论、从事公关实践、开展公关活动必须遵守的一般准则。

公共关系有其萌芽、兴起和发展的历史过程，“公共关系”一词具有不同的含义，公共关系实践具有不同的层次、类型和方式。将这几方面的因素综合起来考虑，我们将公共关系的基本原则大体上分为：公共关系的总体原则、公共关系的实践原则、公共关系的系列活动原则、公共关系的活动步骤原则、公共关系从业人员的职业原则。以上各类原则共同构成了公共关系的基本原则体系。其中，公共关系的总体原则概括地反映了公共关系的基本思想，对其他几种原则起着决定作用，而确定公共关系总体原则的依据则主要是公共关系创始人的思想动意。

一、原则体系的具体内容

公共关系的基本原则体系由公共关系的总体原则、公共关系的实践原则、公共关系的系列活动原则、公共关系的活动步骤原则、公共关系从业人员的职业原则共同构成。其中每一类型的原则又可划分为若干种具体原则，现分述如下：

（一）公共关系的总体原则

公共关系的总体原则是指在公共关系发展的历史过程中逐渐形成，不断完善，至今为大家所公认并对公共关系研究、公共关系实践、公共关系活动以及公共关系从业人员具有宏观指导意义的基本原则。公关的总体原则是在艾维·李、伯内斯和卡特利普等人的公关思想基础之上于20世纪30年代提出，经过实践检验并逐渐发展、不断完善而形成的。在公共关系发展的历史过程中，大家比较一致承认的原则有：公共关系必须以公众利益为目标；公共关系必须以公众研究为根据；公共关系必须以客观事实为基础；公共关系必须以科学理论为指导。

在这四条原则中，“公众利益”是公共关系思想的核心，是公共关系活动的出发点和最终目标；“公众研究”是实现目标的手段和途径；“客观事实”是保证目标实现的条件和前提；“科学理论”则是公共关系实践活动的指导方针。

这四条总体原则概括地体现了公共关系的基本思想，在公共关系学科体系中占据着最重要的地位，它们是公共关系的灵魂，具有最一般的规范性、指导性和制约性。也就是说，这四条原则对所有的公共关系实践活动都具有指导意义，对公共关系的实践原则、系列活动原则、活动步骤原则以及公关从业人员的职业原则起着决定作用。

（二）公共关系的实践原则

公共关系的实践原则是指以公共关系的总体原则为理论或思想基础，对公共关系实践、公共关系活动以及公共关系从业人员具有普遍规范意义的基本原则。公共关系的实践原则包括：真实信用原则、平等互利原则、统一协调原则、整体效益原则。

这四条原则相互关联，共同发挥着制约和规范公关活动的作用。对于公关实践来说，它们又各有侧重。其中真实信用是核心，平等互利是准绳，统一协调是途径，整体效益是目的。

公共关系实践原则是总体原则在公关实践问题上的具体应用。对于总体原则来说，实践原则具有特殊性，是总体原则的具体化。公共关系的实践原则适用于各种不同目的的公共关系活动，并且适用于某一具体活动的全过程。它们对所有的公共关系活动以及某一活动的全过程都具有普遍的规范、指导和制约作用。公共关系的实践原则应用于某一具体的公关活动或活动的某一具体步骤，便体现为具体的公关活动原则或活动步骤的原则。对于具体的公关活动原则或活动步骤原则来说，实践原则又具有普遍性，是具体活动原则或活动步骤原则的一般化。

（三）公共关系的系列活动原则

公共关系活动是公共关系实践的具体化，是社会组织有目的开展的各种协调、沟通、传播活动。公共关系系列活动是指具有长远目标、经过精心策划并科学组织，有计划、有步骤开展的一组公共关系活动。开展公共关系系列活动的目的或者是建立信誉，或者是塑造形象，或者是传播沟通，或者是协调关系。总之，出于某种目的而开展的系列活动都要遵守相应的原则。如，以塑造形象为目的的系列活动就应该遵守形象性、创新性、持久性的原则。公共关系系列活动都是为了实现既定的目标而开展的，而系列活动的原则则是为了确保实现目标而制定的准则。

（四）公共关系的活动步骤原则

每一项具体的公共关系活动又可以根据活动过程的先后分为不同的步骤，即调查、策划、实施、评估。不同的活动步骤也有相应的原则。如进行公共关系调查，应该遵循客观性、全面性、时效性、计划性原则。公共关系的活动步骤原则就其应用来说，虽然只适用于具体场合，但它仍然是上述几个层次原则的具体化，是总体原则、实践原则、系列活动原则在特殊场合下的具体应用。因此，就其作用来说，任何一项活动步骤的原则都是为了确保实现公共关系目标而必须遵循的准则，都具有不容忽视的特殊功能。

（五）公共关系从业人员的职业原则

公共关系从业人员的职业原则是以公共关系的基本原则为依据而制定的确保原则思想在从事公共关系研究、公共关系实践，开展公共关系活动的过程中得以落实，对公共关系从业人员的行为具有规范、制约作用的基本原则。公共关系从业人员的职业原则包括职业道德和职业准则。

每一种职业都具有与其他职业不同的职业目标和职业特点，不同的职业对从事该职业的人员有着不同的职业规范要求，即有着不同的职业原则。职业规范或职业原则，既包括思想道德方面的要求，也包括具体业务方面的要求。这些职业原则对该职业的从业人员的思想和行为具有规范、调节和制约作用，其目的在于实现职业目标。

根据现代公共关系的特点，公共关系从业人员在实际工作中应当遵守的职业道德规范有：忠于职守、诚实可信、公正廉洁、谦虚谨慎、讲求质量、团结合作、乐于奉献、文明礼貌。

公共关系职业化已经成为公共关系的发展趋势。各国和国际公共关系组织都非常重视职业准则的制定。1989 年 9 月 27 日，在全国省市公共关系组织第二次联席会议上，提出了《〈中国公共关系职业道德准则〉草拟及实施方案》，这一文件是从我国公共关系工作的实际出发，并参考《雅典准则》、《威尼斯准则》以及国外通行的公共关系职业准则而制定的。这一职业准则分《总则》和《条例》两大部分（其具体内容详见本教材第六章第五节）。

公共关系的总体原则、实践原则、系列活动原则、活动步骤原则是不同层次的四类原则。这四类原则之间的关系是前者决定后者，对后者起着规范、指导和制约的作用；后者是对前者的体现和落实，后者必须以前者为依据。公共关系从业人员的职业原则是为了遵循上述基本原则确保原则体系思想得以落实的具体行动准则。

以上四个层次的原则和公共关系从业人员的职业原则共同构成了公共关系的基本原则体系。原则体系是一个结构严谨、内容齐备、总分有序的整体；原则体系是公共关系思想的精华，是公共关系科学的灵魂，是公共关系事业的方针。

二、确定总体原则的依据

作为指导思想和行为规范的公共关系的基本原则，并不是人们随心所欲确定的，而是有据可依的。其主要依据是公共关系创始人以及公共关系发展史上代表性人物的思想动意。

（一）艾维·李的“公众必须被告知”与“讲真话”

艾维·李提出的“公众必须被告知”、“讲真话”的命题包含着“公共关系必须以公众利益为目标”、“公共关系必须以客观事实为基础”的原则思想。

被后人赞誉为公共关系之父的艾维·李，于 1906 年在解决美国无烟煤工人罢工时，向新闻界发表了在公共关系发展史上具有里程碑意义的《原则宣言》。在这份宣言中，艾维·李全面阐明了他所创办的宣传顾问事务所的宗旨："我们的责任，是代表企业单位及公众组织，就公众关心并与公众利益相关的问题，向新闻界和公众传播迅速而真实的消息。"这就是所谓企业管理的"门户开放原则"。这反映了他的信条："公众必须被告知。"即反映了公共关系应该以满足公众利益为目标的思想。他认为：一个企业、一个组织要获得良好的声誉，不是依靠向公众封锁消息或者以欺骗来愚弄公众，而是必须把真实情况披露于世，把与公众利益相关的所有情况都告诉公众，以此来争取公众对组织的信任。后人将艾维·李的思想概括为："讲真话。"

同时，艾维·李积极协助企业管理人员改革旧的政策和做法，尤其是改善对待员工和公众的态度，使企业的一言一行，迎合公众和新闻媒介的要求。他先后被多家巨型公司，如美国电话电报公司、洛克菲勒财团、宾州铁路公司、无烟煤公司等聘请，处理劳动纠纷和社会摩擦，取得了令人瞩目的成效。

在艾维·李的推动下，工商企业开始改变对待公众的态度。部分企业家开始意识到，与公众关系的好坏，直接影响企业的兴衰成败，必须采取门户开放的经营态度和方式，与职工和社会保持良好的联系。

艾维·李不仅首创了"公共关系"这一专门职业，而且，他提出的"讲真话"、"公众必须被告知"的命题将"公共关系必须以公众利益为目标"、"公共关系必须以客观事实为基础"带进了公共关系领域，使公共关系这门学科从对一些简单问题的探讨上升为探求带有某些规律性的原则和方法，大大推动了这门学科的发展。

(二) 伯内斯的"投公众所好"

爱德华·伯内斯提出的"投公众所好"体现着公共关系为了实现满足公众利益的目标，就"必须以公众研究为根据"的原则思想。

继艾维·李之后，另一位现代公共关系的先驱、为公共关系从艺术走向科学奠定理论基础的爱德华·伯内斯认为：公共关系工作的关键是要随时了解和掌握公众的心理，了解公众喜欢什么，对组织有什么期望和要求，在确知公众的价值观和态度的基础上，再调整组织的政策和行为，进行组织的宣传工作，以投公众所好。爱德华的思想明确地说明，要想做到“投公众所好”，即实现满足公众利益的目标，首先必须认真地研究公众。

“投公众所好”，以满足公众利益为最高出发点是爱德华·伯内斯的一贯思想，他在晚年为《公共关系的战略与战术》（丹尼斯·威尔科克斯等著）一书所写的序言中，又提到“公共关系是一种运用于科学的艺术——社会科学，其中首先要考虑的是公众利益，而不是金钱方面的东西”。伯内斯从事公共关系实践长达60年，始终坚持“投公众所好”的基本思想，这足以说明满足公众利益在公共关系中的突出地位，同时也说明研究公众对实现公共关系目标的重要作用。

（三）卡特利普等人的“双向对称”模式

卡特利普等人在《有效的公共关系》著作中提出的“双向对称”公共关系模式突出了“公共关系必须以科学理论为指导”的原则思想。

1952年，美国的斯科特·卡特利普、阿伦·森特、格伦·布鲁姆出版了《有效的公共关系》。在这本被美国人赞誉为公共关系圣经的权威性著作中论述了“双向对称”的公共关系模式。“双向对称”的基本含义是：在公共关系的目标上将组织和公众的利益置于同等重要的位置，在方法上坚持组织与公众之间的双向传播与沟通。“双向对称”模式的基本思想是：一方面要把组织的想法和信息向公众进行传播和解释；另一方面又要把公众的想法和信息向组织进行传播和解释，目的是使组织与公众结成一种双向沟通和对称和谐的关系。根据“双向对称”模式的基本含义和思想，开展公共关系活动首先要确定目标公众，而且需要运用调查研究的科学方法和传播沟通的技巧，协调组织与公众之间的利益关系。

（四）原则思想在实践中得到验证

随着历史的发展，人们对公共关系的认识逐渐走向成熟和完善。美国的一位公共关系专家在 1977 年曾说过，30 年以前，生活要简单得多，那时的公共关系大多是围绕推销产品而展开的。因此，公共关系跟“产品宣传”几乎是同义语。一个好的公共关系从业人员对公司、对公司的产品、对产品的市场都能了解熟悉，公共关系的目的无非是赚钱。30 年来，情况发生了很大的变化，一家公司不再仅仅是经济实体，同时也成了社会实体，它面临着许许多多的社会问题，这使公共关系的性质发生了很大的变化。它不仅要为组织的目标服务，还要照顾到公众的利益。

20 世纪 60 年代日本日立公司的广告课长和田可一曾指出：“在现代社会里，消费者就是至高无上的王，没有一个厂胆敢蔑视消费者的意志，蔑视了消费者，一切产品就会卖不出去。”①目前，在卖方市场被买方市场所取代的情况下出现的“顾客就是上帝”、“顾客永远是正确的”、“顾客至上”、“顾客第一”、“一切为了顾客满意”等一系列经营观念都反映了公共关系由只顾组织利益转变到建立组织利益与公众利益的“认同关系”，这是现代文明的一大进步。现代企业家从市场经济发展的大趋势中越来越清楚地认识到这样的道理：只顾本组织利益，不择手段，不顾后果甚至不惜损害公众利益的行为，绝无良好的公众关系可言，到头来只会因失去公众的支持而导致组织的失败。

（五）原则思想得到后继者的公认

1996 年在北京举行的国际公关大会上，美国马里兰大学的詹姆斯·格鲁尼格教授在发言中认为，一个成熟的职业必须建立在科学理论和实践经验相结合的知识体系基础之上。他说：“如

---

① 转引自居延安等主编：《公共关系高级函授教材》，第 36 页。

果公关人员没有一个建立在学术研究基础之上的知识体系，公共关系就只能是一个工作而不是一个职业，只能是一套技巧而不是一种管理功能。在过去的25年中，一批公关学者，首先在美国，现在在世界各地，在建立、发展公共关系理论方面取得了巨大的进步，他们已经建立起自己的研究和理论体系。”

从20世纪80年代公共关系引进中国至今，正式出版的公共关系教材和读物无一例外地不同程度地提到了公共关系的原则。其中居延安的专著《公共关系学导论》（上海人民出版社1987年版）、居延安等人合著的《公共关系学》（复旦大学出版社1989年版）、孟自黄等人合著的《简明公共关系学》（上海社会科学出版社1993年版）都设专门章节对公共关系的总体原则进行了比较全面、系统的论述。本教材在第1版（由原武汉测绘科技大学出版社1994年出版）中提出了将公共关系的基本原则分为四个层次，并设专章探讨了公共关系的总原则和公共关系的实践原则。由余明阳主编的《公共关系策划》（线装书局2000年版）和由蒋春堂主编的《公共关系语言》（线装书局2001年版）两本全国高等教育自学考试指定教材都在相关的章节突出强调了贯彻和遵循基本原则的思想。

总之，艾维·李、伯内斯以及卡特利普等人的思想，随着公共关系的发展和完善，既在实践中得到了有说服力的验证，也得到了后继者的公认。也就是说，公共关系创始人及代表性人物的思想已经渗透在公共关系的实践之中，形成了公共关系实践的基本特征。所谓基本特征就是客观事件的本质属性。本质属性是区别这一事物与其他事物的主要依据，因此，事物的基本特征实际上表现为一种客观规律。而公共关系的总体原则——“以公众利益为目标”、“以公众研究为根据”、“以客观事实为基础”、“以科学理论为指导”则是对这一客观规律的反映。

规律与原则之间既有联系又有区别。规律是原则的依据，是不以人的主观意志为转移的客观存在，而原则则是规律的反映，是主观适应客观的表现形式。原则只有客观准确地反映公共关系创始人的思想动意，反映公共关系实践体现出来的一般规律，才能发挥其应有的规范、指导、制约作用。

第二节　公共关系的总体原则

公共关系的总体原则有：公共关系必须以公众利益为目标；公共关系必须以公众研究为根据；公共关系必须以客观事实为基础；公共关系必须以科学理论为指导。以下分别加以探讨。

一、公共关系必须以公众利益为目标

艾维·李提出的“公众必须被告知”的命题包含着“公共关系必须以公众利益为目标”的原则思想。

公共关系是以利益为纽带而结成的社会组织与其公众之间的关系，它是不同于血缘关系与地缘关系的一种利益关系。在公共关系的三大要素中，公众虽然属于客体，但它却具有选择、取舍信息的能动性，具有是否与主体建立、改善和保持关系的决定权，具有影响组织实现目标的权威性，因此，没有公众的友善态度、积极合作及努力支持，组织的公关目标就无法实现，甚至将一事无成。为了使公共关系活动取得理想效果，为了确保组织的公关目标以及总体目标得以如期如愿的实现，社会组织就必须以满足公众利益作为开展公共关系工作的目标或出发点。

（一）以公众利益为目标的重要意义

利益关系是公共关系的本质属性。在公共关系起源、兴起、发展的历史过程中，出现过不胜枚举的多姿多彩的公共关系具体事例。我们抛开这些具体事例的历史背景，舍弃这些具体事例的独特内容，透过这些具体事例的表面形式，可以看出，这些花样翻新的事例的共同点都是为了处理好社会组织与其公众之间的利益关系。

社会组织作为公共关系的主体，为了更好地生存和发展，必须主动地处理好与其公众之间的关系。这种关系的好坏，既取决于社会组织自身的行为，更取决于公众的态度。社会组织为了达到与公众搞好关系的目的，就必须使自己的行为服从于公众的利益，以取得公众的理解、谅解和支持。可见，满足公众利益是处理好社会组织与公众之间关系的决定因素。

公共关系理论研究的目的是为了透过现象揭示本质，总结概括出具有一般性、普遍性的处理社会组织与公众之间利益关系的规律和方法，用以指导公共关系实践，以便取得更好的实践效果。公共关系学能否实现上述研究目标，取决于多种因素，但研究问题的出发点则是影响目标实现的关键。因此，公共关系学研究必须以满足公众利益为出发点，满足公众利益是保证实现研究目标的基本原则。

社会组织是为了实现某种目标而结合起来的社会群体。组织是环境的产物，环境与公众可视为同义语。环境的需求是组织生存和发展的基础与前提。任何组织的目标都必须建立在满足环境的需求（即公众的需求）基础之上。一般社会组织的目标中都包含着组织自身的利益、外部公众的利益、内部公众的利益三种目标。作为公共关系主体的社会组织为了使自身的利益得到满足，必须首先考虑如何满足公众的利益。因为，对公众利益的满足程度影响着公众的态度，公众的态度导致公众的行为。公众的态度和行为直接影响和制约着组织的生存和发展。所以，社会组织为了实现自己的目标，就必须把满足公众利益放在首要地位，作为制定组织目标的出发点。

满足公众利益是公共关系的宗旨。它所强调的是不能为了本组织的利益而损害公众的利益，而应当以对公众的真诚服务，满足公众的需求，维护公众的利益，来获得公众的好感、信任与合作，实现本组织的利益目标。满足公众利益既是公共关系的最高出发点，又是公共关系的最终目标。

（二）以公众利益为目标的基本内容

美国布朗戴斯大学的心理学和行为科学家阿伯拉罕·H. 马斯洛教授在他的著作《人类动机论》（1946 年）和《动机与人格》（1954 年）中，提出了著名的需要层次论。这种理论认为：人的行为是由动机决定的，而动机又是由需要引起的。人的需要是多方面的，这些需要由低向高可分为生理需要、安全需要、社交需要、受尊重的需要、自我实现的需要、认识和理解的需要以及追求完美的需要七个层次。马斯洛认为，人们在不同的时候、不同条件下的需要是不同的。人们的需要是否得到满足，会直接影响工作情绪和工作成绩。因此，组织应当设法尽可能地把员工的个人需要同组织的目标结合起来，并尽可能满足员工正当合理的需要，以调动员工的积极性。

马斯洛提出的七个层次的需要，基本上可以归纳为两类，即生理需要基本上属于物质需要，而其他层次的需要则主要属于精神需要。由此，我们可以看出，公众利益中既包括物质方面的需求，也包括精神方面的需求。随着生产力的发展，生产水平、生活水平的不断提高，人们物质方面的需求一般都能得到满足，由此也导致需求欲望的不断升级，对精神方面的需求则更加重视。因此，我们认为满足公众利益主要包括以下内容：

1. 满足公众物质方面的利益

物质利益是指通过正常的经济手段，进行公平合理的分配或交易以获得生产和生活必需品。关于社会组织如何处理与内部公众、外部公众在物质利益方面的关系问题，我们将在第八章中进行详细探讨。

2. 满足公众的知晓心理需求

所谓知晓需求，就是人们了解周围事物真相的要求，这是心理或精神需求的一种首要表现形式。一般地说，人们的知晓需求皆表现为欲了解真实、客观、公正的事物真相。公众的知晓心理需求与公共关系的主旨“运用传播媒介的信息沟通使公众与有关组织之间相互了解、相互适应”正好吻合。因此，从理论上来说，任何组织为了生存和发展都应该尽力满足公众的知晓需求，但是，在客观实践中往往会出现不尽如人意的现象。其实，从科学的经营角度来看，尽可能满足公众的知晓心理需求是十分有益于组织的，因为组织将有关的事实真相传播给公众，这不但可以满足公众的知晓心理需求，而且能够增加公众对组织的信任和依赖，从而使他们有可能成为组织的长期、稳定的顺意公众。

3. 满足公众的尊重人格需求

一般说来，任何一个正常人都有独立自主的意识与需求。随着社会的日益进步，人们在社会交往的各种场合中更加普遍地希望受到他人的尊重。

公共关系从业人员代表组织与各种各样的具体公众打交道，因此，从本组织的形象与效益出发，也出于职业道德和对公众负责的考虑，应该在工作中时刻重视满足公众的独立自主的人格需求。

尊重公众的人格需求不能仅仅体现为“顾客是上帝”、“顾客至上”之类的口号，更重要的是如何落实在与公众交往的行动之中。在实际工作中满足公众的尊重人格需求主要体现为：接待中注意礼节，对公众一视同仁，虚心征求并听取公众意见，尊重公众的风俗习惯和自由选择。

总之，公共关系从业人员只有充分认识满足公众需求的重要性，才能真正将满足公众的需求作为工作的出发点，才能在实际工作中设身处地为公众着想，满足公众独立自主的人格需求。公共关系从业人员只有满足公众的尊重人格需求，才能受到公众的赞赏，建立起组织与公众之间相互了解、相互适应、相互依赖、相互尊重的良好公共关系状态。

4. 满足公众的各种欲望需求

正如马斯洛所说，人们在前一个层次的需求得到基本满足后，便会产生满足下一个层次需求的动机。既然人们在客观上具有这种不断增长的需求欲望，那么，公共关系学就应该对此给予重视并进行研究，以便更好地遵循“以满足公众利益为目标”的公共关系总体原则。

一般来说，与物质需求相比，精神需求比较抽象。比如，精神上的享受欲、轻松欲、好胜欲、表现欲、好奇欲等都没有一个具体的定性或定量标准。然而，作为代表组织与公众打交道的公共关系部门或人员又必须注重对这些问题的研究，否则，其工作就无法顺利开展，工作效果也有可能受到影响。对待公众的各种欲望需求应该采取以下办法：

首先，应该分辨公众的有关欲望需求是否积极健康，是否符合法律道德。如果属于“是”，就应该设法予以满足；如果属于“否”，就应该予以拒绝并对其加以劝导。

其次，应该衡量公众的有关欲望需求的强烈与微弱、外倾或内向以及层次的高低，以便采取因人而异、灵活机动、区别对待的有效措施。

最后，在了解、掌握相关公众精神需求特点的基础之上，应该考虑如何采取有针对性的、妥善的措施、途径或方式予以满足。

由于公众的欲望需求属于更高层次的需求，因此，一旦得到满足后，其心理感受和精神面貌往往会发生显著的变化。我们通常所说的“意气风发”、“精神振奋”，大多数是人们的欲望需求得到满足后才会出现。一般认为，这种心理或精神变化会对人的行为表现产生积极的影响和作用。因此，虽然满足公众的各种欲望需求是一项难度比较大的工作，但因其对公共关系工作的效果具有重要影响，我们必须予以重视并且认真对待。

二、公共关系必须以公众研究为根据

公共关系的宗旨是满足公众的需要。为了满足公众的需要就必须首先了解公众。研究公众是了解公众、满足公众需要的有效手段，是实现公共关系目标的必经之路。如果不了解公众的需要，不掌握公众的意向，公共关系工作就可能无的放矢，也就难以实现满足公众利益的目标。

（一）研究公众的重要意义

爱德华·伯内斯提出的“投公众所好”体现着公共关系为了实现满足公众利益的目标，就“必须以公众研究为根据”的原则思想。

从公共关系的角度来看，环境就是公众。因此，一个组织的环境发生变化，实际上就是这个组织的公众意见、舆论、态度、行为、流向、数量发生变化。社会组织是社会环境的产物，不能脱离既定的社会环境而存在，必须以满足环境的需要为存在条件，以适应环境的变化为发展前提。当一个组织所面对的社会环境发生变化时，这个组织就必须相应地调整自己的决策和行为，以求与环境取得一种协调和平衡。公众作为公共关系的客体，对社会组织的生存和发展起着决定性的作用。社会组织为了更好地生存和发展，就必须了解公众和研究公众，必须通过满足公众的利益来处理好它所面临的各类公众关系，以获得公众的理解、谅解、好感和支持。

公共关系学是以社会组织与公众之间的关系为研究对象，以探求处理、协调、改善这种关系的规律、方法、途径、技巧为宗旨的科学。为了实现研究目的，形成一门完整的、对公共关系实践具有普遍指导意义的科学体系，也必须以公众研究为根据。通过对公众的性质、分类、态度、意见、行为、需求、欲望等一系列有关问题的研究，从而概括出具有一般性、普遍性、规律性、指导性的知识或理论。只有这样的公共关系研究才具有实际意义；只有通过这样的研究而形成的理论才具有实际应用价值。

（二）公众研究的主要内容

“以公众研究为根据”既是构建公共关系学理论体系的基本原则和指导方针，又是实现为公众利益服务目标的有效途径和重要措施，因此，公众研究的内容应该包括很多方面。广义地说，公共关系学研究的全部内容都是以公众为中心而展开的，但这并不能体现此项原则的本意和地位。作为公共关系的总体原则，我们认为公众研究应该突出以下主要内容：

1. 研究公众的基本特征

公众与人民、群众、人群都是由一定数量的人构成的，因此，日常生活中容易将公众与其他几个概念相混淆。概念的混淆说明人们对概念所反映的客观事物的认识模糊不清，没有划清相关事物的界限。作为代表社会组织的公共关系机构或人员，如果不知道什么是公众，分不清公众与人民、群众、人群的界限，那么，开展公共关系活动就有可能出现无的放矢、事倍功半的结果；如果开展活动的针对对象不是公众，那么，这样的活动就不能算做公共关系活动。公共关系有其特定的含义，它专指社会组织与其公众之间的关系。因此，分辨公众、确定公众必须依据一定的标准。最重要的依据、最基本的标准便是公众的特征。

公众具有广泛性、群体性、多样性、相关性、可变性等主要特征。我们必须根据这些特征来对公众进行研究。

通过对广泛性的研究，我们可以掌握公众的分布范围。在具体的公共关系工作中，可以避免对某一方面、某一类型公众的疏忽。因为，对任何一类公众的疏忽，都可能导致公众环境的恶化，而公众环境的恶化将影响组织的生存和发展。

通过对群体性的研究，我们能够认识到公共关系是一种“公型”关系、群体关系，而不是“私型”关系、个人关系。公共关系与“走后门、拉关系”具有根本区别。

通过对多样性的研究，我们可以发现公共关系的工作对象包括各种各样的个人关系、群体关系、团体关系、组织关系。这便于我们在具体的公共关系工作中，针对不同的工作对象选择最适宜的沟通方式和传播媒介，以取得最佳的效果。

通过对相关性的研究，我们能够明确公众是相对于特定的公共关系主体而存在的。某些人之所以成为某一社会组织的公众，是因为他们与该组织具有一定的利益关系，并且互相制约、互相影响。这种相关性是社会组织与公众形成公共关系的关键，也是确定公众、分辨公众的重要依据。

通过对可变性的研究，我们能够认识到任何组织所面临的公众，其态度、行为、数量、类型、范围等都会随着主体的行为变化而发生变化。在具体的公共关系工作中，必须用发展的眼光来认识和对待自己的公众。随着公众的变化，在工作目标、方针、策略、手段等方面采取适当的应变措施。

总之，对公众性质、特点的研究是我们分辨公众、确定公众，全面、系统、科学地分析公众，有针对性地开展公共关系活动的重要依据。

2. 研究公众的变化过程

公众处在不断地发展变化之中，公众的发展变化取决于组织的行为所引起的公众态度。通过对公众的态度及其变化过程进行研究，有针对性地选用传播媒介，采取沟通方式，施展策略技巧，将有助于搞好组织与各类公众的关系。

根据公众的发展变化过程，可以将公众划分为非公众、潜在公众、知晓公众和行动公众。非公众虽然不属于公共关系的工作对象，但是对非公众的确认，可以减少工作的盲目性而增强针对性。如果能够确认潜在公众，提前采取有效措施，将使公共关系工作取得事半功倍的效果。如果能够明辨知晓公众的态度是否对组织有利，有针对性地加以引导，可以促使其按照组织的意愿发展变化。对组织有利的行动公众多多益善，而对组织不利的行动公众则越少越好，如果能够及时解决行动公众所面临的问题，采取有效措施控制行动公众的行为，那么，对营造良好的公共关系状态将会取得明显的工作效果。

根据公众对组织的态度，可以将公众划分为顺意公众、逆意公众和独立公众三类。这三类公众对组织的不同态度是由组织行为引起的。这说明，既然组织的行为可以引起公众的不同态度，那么，组织行为就能够促使公众改变态度，促使三类公众互相转化。据此，公共关系工作便应该以独立公众为重点对象，促使其转化为顺意公众，避免其发展为逆意公众。

公众处在不断地发展变化之中，处于不同发展阶段的公众具有不同的特点。开展公共关系活动的目的是引导公众，促使公众向着有利于组织的方向发展，因此，必须以公众的发展过程为根据，必须具有针对性才能取得预期效果。而针对性则取决于确定公众、区别公众。没有区别就没有政策，没有政策就没有方法。政策和方法针对性不强，则不会取得良好的效果。所以，成功的公共关系活动必须建立在对公众发展过程的分析研究基础之上。

3. 研究公众的重要程度

公共关系是一种利益关系。利益的相关性决定着公众对于组织的重要程度，而公众对于组织的重要程度则是确定公共关系工作对象、目标，选择传播媒介、活动方式以及制订公共关系活动计划、方案，评估公共关系活动效果等问题的重要依据。

根据组织与其公众在利益问题上的相关程度，可以将公众分为生存性系统公众、功能性系统公众、横向同业系统公众和扩散性系统公众。一个组织能否在社会中生存，主要取决于生存性系统公众。因此，组织的公共关系部门必须加强对这个系统公众的工作，为组织的生存维护和建造有利的环境。组织的发展速度、发展前景则主要取决于功能性系统的公众。这个系统的公众与组织的利益关系最为直接、最为密切。处理好与功能性系统公众的关系，可为组织的发展提供有利的条件、开拓广阔的渠道。至于横向同业系统和扩散性系统的公众，相对而言，与组织的利益关系则比较间接、次要，对这两个系统的公众虽然也需要开展公共关系工作，但却不应该把它们当做重点。

作为公共关系的主体——社会组织来说，非常重视公众对组织的作用大小和影响程度。根据公众对组织的重要程度，可将公众区分为首要公众、次要公众和边缘公众三类。

首要公众与社会组织的关系最为密切，相互关联最为直接，是组织生存和发展的基础。因此，社会组织应该投入最多的人力和物力来维护和改善同这类公众的关系。次要公众和边缘公众虽然与组织有联系，但对组织的生存和发展不起决定性作用或不发生重要影响，显然，不应该以此作为工作重点。

通过分析可以看出，不同类型的公众对组织来说具有不同的重要程度，而对于具有不同重要程度的公众，就应该采取不同的政策，投入不同的力量，选用不同的沟通方式，这样才能使公共关系工作取得显著成效。

4. 研究公众面临的问题

公众是由面临共同问题的个人而形成的群体，某一具体问题的出现就会引发出一类公众。因此，研究公众就必须以研究公众所面临的问题为前提。公共关系人员必须首先确定组织行为引起的问题，然后追溯由该问题而形成的公众。他们还必须时刻注意对问题的解决程度，如果原有问题已经得到解决，那么由此问题而形成的公众便会随之变化甚至消失；如果在工作过程中出现了新问题，那么，就应该把注意力集中到由此而形成的新公众上去。

综上所述，公众是公共关系的构成要素，没有公众，便没有公共关系；公众是公共关系的工作对象，脱离了公众，公共关系活动就是无的放矢的盲目行动。任何一项公共关系活动，活动中的任何一个环节，都必须以对公众的了解、分析和研究作为根据。

三、公共关系必须以客观事实为基础

事实是既有的客观存在。从公共关系的角度看，事实不仅是客观存在的现象或状况，而且事实本身还包含着一定的社会信息。从事公共关系研究、实践和具体活动，都必须以事实和信息作为工作的基础和前提。

（一）以事实为基础的基本含义

艾维·李渗透在《原则宣言》中的“讲真话”的命题包含着“公共关系必须以客观事实为基础”的原则思想。在公共关系的发展过程中，人们对这一思想不断充实，使之逐渐完善，便成为一条总体原则。“以事实为基础”这一原则包含着以下基本含义：

1. 公共关系理论必须能够指导实践

公共关系的理论来源于实践，理论的价值在于指导实践，理论能否有效地指导实践，其关键在于理论是否有客观事实作为基础。

2. 公共关系实践必须面对现实

公共关系在美国的兴起、在世界的传播、在中国的发展都是以客观需要作为前提的。客观需要便是事实。公共关系实践的意义在于解决现实中存在的问题，只有面对现实，解决具体问题，公共关系实践才能被社会所接纳，才能受到重视。

3. 公共关系活动必须尊重事实

公共关系活动的主要内容是搜集和传播信息，搜集信息应该实事求是，做到全面、具体，传播信息应该客观、准确，既不夸大，也不缩小，既不回避，也不掩饰。

4. 公共关系人员应该讲真求实

公共关系从业人员对待公众应该真诚、坦率、不搞虚情假意，不敷衍搪塞，应该讲真话，是一说一，是二说二，是好说好，是坏说坏。既不能以主观想象代替客观事实，更不能歪曲事实真相。

（二）以事实为基础的重要意义

1. 有助于构建和完善公共关系的理论体系

公共关系学是一门年轻的科学，至今它的基础理论仍不完善，它的体系框架尚在构建之中。理论来源于实践，我们只有重视事实，重视实践，在实践中不断地总结经验，才能发现其特有的一般规律，从而完善公共关系的基础理论，构建出合理的科学体系。

理论的价值在于有效地指导实践，只有重视事实，重视实践，从实践中总结概括出来的理论，才能对实践具有指导作用。理论的形成和应用，与社会环境关系密切。公共关系学作为现代社会文明的产物，它既具有适用于所有现代社会的一般性理论，也应该包括只适用于某种社会制度的国家、某个历史发展阶段具体情况的内容。只有这样，公共关系的理论才能做到既具有普遍指导作用，又能针对具体情况加以应用。

目前，我国引进的公共关系理论主要来自西方的资本主义国家。社会制度不同、经济水平不同、文化背景不同，这是我国与西方资本主义国家比较存在的客观事实。因此，外国的理论、外国的经验、外国的案例不一定完全适用于中国，这也是我们必须正视的客观现实。

公共关系的研究人员、从业人员都应该正视事实、尊重事实、实事求是，脚踏实地地从事研究，从事实践，这样才能形成具有中国特色的科学的公共关系理论体系。

2. 有助于改变人们对公共关系的错误认识

中国有些人曾对公共关系有一系列的偏见与误解，例如，将公共关系等同于庸俗关系，认为公共关系就是公关小姐、公关先生，将“公关”误解为“攻关”等。造成人们错误认识的原因很多，但究其根源，“理论”脱离实践，“理论”偏离国情，应该是主要原因。人们学习一门科学，接受一种理论，多数是从定义开始的。正式出现在大众传播媒介中的所谓定义，自然被对公共关系一知半解的人们视之为“理论”。诸如，“广告是让人买你，公关是让人爱你”，“公共关系就是引起公众好感和兴趣”，“公共关系就是争取对你有用的朋友”，“公共关系就是讨人喜欢”等。这些模棱两可、似是而非的所谓“理论”，足以把人们引向歧途。这是值得我们吸取教训的事实。

至今，人们对公共关系仍然存在着某些错误认识，因此，学习公共关系，传播公共关系必须正视人们对公共关系产生过偏见与误解这一事实。只有正视它，才能够正确地对待它，才能够有针对性地采取措施，逐渐改变人们的错误认识，使其步入正轨，使其健康发展。

3. 有助于公共关系正常地发挥作用

任何好药都不能包治百病，任何能人都难以事事皆能。同理，公共关系的作用也是有限的，它只有在具备条件的前提下，用到该用的地方、用到该用的时候、用得恰到好处，才能显示出它的价值和魅力。我们必须客观地看待公共关系，正确地对待公共关系，准确地掌握公共关系，适当地应用公共关系，才能使公共关系正常地发挥作用。而要做到这一点，就必须准确理解“以事实为基础”的完整含义，并在具体的公共关系研究、公共关系实践活动中贯彻执行。

4. 有助于组织公共关系目标的实现

公共关系的目标就是满足公众利益。为了实现这一目标，就必须在具体的公共关系活动中认真贯彻以事实为基础的原则，全面、客观地掌握有关信息，真实、准确地向公众传播信息。

掌握的事实材料要做到全面、客观，传播的组织信息要做到真实、准确，即遵循以客观事实为基础的总体原则，才能取得良好的活动效果。这一点从理论上不难理解，也不会有人反对，但在实践中却难以做到。因为信息的传播可能会引起不同的结果。

从本质上看，公共关系是一种利益关系，以利益作为标准，可将信息分为四种：第一种是对组织和公众都有利的信息；第二种是对组织有利，但对公众不利的信息；第三种是对公众有利，但对组织不利的信息；第四种是对组织和公众都不利的信息。对于前两种信息，作为公共关系主体的社会组织无论从主观上还是从客观上在传播过程中都容易做到实事求是；而对于后两种信息的传播要做到实事求是，则具有相当的难度。如何利用不利的信息服务于公共关系目标，这就需要有一定的技巧。实事求是地传播信息，并不排斥技巧的运用。方式、方法得当，技巧运用合理，就可以变不利因素为有利因素，同样可以为实现公共关系目标产生积极效果。

在传播信息的问题上，我们必须严格遵循以公众利益为出发点的原则，用艾维·李的话来说，那就是“一旦披露真情确实对组织不利的话，那就应该调整公司或组织的行为”。

四、公共关系必须以科学理论为指导

公共关系学虽然是一门新兴的现代科学，但从1924年《芝加哥论坛报》发表社论指出公共关系已经成为一门科学起，至今已经历了近80个年头。在这段历史时期内，公共关系事业的蓬勃兴起，为公共关系科学的发展奠定了坚实基础，为公共关系理论的完善提供了有利条件。公共关系作为一门独立的科学，它的基本理论、基础知识、各种方法和技巧都是从长期的实践经验中总结概括出来的，也都对公共关系的实践活动具有普遍指导作用。因此，我们必须重视这些科学理论，要在理论的指导下开展公共关系实务工作。

(一) 以科学理论为指导的重要意义

卡特利普等人提出的“双向对称”公共关系模式突出了“公共关系必须以科学理论为指导”的原则思想。这一思想原则越来越受到公共关系从业人员的广泛重视。

1. 科学理论与非科学理论

所谓理论就是人们把在实践中获得的认识和经验加以概括和总结形成的某一领域的知识体系。科学理论是从客观实际中抽取出来，又在客观实际中得到证明的，能够正确反映客观事物的本质及其规律的理论。并非所有的理论都是能够正确反映客观事物的本质和规律的科学理论，有的理论掺杂着错误的认识，有的理论基本上是错误的，有的理论甚至是伪科学。科学理论是人类智慧的结晶，是对人类实践活动的正确反映、高度概括和经验总结。正确地反映了事物的本质和规律的科学理论，能够对人们的实践起指导作用，对事物的发展起促进作用；错误的理论则会引导人们误入歧途，对事物的发展起阻碍作用。

2. 科学理论是行动的指南

无数的事实都可以说明科学理论对实践具有指导作用。从自然科学领域来看，许多科学发现、发明都是在一定的科学理论指导下取得的，例如，海王星的发现、蒸汽机的发明、门捷列夫关于新元素的预言、灭菌药石炭酸在外科手术中的应用等。这些事例足以说明科学预见的力量，说明科学理论是行动的指南。在科学技术突飞猛进的今天，现代化的生产实践，如果不以科学理论为指导，简直寸步难行。从社会科学领域来看，马克思、列宁、毛泽东的一系列科学理论，像灯塔一样照亮了无产阶级和劳动人民革命实践的航程，指导着无产阶级革命由一个胜利走向另一个胜利；无产阶级的革命实践，如果离开了正确理论的指导或者用错误的理论去指导，便会给革命事业造成严重的损失。大量的正反事例可以充分地证明科学理论对实践的指导作用。

3. 科学理论的指导作用

因为科学的理论透过了事物的表面现象，抓住了事物的本质属性，掌握了事物的内在联系，反映了事物的发展规律，所以，科学理论对实践具有重要的指导作用。科学理论对实践的指导作用表现在以下三个方面：

（1）科学理论能够引导我们正确地认识事物的性质、特点和规律，因而能够高瞻远瞩，预见事物的发展趋势，认清事物的前进方向。

（2）科学理论能够给我们提供认识事物的科学方法，给我们提供探求真理的科学工具，所以，能够提高我们分析问题和解决问题的能力。

（3）科学理论能够成为我们解放思想、破除迷信、探索创新的思想武器，因此，能够减少盲目性，增强针对性，少走弯路，少犯错误，取得事半功倍的效果。

公共关系自20世纪80年代初期引进我国大陆后，在实践过程中出现的是是非非，功过得失；在发展历程中出现的时冷时热，一波三折；在社会评价中出现的有赞有骂，褒贬不一，涉足公关者对这些都有共同感受。理论界通过对以上这些现象的深刻思考和认真分析，大家比较一致地认为公共关系学作为一门新学科，目前基本理论尚不完善，学科归属没有确定；对基本问题的众说纷纭，见仁见智；理论研究滞后于实践，理论不能有效地指导实践，这是导致问题出现的根本原因。

总之，"公共关系必须以科学理论为指导"的原则是由理论和实践的辩证关系所决定的。理论和实践的辩证关系是：一方面，实践是理论的基础，即实践对理论具有决定作用；另一方面，科学理论对社会实践又具有指导作用。任何社会实践都不能没有科学理论的指导，没有理论指导的实践是盲目的实践，盲目的实践则可能造成事倍功半，难以达到预期的效果和目的。公共关系当然也不能例外。

（二）贯彻以科学理论为指导的原则

理论和实践相辅相成的辩证关系决定了开展公共关系实践活动必须认真贯彻以科学理论为指导的原则。

1. 正确理解以科学理论为指导

贯彻以科学理论为指导的原则，必须首先理解和做到理论和实践的有机结合。要做到理论和实践的正确结合，必须坚持理论和实践的具体的、历史的统一。

科学理论所反映的是客观事物的本质和规律，是客观事物所共同具有的一般属性。而客观事物却是千差万别的，既有生动的、丰富的个性，也有共同的、一般的属性。也就是说，科学理论所反映的是客观事物的一般性的、规律性的东西，而实践所面临的客观实际却具有生动、丰富、具体、复杂的特征。因此，必须在理论的指导下，对具体情况进行具体的分析，把科学理论与生动活泼的具体事物有机地结合起来，使理论具体化，使理论更接近于实际，真正做到理论与实际具体地统一，理论才能有效地指导实践。

任何科学理论都是在一定的历史条件、客观背景下产生的，而客观事物却处于不断地发展变化之中，因此，科学理论一定要随着社会实践的发展而发展，随着社会实践的变化而变化，才能和发展变化了的客观情况相符合，真正做到理论和实践的历史的统一，理论才能起到指导实践的作用。

1996 年在北京举行的国际公关大会上，美国的詹姆斯·格鲁尼格教授介绍了由他主持的“卓越公共关系和传播管理”课程的基本内容。格鲁尼格教授认为：一个成熟的职业必须建立在科学理论和实践经验相结合的知识体系基础之上。他在发言中提到了对于公共关系全球化问题的基本观点，即“普遍原则，特殊运用”。这一观点认为各国的公共关系实践既有相同之处，也有不同之处。卓越公共关系和传播管理的主要原则具有普遍性，它们适用于各种文化、政治和经济体制。但是，这些原则在各个国家的具体运用应该有所不同。

格鲁尼格教授“放眼全球，立足本地”的观点，具有一定的前瞻性，为公共关系的全球化的发展趋势指出了努力方向。

2. 认真贯彻以科学理论为指导

公共关系科学在近 80 年的发展过程中，已为实践活动总结出一系列具有普遍意义的理论。如：由非公众、潜在公众、知晓公众到行动公众的公众变化过程；按信息交流、情感沟通、改变态度、引起行为而逐渐深入的传播层次；按调查、策划、实施、评估依次进行的工作环节；依确定任务、制定方案、收集资料、处理结果顺序而展开的公共关系调查程序；按确定目标、确定公众、设计主题、选择媒介、预算经费、审定方案而逐项进行的公共关系策划步骤等。这些理论都是客观事物的发展变化规律在人们头脑中的反映。公共关系从业人员只有顺应这些规律，应用这些理论指导公共关系实践工作，并且做到科学理论与公关实践的的统一，才能使公共关系活动取得良好的效果，才能通过公共关系活动实现预期的公共关系目标。

第三节　公共关系的实践原则

公共关系的实践原则既是公共关系总体原则在公共关系实践问题上的具体运用，同时，又具有规范所有公共关系活动的功能。公共关系的实践原则包括：真实信用原则、平等互利原则、统一协调原则、整体效益原则。对于公共关系实践来说，这四条原则各有不同的侧重点。其中真实信用是核心，平等互利是准绳，统一协调是途径，整体效益是目的。这四条原则相互关联，共同发挥着制约和规范公共关系活动的作用。

一、真实信用原则

真实信用原则是实践原则的重要组成部分，是公共关系实践原则的核心。

真实信用原则主要包括两个方面的内容：真实信用是信息传播的基础；真实信用是人际沟通的规范。

（一）真实信用是信息传播的基础

考察公共关系起源的历史，我们可以发现，公共关系活动与新闻传播活动有着不解之缘，乃至有的人干脆就把新闻传播活动视为公共关系活动。因此，探讨公共关系真实信用的原则首先应该从信息传播的真实性开始。

1. 尊重客观事实，准确传播信息

所谓事实，是指在人们主观意识之外而客观存在着的事件。在公共关系学中，特指事情的真实面貌。没有事实，便没有信息，事实是信息传播活动的基础。

有了事实，还必须尊重事实。在公共关系的信息传播活动中尊重客观事实是至关重要的。尊重事实，首先是弄清事件的基本面貌，凡是不清楚、不可靠的东西都不能轻易传播，绝对不允许为了突出人为主题而移花接木、张冠李戴、添油加醋地制造假相。传播的信息不真实，不仅会引起公众的反感，而且也有损传播者的形象。

所谓准确传播信息是指传播信息时要依照事实的本来面目，反映事件的真相。真实准确地传播信息是有实力的表现，是取信于公众的重要前提。正如列宁所说："要向公众全面报道和阐明真相，不浮夸、不武断、不造谣、不作见不得人的私人报道。"①"我们应当说真话，因为这是我们的力量所在。"②

2. 只有讲真求实，才能取得信任

公共关系实践传播信息的目的是赢得公众，争取公众的支持与合作。一旦失去了公众的信任，就无法实现公共关系的目标。只有真实才能取得公众的信任，如果没有真实就没有信任可言。社会公众只相信真话，而厌恶假话。他们虔诚地希望自己不受骗，他们敬慕据实直书的强者，唾弃制造谎言的骗子。基于公众这种坦诚的心态，公共关系从业人员必须把真实信用原则作为自己实施传播信息的基础，必须明确任何一个组织或个人若想赢得公众，就必须遵循真实信用的原则。

（二）真实信用是人际沟通的规范

社会组织实现公共关系目标既需要依靠信息传播，又需要依靠人际沟通。在公共关系实践活动中，作为代表社会组织的公共关系人员与其公众之间的人际沟通，应该以真实信用作为规范。这可以从以下两方面做起：

1. 培养信誉观念，重视信誉价值

---

①② 《列宁全集》，第9卷，人民出版社1963年版，第213、283页。

一个组织的信誉观念反映着组织整体的自尊和自信的程度。组织的领导集团以及公共关系人员应当把培养内部全部人员的信誉观念，作为组织形象建设的大事来抓。培养组织整体的信誉观念既需要通过日常的思想政治教育，也需要依靠开展公共关系活动。通过思想教育和公共关系活动，使每一个组织成员都认清整体的信誉是与自己的思想和行为密切相关的，自觉地把组织的命运与自身的利益紧紧地联系在一起，在组织内部形成一种“风雨同舟”、“休戚与共”的环境氛围。以信誉的整体观念作为组织形象的灵魂，有了这个共同的信念，也就有了组织的活力和效益。

整体信誉观念的形成是以组织全体成员对信誉价值的正确认识为基础的。正确的认识既来自实践，又指导着新的实践。我们的祖先曾在自己的社会实践中总结出许多关于信誉价值的格言，如“一诺千金”、“得黄金百斤，不如得季布一诺”，“且感千金诺，宁辞万里游”等。这些格言反映了信誉在人们心目中的地位。从现实的公共关系实践来看，信誉的价值主要体现在对内对外两个方面。在组织内部，追求的目标是“内求团结”。良好的信誉是内部成员团结、组织具有凝聚力的一种象征。团结来自内部成员之间的互相理解、互相配合；凝聚力来自全体成员对领导的信任和成员之间的互相信任。对组织的外部公众来说，信誉是无价之宝，信誉的价值远远超过物质的吸引力。有信誉，就能赢得公众，失去信誉，就等于失去公众。基于此，公共关系人员在与公众进行交往沟通的过程中，必须做到“言必信，行必果”。

总之，正确认识信誉的价值，培养全体成员的信誉观念，是任何一个组织“内求团结、外求发展”必须重视的问题。

2. 以真诚而取信，慎立言而守诺

信誉不是无源之水，也不是无本之木，信誉是社会组织与公众在交往实践中形成的。古人曾说：“以诚感人者，人亦诚而应。”讲的是诚实在人际交往中的作用。社会组织要想树立信誉也应以此为鉴。古今中外，以诚换诚的事例不胜枚举，人们从中得到的启示是：在社会交往中，任何一个组织能以诚实的态度对待他人或公众，必定会得到他人或公众的信任。所谓真诚是指真心相待、坦诚相见、信任对方。如果三心二意，怀疑对方，那就会导致对方的不信任，也无法树立信誉。

信守诺言，在公共关系实践中是至关重要的，尤其是代表社会组织的公共关系人员，绝不能轻易夸口许愿，不能出现“失信于人”的现象。答应对方的事，无论遇到多大的困难，也应付诸实践。只有说到做到，才能获取对方的信任，才能树立信誉。一旦出现失信行为，首先应该查清失信原因、性质，并且要根据不同情节采取妥善的补救措施；以真诚的行动获取公众的谅解，也是树立信誉的有效途径。

二、平等互利原则

无论是作为公共关系主体的社会组织，还是作为公共关系客体的公众，一旦进入了公共关系的实践环境，都希望得到对方的尊重与信任，并具有强烈的平等意识。同时，也都希望在平等的交往中满足自己的需要和利益，并具有明确的互利意识。因此，平等互利是一切公共关系实践活动都必须遵循的原则。

（一）平等是建立和保持关系的前提

1. 平等意识的含义

通常我们所说的“平等”是指人与人之间或组织与组织之间在地位和权利上的等同。公共关系中的平等意识具有以下三个方面的含义：首先，平等意识表现为各方面关系的正常化，正常化是平等意识存在的基础。作为公共关系主体的社会组织无论规模大小，无论实力强弱，都应该处于平等的地位，否则就会导致关系的不正常状态。从这个意义上讲，平等意识是结成和保持公共关系的前提。其次，平等意识表现为平等具有相对性，绝对平等是不存在的。如果强调绝对意义上的平等，则会挫伤某些方面维护平等的积极性，为此也有可能导致关系的不正常。另外，平等意识表现为正确理解平等与平均的关系。应该认识到平等并非是平均，平等与平均是两个不同的概念。如果片面地追求利益上的平均，同样也会因为损害某些方面的利益，而导致关系的不正常。

在公共关系活动中，有时需要对公益事业给以适当的支持帮助，对出现暂时困难的单位或个人给以必要的赞助。这是一种富有积极意义的正当行为。这种行为必须建立在平等意识的基础之上，也就是说，赞助者的行为应该是自愿的，不应该将赞助视为恩赐而向受助者提出任何附加条件，同时受助者也不能强人所难，更不能向赞助者提出过分要求。否则，或者会损害受助一方的自尊，或者使赞助者丧失积极性，使通过支持和赞助活动建立起和谐关系的初衷化为泡影。社会组织只有树立正确的平等意识，才能通过公共关系活动建立起正常的关系，才能长期保持和谐、友好的关系。

2. 如何在交往中体现平等

交往中的平等体现在两个方面：即尊重对方和处事公正。

尊重对方是保持交往各方平等地位的一种积极行为，其中包括尊重对方的尊严、权利、感情、需要、意见等。尊重必须建立在各方互敬的基础之上。在交往中，如果仅仅是单方面的尊重，则可能潜伏着不平等的因素，而不是真正意义上的平等意识。如果希望得到对方的尊重，那么首先应该尊重对方。交往中的自尊自重是赢得对方尊重的前提条件，为了实现互相尊重的目的，交往各方都应力求做到既不妄自尊大，又不妄自菲薄。只有主观上以平等的心态去尊重对方，才能形成客观上的平等关系。

处事公正是平等意识的一种行为体现。作为公共关系主体的社会组织在处理任何一件事情的时候，都必须以客观事实为依据，做到一视同仁、客观公正，而不能凭借组织的规模大、实力强而以大压小、以强欺弱，更不能以貌取人，欺软怕硬。只有公正地处理公众关系，才能真正体现平等，才能赢得公众的信任。

（二）互利是发展和改善关系的条件

1．公共关系活动的目的是追求功利

公共关系是一种功利关系。也就是说，参与公共关系活动的各方，无论是主体还是客体，无论是自发还是自觉，必然都有不同程度的利益追求。这一点我们必须正视而无需讳言。纵观公共关系的演进历史，我们不难发现，无论是19世纪中叶在美国兴起的“报刊宣传活动”，还是艾维·李所倡导的“公众必须被告知”，乃至当今我国所开展的各种公共关系活动，无不打上了功利的烙印。只不过不同国家、不同组织、不同个人所追求的利益的内容不同罢了。实践证明，不讲功利的公共关系活动是不存在的，只是所追求的最终目的不同而已。因此，我们必须明确，通过传播或交往活动建立起来的关系，只有在满足正当利益的基础上才能得到不断的发展和改善；要想处理好组织与公众之间的关系，就必须重视交往中的互利互惠。

2．公共关系中的功利特点

公共关系是一种功利关系，我们有必要掌握这种功利的特点，以便在实践中给予恰当的处理。公共关系活动的功利特点表现为：

（1）投入性。投入性是指构成公共关系的各方为实现自己的利益需求，必须向对方进行精神的或物质的投资。这种投入是一种双向或多向活动，带有强烈的自觉意识。古人云“投我以桃，报之以李”，恰好是投入性的形象注释。如果没有向对方或者整个社会的奉献，那么，利益的索取就是不可能的。

（2）相容性。相容性是指构成公共关系的各方不能因自己利益的需求而忽视或排斥对方利益。公共关系是建立在平等互利的基础之上并且通过平等互利原则来维系的社会关系，如果各方都强调或追求自己的利益而不考虑对方的利益，甚至出现了损人利己的倾向，那么，不仅会导致相互关系的紧张，而且最终还可能损害自身的利益。

(3) 限制性。限制性是指构成公共关系的各方为保持利益上的稳定与平衡而在对待利益的问题上必须采取克制态度或者首先向对方让利，而不能因处于优势地位就贪心不足，更不能用不正当手段去牟取暴利。

(4) 时间性。时间性是指构成公共关系的各方在实现利益目标的时间问题上具有不确定性，应该避免急功近利的倾向。公共关系活动的工作内容和实施方式都具有多样性、复杂性、灵活性、长期性、持久性等特点。公共关系作为一种全方位的系统工程，其功利的实现受到物质与精神、客观与主观、自然与社会、隐性与显性等多种因素的制约，所以在时间上可长可短、可近可远，总之需要有时间过程。如果对功利性的时间特点缺乏深刻的认识，便有可能产生企图通过一个广告、一次联谊、一项赞助就得到“回报”的想法。这种急功近利的心态是不符合公共关系特点，没有遵守公共关系原则的表现。

总之，只有承认公共关系是一种功利关系，并且掌握公共关系功利的特点，才能自觉遵守平等互利的原则。

三、统一协调原则

开展公共关系活动可能具有多种多样的目的，可以采用各种不同的活动方式，有的活动仅仅需要公共关系人员在较短时间内付出较少的努力便可完成，有的活动则需要全体成员通过长期坚持不懈的艰苦奋斗才能取得成效。仅就塑造形象、建立信誉来说，绝不是少数人通过一朝一夕的简单活动就能实现的目标。因此，为了通过公共关系实践取得良好的效果，就必须遵循统一协调原则。统一协调原则包括统一政策、统一认识、统一行动三个方面的内容。

(一) 制定统一政策

组织的公共关系政策包括两个部分：一是组织的公共关系总体政策，二是针对不同公众的区别政策。制定统一的公共关系政策既包括制定总体政策，也包括制定区别政策。总体政策是组织开展各种公共关系活动的基本依据。依据总体政策，可以避免组织的公共关系工作出现相互冲突、相互矛盾的混乱局面。区别政策是针对不同阶段、不同公众、不同目的而开展公共关系活动的具体依据。依据区别政策，能够增强公共关系活动的针对性，减少盲目性，从而提高活动效率。总之，制定统一的公共关系政策，有利于组织在统一的政策下统一行动，心往一处想，劲往一处使，防止出现政出多门、力量分散、目标模糊的局面；有利于针对不同的公众选择不同的活动方式开展不同的公共关系活动，避免因为千篇一律、药不对症而导致的效率低下。

(二) 全员统一认识

营造良好的公共关系状态需要组织内部所有成员的长期共同努力。公共关系人员不仅需要身体力行去做好公共关系工作，而且还应该注重培养组织内部成员的公共关系意识。只有组织的全体成员都具有强烈的公共关系意识，大家都重视公共关系工作，自觉地维护本组织的声誉和形象，才能形成和维护良好的公共关系状态。

培养全体成员的公共关系意识，应该做到以下几点：

1. 领导重视

公共关系工作涉及组织工作的各个环节、各个方面，是一种统筹性的管理活动，必须从全局和战略的高度加以协调管理才能取得明显成效。这便要求组织领导具有强烈的公共关系意识，重视组织的声誉和形象，对公共关系工作给予关心和支持。

2. 员工配合

营造良好的公共关系状态仅有少数公共关系人员是远远不够的，必须依靠全体成员的共同努力。这就要求将公共关系部门的经常性公关工作与其他部门的日常性工作结合起来，各个部门在完成各自工作的同时，要自觉配合组织的公共关系部门开展工作。

3. 形成风气

通过普及公共关系知识，提高全体成员对形象和信誉的认识程度，使全体成员认识到良好的形象是无形资产，良好的信誉是无价之宝，在组织内部形成一种重视形象、珍惜信誉的风气和氛围，大家共同为创造和维护良好的组织形象而努力。

（三）采取统一行动

公共关系实践的目的是营造良好的公共关系状态，而良好的公共关系状态仅靠少数人开展的一两次公关活动是难以奏效的，必须经过全体成员长期地、持续不断地共同努力，才能实现目标。因此，在安排公共关系工作时，必须既要统筹考虑，又要突出重点，既要着眼长远，又要注重细节，既要有所侧重，又要顾全大局，只有如此，全体成员才能为实现共同的目标而采取统一的行动。

一般来说，组织的大量公共关系工作需要各职能部门的配合或者需要各职能部门分别完成。公共关系部门及其工作人员的主要职责是规划、指导和协调各部门之间的公共关系活动。如果没有各个职能部门的积极配合和努力工作，公共关系目标则难以实现。因此，组织的公共关系部门必须注意协调其他各个职能部门之间的关系，使各个职能部门在公共关系的总体政策之下统一口径、统一行动。

四、整体效益原则

社会组织，尤其是营利性的社会组织，一般都十分关心如何增加自己的经济效益，即追求利润最大化。但是，作为一个现代社会组织，它不仅需要重视组织自身的经济效益，更需要重视社会的整体效益；只有把自身的经济效益同整个社会的经济效益、社会的整体效益紧密地结合起来，才能长期立于不败之地。兼顾企业的经济效益和社会的整体效益是现代经营管理的重要思想，也是公共关系思想的重要内容。这也应该成为公共关系实践的一个十分重要的原则。

(一) 整体效益的含义

组织是整个社会的一个组成部分，组织的经营管理活动不仅为社会生产各种产品，提供各种服务，给本身带来效益，同时也将在自然环境和社会环境、精神文明和物质文明、社会效益和经济效益等方面产生积极的或者消极的影响。这便是社会整体效益的基本含义。具体来说，社会整体效益包括以下几个方面：

1. 社会经济效益

组织的经济效益不仅仅表现为为自身创造出更多的利润，而且表现为为整个社会提供更多的价值。具体来说，良好的社会经济效益首先表现为组织应该为国家、为人民提供足够的良好的产品和服务，满足公众日益增长的物质和文化生活的需要；其次是组织不仅要为自身创造良好的经济效益，而且要向国家上缴利润，给国家提供更多的资金。如果一个组织不顾信誉而大量倾销质次价高的产品，它本身的经济效益也许一时能够上去，但是，从整体来看，公众的经济利益受到损害，国家的经济利益受到损害，因此，这个组织便不具有良好的社会经济效益，也可以说它具有负社会经济效益。

2. 社会生态效益

社会生态效益是指组织的活动对社会环境、生态环境的影响，即改善了环境或者恶化了环境，改善了生态平衡或者破坏了生态平衡。如果一个组织的经营活动长期加剧环境恶化，严重破坏生态平衡，那么即使这个组织的产品深受公众欢迎，它的社会生态效益也是不好的。如果一个组织的经营活动同周围的生态环境构成了一个良性循环系统，并且也使其自身具有长期存在和发展的良好环境，那么这个组织的社会生态效益便是良好的。

3. 精神文明建设

这一点指的是组织的活动是促进了精神文明还是削弱甚至破

坏了精神文明。精神文明包括组织成员的思想觉悟、精神风貌、道德素养、产品设计、服务宗旨、经营作风等对社会精神文明的影响。社会组织在经营管理中既要考虑自身的活动必须有利于组织的经济效益，也要考虑有利于人民的身心健康，有利于社会的精神文明。如果要想在获得最佳经济效益的同时，也为社会的精神文明作出最大的贡献，就必须在经营管理的全过程中确立注重社会整体效益的思想。只有这样，才能把组织的利益与公众的利益、国家的利益、社会或全局的利益统一起来。

（二）如何注重整体效益

一个现代组织，要想长期在社会中存在和发展，就必须从以下几个方面来注重社会整体效益：

1. 明确社会使命

社会主义组织的目的是为了最大限度地满足社会和人民的物质、精神需要。组织的全部经营活动，必须符合党的方针、政策，必须遵守国家的政策和法令，必须对整个社会负责，必须对所有公众负责。社会组织必须明确自己的使命并且具有社会使命感。

2. 为社会作贡献

社会组织不仅要为社会提供产品或服务，而且要在力所能及的范围内积极参与社会公益活动。例如，发展地方或社区公共事业，提供就业机会，关心城市建设和环境保护，支持开展社会性的文体活动等。

3. 欢迎社会监督

欢迎社会监督包括两个方面的含义：一方面是把组织的活动及时向社会公众公开通报；另一方面是聘请公众代表参与组织的咨询或决策工作，使组织的有关政策、行动能够更好地反映社会公众的意愿。

第四节　公共关系实务的工作要领

公共关系学是一门应用性、实践性很强的学科，完整的理论体系应该包括公共关系原理和公共关系实务两大部分。公共关系实务表现为实践性、技术性、技巧性很强的具体工作。为了通过工作取得理想的效果，确保公共关系目标和组织总体目标的实现，必须掌握公共关系实务的工作要领。公共关系实务的工作要领主要包括以下内容：

一、尊重公众，贯彻基本原则

公共关系工作的最终目标是提高组织的信誉、塑造组织的良好形象。要想实现目标必须首先争取公众的信任、理解、合作、支持。在公共关系的三大构成要素中，公众虽然属于客体，但却具有选择、取舍信息的能动作用，具有是否与主体建立、改善和保持关系的决定权，具有影响组织实现目标的权威力量，因此，没有公众的友善态度、积极合作及努力支持，社会组织则无法实现目标。

为了使公共关系活动顺利进行并效果显著，为了确保公共关系目标以及组织目标如期如愿实现，就必须牢固树立"原则至上"的观念，认真贯彻公共关系的基本原则。应该做到：以总体原则为指导方针；以实践原则为行为规范；以具体原则为运作准绳。只有如此，才能统一认识、协调一致、方向明确、中心突出；才能避免片面化、简单化、表面化、短期性、盲目性等行动上的偏差；才能取信于公众，与公众保持并改善关系。

二、明确方向，实行目标管理

公共关系实务中的目标管理，是指以一定时期内组织的公共关系目标为根据统筹安排和开展各项公关活动，以确保目标的实现。实行目标管理的优越性是：使活动具有明确的目的性，使目标具有清晰的层次性，使全部工作具有严谨的整体性。实行目标管理可以使公共关系工作人员形成为实现目标而协同工作的整体意识，可以使公共关系工作方向明确、总分有序、重点突出、绩效显著。

三、重视科学，按客观规律办事

科学理论是人类智慧的结晶，是对人类实践活动的高度概括和经验总结。公共关系学作为一门独立的科学，已从实践活动中总结出一系列具有普遍意义的规律。如：公众的发展变化过程、逐渐深入的传播层次、依次进展的工作环节、开展公关调查的程序、进行公关策划的步骤等。公共关系学的基本理论、基本规律、各种方法和技巧都是从长期的实践经验中总结概括出来的，都对公共关系的实践活动具有普遍指导作用。在开展公共关系活动的过程中必须突出这些科学理论的重要地位。

四、创新求异，发挥技巧的作用

公共关系活动作为一种工作艺术，首先应该尊重公众、明确方向、重视科学。在此前提下，还应该发挥各种技巧的作用，创造性地开展活动，这样才能充分体现公关工作的价值和魅力。

公共关系的三大要素——社会组织、公众、传播都具有多元性，而且都处于不断地发展变化之中，因此，由这三大要素组合而成的公共关系必然是千姿百态的。面对不同的情况，就应该采取不同的方式、方法，应用不同的策略、技巧。只有如此，才能实现这三大要素的优化组合，才能形成公共关系的最优状态。

公共关系工作中的创新求异，是指在科学理论的指导下，在顺应规律的基础上，充分发挥公共关系工作人员的主观能动作用，创造出别具一格、切实可行、效果显著的活动方式。强调创新求异，并非要求标新立异，也不是追求稀奇古怪，更不是提倡歪门邪道，而是要避免因循守旧、呆板模仿、抄袭照搬，从而谋求公共关系工作的艺术效果。

公共关系学的应用性、实践性特点，要求我们在开展公共关系活动的过程中，必须明确公共关系实务的工作要领。这样才能有效地体现理论对实践的指导作用，体现公共关系理论的应用价值。

第二编　公共关系主体

第五章　社会组织及公关机构

公共关系是由社会组织、公众和传播三大要素构成的。在这三大要素中，社会组织处于主体地位。社会组织为了在所处的环境中生存和发展，就必须适应环境，与环境的变化取得协调和平衡。社会组织具有不同的类型，不同类型的组织具有不同的目标。各种不同类型的组织都应该而且必须按照自己的既定目标主动开展公共关系活动，以便适应环境，与环境取得协调与平衡。开展公共关系活动作为组织的主导行为，主要依赖于组织内部或外部的公共关系机构。

第一节　社 会 组 织

一、社会组织的特征

（一）什么是社会组织

“组织”一词有多种含义。它既可以用来表述整合、组合，也可以用来表述系统、关系，还可以用来表述上级领导。社会学意义上的社会组织是指人们为了实现自己的目标，按照一定的领属关系，有计划、有意识地建立起来的具有相对独立性的社会群体。它包括一定的组织成员，明确而相对稳定的组织目标，规范性的组织章程，以权威性的领导体系为核心的组织机构，以及与其相应的物质技术设备。政党、工厂、学校、商场、协会等都属于社会组织。作为公共关系主体的社会组织，亦即社会学意义上的社会组织，有时也把公共关系的主体称为“组织”、“组织团体”或企业。

（二）社会组织的特征

社会组织具有整体性、目的性、适应性和多样性等基本特征。

1. 组织的整体性

组织的整体性是指组织的成员和部门都是组织的构成部分，都与组织整体具有不可分离的密切联系。

2. 组织的目的性

组织的目的性是指组织的成员和部门以共同目标作为结合的基础，组织目标是构成组织的核心要素。

3. 组织的适应性

组织的适应性是指组织成员之间、部门之间、成员与部门之间、部门与整体之间必须相互适应，组织与外部环境也必须相互适应，组织才能生存和发展。

4. 组织的多样性

组织的多样性是指组织与组织之间具有性质、特点、类别、职能、目的、规模、构成方式等多种因素的差别。

（三）社会组织与初级群体

社会组织属于社会群体，但并不等同于社会群体。社会群体（Social Group）有两种基本类型：初级群体和次级群体。初级群体一般由以直接的、密切的和个人的方式相互作用的少数人组成，如家庭、邻里、游戏团体等。次级群体则是由为了某一特定目的，彼此间只是依照特殊的角色联系在一起的人们所组成的。社会组织属于次级群体。它与初级群体存在以下区别：

1. 社会组织是人们为了掌握某种社会权力而有目的地建立起来的；初级群体则是人们以血缘、地缘关系等为纽带自然结合而成的。

2. 社会组织具有相对明确的目的或目标；初级群体的目的或目标则不十分明确。

3. 社会组织由明确设置的职位和角色所构成，这些职位和角色是相对稳定的；在初级群体中，人们所扮演的角色则是自然形成的。

4. 社会组织中角色之间的关系由明确的规则所决定；而在初级群体中人们之间的关系则由自然形成的规范所规定。

二、社会组织的类型

社会组织具有多样性。每一类组织与其他类组织在性质、结构、职能和活动方式等方面都存在着差异。为了通过对社会组织的研究，掌握某些对我们具有价值的规律，需要依据一定的标准将组织分成若干种类。

（一）按照组织的职能划分

按照组织的职能可以把社会组织划分为以下几类：

1. 经济组织

经济组织是人类社会最基本、最普遍的社会组织。它担负着为人们提供衣食住行和文化娱乐等物质生活资料的任务，履行社会的经济功能。如生产领域的工厂、农场，流通领域的各种商业组织等。

2. 政治组织

政治组织的突出特点是具有各种政治职能，如政党、政府、公安、监察等政治、行政机关。

3. 文化组织

文化组织的特点是以文化为其活动的基本内容，以满足人们的各类文化需求为目的，履行的功能主要是文化和教育。如文化艺术团体、各级各类学校团体和科研团体等。

（二）按照组织的目标划分

按照组织的目标可以把社会组织划分为以下几类：

1. 营利性组织

营利性组织以其所有者和经营者的利益为目标，组织的利益依靠在与其他组织的竞争中提高效率而获得，如工厂、商店、铁路、宾馆等组织。

2. 服务性组织

服务性组织以其特定服务对象的需求为目标，组织的基本功能是服务，如学校、医院、社会福利机构等组织。

3. 互益性组织

互益性组织是指以其内部成员的互利互惠为目标的组织，如党派、俱乐部、工会等组织。重视内部凝聚力、重视归属感是这类组织的突出特点。

4. 公益性组织

公益性组织以维护社会和公众利益为目标，如政府部门、公安机关、消防队和科研机构等。

根据组织的职能和目标，可以将社会组织划分为不同的类型。不同类型的社会组织面对着不同的公众，因此，便出现了不同内容、不同特点的公共关系活动。如工业企业的公共关系活动、商业企业的公共关系活动、政府机关的公共关系活动等。

三、社会组织与外部环境

任何组织的建立、生存和发展都离不开一定的环境。现代组织理论把组织放在社会环境中来考察，通过组织与社会环境的相互作用、相互影响来认识组织。社会环境提供的资源和条件规定着组织的性质，制约着组织的目标，限制着组织的行为。社会组织必须适应外部环境，维持生态平衡，才能生存和发展；同时社会组织的运行也在不断地改变着环境。外部环境的改变又要求社会组织不断改变自身，以适应新的环境。

总之，社会组织和它所处的社会环境之间需要不断地协调，才能取得相对平衡。取得这种相对平衡必须依靠一定的调节机制，这种机制便是公共关系。公共关系在谋求一个组织与其外部环境之间实现相对平衡的过程中必须明确环境的内容和环境的特征。

（一）外部环境的内容

社会组织所处的外部环境，一般包括自然环境、科学技术环境、社会政治环境、社会经济环境、社会文化环境、法律环境和国际环境。

自然环境主要指地域、气候、资源等因素。

科学技术环境主要是指科学上的发明和技术上的创造，以及本行业的科学技术发展水平，相关行业的科学技术发展趋势，新技术、新工艺、新材料的应用等因素。

社会政治环境主要指党和国家机关的有关路线、方针、政策、规定、规划及国体、政体、政局等对社会组织产生影响的政治因素。

社会经济环境主要指国家的经济发展水平、宏观管理体制和经济发展的趋势等对社会组织产生影响的经济因素。

社会文化环境主要包括社会风尚、风俗习惯、民族分布、宗教信仰、道德观念、文化教育、人口构成、家庭结构、职业组合、消费心理等对社会组织产生影响的文化因素。

法律环境主要是指国家和政府颁布的法律、法令、法规，以及各种相关的条例和规章等对社会组织产生影响的法律因素。

国际环境主要指国际政治经济形势、国际关系、世界格局、国际组织、国际市场、国际惯例、国际科技文化交流等对社会组织产生影响的国际因素。

（二）外部环境的特征

一般来说，外部环境具有不确定性、可变化性和复杂性的特征。

1. 环境的不确定性

所谓环境的不确定性并非指环境本身的不确定性，而是特指组织的决策者对于环境信息感知的不确定性，即缺乏关于影响组织决策的环境因素的信息；无法确定环境因素影响决策成败的程度；缺乏错误决策所导致的代价方面的反馈信息等。环境的不确定性可导致组织在决策问题上举棋不定，一筹莫展。因此，环境的不确定性是影响公共关系活动效果的重要因素之一。

2. 环境的可变化性

环境总是不断变化的。环境的变化主要指变化的速度、广度以及变化所导致的影响。对于组织的决策者来说，最重要的是预测环境的变化，即推断环境是逐渐变化还是突然变化，是局部变化还是整体变化，以便根据对环境变化的预测来调整组织的结构和目标。

3. 环境的复杂性

环境的复杂性是指与环境相关因素的多少及其它们之间的差异程度。如果环境的构成因素较多，而且差异程度较大，这样的环境就比较复杂；反之，环境的复杂性就较小。组织的决策者只有考虑到环境中的所有因素和每种因素的特殊性，才能作出适应环境的正确决策。

组织既是环境的产物，受环境的影响和制约，同时又反作用于环境，可以利用和改造甚至超越环境。但是，这种利用、改造和超越都必须建立在正确把握环境信息的基础之上，而搜集、分析、整理信息的工作主要由公共关系机构及其工作人员来完成。因此，我们可以说公共关系具有为组织的生存和发展而搜集信息、监测环境、优化环境的特殊功能。

四、组织目标与公关目标

（一）组织目标

组织目标指的是社会组织的总体目标。组织就是为了实现某种目标而结合起来的社会群体，任何社会组织都具有与整个社会环境和其自身生存发展相适应的特定目标。

首先，组织目标必须能够满足社会环境的需求。现代社会是一个功能高度分化的、各个要素之间联系非常密切的大系统。社会组织作为社会大系统中的一个要素或者子系统，它的目标必须能够适应环境的要求和制约，实现组织目标的活动必须能为社会大系统中的其他子系统提供有利条件，同其他子系统相互协调配合。只有如此，社会组织才能在社会大系统中生存和发展。

其次，组织目标必须能够满足内部成员的需求。组织与组织内部成员之间也存在互动的影响和相互依存的关系。只有当组织目标和成员个人目标协调一致时，才能保证组织目标的实现。

此外，组织目标必须能够满足自身的特殊需求。这种组织自身特殊需求的满足是组织生存与发展的直接保障。

通过以上分析，我们可以看出组织目标的内容实际上包含着社会环境、组织成员和组织自身三个方面的利益。以企业目标为例，企业目标中一般包括市场目标、发展目标和利益目标。

市场目标是指企业在经营活动的活力方面应达到的指标，体现企业占有市场的广度和深度。

发展目标是指企业在增加品种、扩大规模、提高质量等方面应达到的指标，体现企业的实力和潜力。

利益目标是指企业在物质或精神方面应该达到的目标，它体现企业生产经营效果好坏与职工利益大小的直接关系。

以上三种目标中的市场目标主要反映了社会需求，发展目标反映了企业自身的需求，利益目标反映了社会组织内部成员的需求。也就是说社会组织在实现目标的过程中涉及到与社会、国家、顾客、同行、成员等各个方面的关系，这些关系共同构成了公共关系。

（二）公关目标

公共关系目标是指社会组织为了实现组织目标而通过开展公共关系活动所要达到的目的。如树立组织形象、提高组织声誉、协调组织与内外公众的关系、谋求公众的好评与支持等。

组织目标与公共关系目标既有联系又有区别。它们的联系表现为：组织目标中包含着公共关系目标，公共关系目标是组织目标的组成部分。它们的区别表现为：组织目标决定公共关系目标，公共关系目标必须服务于组织目标。

第二节 公共关系社团

公共关系社团泛指从事公共关系理论研究和公共关系实践活动的非官方、非营利性的群众组织或社会团体。主要包括公共关系协会、公共关系学会、公共关系研究会、公共关系专业委员会、公共关系联谊会和公共关系俱乐部等。有的公共关系社团的成员来自不同的组织，有的公共关系社团的成员属于同一个组织。

一、公共关系社团的类型

公共关系社团有多种不同的类型，根据我国公共关系社团的现状，可概括为以下几种类型：

1. 综合型社团

综合型社团主要指其成员来自不同地区或不同领域的公共关系协会。如中国公共关系协会，中国国际公共关系协会，北京、上海、天津、湖北、广东、武汉、南京等省市或地区性的公共关系协会。综合性社团的职能主要是服务、指导、协调、监督。

2. 学术型社团

学术型社团主要指公共关系学会、研究会、研究所等学术性团体。这类社团通过举办理论研讨会、学术交流会的形式开展活动，以探讨基础理论、总结实践经验、分析学术动态、把握发展趋势、引导发展方向为主要活动内容。

3. 行业型社团

行业型社团是指由来自相同行业的公共关系从业人员组成的

群众组织。不同行业的公共关系工作既有相同的特点，也有不同的特点，而相同行业的公共关系工作的特点则基本相同。公共关系社团组织的行业化在国际上已经成为一种发展趋势。如1935年成立的美国公立学校公共关系协会（NSPRA）、1939年成立的美国图书馆公共关系理事会（LPRC）、1946年成立的美国妇女公共关系主管人协会（WEPR）、1952年成立的美国铁路公共关系协会（RPRA）等。目前我国的一些行业或部门也成立了类似的组织，如中国煤炭公共关系专业委员会、安徽省商业公共关系协会、浙江省新闻界公共关系学会等。行业型社团可以为公共关系事业在本行业的发展创造有利条件，是一种大有前途的公共关系社团组织形式。

4. 联谊型社团

联谊型社团的特点是形式松散，一般没有固定的活动方式，没有严格的会员条例，组织名称各异。如"公共关系俱乐部"、"公共关系沙龙"、"公共关系联谊会"、"PR同学会"等。联谊型社团的主要作用是在成员之间沟通信息，联络感情，建立良好的人际关系。

5. 媒介型社团

媒介型社团是通过创办报纸、刊物等传播媒介，并以此为依托组建起来的公共关系社团。这类社团可以直接利用媒介，以探讨公共关系理论，普及公共关系知识，交流公共关系经验，传播公共关系信息为主要活动内容。

二、公共关系社团的特征

公共关系社团作为非营利性的群众组织或团体，它具有以下主要特征：

1. 组成人员的多样性

公共关系社团的组织成员，可能来自不同地区、不同领域，从事不同职业、不同工作。成员分布具有广泛性，成员构成具有多样性，成员素质具有差异性。

2. 组织结构的松散性

公共关系社团作为群众组织，与企事业单位等实体组织相比其结构比较松散，它与其他组织之间没有明确的隶属关系，组织内部的机构设置比较灵活，组织成员参与组织活动比较自由。

3. 工作内容的服务性

为社会服务、为其成员服务是公共关系社团的宗旨。公共关系社团只有通过提供及时、实用、优质、高效的服务，才能具有存在的价值。服务的质量决定其是否具有生命力。

三、公关社团的工作内容

公共关系社团的工作内容大致包括以下几项：

1. 联络会员

社团与成员之间建立经常性的联系，把社团办成“会员之家”。同时与其他公共关系社团建立横向联系，形成同业网络系统。

2. 制定准则

制定、宣传公共关系从业人员的职业道德和行为准则并检查执行情况是社团的一项基本工作。这也是衡量公共关系社团正规化程度的重要标准。

3. 专业培训

专业培训是公共关系社团的一项经常性工作。有的公共关系社团本身就是一所培训学校。例如，英国公共关系协会经常举办CAM 证书和文凭两个层次的考核。

4. 普及知识

公共关系社团有义务向社会公众宣传和介绍公共关系的基本知识，并且有义务为会员和公众提供学习或深造的机会。

5. 编印书刊

公共关系社团应该积极组织会员编辑出版公共关系方面的书

籍、报刊以及其他相关资料。

第三节　公共关系部门

公共关系部门是指组织内部针对一定的目标而设置的以专门从事公共关系工作为职能的机构。这种机构多数叫做公共关系部，也有的叫做公共关系信息部、公共关系销售部或公共关系广告部等。

一、公共关系部的地位

公共关系部作为组织的一个职能部门，在组织内部与人事部门、业务部门、财务部门等具有相同重要的地位。随着市场经济和国际贸易的迅速发展，公共关系部在组织中的地位将会越来越重要，是其他部门无法替代的。

公共关系部的特殊地位体现在内部和外部两个方面：

在组织内部管理中，公共关系部的地位介于领导部门与职能部门之间，负责沟通和协调领导决策人员与其他职能部门之间的关系，同时沟通和协调各个职能部门之间的关系，并负责向相关领导部门提供信息并协助分析、判断和决策。

在组织外部经营中，公共关系部的地位介于本组织与其公众之间，对外代表组织，对内代表公众，通过传播沟通活动，保持组织与公众之间的双向沟通。

处于理想地位的公共关系部应该具有以下特点：

第一，能够与组织最高领导层的主管人员直接联系并对其负责。

第二，能够与各个部门保持密切联系但不存在命令和指挥关系。

第三，能够迅速向最高领导层或其他相关部门传递和反馈信息。

第四，能够成为领导决策层的智囊并参与公共关系问题的决策。

二、公共关系部的作用

公共关系具有沟通信息、建立信誉、协调关系、争取谅解、咨询决策、塑造形象的功能。这些功能必须通过公共关系活动才能体现，而公共关系部是专门代表组织从事公共关系工作，开展公共关系活动的部门。因此，概括地说，公共关系部的作用就是通过开展有针对性的、各种形式的公共关系活动来贯彻组织的公共关系思想，实现组织的公共关系目标。

具体说来，公共关系部在组织中的作用如下：

1. 搜集信息

搜集信息是公共关系工作的首要任务。任何涉及到组织生存发展的内部、外部信息，公共关系人员都应该注意搜集。通过对这些信息的搜集和整理，能够了解分析现状，预测发展趋势，适应情况变化。公共关系部在搜集信息的问题上，应该发挥“耳目”的作用。

2. 参谋决策

公共关系工作直接涉及组织与公众的关系，影响组织的信誉和形象，制约组织战略目标的实现。因此，公共关系部不同于一般的管理部门，而应该成为组织的“智囊团”和“思想库”，也不同于一线指挥部门和最后的决策部门，它的任务只是在搜集、整理、分析信息的基础上，提供可选择的决策方案，协助决策层作出决策。

3. 宣传外交

组织为了获得公众的了解、信任、支持与合作，需要由公共关系部门负责与公众建立经常性的联系，不间断地向公众宣传组织的政策，解释组织的行为，报告组织的现状。公共关系部门在这些工作中，应该充当组织的“喉舌”。

4. 协调关系

疏通组织与公众之间的传播渠道，处理组织与公众之间的冲突，化解组织与公众之间的误解，协调组织与内外公众的关系，都是公共关系部门的重要工作。组织内部的气氛是否融洽，部门之间的运转是否协调，直接影响着组织的效率、声誉和形象。公共关系部门在协调员工与领导、部门与部门、内部与外部之间的关系问题时，应该体现出“桥梁”和“中介”的作用。

三、组建公关部的原则

组建公共关系部是组织内部机构建设的重要内容，应当遵循以下原则：

1. 精简性原则

精简的关键是“精”，即投入人力少，工作效率高，应变能力强。

精简的主要标准是：配备的人员数量与所承担的任务相适应；机构内部分工明确清晰、职责分明；每个成员都应该有饱满的工作任务。

公共关系部的规模一般根据以下三种情况来决定：

(1) 组织本身的规模。一般情况下，组织的规模越大，机构部门越多，需要协调的关系也越复杂，客观上要求有与复杂工作相适应的公共关系机构。

(2) 最高领导的重视。公共关系部的地位和规模，在一定程度上取决于最高决策者对公共关系了解、理解、信任和重视的程度。一个具有强烈创新意识和长远战略思想的领导者一般会非常重视公共关系，相应地也会配备足够的人员使其充分发挥作用。

(3) 实际工作的需求。不同的行业和部门，由于外部环境及组织内部的运行机制不同，对公共关系的需求程度也有所不同。一般来说，社会组织面对的竞争形势越激烈，对公共关系工作的需求越迫切。因此，公共关系部的规模和人员数量应该根据实际工作的需要来决定。

2. 专业性原则

公共关系部是专门开展公共关系工作的组织内部机构。公共关系部门的工作质量、效率以及专业水平和创新程度都对组织的其他工作具有重要影响，也会直接或间接地影响组织的声誉和形象。因此，在机构设置、人员安排和工作内容方面都要充分考虑其专业特点。公共关系部门的工作人员应该具有强烈的公共关系意识，接受过公共关系专业教育，具有与其工作相适应的专业水准和能力。公共关系部门承担的工作任务应该确实属于公共关系工作范畴。

3. 协同性原则

公共关系部门在组织内部既不是生产部门、领导部门，也不直接从事经营管理，可以说它是具有服务性质的高层次的管理部门。它的具体工作任务是实现组织的公共关系目标。但是，组织的公共关系目标的实现，不能仅仅依靠公共关系部门，还需要依靠其他各个部门的相互配合。公共关系部门在实现组织公共关系目标的问题上主要应该起到统筹规划、组织安排、协调指导的作用。因此，组织设置公共关系部门时，必须考虑到以上情况，注意公共关系部门与组织其他部门之间的相互协调。

4. 针对性原则

不同性质、不同规模、不同领域、不同行业的社会组织在不同的历史时期、不同的发展阶段，开展不同的工作面临着不同数量、不同类别、不同态度的社会公众。组建公共关系部的目的是更好地开展公共关系工作，因此，应该根据不同的工作任务、不同的公众对象来设置机构，安排人员。

5. 独立性原则

公共关系工作的性质要求公共关系机构或人员在开展活动的过程中必须具有相对的独立性。在组建公共关系部的过程中，应该在机构和人员的地位与权力方面体现出独立性的特点，便于公共关系部能够在确定的工作范围内独立自主地履行职责，积极主动地开展工作、处理问题，以适应客观环境的发展变化。

四、公共关系部的模式

每个社会组织都具有不同于其他组织的特定公共关系目标，每个社会组织都面临着与其他组织不完全相同的公众，因此，以开展公共关系工作作为专门职能的公共关系部门也没有千篇一律的固定模式。比较常见并可供借鉴的类型及其结构模式如下：

（一）按公共关系部的工作特点分类

根据公共关系部的工作特点和工作方式，可将公共关系部划分为以下几种类型：

1. 公共关系工作对象型

即根据公共关系部的工作对象设立所属机构。其机构模式如图 5-1。

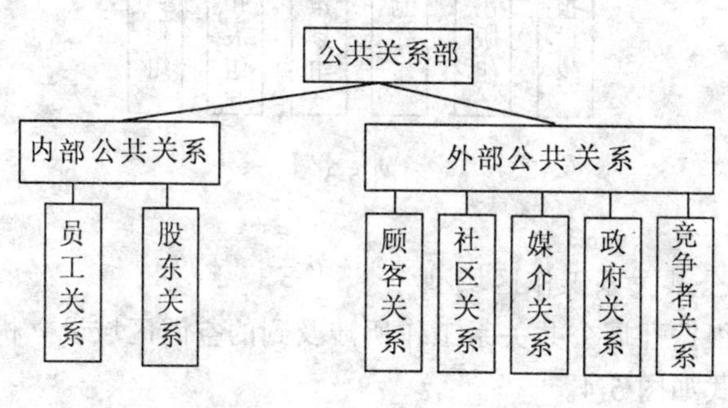

图 5-1

2. 公共关系工作过程型

即根据公共关系活动的程序来设立工作机构。其机构模式如图 5-2。

3. 公共关系工作手段型

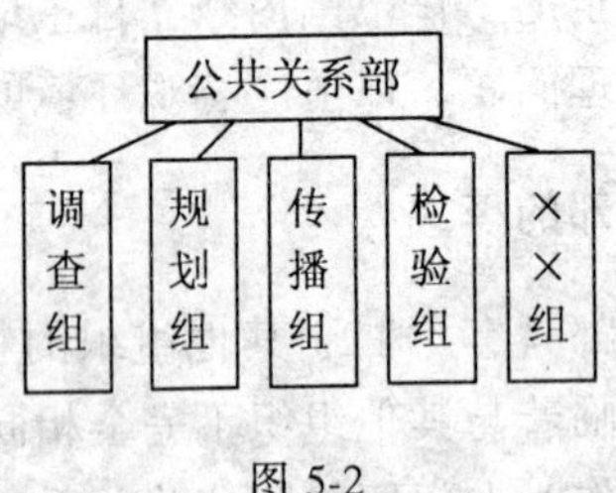

图 5-2

即根据开展公共关系活动所应用的技术手段来设立机构。其机构模式如图 5-3。

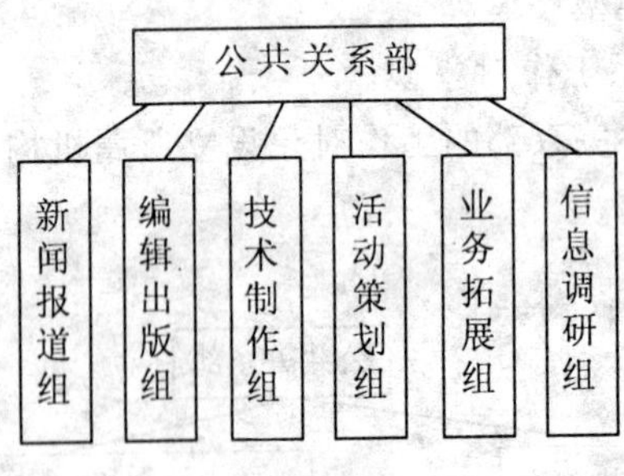

图 5-3

4. 公共关系工作区域型

即根据开展公共关系工作所涉及到的空间区域设立机构。其机构模式如图 5-4。

5. 开展工作实际需要型

即按照开展公共关系工作的实际需要来设立机构。其机构模式如图 5-5。

(二) 按公共关系部的隶属关系分类

1. 领导直属型

由组织的最高负责人（一般由总经理或副总经理）兼任公共

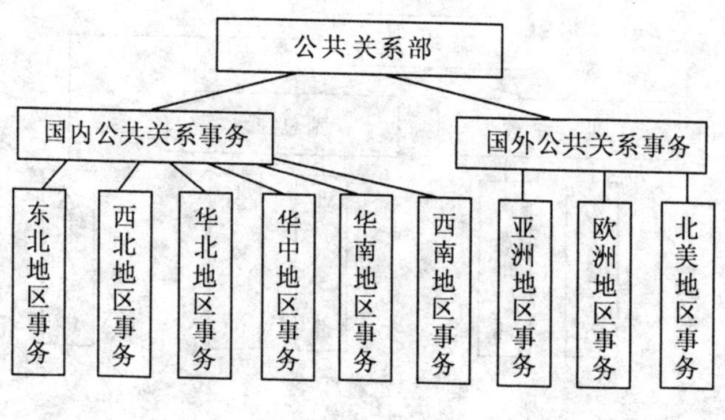

图 5-4

图 5-5

关系部主任。这种类型的特点是公共关系部门与组织的最高领导人可以直接联系，开展工作具有权威性并能够着眼于组织的各个经营环节，便于全面地、有针对性地开展工作，能够融会贯通组织的公共关系思想和政策。其机构模式如图 5-6。

2. 部门并列型

公共关系部与组织其他部门地位并行，对组织的最高领导人负责。有时，公共关系部负责人在对外活动中全权代表本组织的最高负责人。其机构模式如图 5-7。

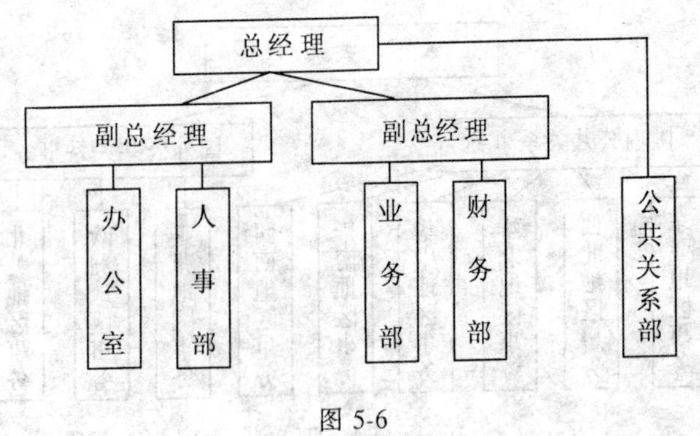

图 5-6

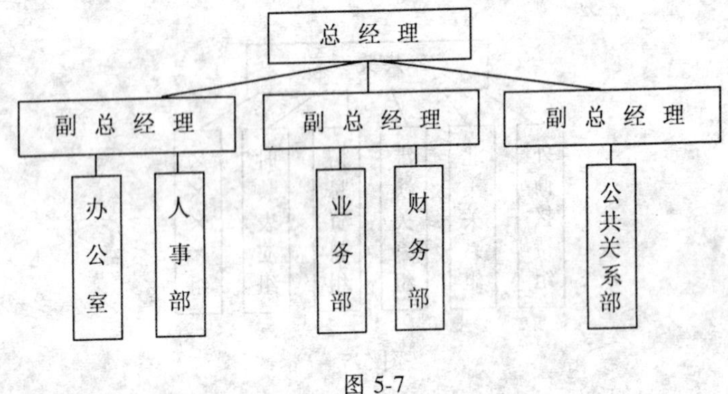

图 5-7

3. 部门所属型

公共关系部门隶属于组织的某一部门，如生产经营部、广告部、推销部、行政办公室或总务部、外事接待部等。其机构模式如图 5-8。

4. 公共关系委员会型

公共关系委员会由组织的最高负责人和各个部门的主管人员所组成。公共关系委员会的任务是统筹、指导、协调本组织的全

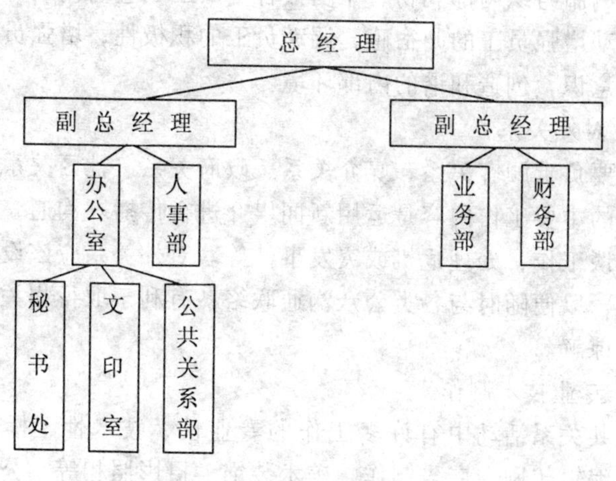

图 5-8

局性公共关系工作，其下设的公共关系部门负责具体的日常公共关系工作。公共关系委员会的优点是可以使公共关系工作更具有权威性，便于公共关系部门与其他部门互相配合。其缺点是组织机构多了一个层次，成员之间的关系变得更为复杂。规模比较大的组织适合于采用公共关系委员会的机构模式。

五、公关部的内部分工

（一）按工作对象分工

公共关系部的内部分工，主要是根据组织机构的实际需要，由组织面对的公众对象和主要职能所决定。一般可分为对内关系、对外关系和专业技术制作三个方面：

1. 对内关系

主要负责职工关系、部门关系、干群关系、股东关系等。组织内部的公共关系是公共关系的基础，而且需要与领导部门、财务部门、人事部门、工会组织等相互配合。对内关系的主要工作是通过编制组织内部刊物、年度报告、员工调查与沟通、股东年会等活动增强员工的归宿感，调动员工的积极性，增强员工的公共关系意识，创造和谐的内部环境。

2. 对外关系

主要负责顾客关系、媒介关系、政府关系、社区关系等。对外关系的主要工作内容是运用新闻媒介进行传播、沟通，参与协调、洽谈工作，处理危机或突发事件等。对外关系应该设专人分类负责，以便随时与各类公众沟通联络，有利于取得相关公众的支持和谅解。

3. 专业技术制作

公共关系活动中有许多工作的专业性、技术性、操作性很强，如编辑印刷、广告制作、美术装饰、摄影照相等。公共关系部门按工作手段和专业技术进行分工，有利于保证并提高工作的质量水平。

(二) 按工作内容分工

根据公共关系部所涉及的日常工作内容，对其工作人员可作以下分工：

1. 编辑、撰稿人员

其主要任务是采写本单位新闻，编辑内刊、年鉴、年度报表以及撰写发言稿、演讲稿等。

2. 调查分析人员

其主要任务是研究公众心理，调查公众意见，分析公众态度，制定与公众进行传播沟通的方案。

3. 策划人员

其主要任务是进行公共关系活动策划，制定公共关系活动计划。

4. 实施人员

其主要任务是实施公共关系活动计划，全面执行公共关系活动的任务。

5. 技术人员

如摄影师、印刷设计人员、美工设计、法律顾问等。

6. 领导人员

公共关系部门的领导人、管理者或决策者一般叫做公共关系部主任，其基本职责如下：(1) 确立公共关系目标，选择公共关系工作方案；(2) 合理安排人力、物力、财力、时间以及其他有关资源；(3) 团结和组织全体成员，按原订计划和实际情况，积极主动地开展公共关系活动，完成各项任务；(4) 负责对外联络，对内协调；(5) 负责向组织领导人报告和请示工作。

除此之外，公共关系部主任还可能肩负以下特殊任务：其一，充当组织的“外交大臣”，主持各种社交活动；其二，充当组织的“发言人”，主持新闻发布会、记者招待会；其三，充当组织的“友善使者”，协助领导处理内外纠纷；其四，充当组织的“推销员”，向公众推销本组织的形象。

六、公共关系部的特点

组织内部设立的公共关系部门，就其开展活动的角度与公共关系公司比较，具有以下特点：

1. 了解内部情况。组织内部的公共关系部门对本组织的经营状况、机构人员以及规章制度等方面的情况比较熟悉。因此，开展公共关系活动比较方便并且能够做到有的放矢，切合实际，具有较强的针对性和实用性。

2. 便于协调关系。内部设立的公共关系部门与本组织具有隶属关系，受本组织上级相关部门的直接领导，能够在相关部门的指导下开展工作，便于相互协调和配合。

3. 工作成效显著。公共关系部作为组织内部的常设、专门机构，能够遇事召之即来，并且具有处理公共关系问题方面的专业特长，因此，应该具有比较突出的工作成效。

4. 投入成本较低。这是与由公共关系公司来开展活动相比较而表现出来的特点。由公共关系部门开展活动便于控制经费预算和节约开支。

5. 难以做到客观公正。开展工作受到组织内部人际关系、群体利益、从众行为、心理定势等各方面因素的制约和影响，难以做到实事求是、客观公正。为了弥补这一缺点，组织内部的公共关系工作往往需要求助于外界专家的协助，如聘请公共关系顾问或公共关系公司。

第四节　公共关系公司

公共关系公司是指由受过专门训练，具有公共关系专长或经验的专家和各类专业人员所组成，以提供公共关系技术性和创造性劳动为工作内容并收取费用的信息型、智力型、传播型的服务性机构。

一、公共关系公司的特征

公共关系公司是公共关系咨询公司、公共关系顾问公司、公共关系事务所、公共关系服务公司等独立的公共关系服务机构的统称。公共关系公司诞生于 20 世纪初的美国，被西方人称为“现代公共关系之父”的艾维·李于 1903 年首创了具有公共关系公司性质的新闻顾问事务所。1920 年 N.W. 艾尔正式开办了公共关系公司。至今，美国的公共关系公司已经达到两千多家。公共关系公司是伴随着公共关系作为一种社会职业的出现而逐渐产生和发展起来的。就目前的情况来看，公共关系公司具有以下基本特征：

1. 社会性

公共关系公司是一个职业化的机构，不同于比较松散的公共关系社团，是一个社会经济实体。它要求有明确的组织目标，严格的组织机构，受过专业训练的专门人才，有共同遵守的规章制度，有周密的发展规划，能够向客户提供高质量、高效率的服务。

2. 服务性

公共关系公司是服务性行业。它通过具有较高知识素质、专业素质的从业人员所掌握的知识和经验，以现代化的技术手段，为客户提供市场、形象、信誉等多功能的服务。

3. 营利性

公共关系公司是营利性的经济组织。它以提供信息、咨询策划以及中介服务为主要经营范围，按照一定的标准取得报酬或利润。

公共关系公司与社会上的广告公司、市场调研公司、市场拓展公司既有联系，又有区别。公共关系公司、广告公司、市场调研公司的服务对象都是社会组织，服务范围不同。公共关系公司的服务范围是提供信息咨询服务、中介服务、活动策划；广告公司的服务范围是广告创意、广告设计、广告制作、广告代理；市场调研公司的服务范围是采集市场信息、分析市场行情、调查顾客心理、营销等。

二、公共关系公司的类型

根据不同的标准可以将公共关系公司划分为不同的种类。常见的划分标准有工作性质、经营方式和人员多少。

1. 按工作性质划分

根据工作性质的区别可将公共关系公司划分为综合性服务的公共关系公司和专门性服务的公共关系公司。

综合性服务的公共关系公司即为客户提供综合性服务，该类型公司业务范围广泛，经济实力雄厚，集中的人力齐全，能够满足各类企业的各种业务方面的服务需要。

专门性服务的公共关系公司，其服务包括三个方面内容：(1) 为顾客提供公共关系专门技能服务，如为客户制订和实施公共关系计划，策划公共关系形象广告，提供厂标、商标、招牌、门面设计，制作公共关系录像片等。(2) 为顾客提供单项服务，如专门为客户提供进行民意测验、形象调查、信息反馈方面的业务服务。(3) 为特定行业或企业提供专项服务，如专门为工商企业筹措资金，从资金来源、形式、成本、风险、渠道等多方面，为企业提供咨询服务。

2. 按经营方式划分

以经营方式作为划分标准，可以将公共关系公司分为中外合资、中外合作、民办、私营公共关系公司等类型。

中外合资的公共关系公司往往实力雄厚，主要客户是国外企业，多从事外向型、国际性的公关策划。

民间组织、社会团体主办的公共关系公司，目前分布广泛，在我国公共关系市场上占据主导地位。

私营的公共关系公司一般规模较小，但经营方式灵活，已显示出旺盛的生命力，对中国公共关系职业化的发展起到了积极的促进作用。

3. 按人员多少划分

按组成人员多少划分，则有大型和小型公共关系公司的区别。据美国 20 世纪 70 年代的调查，平均为 7～25 人的公共关系公司为小型；25 人以上的为大型。至于像美国的伟达公司、纳德芬公司、海尔-诺顿公司、博雅公司拥有工作人员数百名乃至数千名，这样的公司为国际性的大型公共关系公司。

三、公共关系公司的机构

公共关系公司的内部组织机构往往按照公司的规模和性质而设立，但就一般情况来看，公共关系公司的内部结构主要由四个部分组成：

1. 行政部门

包括公司总经理、副总经理和一定数量的业务经理。它的主要职责是行政领导，由业务经理对外接洽业务并具体组织、制定和实施为客户服务的公共关系项目。

2. 审计部门

一般由业务经理人员、业务部门负责人及高级公共关系专家组成。职责是在公司承办的各项业务开始时或实施过程中，审查项目的可行性和监督其实施情况，并统一安排人力、物力、财力，及时为各个项目提供指导及建议，保证项目的质量。

3. 业务部门

比较大的公共关系公司都是根据公司的业务范围和专业特长来设置业务部门的，每个部门都配备有一定数量的精通本部门业务的公共关系专家。

4. 其他部门

一些公共关系公司由于特殊需要，可能设置相关机构，如一些大型国际公共关系公司就设有地区部门和国际部门，以提供地区性和国际性的服务。

总之，公共关系公司的内部机构根据需要而设立。大型的国际性公共关系公司机构庞大、复杂，只提供单项服务的公司或小型公司其机构无疑简单得多，其工作人员多数身兼数职。

四、公共关系公司的业务

公共关系公司的主要业务可大致分为两种类型：一是专门提供公共关系咨询，二是接受客户委托，为其开展公共关系工作。具体说来，其业务内容主要有：

1. 咨询诊断。即总体的公共关系顾问咨询，如为客户进行企业或产品形象研究，做公共关系诊断，制定公共关系规划，为客户设计公众形象，为经营决策做参谋，提供专业化的公关顾问服务。

2. 联络沟通。协助客户与有关的公众或组织联络沟通，建立和维持良好关系，如与政府的关系、与社区的关系、与名流的关系等。

3. 搜集信息。为客户搜集、汇编有关的信息、情报资料，如新闻剪报、市场信息、民意测验资料，以及各种政治、经济、金融、文化、科技等社会情报。

4. 新闻代理。为客户策划新闻传播，包括为客户撰写和制作新闻稿件，选择新闻媒介，建立新闻界联系，组织新闻发布会。

5. 广告代理。为客户设计、制作公共关系广告、企业广告，做广告投资计划，做效果检测分析。

6. 推介产品。协助客户推广产品，制造有利的市场气氛。

7. 会议服务。为客户计划、组织大型会议，如信息交流会、经验研讨会、产品展销会、专题展览会、公众对话会等。

8. 策划活动。为客户策划、组织各种专题公关活动，如剪彩仪式、周年庆典、联谊活动，以及与社区、文化、体育、慈善、福利等有关的大型公众活动。

9. 礼宾服务。为客户安排、组织重要的外交活动，如贵宾和主要人物的访问参观、大型宴会等。

10. 印刷制作。为客户设计、编制、印刷各种文字宣传资料和纪念品，如介绍性书籍、公共关系杂志、宣传画册或活页、宣传招贴、产品或服务介绍以及代表企业标识的徽记、商标、招牌、纪念品等。

11. 音像制作。为客户制作影片、录像带、录音带等视听材料。

12. 培训服务。举办公共关系相关传播人员的技术培训班，培训公共关系人员或特定的传播人员。

五、公关公司的服务特点

公共关系公司与组织内设的公共关系部门比较，在开展公共关系工作方面具有以下主要特点：

1. 较为客观公正。专业公关公司以专业的眼光，从外部公众的角度去处理客户的公共关系问题，不容易受客户内部因素的干扰，容易做到客观公正。

2. 技术全面，专业性强。公共关系公司能够利用各种技术专长和丰富的专业经验为客户工作，拥有更多的专业资料、更多元化的传播媒体、更广泛的社会关系，能够提供较高水准的专业服务。

3. 比较灵活，适应性强。公共关系公司可以根据客户的需要随时提供不同的公关服务，具有时间和空间的机动性和适应性。

4. 关系比较疏远。公共关系公司难以参与客户决策的全过程，与客户的机构及人事关系较疏远，不容易得到完整的资料和完全的信任，导致所提供的计划方案的可行性可能不理想。

5. 运作成本较高。聘请公共关系公司的成本一般比自己处理公共关系事务要高。但从长期来看，如果能建立良好的合作关系，能得到高水平的策划和服务，使公共关系的资源投入更为合理和有效，对于客户来说还是值得的。

六、选择公关公司的标准

客户在决定聘请公共关系公司代理其业务之后，一般都要根据一定的标准对公共关系公司进行评估，在此基础之上决定是否选聘。客户选择公共公司的主要标准是：

1. 公司的信誉

公司的信誉体现在几个方面：公司成立的时间长短，规模大小，在同行中是否具有权威性，能够提供哪些项目服务，组织开展过哪些成功的公共关系活动以及公司的影响或者知名度等。

2. 成员的素质

公共关系公司的工作人员的素质决定着公司的服务水准。客户选择公共关系公司时必须考虑该公司中从业人员接受过什么程度的专门训练，专业技术水平如何，从业人员是否具有良好的道德修养，能否满足客户的业务要求，能否积极投身到客户所需要完成的工作中去等。

3. 公司客户情况

接受选择的公共关系公司曾经为哪些客户服务，这些客户的社会地位如何，客户对该公司服务的满意程度如何等。

4. 收费标准情况

任何一个组织都希望能花较少的钱办更多的事并且取得较好的效果。客户当然首选服务质量高、收费合理的公司。公共关系公司的收费形式主要有：项目收费、计时收费、综合收费、按项目需要分别收费、按项目成果分成等。

项目收费主要包括：项目劳务费、行政管理费、咨询服务费和项目活动经费。

计时收费是按参加工作人员的工资水平、服务项目的难易程度，对可以用时间来衡量的项目定出的收费标准。

综合收费是指公司在为客户代理某项业务或进行全面代理时，双方根据业务需要，协商确定收取费用的总金额，一般在业务开始时由客户支付。

按项目需要分项收费是综合收费的变通形式。即按项目的实际需要分项收费。

项目成果分成是指公共关系公司和项目委托人（单位）共同承担风险，共同受益。项目最终取得收益时，按一定比例分成。

公共关系公司的收费没有固定的统一的标准。客户应该根据公司的声誉、服务的质量、具体业务的难易程度以及供求关系的变化等情况酌情考虑。

第六章　公共关系人员

公共关系人员（P.R.Practioner）是对从事公共关系工作的职业人员的普遍而又常见的称呼。在欧美国家，对公共关系人员的称呼有公共关系从业人员（P. R. Practioner）、公关人员（P. R. Man）、公关官员（P. R. Officer）。亚洲一些国家和地区有过公关小姐、公关先生、公共关系工作者之类的称呼。1999 年 1 月 4 日经国家劳动和社会保障部批准，正式成立国家职业资格工作委员会公共关系专业委员会。同年 5 月国家劳动和社会保障部正式出版了部颁《国家职业分类大典》，公共关系职业的名称、定义和工作描述已正式列入该大典的第三类。

公共关系职业名称为公共关系人员（简称公关员）。公共关系的职业定义是专门从事组织机构公众信息传播、关系协调与形象管理事务的调查、咨询、策划和实施的人员（公共关系职业工作描述见本章第四节）。

以上情况说明，在我国公共关系职业已经得到国家有关部门的认可。为了与国际通称接轨，公关员、公共关系从业人员、公共关系人员都可以作为公共关系职业的名称。

公共关系自 20 世纪 80 年代引进祖国大陆以来，已经在两个文明建设中发挥出独特的功能。公共关系人员作为专门开展公共关系活动的主体核心，必须具备相关的特殊条件，才能使公共关系的独特功能得以正常发挥。这些条件大体上包括：强烈的公共关系意识、健康的公共关系心理、全面的公共关系知识、适用的公共关系能力、高尚的公共关系职业道德等。本章将对这些问题加以探讨。

第一节　公关人员的公关意识

公共关系意识或公共关系观念是一种影响和制约组织政策与行为的经营战略和管理哲学。它是公共关系实践在人们头脑中的反映，是公共关系从业人员应该具备的基本素质的核心。其中主要包括塑造形象的意识、服务公众的意识、真诚互惠的意识、传播沟通的意识、创新审美的意识、立足长远的意识等。

一、塑造形象的意识

塑造形象的意识是公共关系意识的核心。在公共关系思想中最重要的是珍惜信誉、重视形象的思想。随着知识经济时代的来临，现代社会的企业竞争已经逐渐由产品、价格、质量等有形资产的竞争向信誉、形象、知识等无形资产的竞争过渡。良好的组织形象已经成为组织的无形资产和无价之宝，所以，现代组织都十分重视良好形象的塑造。公共关系人员只有认识形象的重要价值，具备塑造形象的意识，才能在公共关系工作中时时刻刻重视形象并主动自觉地塑造、维护个人和组织的良好形象。

塑造组织的良好形象是公共关系工作的重要内容之一。公共关系人员要想更好地塑造组织的良好形象，首先必须重视个人形象的塑造。从个人形象的组成因素来看，它既包括内在形象也包括外在形象。内在形象是社会责任、道德修养、知识水平、个性心理等多方面因素的综合。外在形象主要指风度仪表，表现为衣着、言谈、举止等方面。公共关系人员比较理想的外在形象应该是：衣着美观大方，言谈温文尔雅，举止洒脱沉稳。

具有塑造形象意识的公共关系人员，会把组织和自身的各种行为都看做是组织形象的体现，从而主动自觉地去调整形象，塑造形象，展示形象，维护形象。

二、服务公众的意识

现代激烈的市场竞争归根到底是争夺消费者公众的竞争。而在经营设施都比较先进，商品质量、价格大致接近或差异性比较小的当今，服务质量已经成为争夺消费者公众的决定性因素。公众是组织生存和发展的基础。组织因公众而设立，因公众而存在，因公众而发展；一切为了公众，一切针对公众，一切服从公众，一切依靠公众，这是现代社会组织都应该树立的重要观念。

公众是公共关系的客体，是组织开展公共关系活动的工作对象。如果一个组织没有自己的公众，这个组织就不会有公共关系；如果一个组织忽视了公众，没有公众的了解、支持和认可，组织的形象甚至连组织本身都将失去存在的价值和意义。

"满足公众利益"是公共关系的总体原则，公共关系主张社会组织的一切行为都应从公众的愿望出发，满足公众的要求，热忱为公众提供优质产品和优质服务。只有全心全意地服务公众，才能使公众的利益得到满足，才符合公共关系的原则思想。

服务公众的意识要求当代社会组织及其公共关系人员应该把一切工作或活动都看做是对自己的公众对象提供服务的机会，以自己实实在在的行动获得公众的满意和信任。

具有服务公众意识的公共关系人员会在自己的工作和活动中正确认识自己和公众的关系，时刻以公众利益为出发点来规划自己的工作，一丝不苟，尽职尽责。在为自己的公众对象提供服务时，能够做到服务态度诚恳、热情，服务技能娴熟、高超，服务过程及时、快捷，服务项目完善、全面，服务方式新颖、别致。

三、真诚互惠的意识

公共关系是以利益为纽带而结成的社会组织与其公众之间的关系，功利性是公共关系的本质属性，真诚互惠意识体现着公共关系的功利性特点。

作为公共关系主体的社会组织为了使自身的功利得到满足，必须首先考虑如何满足公众的功利。因为，对公众功利的满足程度影响着公众的态度，公众的态度导致公众的行为。公众的态度和行为直接影响和制约着组织的生存和发展。所以，社会组织为了实现自己的目标，就必须把满足公众的功利放在首要地位。

满足公众利益是公共关系的一条总体原则。它强调组织不能为了自身的利益而损害公众的利益，而应当对公众以诚相待，为公众真诚服务，满足公众的需求，维护公众的利益，从而获得公众的好感、信任与合作，实现本组织的利益目标。也就是说，公共关系人员只有具备真诚互惠的意识，才能按照公共关系的总体原则去开展公共关系活动；只有在遵循公共关系基本原则的前提下开展公共关系活动，才能实现组织的公共关系目标。

现代社会组织都面临着激烈的竞争，都需要具有竞争意识，都需要采取竞争策略，但在竞争过程中，同时必须具有真诚互惠的意识。因为，发展经济是当今世界的主流，而经济领域的竞争不同于武力搏斗和体育比赛。经济领域里的竞争不应该是“你死我活”或“独得胜利”，而应是既竞争又合作，以求共同发展，共同前进。

四、传播沟通的意识

公共关系是社会组织与其公众之间的信息传播沟通关系，传播沟通是形成、维系和改善关系的中介，没有信息的传播沟通就没有实质意义的公共关系。传播沟通意识反映着公共关系人员对公共关系主体与客体两个基本要素及其相互关系的正确认识。

作为公共关系主体的社会组织在公共关系的形成、维系和改善的过程中，都处于主导地位，都需要积极主动地去影响作为客体的公众。在公共关系活动中主体对客体的影响都是通过传播沟通进行的。只有传播沟通的目的明确，内容具体，方法得当，技术巧妙，才能通过传播沟通实现公共关系目标。

宽泛地说，公共关系人员本职工作的全部内容都与传播沟通密切相关。因此，公共关系人员只有具备强烈的传播沟通意识，在具体的工作中，才能明确自己的传播目的，才能准确把握传播的内容，才能选择适当的传播方法，才能妥善地利用时机，才能施展效果显著的传播技巧。

五、创新审美的意识

在公共关系的三大构成要素中，社会组织是公共关系的主体，公众是公共关系的客体，传播是公共关系的中介。这三大构成要素都分别具有多样性、变化性和复杂性的特征，因此，公共关系的构成要素之间，存在着变化无穷、多种多样的组合方式。一切公共关系活动所追求的都是这三大要素的最优状态和优化组合，因为，只有在三大要素组合的最优状态下开展的公共关系活动，才能取得最佳的活动效果。最优状态和优化组合总是相对而言的，因此，公共关系人员的全部职责就是为了使这三大要素的组合尽量趋向优化。

在充满竞争的环境中，组织的生存和发展都需要不断地创新。因为竞争是一种理性对抗，理性对抗的显著特征是一方的策略或行动必然会引起另一方的反策略或反行动。这样便使得任何策略、行动、方法、技巧乃至产品、形象、信誉都具有一定的时限性，而且具有竞争力的有效时限越来越短。因此，组织的形象塑造、信誉提高、环境优化以及生存和发展都必须依靠不断创新。

公共关系的三大要素之间存在着变化无穷、多种多样的组合方式。这些组合方式必然存在着真与假、善与恶、美与丑、好与坏、新与旧的区别。公共关系工作将塑造良好的组织形象，建立稳定的信誉作为努力目标，这就需要公共关系人员必须具备创新审美的意识。因为只有体现真、善、美的创新方式，才能取得良好的活动效果；只有具备创新审美意识的公共关系人员，才会尽职尽责地去创造或选择能够体现真、善、美的活动方式。

六、立足长远的意识

作为公共关系主体的组织与作为公共关系客体的公众之间存在着利益关系。利益具有直接利益与间接利益、眼前利益与长远利益、物质利益与精神利益的区别。一般来说，面对以上各种利益，人们总是看重直接利益、眼前利益和物质利益而轻视间接利益、长远利益和精神利益。主体与客体比较而言，主体处于主导地位，客体处于被动地位。处于被动地位的公众在与组织交往的过程中，必定倾向于看得见、摸得着的眼前直接物质利益。如果作为主体的组织也与公众同样注重近期、直接的物质利益，那么，就不会有主体与客体的良好关系。为了与公众保持和改善关系，作为主体的社会组织必须从长远着想，首先满足公众的利益。

从公共关系的角度来看，信誉是无形资产，形象是无价之宝，建立信誉、塑造形象是组织通过开展公共关系活动所追求的目标。但公共关系活动具有程序性、整体性、系统性、连续性的特点，公共关系活动的各个环节是密切相关的。公共关系人员不能随意割裂或违背公共关系的活动程序及其特点，而追求急功近利。

良好的信誉和形象由多方面的复杂因素所构成，良好的公共关系状态需要长期坚持不懈地去努力营造。也就是说，建立良好的信誉不能仅凭一时一事，塑造良好的形象也不能企求一蹴而就，营造良好的环境更不能依靠一日之功，那么，作为开展公共关系活动主体核心的公共关系人员，为了实现组织的公共关系目标，就必须牢固树立立足长远的意识。

第二节　公关人员的心理素质

心理是指人的头脑反映客观现实的过程，如感觉、知觉、思维、情绪等，也泛指人的思想、感情等内心活动。公共关系人员的心理素质是其基本素质的基础。针对公共关系职业的工作特点，我们认为公共关系人员应该在实践中培养以下几方面的心理素质。

一、自信的心理

自信心理是公共关系人员应该具有的最基本的职业心理素质。自信，就是自己相信自己。自信能使人产生一种内驱力或自信力。内驱力可以激发出难以预料的勇气和毅力，自信力可以成为前进的动力，使人创造奇迹。人一旦失去自信力，消极的暗示便会压抑心理、束缚手脚，则容易导致失败。正如法国哲学家卢梭所说："自信心对于事业简直是奇迹，有了它你的才智可以取之不尽，用之不竭。一个没有自信力的人，无论他有多大才能，也不会有成功的机会。"

心理学家通过实验发现，在受试者接受教育的内容、方式、程度完全相同的情况下，那些总是被成功的暗示激励着的、充满了自信心的受试者要比不给任何暗示的受试者成才率高。而那些常常遭人指责、充满自卑感的人，往往会"破罐子破摔"，中途而废。

古人云："自知者明，自信者强。""自信者人信之。"意思是说一个有自知之明、充满自信的人要敢于面对现实、面对挑战，敢于追求卓越、自强不息。充满自信的人容易得到他人的信任。

由此可以说明，具有自信心理的公共关系人员能够做到镇静从容，处变不惊，胜则不骄，败而不馁，不达目的不罢休。他能以蓬勃向上、奋发图强的精神面貌给公众以良好的印象，从而对他所代表的组织产生好感。

公共关系人员自信心理的培养，应该做到以下两点：

第一点是自信先自强。常言道：艺高人胆大。也就是说只有具备相当的实力，才能产生自信心理。我们所倡导的自信应该建立在经过周密调查，全面了解情况，具备分析问题、解决问题能力的基础之上。一个合格的公共关系从业人员首先应该全方位地提高自己的能力。

第二点是自信且自量。自信来自于实力而不等于不自量力。自信应该建立在正确估价自己能力的基础之上。只有客观地评价自己，在有充分把握的情况下产生的自信心理，才具有实际价值；而不自量力的盲目自信，则很有可能导致最终丧失自信。

二、热情的心理

所谓热情是指对人、对事具有热烈的感情。热情是人们一种以特殊方式表现出来的主观感觉或心理体验。一个人有无热情或者对什么事情有热情、对什么事情没有热情，在某种程度上反映着他对这件事情的态度和观点。如果一个人对某种事情具有热情，那么，热情会产生巨大的推动力，从而促使他对这件事尽心尽力。如果一个人对某种事情没有热情，那么，他便自然地以冷漠、被动的态度去应付、敷衍。

公共关系工作的内容、对象、性质等方面的特点决定了公共关系人员必须具备热情的心理。公共关系工作的内容具有较大的伸缩性、复杂性、繁琐性，公共关系工作的对象具有多样性、广泛性和评价组织的权威性，公共关系工作与组织的其他工作比较具有辅助性、服务性和长远性。以上因素决定了公共关系人员付出的劳动难以直接地表现出效率的高低或效果的好坏，即使取得了明显的成果也难以量化。也正是由于以上原因，公共关系工作不受重视，公共关系人员被人误解的情况并不少见。如果公共关系人员对自己所从事的工作不具备热情的心理，或者不能长期地保持满腔热情，那么，他就难以做到全心全意、尽职尽责，当然也就会影响工作。

公共关系人员热情心理的培养应该注意以下几个方面：

首先，需要培养责任感和事业心。只有具备高度的责任感和强烈的事业心，才能满腔热情地、全身心地投入到公共关系工作中去，如果缺乏工作责任感和事业心，那就很难激发起工作热情。

其次，需要具有积极、乐观的生活态度。一个人的精神面貌表现为是以积极、乐观的态度还是以消极、悲观的态度对待工作或生活。具有积极乐观工作态度的公共关系人员，在具体工作中才能充满热情和活力。

最后，需要培养不计较个人得失的奉献精神。过于计较个人得失的人，在工作中容易忽冷忽热，当有利可图时，可能热情很高，而无利可图时，便会消极冷淡。面对顺意公众，则可能对其热情有加；面对逆意公众则可能冷若冰霜。作为公共关系人员需要培养对公众一视同仁，对工作表里如一，不计较个人得失的奉献精神。只有如此，才能在工作中保持始终如一的热情。

三、开放的心理

公共关系工作是一种突出强调创造性的开放型工作，工作的性质要求从事本职工作的人员应该具有开放的心理。这里所说的“开放”与“封闭”、“保守”、“拘谨”、“陈旧”是相反的概念。

首先，开放是现代社会的突出特点，公共关系是现代文明的产物，如果没有开放的心理，就无法适应现代社会的开放趋势；如果没有开放的心理，也难以适应开放型的公共关系工作。农业自然经济时代形成的“鸡犬之声相闻，老死不相往来”的“小国寡民”封闭观念，显然不能适应信息经济时代“地球已经变成村落”的现实发展需要。

其次，公共关系工作需要不断地创新求异，这便要求公共关系人员必须具有开放的心理，善于接受新事物、新知识、新观念、新成果；反之，如果思想保守、观念陈旧，则难以胜任需要不断创新的公共关系工作。

再次，公共关系人员在工作中可能会与各种各样的公众打交道，可能会面对复杂多变的特殊环境，这也需要公共关系人员具有开放的心理。因为，在一般情况下，具有开放心理的人，往往精力充沛、思想活跃、反应敏捷、善于应酬、左右逢源。这样的人善于与不同性格、不同特点的公众进行交往，并与之建立良好的关系；这样的人，善于随机应变，能妥善处理特殊事件，使组织保持良好的公共关系状态。

最后，公共关系科学和公共关系职业都是从国外引进的新生事物，由于传统文化、社会制度、经济水平的差别，适用于外国的内容不一定适用于我国，也就是说，公共关系科学体系需要完善，公共关系职业需要发展，需要建设具有中国特色的公共关系理论来指导中国的公共关系实践。一般来说，具有开放心理的人，因为不甘于墨守成规、不情愿因循守旧，比较善于在自己的实际工作中总结新经验，概括新知识，吸收新成果，比较善于取长补短、吐故纳新，从而促进公共关系科学体系的完善，推动公共关系事业的发展。

第三节　公关人员的知识结构

知识是人类为了满足进步的需要，在改造世界的实践中通过智力劳动所获得的、能够给人类带来物质和精神享受的认识和经验的总和。知识结构是求知者对知识进行选择、输入、储存、加工而形成的具有多元性、系列性、层次性、综合性、运动性等特征的知识系统。不同的人因为智力、经历、兴趣、爱好、目的、方法、选择、记忆等多种因素的差别，掌握的知识系统也必然会体现出不同的特点。

知识能够解决人类在科学技术研究和社会生产实践中所面临的各种问题。不同的职业需要解决的问题不同，因此，对从业者的知识结构具有不同的要求；相同的职业需要解决的问题基本相同，因此，要求从业者都应该具有适应本职业工作的基本相同的知识结构。

公共关系人员的知识结构是根据公共关系职业的主要工作内容及其基本特点确定的，要求从事者为了适应工作而应该掌握相应的知识系统。我们认为，公共关系人员的知识系统应该包括三个子系统的知识，即：公共关系基本理论知识、公共关系主要实务知识、相关学科知识。尽管公共关系职业内部存在着不同性质的分工，每个公共关系工作人员从事着不同内容的工作，根据分工的性质、工作的内容存在着差异的具体情况，在掌握知识的侧重点方面可以并且应该有所不同，但就总体来说都应该掌握这三个方面的知识。

一、公共关系基本理论知识

理论是人们从实践中概括出来的并对实践具有指导作用的关于自然界和社会的知识的系统的结论。也就是说理论来源于实践，在实践中形成，在实践中发展，并且对实践具有重要的指导作用。应用理论指导实践，能够收到事半功倍的效果。

公共关系的基本理论知识主要包括：公共关系及其相近、相关的概念，公共关系学的研究对象、学科体系，公共关系兴起、发展的历史，公共关系的重要职能，公共关系的基本原则，公共关系的主体、客体和中介等。

公共关系学是一门从国外引进的、综合性和实践性很强的新兴学科。它的基本理论需要在公共关系实践中不断总结，它的体系框架需要在目前已有的基础上进行调整和完善。尽管如此，我们亦不能忽视它对实践的指导作用，因为，公共关系学作为一门独立的科学，已经形成了一系列具有普遍意义的规律。这些规律是对公共关系实践活动的高度概括和经验总结，是人类智慧的结晶，我们必须突出这些理论和规律在实践中的重要地位。

二、公共关系主要实务知识

公共关系学主要包括公共关系原理和公共关系实务两部分内容。但究竟哪些内容属于原理，哪些内容属于实务，至今没有为大家所公认的明确界限，已经出版的教材或读物也存在着很大差异。

公共关系实务的字面意思可以理解为公共关系实际事务或实际业务知识；与“实务”一词相对应的英文单词“Practice”具有“实践”、“实施”、“应用”等含义。

公共关系人员分别属于不同的领域、行业或组织，即使是同一个公共关系部门或公司的公共关系人员也可能从事着不同类别、不同性质的工作。也就是说，不同领域、不同行业、不同组织、不同类别、不同性质的公共关系实务可能存在着多方面的差别。

将以上几个方面的因素综合起来考虑，我们认为，一般情况下，公共关系人员应该具备的公共关系主要实务知识包括：

第一，公共关系工作程序，即调查、策划、实施以及活动效果评估等知识。

第二，公共关系专题活动，即开幕、赞助、展览、参观、宴请、联谊、招待等知识。

第三，与公共关系实践密切相关的知识，例如，公共关系写作知识、公共关系语言知识、公共关系礼仪知识以及谈判、广告、销售、接待、交谈、演讲等知识。

第四，专门性的实际操作知识，例如，摄影、编辑、计算机应用、驾驶等。这些知识从理论上看起来似乎与公共关系无关，但在实际工作中却有密切联系。这类知识是基于特定的需要而要求掌握的，一般不需要特别精通，但是，对于与自己工作密切相关的知识，公共关系人员还是应该着重掌握并逐步精通。

三、相关的学科和行业知识

对这方面的知识难以作出准确的界定。从需要的角度来说，公共关系人员的知识面越宽越好，但从可能性的角度来说，人们凭有限的精力在有限的时间内只能掌握有限的知识。这里强调的相关学科知识，是指与公共关系工作联系密切的主要学科知识，但这并不意味着除了这些学科，其他学科的知识就与公共关系无关。

相关的学科知识主要指以下两类：

第一，文化基础学科知识。包括马克思主义基础理论、语言、数学、逻辑、历史、美学、伦理学等。这些知识是学习其他科学知识的基础，也是学习公共关系知识和搞好公共关系工作的基础。

第二，专业基础学科知识。主要有市场学、经济学、营销学、社会学、管理学、传播学、文化学、心理学、民俗学等方面的知识。这些知识是公共关系专业的基础学科知识，对于针对性地、创造性地应用公共关系知识具有重要的互补作用。

相关的行业知识，主要指以下内容：

公共关系人员分别服务于不同的领域、行业或组织。我们在此所说的相关的行业知识主要指有关公共关系人员为之服务的组织所属的领域或行业的知识。例如，政治领域、经济领域、文化领域；工业、农业、商业；工厂、矿山、商场、饭店、学校、医院、邮政、电信等。不同的组织分别属于不同的领域或行业，各自具有不同的性质和特点。每一个公共关系人员都应该熟悉并掌握与自己所在组织相关的行业性的业务知识。例如，在生产性企业工作的公共关系人员就应该了解并熟悉本企业生产的产品的性能、设计、制造、价格，企业的合作伙伴、竞争对手、主管部门等相关情况。在服务性、公益性、营利性、互利性等组织工作的公共关系人员都应该了解和掌握本组织所属领域与行业的相关知识。如果对这些组织内部人人都熟知的常识一问三不知，常说外行话，那将成为做好公共关系工作的严重障碍。

一个人要想做到全知全能是不可能的，而且也没有必要。但是优化自己的知识结构无疑能够起到节约时间、节省精力、提高效率的作用。要想成为一个合格或者优秀的公共关系人员，就应该在工作中坚持不断地优化自身的知识结构。

第四节　公关人员的能力结构

能力是在人的生理素质基础上经过后天的教育培养并在社会实践活动中形成发展起来的能够胜任某项任务的主观条件的综合。能力由智力因素和非智力因素共同构成，可分为一般能力和特殊能力。一般能力是指适用的范围广泛，在各种活动中表现出来的共同能力，包括观察、记忆、注意、联想、想象、判断、思考等能力，也就是通常所说的智力，其核心是逻辑思维能力。特殊能力是指在某些特殊领域的活动中所表现出来的能力，包括感知、评估、鉴别、表达、分析、转换、调控等能力，这些能力一般是由非智力因素即情感因素所决定的。可见，能力不仅取决于智力和知识，而且与生理机制、情感因素、历史条件和社会环境密切相关。人与人之间的能力差异虽然与遗传有一定关系，但主要是由于社会影响、教育方式、实践活动和自身努力的不同所造成的。特殊能力是以一般能力为基础，经过专门训练发展而来的。一般能力与特殊能力相互作用、共同发展，构成完整的能力结构，保证有效地完成某种活动。

公共关系人员应该具备的能力结构是针对其从事的工作内容及其特点而提出来的基本要求。某些专家曾经对公共关系工作以及公共关系人员应该具备的能力进行过探讨。美国的斯科特·卡特利普等人在《有效公共关系》（汤滨等译，中国财政经济出版社 1988 年版）一书中，曾将公共关系工作概括为：写作、编辑、与新闻媒介联络、特殊事件的组织与筹备、演讲、制作、调研、策划与咨询、培训、管理等十类。美国学者丹尼斯·威尔科克斯在其所著《公共关系的战略与战术》(封长虹等译，解放军出版社 1992 年版）一书中提出，公共关系人员应具备三项至关重要的才能，即写作技巧、研究能力和创造才能。

我国国家劳动和社会保障部在 1999 年 5 月正式出版的部颁《国家职业分类大典》中，对公共关系职业工作进行了如下描述：

（1）制定组织的公众传播计划，编辑、制作和发行组织的各种宣传材料，负责组织新闻发布、形象传播工作；（2）监测、搜集、整理和分析组织的公众信息，向组织的领导人提供管理咨询建议；（3）制定组织和产品（服务）的形象管理计划，策划和实施各种专题性公众活动并对其进行评估；（4）沟通、协调组织与内外公众的关系，参与处理组织的公众咨询、投诉和来访接待事务；（5）协助组织发现、处理并监控其与公众之间的矛盾、问题和突发（危机）事件；（6）对组织的其他有关人员进行上述工作的专业培训和指导。由此可见，要想胜任上述所有的公共关系工作，需要具备多方面的能力。可是在现实中每个公共关系工作人员可能只需要能够完成其中的一项或几项工作就可以了，因此，并不一定需要每一个公共关系工作人员都能够具备胜任上述所有工作的能力。同时，我们也应该认识到，要想成为一个具有较高水平的公共关系人员，在必须具备观察、记忆、注意、联想、想象、判断、思考等一般能力的基础上，还应该具备以下能力：

一、创新能力

本章第一节我们曾经探讨过公共关系人员应该具备创新审美的意识的问题。创新意识、创新思维和创新能力密切相关，创新意识是引起创新思维的前提，创新思维是体现创新能力的条件，创新能力取决于创新思维。只有注意培养创新意识，形成适合于创新的思维方式，才能逐渐提高创新能力。

公共关系工作的特点和当前日益激烈的竞争形势，都需要公共关系工作人员必须具备较强的创新能力。每一项成功的公共关系活动都必然具有不同于其他活动的、新颖独到的特点。公共关系工作人员只有不断地设计出与众不同、别具一格、富有新意的活动方案，才可能使组织在开创时期旗开得胜，一鸣惊人；才可能在激烈的竞争中出奇制胜，力克群雄；才可能在面临危机的关键时刻力挽狂澜、化险为夷。公共关系事业之所以能够在世界范围内迅猛发展，正是因为这种随机应变的创新设计，使人们深刻地感受到公共关系的强大魅力。因此，公共关系人员应该具备强烈的创新意识，应该加强创新思维训练，在工作实践中不断提高创新能力。

二、表达能力

公共关系是通过公共关系活动而形成的组织与公众之间的关系，公共关系活动是一种信息的传播沟通活动，所以，公共关系的形成、维系和改善，必须依赖于信息的传递和交流。在公共关系传播活动中，社会组织向其公众传播信息或者接受公众的信息反馈，公众接受组织的信息并且作出信息反馈，都需要以信息的表现形式作为物质载体。这种物质载体就是语言。“语言是人类最重要的交际工具”（列宁语），是思维的表现形式，即“思想的直接现实”（马克思语）。也就是说，语言作为交际和思维的工具，具有两种基本功能：一是交际或交往功能，二是表达思想或情感的功能。语言的工具性和功能决定了它在公共关系传播活动中的特殊地位和重要作用。

现代信息科学认为，语言是能够储存和传递信息的符号系统，符号则是信息传递的媒介。公共关系语言是指公共关系主体在进行公共关系传播过程中所使用的一切具有意义的符号。由此看来，公共关系语言已经超越了传统语言学的界限。它不仅包括有声语言和书面语言，也包括体态语言、辅助语言、标志语言等。

所谓表达即表达思想或情感。所谓表达能力即语言表达能力。公共关系人员的语言表达能力应该是指应用有声语言、书面语言、体态语言、辅助语言和标志语言等各种语言的表达能力。

公共关系传播是社会组织与公众之间有计划的、可控制的信息交流活动。在信息传播和信息反馈的每一项实践活动中，在活动的每一个步骤中都必须有语言作为物质载体。无论是直接传播与间接传播，还是人际传播与大众传播，语言都是不可或缺的重要媒介。语言是公共关系人员与公众之间传递信息、表达思想、交流情感、影响行为的工具。如果没有语言作为工具，公共关系传播就不可能进行；如果公共关系人员没有一定的语言表达能力，不能清晰、准确、简洁、明了地表达思想和情感，公共关系传播活动就不会取得良好的效果。

三、协调能力

“协调”是一个兼类词，即有时当形容词使用，有时当动词使用。作形容词使用的“协调”在公共关系学科里的含义是指组织的内部结构合理、目标一致、意见统一、凝聚力强，社会组织与外部相关公众联系密切、信息畅通、相互支持、关系融洽。总之，“协调”是指组织与内部、外部公众之间处于一种和谐状态。作动词使用的“协调”在公共关系学科里的含义是指公共关系人员为了促使组织内部成员之间、部门之间、领导与员工之间以及组织与外部公众之间达到相互理解、支持和适应的状态所做出的调整、调节、平衡行为。

我们这里所说的协调能力是指公共关系人员为了促使组织与内外公众之间形成适应与和谐状态在工作过程中表现出来的能力。

组织内部各个层次、各个部门、各个成员之间的和谐统一、有序运转是组织在激烈竞争中能够处于优势地位，能够生存并继续发展的重要基础。具有较强协调能力的公共关系人员能够通过自己的努力，使组织内部成员相互理解、相互支持、步调一致、配合默契、心情舒畅、士气高昂，为打好组织生存和发展的基础作出贡献。

组织的生存和发展离不开外部各类相关公众的支持与合作。具有较强协调能力的公共关系人员能够通过自己的努力，使组织与外部相关公众保持正常联系，形成相互影响、相互制约、相互依赖、相互信任、相互配合的密切关系。

总之，组织内部成员之间的关系协调，组织与外部公众之间的关系协调都需要公共关系人员具备较强的协调能力。

四、组织能力

公共关系人员的组织能力是指在开展公共关系活动的过程中，对分散的人员或事物通过计划、安排、调动、控制、调整等工作，使其具有一定的系统性和整体性的活动能力。

组织的公共关系工作千头万绪，完成每项工作都需要考虑多种因素。仅就一项完整的公共关系活动来说，需要经过调查、策划、实施和评估这四个依次进行的步骤，每一个步骤都包含一系列的具体工作，每一项具体工作都需要有合适的人员去完成，完成每一项具体工作都可能涉及到不同类型的公众，可能遇到各种复杂情况。也就是说，公共关系活动需要有准备、有组织、有计划、有步骤地进行，才能取得良好的活动效果。反之，随心所欲、杂乱无章、颠三倒四、主次不分，则难以达到开展活动的目的。公共关系人员的本职工作就是开展公共关系活动，如果不具备一定的组织能力，则难以取得活动的成功。

组织能力强的人能够将千头万绪、杂乱无章的复杂工作安排得主次分明、井井有条、进展顺利、成效显著；而组织能力差的人，面对纷繁复杂的局面则可能束手无策、无可奈何。每个公共关系人员都应该重视组织能力的培养，应该具备较强的组织能力。因为在一般情况下，每项具体的公共关系工作都需要公共关系人员去调动和组织内部成员或外部公众共同完成。

公共关系人员的组织能力主要体现在三个方面：一是预先制订计划，做到有条不紊；二是考虑问题周密，全面安排工作；三是审时度势控制，随机应变调整。

五、应变能力

社会组织在充满着激烈竞争的复杂环境中生存发展，公共关系工作中常常会遇到各种出其不意的非常规事件，遇到具有各种特殊要求的公众。处理非常规事件、与特殊公众打交道并不是容易的事，要求公共关系人员善于运用自己的知识、经验、智慧，对形势进行科学的分析，准确的预测，并且随机应变，当机立断。公共关系人员如果不具备较强的应变能力，就很难适应风云变幻的现代竞争形势，就难以胜任纷繁复杂的公共关系工作。

应变能力既是良好心理素质的体现，也是有备无患、处乱不惊表现出来的优秀品质。也就是说，应变能力的强弱虽然具有先天的因素，但更主要的还是取决于实际锻炼。例如，为了在公共关系工作中取得主动权，使自己做到有备无患，处乱不惊，事先就可以做好应变准备，通常是拟订应变方案。因为公共关系人员在拟订活动方案时，活动的目标、结果、策略、技巧都是事先的主观预测，而在实际活动过程中则可能会发生各种预料不到的变化，因此，事先考虑好应变措施是非常必要的。

公共关系人员具有较强的应变能力并且应变能力得到较好的发挥，常常能够化险为夷，使陷入危机的局面转而进入“柳暗花明又一村”的境界。

一个优秀的公共关系人员，其能力结构应该是多方面因素的有机结合。除上述这些基本能力外，自制能力、自控能力、交往能力、预测能力、谋划能力、决策能力以及学习掌握知识、政策、理论和分析问题、解决问题的能力，都应该成为公共关系人员能力结构中不可缺少的重要因素。

六、能力的培养

由于公共关系工作人员已经形成了一定的个性特征和能力差别，因此，对于培养和提高能力的方式与途径也不能一概而论。我们只能就公共关系人员的共同特点和一般情况，来探讨培养能力应该遵循的原则以及获取能力的有效途径。

(一) 培养和提高能力应该遵循的原则

培养和提高能力应该遵循以下原则：

1. 服务原则。即培养和提高能力必须以公共关系工作的需求为根据，以服务于社会组织和公众为目的。

2. 动态原则。社会在迅速进步，改革在继续深入，体制在逐渐调整，形势在不断变化，公共关系人员能力的培养和提高必须与环境相适应。

3. 特长原则。即针对自身的素质、个性、兴趣、爱好以及从事的具体工作，在一般能力的基础之上，扬长避短，注重发挥优势，培养自己的特殊能力。

4. 创新原则。知识无涯，人生有限。在以信息和科技为主要特征的知识经济时代，即使是一个智力超群、勤奋非凡的人，也只能掌握全部知识的星星点点。为了充分利用有限的人生，必须注重培养对知识进行发散创新的能力。

5. 层次原则。就总体来说，公共关系人员从事的是相同职业，但相同职业的不同工作对能力的要求也有所不同。每个公共关系人员都应该针对自己的具体工作，考虑能力的作用范围和需求程度，有所侧重地培养和提高。

(二) 获取和增强能力可以采用的方法

获取和增强能力可以采用以下方法：

1. 积累知识、循序渐进。我们应该从知识与能力的相互关联和转化的关系中受到启迪，掌握知识的多寡、深浅和完善程度，直接影响着能力的培养和提高。王充曾经说过：“智能之事，不学不成，不问不知。”需要说明的是智能或者才能并非知识的堆积，而是知识的结晶。将知识转化为能力需要经过提炼、改造、创新、实践等过程；在这个过程中，必须循序渐进，才能收到获取和增强能力的良好效果。

2. 勤奋实践、贵在坚持。获取和培养能力需要有一个长期艰苦的实践过程，能否坚持不懈、持之以恒则是取得成效大小的关键。

3. 正视现实、超越自我。现实社会充满着竞争，而且竞争越来越激烈。知识的竞争、人才的竞争都要通过能力的竞争来体现。公共关系人员应该不断地超越自我，着重发展和提高自己的优势能力。

4. 培养爱好、发展兴趣。培养和提高能力必须通过某种活动来进行，而强烈的兴趣和爱好，会使你产生无穷无尽的力量。杨振宁在总结科学家的成功之路时曾说过：“成功的秘诀是兴趣。”爱因斯坦说：“热爱是成功的老师。”也有人说：“爱，是可以创造奇迹的。”兴趣和热爱能使你心明眼亮、目标明确，能使你坚定信心，永不退缩，能使你战胜困难，取得成效。公共关系人员的能力培养，一定要建立在对公共关系事业热爱的基础之上。

第五节　公关人员的职业原则

每一种职业都具有与其他职业不同的职业特点和职业目标，不同的职业对从事该职业的人员有着不同的职业规范要求，即有着不同的职业原则。公共关系从业人员的职业原则是以公共关系的基本原则为依据而制定的确保原则思想在从事公共关系研究、公共关系实践，开展公共关系活动的过程中得以落实，对公共关系从业人员的行为具有规范、制约作用的基本原则。公共关系从业人员的职业原则包括职业准则和职业道德。

一、职业准则

有关公共关系职业道德问题的探讨，可以称得上是公共关系职业发展中的一个热点。几乎在每一次国际性重大公共关系研讨会上，都有关于公共关系职业道德的论题。各国和国际公共关系组织为公共关系职业道德的系统化、正规化、制度化作出了巨大的努力，其结果便是大量“职业准则”的诞生。

在众多公共关系组织制定的职业准则中，要数《国际公共关系道德准则》影响最大。正如英国公共关系协会前主席赫伯特·劳埃德所说的很多国家的公共关系组织都采用该准则，或以此作为范例稍作变动，以适应自己国家的需要。除了《国际公共关系道德准则》，《英国公共关系协会行为准则》和《美国公共关系协会职业标准准则》的影响也很大。

(一)《国际公共关系道德准则》

《国际公共关系道德准则》由国际公共关系协会名誉会员、法国的卢亚恩·马特拉特起草，于 1965 年 5 月 12 日在雅典召开的国际公共关系协会全体大会上通过，所以又称《雅典准则》。1968 年 4 月 17 日德黑兰全体大会对该文件进行了修改。

《国际公共关系道德准则》共有如下条款：

1. 国际公共关系协会所有成员必须竭诚做到以下各条：

第一条　为建设应有的道德、文化条件，保证人类得以享受《联合国人权宣言》所规定的诸种不可剥夺的权利作贡献。

第二条　建立各种传播网络和渠道，以促进基本信息的自由流通，使社会的每一成员都有被告知感，从而产生归属感、责任感、与社会合一感。

第三条　牢记由于职业与公众的密切联系。个人的行为——即使是私人方面的——也会对事业的声誉产生影响。

第四条　在自己的职业活动中尊重《联合国人权宣言》的道

德原则与规定。

第五条　尊重并维护人类的尊严，确认各人均有自己作判断的权利。

第六条　促成为真正进行思想交流所必需的道德、心理、智能条件，确认参与的各方面都有申述情况与表达意见的权利。

2. 国际公共关系协会所有成员都应保证做到以下各条：

第七条　在任何时候、任何场合，自己的行为都应赢得有关方面的信赖。

第八条　在任何场合，自己均应在行动中表现出对自己所服务的机构和公众双方的正当权益的尊重。

第九条　忠于职守，避免使用含糊或可能引起误解的语言，对目前以及以往的客户或雇主都始终忠诚如一。

3. 国际公共关系协会所有成员都应力戒：

第十条　因某种需要而违背真理。

第十一条　传播没有确凿依据的信息。

第十二条　参与任何冒险行动或承揽不道德、不忠实、有损于人类尊严与诚实的业务。

第十三条　使用任何操纵性方法与技术来引发对方无法以其意志控制因而也无法对之负责的潜意识动机。

《国际公共关系道德准则》未附任何解释，但国际公共关系协会强调，该道德准则实施时，可参照 1961 年在威尼斯通过的《国际公共关系协会行为准则》(又称《威尼斯准则》)。《威尼斯准则》的内容与《英国公共关系协会行为准则》的内容比较近似。

（二）《英国公共关系协会行为准则》

《英国公共关系协会行为准则》是一份诞生较早、影响较大的职业准则。它共有 16 条，每一条后均附有英国公共关系协会提供的注释性说明，以供公共关系从业人员解释和实施。该行为准则的前 5 条为：

1. 职业行为标准

各会员在其职业活动中应尊重公众利益和个人尊严。在任何时候都应忠诚、公正地对待其目前及以往的客户与雇主、其他会员、传播媒介与公众。

2. 信息传播

各会员不得有意不顾后果地散布虚假信息，而且应注意避免不慎犯此错误。应以保证真实与准确为己任。

3. 传播媒介

各会员不得参与任何意在败坏传播媒介诚实性的活动。

4. 秘密利益

各会员不得参与任何为不可告人的利益服务但又掩盖其真实目的的欺骗性活动，应保证他所参与的任何组织都公开其真正利益。

5. 信息保密

各会员在未得到对方同意之前，不得为个人目的而公开（除非因法庭裁判）或利用从其目前以及以往的雇主或客户获悉的信息。

（三）《美国公共关系协会职业标准准则》

《美国公共关系协会职业标准准则》于1954年为美国公共关系协会正式通过。它主要由原则宣言和条例两部分内容构成，另外还附有条例的正式解释、准则在政治公共关系中的运用的正式解释和准则在金融公共关系中的运用的正式解释。

该职业标准准则的条例部分共有14条，其内容与《英国公共关系协会行为准则》的内容非常类似，略有不同的是该职业标准准则的条例的第二条明确指出："协会成员履行其业务应符合公众利益。"美国公共关系协会对此条的正式解释是："公众利益在这里的主要定义是：对于美国宪法所保障的公民权利的尊重以及权利的实施。"另外，第二条规定："协会成员应为现在及过去的委托人保守秘密，并为那些曾通过同该协会成员建立业务关系而有过交往的人或团体保守秘密；协会成员不得受聘担任将牵涉到泄露或利用这些秘密，因而有损这类现在、过去或可能的委托人或雇主利益的这些组织的雇员或职位。”美国公共关系协会对此条的正式解释是：“本条款并不禁止知道委托人或雇主的非法活动的美国公共关系协会成员认为应根据法律要求向有关当局揭露这些行为。”《英国公共关系协会行为准则》第五条只规定因法庭裁判所需可公开有关雇主或客户的情况。

美国公共关系协会为加强对该职业标准准则实施的监督管理，专门在协会内设有申诉委员会。当有美国公共关系协会成员违背这一准则时，人们可以向该申诉委员会提出申诉，控告犯规者。从 1954 年到 1985 年，已有 3 人被暂时停职，4 人受到训斥，1 人受到惩戒。

(四)《中国公共关系职业道德准则》

公共关系事业虽然在我国起步较晚，但在近 20 年的时间里，无论是公共关系理论研究、实务活动还是公共关系从业人员的队伍建设，都取得了有目共睹的成绩。与此同时，在公共关系实践的快速发展中也出现了一些不容忽视的问题。中国公共关系界的很多有识之士早已敏锐地意识到：为了促进中国公共关系事业的健康发展，为了使公共关系从业人员在行为上有章可循，应当尽快制定和完善公共关系人员的职业准则。

1989 年 9 月，在西安召开的第二次全国省、市公关组织联席会议上提出了《中国公共关系职业道德准则》（草案）。这个“草案”是以我国社会公认的道德规范和我国公共关系事业的实际为出发点，并借鉴《雅典准则》、《威尼斯准则》以及国外一些具有重要参考价值的相关文件而拟订的，经广泛征求意见和反复推敲修改后，于 1991 年在武汉召开的第四次全国省、市公关组织联席会议上获得通过。其全文如下：

中国公共关系职业道德准则

（一九九一年五月二十三日第四届全国省市
公关组织联席会议通过）

总　则

中国公共关系事业的发展，是改革开放的必然趋势，它以新型的管理科学协调社会各方面的关系，密切党和广大人民群众的联系，调动各种积极因素，维护安定团结，促进社会主义建设。因此，公共关系工作者肩负着时代的使命，公共关系工作者必须具有高尚的职业道德作为完善自身形象的行为准则。

条　款

1. 公共关系工作者应当坚持社会主义方向，自觉地遵守我国的宪法、法律和社会道德规范。

2. 公共关系工作者开展公关活动首先要注重社会效益，努力维护公关职业的整体形象。

3. 公共关系工作者在公共关系活动中，应当力求真实、准确、公正和对公众负责。

4. 公共关系工作者应当努力提高自己的政治水平、文化修养和公关的专业技能。

5. 公共关系工作者应当将公关理论联系中国的实际，以严肃认真、诚实的态度来从事公共关系学教育。

6. 公共关系工作者应当注意传播信息的真实性和准确性，防止和避免使人误解的信息。

7. 公共关系工作者不能有意损害其他公关工作者的信誉和公关实务。对不道德、不守法的公关组织及个人予以制止并通过有关组织采取相应的措施。

8. 公共关系工作者不得借用公关名义从事任何有损公关信誉的活动。

9. 公共关系工作者应当对公关事业具有高度的责任感。不得利用贿赂或其他不正当手段影响传播媒介人员真实、客观的报道。

10. 公共关系工作者在国内外公共关系实务中应该严守国家和各自组织的有关机密。

附　则

本准则将根据实际情况予以调整和修改。其解释、修改、终止权属全国省、市公关组织联席会议。

(说明:《中国公共关系职业道德准则》转引自《公关员职业培训与鉴定教材》,复旦大学出版社 1999 年版。)

现在看来，对 1991 年 5 月 23 日通过的《中国公共关系职业道德准则》的基本精神应该加以肯定，因为这一文件的制定，充分表明了中国公共关系职业在发展过程中自律的需要。但我们也必须说明这一“准则”显然不尽如人意，在文字表述上还应该进一步加以推敲，在条款内容上则应该尽量避免时代局限，有待于进一步修订完善。事实上这一“准则”也并未能真正成为规范整个公共关系行业道德行为的文件。

二、职业道德

公共关系人员的职业道德是指在思想品质方面对从业人员具有规范和制约作用的职业原则。职业道德是人们在职业生活实践中形成的比较稳定的道德观念、行为规范和风俗习惯的总和，它是社会道德的重要组成部分，与其他社会道德规范相互补充，共同指导和要求公关从业人员的行为。公共关系人员的职业道德既是公关人员从事公共关系工作的行为规范，同时也是公共关系组织或部门应该对社会承担的道德和义务。严格遵守公共关系人员的职业道德，对于从业人员来说，有着特别重要的意义。从微观来说，作为公共关系主体的社会组织需要通过塑造组织的良好形象、扩大组织的知名度和美誉度的途径来追求自己的经济效益和社会效益。这就要求从事公共关系职业的人员必须具有高尚的道德品质。公共关系人员是组织的代表，其职业道德水平的高低直接影响着组织形象。从宏观来看，我们强调在进行物质文明建设的同时，要加强社会主义精神文明建设；我们强调清除社会丑恶现象，抵制社会不正之风。公共关系工作以优化社会环境为宗旨，其从业人员讲究职业道德，就是建设社会主义精神文明、抵制社会不正之风的最好行动。

参照《国际公共关系道德准则》、《中国公共关系职业道德准则》以及《公共关系人员国家职业标准》（见本章后附录）中对“职业道德”的要求，并联系我国公共关系发展的实际情况，可将公共关系职业道德规范的基本内容概括为以下八个方面：

1. 敬业爱岗，忠于职责

在我国，公共关系是一项新兴的社会职业。从事这一职业的人员既应该感到自豪和光荣，又应该意识到它的艰苦和辛劳——不仅工作本身充满着挑战性，而且还必须时时面对社会上某些人的误解，并努力以自己的行动去消除这些误解。因此，对于一切真正有志于公关职业的人员来说，最重要的职业道德要求就是敬业爱岗，忠于职责。

根据这一要求，一位公共关系从业人员首先应该热爱公共关系职业，具有崇高的事业心。必须认识到：公共关系工作是一项高层次的工作，不仅符合时代发展和经济建设的需要，在创造和维护组织无形资产、推动社会有序发展方面能发挥不可替代的重要作用，而且能满足人们渴望挑战、追求创造的现代心理需求，满足人们实现自我价值的目标。对一位称职的公关从业人员来说，公共关系职业决不仅仅是一种谋生手段，而且是开发自身潜力、展现创造才华的最佳选择之一，并且以能够从事这一职业为荣，充满自豪感和献身精神，愿意为这一事业付出自己的最大努力和全部智慧。

其次，应该具有强烈的责任感。公共关系工作在组织的战略管理方面发挥着重要作用。在公共关系工作中，及时妥善地处理细微末节则有可能为组织赢得声誉和效益，而一些小的疏忽则可能给组织带来不可估量、无法弥补的重大损失。这就要求公共关系人员在自己的工作岗位上必须恪尽职守、认真负责、一丝不苟。不重小节、马虎敷衍、自由散漫乃至玩忽职守，尤为公共关系职业道德规范所不容。

再次，还必须注意时时处处维护公共关系职业的纯洁性。在现实生活中，因为种种原因，社会上少数人对公共关系职业的看法还存在着误解和偏颇。因此，公共关系从业人员除了以自己敬业爱岗、忠于职守的实际行动来树立公共关系职业良好的整体形象外，还有义务对公共关系职业的社会意义和价值进行宣传，而对那些“假公关”、“伪公关”应该大胆给予揭露和斗争，从而维护公共关系职业的纯洁性。这对公关人员来说，既是职业道德的要求，也是一种神圣的职责。

2. 廉洁奉公，遵纪守法

廉洁奉公，遵纪守法，这本是每一个社会公民都应具有的道德风范，而对公共关系从业人员来说，尤其显得重要。鉴于公共关系工作的特殊性质，公共关系从业人员一般都有着比较广泛的社会交往和网络关系，经常参与各种社会活动，因此也更容易受到各种不正之风的影响和诱惑。这就要求公共关系从业人员时刻保持清醒的头脑，注意摆正国家利益、社会利益、集体利益和个人利益的关系，决不应该利用自己的职权和关系资源谋取私利，更不应该有损公肥私、贪污受贿等违背公共关系职业道德、有损公共关系职业形象的行为。

对公共关系从业人员来说，遵纪守法不仅是个人的道德问题，而且是一种职业意义上的要求。公共关系活动是组织的行为，这一行为的策划和实施是否严格遵守国家的法规政策和纪律，乃是每一个公共关系从业人员时刻应该考虑和注意的问题。因此，公共关系从业人员必须有严格的法规政策和纪律意识，尤其对相关的法规政策应有较系统、较准确的认识和理解，如《民法》、《消费者权益保护法》、《广告法》、《商标法》、《反不正当竞争法》、《经济合同法》、《税法》等，从而在组织开展的公共关系活动中，自觉遵纪守法，严格依法办事，不做任何违背法规政策和纪律的事情。与此同时，还应该具有善于运用法律保护组织正当权益的胆识和能力。

3. 坚持原则，处事公正

公共关系工作的特殊性质决定了公关从业人员在工作中往往需要随机应变，灵活处置。但这不等于不讲原则。事实上，公共关系的职业定义和工作要求，都决定了公共关系人员必须具有高度的原则性，才能保证在实际工作中不偏离方向，不损害组织的根本利益。

公共关系工作具有严谨的原则体系，既具有起着全面指导、宏观规范作用的总体原则，也具有对具体活动、活动步骤以及公共关系从业人员的行为起着制约作用的具体原则和专业原则。这些都是公共关系从业人员在实际工作中应该严格遵守的。在重大原则性问题上，公共关系人员决不应该轻易妥协和让步。尤其在一些有可能超越自己职权范围的原则问题上，更应注意向领导汇报和请示，决不允许擅作主张，贸然行事。

正是在坚持原则的前提下，公共关系从业人员才能真正做到公正处事，无论对人还是对事，均实事求是、公平对待、一视同仁，决不恃强凌弱，见风使舵，乱搞庸俗关系。

4. 求真务实，勤奋高效

真实性是公共关系工作基本原则之一。现有的国际或各国公共关系道德准则中，无一例外地都把“真实”列为重要条款，并作了相当具体的规定，即要求在公共关系活动中，公共关系人员必须公开事情的真实情况，既不夸大，也不缩小，严禁用假话来隐瞒真相。“诚实是最好最有效的策略。”这也构成了衡量公共关系人员道德水准的重要标准。

要做到求真务实，公共关系从业人员应该从以下几个方面去努力：

对事物要深入了解，准确地掌握其真实情况，客观地分析其因果关系，决不表面化看问题，不根据只言片语、道听途说随意下结论。

在传播信息、宣传组织与产品形象时，要真实地介绍有关情况，不传递未经核实、随意夸大或缩小、没有确凿依据的虚假信息，更不应该有意欺骗公众。在表述中，应该避免含糊其辞从而可能导致公众误解的言词。

在和各类社会公众交往中，注意真诚待人，以真诚赢得信任，用真诚化解矛盾，不虚伪，不浮夸，不矫揉造作，从而实现良好的人际沟通，以实现公共关系工作的预期目标。

勤奋高效应该成为公共关系从业人员良好道德风范的重要表现。公共关系从业人员应该脚踏实地，勤奋工作，努力开拓创新，用最少的时间、金钱和人力，办尽可能多的事情，为组织争取更好的社会效益和经济效益。

5. 顾全大局，严守机密

公共关系人员必须具有顾全大局的职业道德。在处理具体关系时，应该做到：

在处理国家、组织和个人之间的关系时，要首先考虑国家利益，然后再考虑组织利益和个人利益。

在处理社会公众和组织之间的利益关系时，要首先考虑社会公众利益，在此基础上兼顾组织利益。尤其在社会公众利益和组织利益存在着某种冲突时，不能一味维护组织利益而置公众利益于不顾。必须认识到：只有切实符合公众利益，才能真正保证组织的长远利益。

在处理组织内部各部门之间的关系时，要从全局、大局出发，局部利益服从全局整体发展的需要，正确处理局部与整体的关系。

在处理集体和个人关系时，要有集体主义精神，要首先考虑集体利益，然后兼顾个人利益。

在处理他人与自己的个人关系时，应在充分考虑别人利益的同时，再考虑个人利益，做到先利人后利己。

顾全大局的道德规范还要求公关人员在活动中要严格保守国家、组织和客户的秘密。尤其是专业公关机构，更应该严格保守在工作过程中了解到的有关客户的许多内部秘密。

6. 维护信誉，光大形象

信誉是无形资产、无价之宝，是任何组织的立身之本。公共关系人员作为组织的代表，在和公众交往中，必须注重自身和所代表的组织的信誉，言而有信，言行一致。凡承诺的职责和义务，就一定努力履行，而不应该朝秦暮楚，反复无常，损坏组织和公关人员的形象。

对一些专业公关机构的从业人员来说，必须注意为客户保守秘密，不能随意公布客户的有关材料。此外还必须做到：不得同时代表利益相互冲突的组织进行活动，不同时为同一行业的两个以上组织提供服务，不得用在为A公司服务时获取的商业机密来为B公司服务，严格保障客户的合法权益。而在公关行业自身的竞争中，则做到尊重竞争对手，不肆意压价，不搞无序竞争，从而切实维护和光大整个公关行业的信誉和形象。

7. 服务公众，贡献社会

公共关系就是社会组织与公众之间的联系。如果没有公众也就不会有公共关系。在公共关系的构成要素中，公众虽然属于客体，但它却具有影响组织实现目标的权威性。因此，没有公众的友善态度、积极合作及努力支持，组织的公关目标就无法实现，甚至将一事无成。为了使公共关系活动取得理想效果，为了确保组织的公关目标以及总体目标得以如期如愿的实现，社会组织必须以满足公众利益作为开展公共关系工作的目标或出发点，代表社会组织开展工作的公共关系人员就必须严格遵守服务公众的职业道德。在任何情况下，公共关系工作人员都必须做到全心全意为我国的物质文明和精神文明建设服务，应该把公众利益、组织利益置于个人利益之上，竭诚为维护公众利益服务。

服务公众既需要考虑满足公众物质方面的利益，更需要注重满足公众的知晓心理需求，满足公众的尊重人格需求，满足公众各种合情合理的欲望需求。

公共关系事业是一种社会事业。公共关系工作通过协调组织内部的各种关系，增强组织的凝聚力、向心力，通过协调组织与外部公众的关系，为组织创造良好的生存和发展条件。在和平与发展成为主流的当今社会，组织内部的关系和谐，组织外部的关系融洽，不仅可以使本组织高效运作、顺利发展，还可以对整个社会产生积极影响，起到优化社会环境的作用。因此，公共关系人员必须以贡献社会作为自己的职业道德。

遵守贡献社会的职业道德。在具体工作中，努力促进社会交往，注重提高交往质量，从而优化社会互动环境；通过友好交往使公众得到精神、心理上的满足，从而优化社会心理环境；通过建立广泛稳定的关系网络，有助于组织之间优势互补，争取最好的经济效益，从而优化社会经济环境；通过开展公共关系活动，促进公众形成民主意识，加快政治民主化的进程，从而优化社会政治环境。

8. 精研业务，锐意创新

公共关系是一种社会交往广泛、涉及学科众多、社会技能全面的特殊职业。公共关系工作在本质上是一种创造性劳动，其生命力在于不断创新。这就要求公共关系从业人员具有较为全面的知识，并善于进行创造性思维，不满足于亦步亦趋，而应该是触类旁通，举一反三，有所发挥，有所创造。

要想做到精研业务，锐意创新，公共关系从业人员就应该认真学习科学文化知识，努力掌握专业知识和基本技能，精心钻研业务，锲而不舍，永不满足。这不仅仅是技能上的要求，更是从事这一职业所应具备的基本道德准则。

以上是公共关系职业道德规范所要求的大致内容。其中包括开展公共关系道德教育和公共关系从业人员自我约束两个方面的内容，这就要求建立社会性道德评价和自我道德评价相结合的评价机制。社会性道德评价可以由行业团体、新闻、公众和舆论，按照动机和效果相统一的原则，来评价公共关系人员言行中所体现的职业道德状况。自我道德评价则应该做到：对照自省、培养信念、付诸行动和自我评价。

公共关系从业人员造就良好的道德修养，不能企盼一朝一夕地速成，但只要大家自觉遵守，自我监督，自我克制，自我调适，从一点一滴、一时一事做起，必然能够形成良好的职业道德风尚。这是中国公共关系事业健康发展的根本保证。

附录：公共关系人员国家职业标准

1. 职业概况

1.1　职业名称：公共关系人员（简称公关员）

1.2　职业定义：专门从事组织机构公众信息传播、关系协调与形象管理事务的调查、咨询、策划和实施的人员。

职业工作描述：(1) 制订组织的公众传播计划，编辑、制作和发行组织的各种宣传材料，负责组织的新闻发布、形象传播工作；(2) 监测、搜集、整理和分析组织的公众信息，向组织的领导人提供管理咨询建议；(3) 制定组织和产品（服务）的形象管理计划，策划和实施各种专题性公众活动，并对其进行评估；(4) 沟通、协调组织与内外公众的关系，参与处理组织的公众咨询、投诉和来访接待事务；(5) 协助组织发现、处理并监控其与公众之间的矛盾、问题和突发（危机）事件；(6) 对组织的其他有关人员进行上述工作的专业培训和指导。

1.3　职业等级：初级、中级和高级公关员

1.4　职业环境：室内外

1.5　职业能力特征：

具备较强的口头与书面语言表达能力；协调沟通组织内外公众关系的能力；调查、咨询、策划和组织公关活动的能力。

1.6　文化程度要求：高中或同等学力以上文化程度

1.7　培训要求

1.7.1　培训期限：初级公关员培训时间不少于120标准学时，中级公关员培训时间不少于100标准学时，高级公关员培训时间不少于80标准学时。

1.7.2　培训场地、设备：办公室和教室；办公和教学设备

1.7.3　培训教师：

1. 初级公关员培训教师应具备：

(1) 本人具有大学讲师或中专高级教师职称，或具有中级公关员以上职业资格。

(2) 具有公关专业委员会颁发的教师培训资格证书。

2. 中、高级公关员培训教师应具备：

(1) 本人具有大学副教授以上职称，或具有高级公关员资格。

(2) 具有公关专业委员会颁发的教师培训资格证书。

1.8　鉴定要求

1.8.1　申报对象：从事或准备从事公关员职业的人员。

1.8.2　申报条件：

1. 申报参加初级公关员职业资格鉴定的人员，需从事本职业工作一年以上，或具有中等职业学校公关专业（新闻、广告、营销、秘书）以上学历；或经过初级公关员职业资格培训。

2. 申报参加中级公关员职业资格鉴定的人员，需从事本职业或相关工作（新闻、秘书、广告、营销）三年以上；或从事工作两年以上且经过中级公关员职业资格培训；或取得初级公关员职业资格证书后从事本职业工作二年以上；或大学本科公关专业以上学历；或具有大学本科以上学历且经过中级公关员职业资格

培训。

3. 申报参加高级公关员职业资格鉴定的人员，需从事本职业工作五年以上；或取得中级公关员职业资格证书三年以上；大学毕业从事本职业工作三年以上且经过高级公关员职业资格培训。

1.8.3 鉴定方式：

按照标准进行考核

1. 知识要求与技能要求采取纸笔测试。

2. 申报参加高级资格鉴定的人员除笔试合格外，还须由公关专业委员会组成的评审组进行成果评审。评分采取百分制，知识考试和技能考核均达到60分以上为合格。

1.8.4 鉴定时间：初、中、高级公关员知识部分考试时间为90分钟，技能部分考试时间各为120分钟。

1.8.5 鉴定场地设备：标准教室

1.8.6 比重表：

职业功能模块	初级公关员	中级公关员	高级公关员
基础知识	10	5	5
沟通协调	25	15	10
信息传播	25	15	10
调查与评估	15	20	10
专题活动	15	20	10
危机管理	5	10	20
公关管理与咨询	5	10	25
培训与其他		5	10
总计	100	100	100

2. 基本要求

2.1 职业道德

1. 敬业爱岗、忠于职责

2. 廉洁奉公、遵纪守法

3. 坚持原则、处事公正

4. 求真务实、勤奋高效

5. 顾全大局、严守机密

6. 维护信誉、光大形象

7. 服务公众、贡献社会

8. 精研业务、锐意创新

2.2 基础知识

2.2.1 基础理论:

1. 公共关系的含义

2. 公共关系的要素

3. 公共关系的职能

4. 公共关系的工作程序及其原则

2.2.2 公共关系的发展史:

1. 中国公共关系的发展历程和现状

2. 国际公共关系发展史

2.2.3 公共关系职业道德规范:

1. 公共关系职业道德规范的形成过程

2. 公共关系职业道德规范的内容和基本要求

3. 工作要求（略）

第三编　公共关系客体

第七章　公众及其分类

公共关系由社会组织、公众、传播三个基本要素所构成。社会组织是公共关系的主体，公众是公共关系的客体。社会组织开展的一切公共关系活动都是针对公众的。否则，就不能算做公共关系活动，所以，公众是公共关系学研究的重要内容。本章我们将探讨公众的基本特征、公众的基本类型以及对公众的分析与确定。

第一节　公众的基本特征

“公众”是公共关系学中最重要的概念之一。如果没有公众，就不能构成公共关系，但人们对“公众”的理解却不尽一致。在国外，有人认为“公众”是与“私人”相对应的一个概念，没有更多的含义；有人认为“公众”指的就是报纸杂志的读者、电视观众和广播听众之类；有人则认为“公众”就是公司或组织的职工、社区或消费者。在国内，一提到“公众”，人们很容易联想到“人民”、“群众”等概念，认为“公众”就是“社会上大多数的人”、“人民大众”或“群众”。实际上，公共关系学中的“公众”不同于“人民”和“群众”。

“人民”是指在不同历史条件下对社会发展起推动或促进作用的社会势力。“人民”是属于社会、历史范畴的概念。在不同的国家和各个国家的不同历史时期，“人民”这一范畴包含的社会内容也不同。在阶级社会的不同历史时期，“人民”包括不同的阶级、阶层和社会集团。

“群众”是指广大从事社会物质资料和精神资料生产的劳动者。“群众”包含于“人民”之中。尽管在不同的历史条件下，“人民”这个范畴包含着不同的内容，但是，无论在什么历史条件下，无论它的具体内容如何变化，群众总是人民的主体。“公众”这一概念，在日常生活中是指社会上大多数的人，在公共关系学中却有其特定的含义。

公众是指与特定公共关系主体相互联系和相互作用的个人、群体或组织的总和，是公共关系工作对象的总称。作为公共关系客体的公众，具有以下基本特征：

一、公众具有相关性

首先，公众总是与社会组织互相关联的。公众是由于面临共同问题而产生的，而且这种问题直接或间接地与社会组织的目标和发展相联系。这种联系就是社会组织和公众之间的相关性。其次，公众和社会组织互相影响。公众的意见和行动对社会组织具有现实的或潜在的影响力和制约力，社会组织所采取的决策和活动，对公众也具有影响力和制约力，因此，社会组织和公众之间具有相关互动关系。再次，公众和社会组织利益相关。这里的“利益”是个广义词，既包括物质方面的，也包括精神方面的。一般来讲，作为主体的社会组织和作为客体的公众都希望通过对方得到某种利益，它们之间的相互利益有时完全一致或基本相同，有时则完全对立或基本相反。

二、公众具有群体性

某类公众的形成是由于面临着共同问题，而且该问题对公众成员的生活或工作具有现实的或潜在的相同影响。例如，某公司生产的饮料由于长期积压已经变质，对于所有购买这种变质饮料的顾客的健康都构成了威胁。面临共同的问题使公众呈现出特定的群体力量。所以，公共关系是作为主体的社会组织与作为客体的公众群体之间的关系，而不是个人与个人之间的关系。

三、公众具有限定性

每一个社会组织都有自己的特定公众。公众面临着共同问题，具有群体性。因此，从数量的角度来说，公众不是笼统的、不可数的，而是具体的、特定的、可以量化的。只有当特定的个人、群体或组织与作为公共关系主体的社会组织发生利益关系时，这种特定的个人、群体或组织才能成为主体的公众。

四、公众具有广泛性

首先，每个组织不管其性质、特点、规模、实力以及功能有何不同，都无法孤立地存在，都必须因面临共同问题而与其他组织发生联系，相互影响、相互作用，因此自觉不自觉地成为其他组织即公共关系主体的公众。其次，任何个人，无论他的年龄、性别、种族、国籍、地位、职业有什么区别，只要在某一共同问题上与某一组织产生相互联系、相互影响和相互作用，他就是这一组织的公众。再次，作为公共关系主体的社会组织为了生存和发展，它在运行过程中必然存在着对组织的内部成员和外部公众产生影响和作用的各种问题，必须与各种各样的服务对象建立关系。以上说明，任何个人、群体或组织都会因为这样或那样的问题，而与某个社会组织发生联系，成为其公众对象。

五、公众具有多维性

首先，公众的构成具有不同层次。公众包括个人、群体和组织，也就是说，公众可以是个体，可以是团体，也可以是社会单位或部门。其次，公众具有不同的需求层次。作为公众的个人、群体或组织，其性质和作用各不相同。虽然它们面临着某一共同问题，但对于解决这一共同问题的利益追求和价值取向是不一样的，即目的和需求不同。最后，公众具有不同的联系方式。即公众与公共关系主体的联系方式各不相同。总之，公众作为一个群体，其内部呈现出多层次、多样化的特征，即公众具有多维性。

六、公众具有可变性

首先，公众的形成取决于出现了共同问题，一旦这个问题得到解决，那么，由此问题所形成的公众就不复存在。如，乘坐T38次特快列车的乘客构成了一类公众，而到了终点站北京，乘客下了车，他们便不再是T38次列车的公众。其次，公众可以选择公共关系主体，这种选择取决于客体的需求、对主体的态度和双方的关系等因素。如，武汉人去上海可以选择的交通工具有飞机、火车、轮船、汽车，也就是说可以成为不同主体的公众。再次，主体与客体在一定条件下可以互相转化，即作为公共关系主体的社会组织可以转化为作为客体的公众。

总之，虽然公众具有不同的类型，但它们都具有以上六点共同特征。了解公众的特点，有利于在公共关系实际工作中采取相应的、行之有效的工作方法，使公共关系工作达到预期的目的。

第二节　公众的基本类型

一个组织赖以生存和发展的基础是各种不同类型的公众。对公众进行分类，便于掌握公众的特点、需求、变化规律等。这是制定公共关系活动计划、实现公共关系目标的必要前提。对公众进行划分可以根据不同的需要，采用不同的标准。以下介绍的是常用的划分方法以及各类公众的特点。

一、按人口构成因素划分

按公众的性别、职业、经济状况、受教育程度、政治立场、宗教信仰、种族、民族、年龄等标准进行划分。人口是生活在特定社会制度、特定地域、具有一定数量和质量的人的总称。按人口构成因素对公众进行划分，目的在于积累基本的资料，以便作为公共关系主体的组织根据这些资料调整自身的政策或行为。

二、按公众的归属关系划分

按照公众与组织有无归属关系，可以将公众分为两大类：内部公众与外部公众。

1. 内部公众

内部公众是指归属于本组织的内部成员。主要指组织内部的员工，如一家工厂中的工人、干部、技术人员、股东、董事都是其内部公众。内部公众是组织的构成部分，与组织具有最直接、最密切的利益关系。内部公众是实现“内求团结”目标需要协调的重要对象。

2. 外部公众

外部公众是指与作为公共关系主体的社会组织不具有隶属关系的其他组织、群体或个人。如新闻媒介、政府机构、社区居民、服务对象、竞争对手、合作伙伴、社会名流等。外部公众是实现“外求发展”目标需要协调的重要对象。

三、按公众发展的过程划分

这种划分方法是以公众的态度、行为的发展变化为标准的。美国公共关系学研究人员格鲁尼格和亨特按照一般公众的发展过程，把公众分为非公众、潜在公众、知晓公众和行动公众四类。

1. 非公众

非公众是指在特定的社会环境中或时空条件下，某些既不受组织行为的影响，也不对组织产生任何后果的社会成员。例如，在一般条件下，摩托车商店可以将七八十岁的老年人看做是自己的非公众。把“非公众”排除在组织的公共关系工作范围之外，有利于减少工作的盲目性，增强针对性。

2. 潜在公众

潜在公众是指那些已经面临由组织行为引起的共同问题，但他们自己尚未意识或觉察到这一问题存在的公众。如：一家洗衣机厂由于质量管理不严，在一段时间内生产了1万台导水管质量存在问题的洗衣机，但等到发现问题时，1万台洗衣机早已上市卖完。这批当时从表面上看来质量合格的洗衣机，在几个月后将会出现导水管开裂的现象。这1万台洗衣机的买主已经面临“导水管将在几个月后开裂”的共同问题，但他们暂时还不知道，这1万名买主便成了该洗衣机厂的潜在公众。

由于潜在公众暂时尚未意识到问题的存在，因此，在一个时期内，他们不会采取任何行动，也不会对组织构成威胁，但一旦问题显现，他们就会改变态度。作为公共关系主体，明智的做法是知道哪些人是潜在公众并着手开展有针对性的工作。

3. 知晓公众

知晓公众是由潜在公众发展而来的。知晓公众是指那些不仅面临着共同问题，而且本身也意识到了问题存在的公众。知晓公众一旦形成，他们一般会急切地了解问题的真相、原因和解决办法。仍以上述洗衣机厂为例，如果该厂在潜在公众形成时抱着某种侥幸心理，并未开展挽回影响的公共关系活动，那么，现在面对着1万名买主形成的知晓公众，则应该迅速采取有效措施，妥善解决问题。否则，知晓公众进一步发展，可能会引起更为严重的后果。

4. 行动公众

行动公众是由知晓公众发展而来的。行动公众是指那些不仅意识到了问题的存在，而且准备或者已经采取某种行动以求解决问题的公众。仍以上述洗衣机厂为例，如果该厂公共关系部门对已经形成的知晓公众无动于衷，那么，有的买主就可能会拿着已经破裂的导水管找到工厂或商店要求解决问题，甚至指责或宣扬该洗衣机厂不讲信誉。该厂的信誉和形象都可能受到不良影响，社会效益、经济效益就可能遭受损失。

总之，从非公众到行动公众是由组织行为引起的公众态度、行为连续发展的过程，这个发展过程可以用图 7-1 表示。

非公众──→潜在公众──→知晓公众──→行动公众

图 7-1

四、按公众的重要程度划分

根据公众对组织的重要程度，可以将公众分为首要公众、次要公众和边缘公众。

1. 首要公众

首要公众是指对一个组织的生存和发展具有重要影响力或决定性作用的公众。这类公众一般对组织信誉、形象的好坏和各项工作的成败具有举足轻重的影响作用。所有组织的员工和股东、商店的顾客、宾馆的旅客、铁路的乘客、报纸的读者、演出的观众、学校的学生等都是相关主体的首要公众。首要公众是组织生存和发展的基础，作为主体的组织应该投入最多的人力和物力来协调、维持和改善同这类公众的关系。

2. 次要公众

次要公众是指对一个组织的生存和发展虽然具有一定的影响，但这种影响尚不具有决定性作用的公众。如社区公众、新闻界公众等。

3. 边缘公众

边缘公众是指与组织有一定的联系，但不影响组织的生存与发展的公众。也可以说：边缘公众是在同一组织的各类公众中，其重要性最小的那类公众。例如同行业的其他组织、与本组织某些次要部门有关系的机构或单位。

对于一个组织来说，它的首要公众、次要公众和边缘公众只是相对而言的。公众处在不断地发展变化之中，因此，在不同的条件下和不同的时期内，这三类公众可以互相转化。也就是说，一个组织在不同的时期，面对不同的问题，具有不同的首要公众，组织的公共关系人员应该根据组织的具体需要和形势发展变化来确定公共关系的重点对象——首要公众。

五、按公众对组织的态度划分

根据公众对组织的态度，可将公众划分为顺意公众、逆意公众、独立公众三种。

1. 顺意公众

顺意公众是指对一个组织奉行的政策、采取的行为持赞赏、支持、合作态度的公众。协调并改善与顺意公众的关系，保持和扩大顺意公众的数量，是公共关系工作的重要内容。

2. 逆意公众

逆意公众也叫做反对公众，是指对组织奉行的政策或采取的行为持反对态度的公众。逆意公众的形成通常有两种原因：一种原因是在利益上与组织发生了冲突；另一种原因是对组织的政策或行为产生了误解。转化逆意公众的态度也是一项重要的公共关系工作。

3. 独立公众

独立公众也叫做中立公众或不确定公众，是指对组织奉行的政策和采取的行为持中立态度，或尚未明确表示态度的公众。独立公众是组织需要争取的重要对象。

扩大顺意公众的数量，转化逆意公众的态度，努力争取独立公众，都是开展公共关系活动的具体任务。鉴于顺意公众和逆意公众已经具有相对的稳定性，所以，开展公共关系工作的重点任务应该是争取独立公众。企业之间的竞争实质上就是争夺独立公众的竞争。争取到了独立公众，也就等于扩大了顺意公众的队伍。如果对独立公众采取冷漠态度，那么，这一群体就很有可能转化为逆意公众。

六、按组织对公众的态度划分

根据组织对公众的态度，可以将公众分为受欢迎的公众、不受欢迎的公众和被追求的公众。

1. 受欢迎的公众

受欢迎的公众是指那些主动接近组织、支持组织、对组织有浓厚兴趣，而组织对他们也很感兴趣并十分重视的公众。形象地说，就是指那些与组织两相情愿的公众，如股东、赞助者、捐赠者等。这类公众和组织间相互感兴趣、相互重视、关系密切。

2. 不受欢迎的公众

不受欢迎的公众是指那些为了实现自己的既定目的来接近和讨好组织，但却有可能损害组织利益的公众。也可以说，是指那些对组织一相情愿地追求而组织又力图回避的公众。如某些挖空心思索取赞助、有意向组织提出无理要求的团体和个人，便是不受组织欢迎的公众。

3. 被追求的公众

被追求的公众是指那些对所有组织的生存和发展都具有重要作用，需要组织主动接近并与其建立良好关系的公众。也可以说是指组织对其一相情愿的公众。如新闻媒介、政府部门，对任何组织都具有重要影响。但新闻媒介和政府部门却不一定对任何组织都感兴趣。如果组织需要赢得这些公众的好感，那么，就应该通过开展公共关系活动主动与其建立和改善关系。

七、按公众的稳定性程度划分

根据某类公众的稳定性程度可将公众划分为流散性公众、临时性公众、周期性公众和稳定性公众四种类型。

1. 流散性公众。这是非组织公众中稳定性最差的一类公众。

如某一城市流动人口中的外地出差者、探亲访友者、旅游观光者等。

2. 临时性公众。这是由于临时性的问题或事件聚集起来的一类公众，也叫做聚散性公众。如展销会、运动会、研讨会的参加者，某次列车的乘客、某个商场的顾客、某个节目的观众等。

3. 周期性公众。这是指有规律性地聚集和分散的公众，又称规律性公众。这类公众的形成一般与季节、假期、节庆相关。如交通部门春运期间的乘客、旅游景点黄金周的游客、清明节的扫墓者等。

4. 稳定性公众。这是指与组织有长期的业务、隶属关系或经常发生联系的公众。这类公众的形成一般与隶属、邻近、同业、兴趣、习惯等因素相关。如，在一般情况下，辖区内的民众就是当地政府的稳定性公众；所在地附近的企业、学校、医院、政府、驻军及其内部成员就是该组织的稳定性公众；产品加工厂家是原料生产厂家的稳定性公众；患有某种特殊病症经常到某医院体检、看病的人便是该医院的稳定性公众；长期使用“中华”牙膏的人，便是中华牙膏生产厂家的稳定性公众。

八、按其成为公众的时间划分

根据这一标准可将公众分为未来公众与现时公众两类。

1. 未来公众

未来公众是指即将与组织发生或建立关系的公众。如，幼儿园的小朋友是小学的未来公众；小学生是初级中学的未来公众；在一种新产品尚未上市时，这种新产品未来的使用者就是该产品生产厂家的未来公众。

2. 现时公众

现时公众是指目前已经或正在与组织发生并建立了关系的公众。如，已经被录取并入学报到的学生，正在乘坐某次列车的乘客，正在接受某项服务的顾客。现时公众中既包括稳定公众也包括临时公众。

这种分类以公众具有变化性的特点作为基础。对公众进行此种划分，有利于公共关系人员根据公众的发展变化情况，分别制定具有针对性的活动计划，开展富有成效的公共关系活动。

九、对公众进行划分的意义

针对不同的目的可以根据不同的标准对公众进行多种划分。从总体来说，对公众进行划分具有以下意义：

第一，确定公众的数量和范围、公众与组织的相关程度以及关系的密切程度，以便制定科学的公共关系活动计划或活动方案。

第二，深入细致地了解、熟悉各类公众，掌握公众的共同利益和特殊利益，有利于通过公共关系活动控制组织的公共关系状态。

第三，便于通过某种特定类型的公众，搜集与利用具有实际价值的公众信息，有选择、有重点地开展公共关系工作。

第四，通过分类，对公众进行深入分析，可以做到知己知彼，通过现时预测未来，以便确定组织公共关系工作的首要任务或主攻方向。

第五，通过对公众进行分类，可以更加明确公众的作用、重要程度、利害关系，以便顺利地开展公共关系活动，防止出现被动局面和公共关系危机。

总之，对公众进行划分是开展公共关系活动的前提条件。只有通过对公众进行划分，才能认清不同公众的特点，从而制定出目标明确、针对性强的活动计划，使公共关系工作成效显著，取得良好的预期效果。

第三节　分析与确定公众

开展公共关系工作，首先应该对组织所面临的公众进行划分，接下来应该进一步对各类公众作出认真的分析和具体的确定。分析和确定公众，对于富有成效地开展公共关系活动具有重要意义。下面介绍选择和确定公众的有关知识及方法。

一、组织面临的公众类型

各种不同的组织具有不同的社会功能、工作内容和活动范围，也就有不同的公众。我们选择几种在公共关系学中具有典型性和普遍性的组织并对其所面临的公众加以介绍。

1. 工商企业公众

工商企业组织的公众对象主要有顾客（包括用户、零售商、批发商等），企业内部员工（包括工人、技术人员、管理人员等）。在企业经济活动中经常发生利益关系的公众还有材料供应商、社区、政府和新闻界等。

2. 公用事业公众

公用事业组织的主要公众就是本组织产品的使用者或服务对象，如城镇居民、本组织内部的员工、捐助单位或捐款人、政府、新闻界等。公用事业组织的公众对象涉及的范围比较广泛。

3. 旅游服务业公众

旅游服务业组织的主要公众是旅游人员和出差人员。此外，还有内部员工（包括管理人员、服务人员）、交通运输部门、电信部门、其他旅游部门以及所在地居民等。

4. 政府机关公众

政府机关面临的社会公众，要比企业、事业等其他社会组织更广泛、更复杂，概括地说，包括机关内部公众、政府辖区内公众、政府辖区外公众以及其他国家公众。也可以说，政府所面临的是整个社会公众，包括管辖区内居民、社会各阶层、各民族、各党派、各种社会组织、各种群众团体等。

由于不同性质的社会组织面临着不同的公众，所以我们无法对各类组织所面临的公众一一加以介绍。国外公共关系专家认为，直接或间接涉及企业或公司整个营运过程各个环节的内外公众，大致有以下二十四种：职工、股东、顾客、社区、一般公众、消费者、竞争者、原料供应商、批发商、代销商、经销商、公务员、金融机构、新闻媒介、慈善团体、宗教团体、上级主管、工会、学校、政治团体、政府机构、公共事业团体、行业团体、合作协同者。

下面通过一些图表来进一步加以说明。

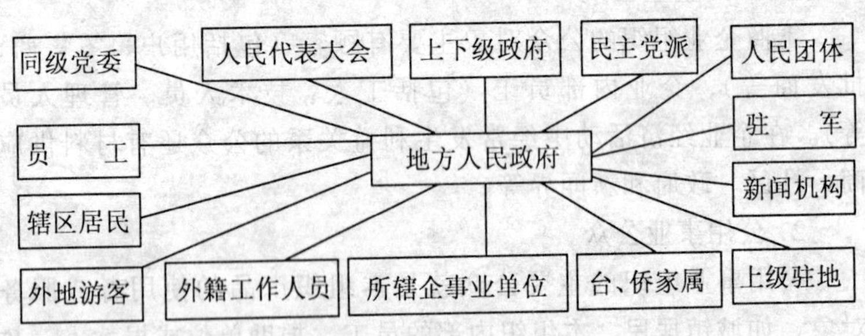

图 7-2　地方政府的公众

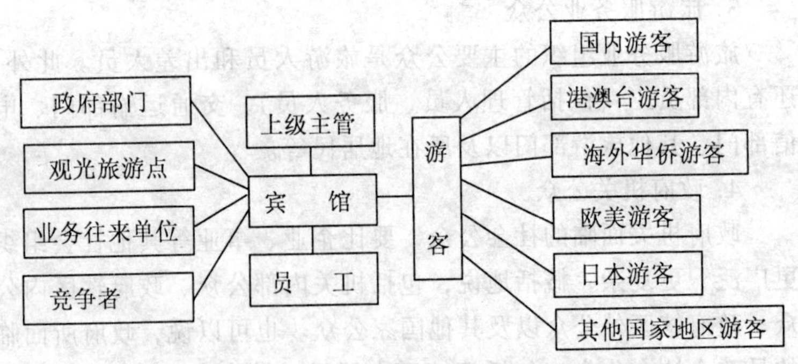

图 7-3　旅游宾馆的公众

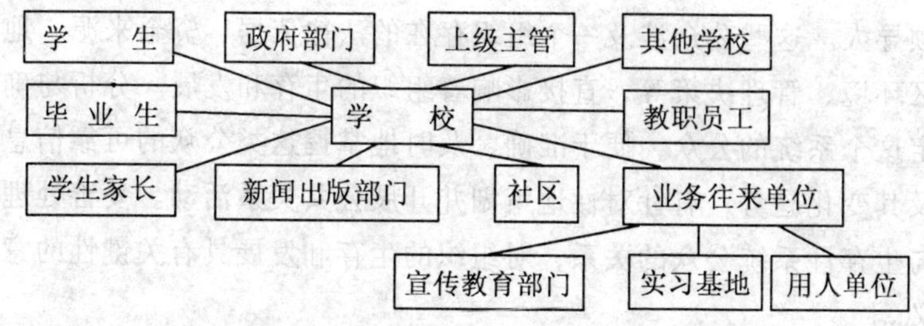

图 7-4　学校的公众

不同的社会组织面临着不同的公众，了解并掌握各类组织所面临的公众类型，有利于公共关系人员在纷繁复杂的社会组织和公众面前，准确地辨认和确定公众对象，以便制定出针对性较强的公共关系活动计划。

二、组织面临的公众系统

通过以上介绍我们可以看出，一般的组织都面对着多种类型的公众。多种类型的公众之间都存在着直接或间接的联系，构成了一个复杂的公众网络系统。这个系统中的公众，其数量、范围、性质、态度都随着时间的推移而不断变化。如果对这个公众网络系统进行认真的分析研究，就可以发现对公众进行划分的某些规律。这些规律将有利于鉴别与确定公众，并有针对性地制定计划和开展活动。美国公共关系研究专家格鲁尼格和亨特认为，在一个组织复杂的公众网络系统中，一般存在着四个不同的公众子系统：即生存性公众系统、功能性公众系统、横向同业公众系统和扩散性公众系统。

1. 生存性公众系统

生存性公众系统也叫做支撑性或权力性公众系统。这是使某个特定组织得以合法存在的各种公众。如国家立法机关、政府管理部门、上级主管部门、股份公司的董事会和股票持有人、社区领导人。这些公众涉及一个组织存在的法律依据、资金来源、地区环境、管理决策等，直接影响着组织的生存和发展。分析与确定这个系统的公众，便于准确、及时地掌握这类公众的可靠信息及其变化趋势，有针对性地策划并开展公共关系活动。妥善处理与生存性系统公众的关系，对组织的生存和发展具有关键性的意义。

2. 功能性公众系统

这是能够使组织正常发挥自身功能的公众系统。这个系统又分为输入子系统和输出子系统。输入子系统包括员工及由员工组成的工会等群众性团体、为组织提供生产资料或半成品的横向协作单位等类公众。输出子系统包括产品用户、批发商和个人消费者等类公众。一个组织与其员工的关系、与原材料供应者的关系就属于输入子系统的公众关系，而与消费者的关系则属于输出子系统中最重要的公众关系。

3. 横向同业公众系统

这是指由与组织生产同类产品、面临同类问题、具有同类价值观念的所有其他组织共同构成的公众系统。例如，某个家用电器生产厂家就应该将除自己以外的所有家用电器生产厂家视为横向同业公众系统。以同类组织为“公众”对象的公共关系活动，主要是搜集与本组织相关的行业信息，协调本组织与其他组织的关系。

4. 扩散性公众系统

这是指由不属于某个正式组织的其他公众共同构成的公众系统，其中包括青年、学生、妇女、选举投票人、社区居民等。新闻和传播媒介是这个系统中非常重要的公众。根据以上分析，一个组织面对的公众系统，可以用图 7-5 表示。

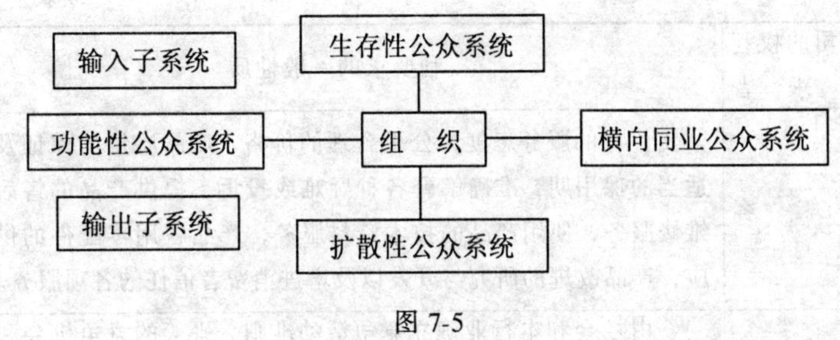

图 7-5

三、分析公众的权利要求

任何组织与公众之间的关系都是在利益需求与满足中形成的。因此，就组织而言，必须认识到每一类公众都对组织具有特定需求，这种特定需求属于公众的正当权利。组织的公共关系部门及其工作人员必须了解公众对组织的特定权利要求，在对公众进行分类的基础上，对公众的各种权利要求进行分析与概括并列出各类公众对组织的权利要求结构表（见下面的“公众权利要求结构表”）。

公众权利要求结构表

公司的权利要求者	权利要求的一般性质
员工	在社会地位上的人格尊重的心理满足；不受上级的专横对待；就业安全和适当的工作条件；合理的工资和分享福利，上进机会，工会活动自由；了解公司内情，有效的领导。
股东	参加利润分配，增股报价，资产清理，股份表决，检查公司账册，股票转让，董事会选举，了解公司的发展状况，享有公司的合同所确定的各种附加权利。
政府	各项税收，公平竞争，遵守各项法律、政策；承担法律义务等。

续表

公司的权利要求者	权利要求的一般性质
顾客	优良的服务态度，公平合理的价格，产品质量的保证及适当的保用期，准确解释各种疑难或投诉，提供产品的售后维修服务，使用产品的技术资料服务，产品备用零配件的供应，产品改进的研究与开发以及增进消费者信任的各项服务。
竞争者	由社会和本行业确立竞争活动准则，平等的竞争机会和条件，竞争中相互协作，当代企业家的风度。
协作者	遵守合同；平等互利；提供技术信息和积极的援助；为协作提供各种优惠和方便；共同承担风险等。
社区	为当地社会提供生产性的、健康的就业机会，正规录用(或雇用)、公平竞争；就地采购当地产品的合理份额；保护社会环境，关心和支持当地政府，支持文化和慈善事业，赞助地方公益活动，公司负责人关心和参加社区事务。
媒介	公平提供信息来源；尊重新闻界的职业尊严；参加公司重要的庆典等社交活动，保证记者采访的独家新闻不被泄露；提供采访的方便条件。

分析公众的权利要求一般应该注意以下三点：

首先，公众权利要求结构表应该尽可能全面地反映各类公众共同的、具有一般性和普遍性的权利要求，使之明了清晰，以便比较分析。

其次，通过比较分析概括出各类公众权利要求的相对共同点。权利要求相同，便属于一类公众，以此为根据，可以确定开展公共关系活动的目标公众。

最后，分析各类公众对象的特殊权利要求并分辨出轻重缓急。虽然对具有特殊要求的公众都应该给以重视，但是分辨轻重缓急，有针对性地选择同组织密切相关的公众作为公共关系的工作对象，可以取得事半功倍的良好效果。

四、了解公众的不同态度

公共关系活动的本质就是能动地改造组织现有的环境形势，变消极为积极、化被动为主动、趋利避害、化险为夷。一个组织所面临的环境因素是多种多样、极其复杂并且是经常变化的。从公共关系学的角度来看，组织所面临的环境实际上就是指公众对组织的现有态度。环境的变化，也就是公众态度的变化。公共关系学将公众的态度划分为消极态度和积极态度两大类，每类中又分为五种表现形式：

消极态度表现为：无知、冷漠、偏见、乏味、敌意。

积极态度表现为：了解、感兴趣、赞同、钟情、同情。

消极态度与积极态度的表现形式是相互对应排列的。

具有不同的态度便属于不同类型的公众，我们通过了解和分析公众的态度，可以鉴别不同类型的公众，从而确定公共关系活动的目标公众。

公众是组织赖以生存和发展的基础，公众对组织的态度直接影响着组织的各项工作。公共关系工作的核心任务之一是塑造良好的组织形象。公众的态度既是评价组织形象的重要指标，又是决定组织形象的关键因素。从某种意义上来说，公共关系工作就是转变公众态度的工作。通过各种努力，有效地转变公众态度，使之朝着有利于组织的方向发展是公共关系从业人员的主要任务。要想做好转变公众态度的工作，首先必须对公众态度进行认真的分析，对公众的类型进行有效的鉴别，从而确定开展公共关系活动的重点公众对象。针对重点对象及其态度，制定公共关系活动目标和切实可行的活动计划。

五、确定公众应注意的问题

每个组织在开展公共关系活动前，都要精心划分和确定公众，因为选择的公众准确与否直接影响着公共关系活动目标的确定，影响着对整个活动的策划，也影响着活动的质量和效果。为了使公共关系活动达到预期的目的，在选择和确定公众时应注意以下几点：

第一，不要随意扩大公众的范围和数量，以便集中力量对确定范围内的具有一定数量的公众开展公共关系工作。

第二，让应该知道的公众一定都知道，让不应该知道的公众最好不知道，把解决问题的活动限制在尽可能精确的公众范围内，以免公共关系工作碰到不必要的麻烦。

第三，注意公众范围的确定性与公众的变化性之间的辩证关系，以便增强公共关系活动的应变性和灵活性。

第八章　公众关系的协调

任何一个组织的公共关系工作，其具体任务就是要处理、协调好与各类公众之间的关系，为组织的发展创造良好的社会关系环境和社会舆论环境。公众多种多样，千变万化，我们无法而且无需一一加以探讨。本章将以内外有别为根据，以一般社会组织为标准，分析和探讨组织与其基本目标公众之间的关系协调问题。

第一节　内部关系的协调

组织内部的公众关系主要包括员工关系和股东关系。良好的组织形象、卓著的组织成就来自组织内部全体成员的共同努力和不懈奋斗。公共关系学中有一句常用语，叫做“内求团结，外求发展”，其意思是只有取得组织内部的团结，才有可能使组织顺利发展。因此，组织内部的公众关系协调，是营造良好公共关系状态的基础工作。

一、员工关系协调

员工又称职工或雇员。员工作为社会组织的内部成员，既是公共关系的主体，又是公共关系的客体。员工关系的协调在公共关系工作中占有十分重要的地位，应引起公共关系部门和公共关系人员的高度重视。

（一）处理好员工关系的意义

公共关系工作的一项重要任务是塑造组织形象。员工是组织成员的主体，良好的组织形象要靠员工来塑造；每个员工都是组织的代表，良好的组织形象又要靠员工来体现。因此，员工在组织中占有重要地位，协调处理好组织与员工的关系具有重要的意义。

1. 有利于调动职工的积极性

对于任何组织来说，职工的积极性始终都是决定组织发展状况的关键因素。调动职工的工作积极性，有很多激励的方法。其中，公共关系工作就是重要方法之一。这可以通过以下两方面来体现：

其一，公共关系工作能有效地沟通组织与职工、上级与下级、部门与部门、同事与同事之间的信息，及时让全体职工了解组织的重要情况，使职工始终明确自己的工作方向和努力目标。这种沟通就能有效地激励职工。管理学认为目标本身就是一种激励力量，公共关系工作能使员工明确目标，进而为实现目标而努力工作。

其二，公共关系工作致力于组织与职工、上级与下级、部门与部门、同事与同事之间的相互了解与信任。这能够营造和谐的工作和生活环境。实践证明，一个人在友好、融洽的环境中工作，其积极性和工作效率会成倍提高。

2. 可以获取更多的信息

组织内部的公共关系工作，有助于了解职工的思想、情绪及其他心理状态。公共关系部门及其工作人员作为组织的“耳目”和“喉舌”，能够通过上传下达、体察民意而获取大量的信息。这些信息有助于组织管理人员制定经营决策，有助于采取针对性措施改善公共关系状态。

3. 能够培养职工的归属感

事实证明，衡量一个组织内部公众关系协调工作是否成功的重要标志是看这个组织对职工有没有吸引力、有没有号召力，职工对组织有没有认同感、有没有自豪感。成功的内部公众关系协调，能够创造融洽和谐的人事环境，能够培养职工的归属感，增强组织的凝聚力。日本松下电器公司有一套被称之为松下企业文化的公共关系方法与制度。如，每天上班前，全体职工要高唱公司歌曲，背诵公司信条。这种管理方式在培养职工的归属感方面取得了明显效果。

4. 有助于树立良好形象

处理好员工关系对于改善组织的公共关系状态、树立良好的组织形象具有不可忽视的重要作用。组织的良好公关状态、良好形象，虽然涉及到多方面的因素，但起决定作用的因素却是全体职工的共同努力。这是因为：

其一，产品和服务质量是影响组织形象的重要因素，而产品和服务质量的好坏，主要取决于职工的工作状况。一个心情不愉快的服务人员，很容易得罪顾客，破坏组织形象；而当他心情愉悦时，既可以提高工作效率，又可以保证产品和服务质量。

其二，每个职工都是组织的代表，他们的言谈举止、行为表现都会直接反映出这个组织的形象。如，电话接线员，如果能够以悦耳的声音、礼貌的语言传接电话，就会给对方一种愉悦的感受，从而对组织产生良好的印象。尤其是服务台、接待室、办公室、公关部等窗口部门工作人员的服务态度、办事效率更能够影响组织的形象。

5. 有助于提高组织声誉

每个职工都是组织的宣传员。如果组织内部公共关系状态良好，职工对组织具有自豪感和归属感，那么，他们在日常与亲朋好友交谈时就会有自豪之情溢于言表，这便可以增进外部公众对组织的了解，从而提高组织的声誉。如果组织内部的公共关系状态不好，那么，职工就可能牢骚满腹，怨声载道，有意无意地破坏组织的声誉。

《中共中央关于经济体制改革的决定》中指出，在经济体制改革中，“必须正确解决企业和职工的关系，真正做到职工当家做主，做到每个劳动者在各自岗位上，以主人翁的态度进行工作，人人关注企业的经营，人人重视企业的效益，人人的工作成果同他的社会荣誉和物质利益密切联系”。这应该成为我们开展组织内部的公共关系活动，处理员工关系的指导思想。

(二) 处理好员工关系的方法

1. 关注员工的物质利益

员工的物质利益主要包括工资待遇、福利待遇、劳动条件和工作环境等。这些物质条件的逐渐改善，使员工得到满足，是营造内部良好公共关系状态的物质基础。公共关系部门及工作人员，应该注意搜集相关的信息，并发挥其参谋咨询功能，协助有关领导和部门搞好涉及员工切身利益的各项工作。其中的主要工作有：

其一，为员工收入合理化提供决策信息。满足员工的物质利益要求，必须处理好国家、集体、个人三者之间的利益关系。在保证国家利益的前提下，兼顾集体和个人的物质利益。在处理组织与内部员工的物质利益关系方面，应该体现社会主义按劳分配的原则，体现奖勤罚懒、奖优罚劣、多劳多得、少劳少得的原则。公共关系工作人员应该在坚持上述原则的前提下，向决策部门提供相关信息。

其二，为改善员工的福利待遇提供建议。组织内部员工福利待遇的不断改善，不仅是保证员工物质利益的一个重要方面，更重要的是通过关心员工的切身利益，解决员工的实际困难，可以增进员工对组织的感情，激励员工为实现组织目标而奋斗。为改善员工在生、老、病、死、婚、丧、嫁、娶、衣、食、住、行等方面的福利待遇而提供建设性意见和可行性方案，促使组织重视并妥善解决这些问题，对于处理好员工关系具有重要作用。

其三，为改善员工的工作环境作出努力。安全、整洁、舒适的工作环境，有利于保证产品和服务质量，提高劳动效率，加深员工对组织的感情。组织内部的公共关系工作应该把促进工作条件和环境的改善作为自己的重要目标；应该关注职工对安全生产和文明工作的要求和意见，并协助组织领导建立和健全劳动管理的各项规章制度、操作规范，进行安全生产的宣传和教育活动；参加劳动保护、安全生产、文明环境的检查、评比、宣传活动。

2. 重视员工的精神需要

精神需要与物质需要相比较是一种高层次的需要。精神需要既包括人们自由发挥主动性、创造性的需要，又包括对各种精神产品的需要。发挥精神激励作用既是增强组织内部活力的有效途径，也是处理好员工关系的重要方法。精神激励的主要内容是引导教育职工热爱本职工作，寻求有意义的生活，增强工作的责任感，保持高昂的工作热情。在这方面应该做好以下几点工作：

其一，提高员工地位，增强员工的责任感。员工是组织的主体，他们的积极性和创造性的发挥是组织活力的源泉。充分信任员工、尊重他们的主人翁地位；关心、体贴员工，给员工发表意见的机会；让员工了解组织的政策、发展方向和规划；向员工通报与其切身利益密切相关的重要信息。这些工作对于增强员工的责任感都具有明显的作用。

其二，发现重视人才，提高员工的自信心。在科学技术突飞猛进，创新成为进步灵魂的时代，组织之间的竞争，实质上是人才的竞争。发现、利用并且尊重人才，是组织内部公共关系工作的重要内容。公共关系部门可以通过举办各种生产技术型、文化娱乐型的公关活动，提高员工的文化、技术、业务水平，发现员工中的人才；通过平等竞争，合理利用人才。这既可以在组织内部形成开拓创新的竞争环境，又可以体现对人才的重视，从而提高员工的自信心。

其三，促进内部团结，增强员工的凝聚力。组织内部团结是人际关系融洽的表现，是富有生命力的象征，是各项工作顺利进展的保证。增强组织内部的团结，从公共关系工作的角度来说，主要是通过公共关系活动，使广大员工的个人目标与组织的整体目标自觉地保持一致，使每位员工从自身利益的角度出发关心组织的命运。公共关系部门可以通过开展各种专题活动，沟通员工之间的感情，激发大家对组织的好感，增强内部员工的认同感和凝聚力。

其四，重视个人价值，发挥员工的才智。承认和尊重员工的个人价值，让他们充分发挥自己的聪明才智，是推动社会进步的有效途径之一，也是培养员工的归属感、增强组织凝聚力的有效方法。从某种意义上讲，公共关系活动的目的就是优化组织的生存环境，这其中包括使员工深刻体会组织存在的价值。组织的存在价值要通过个人价值来实现，个人价值的实现也必须建立在组织存在价值的基础之上。所以，公共关系工作应该将集体价值与个人价值统一起来，承认和重视员工的个人价值。只有这样，员工们才有可能自觉地将自己的利益与组织整体的利益联系在一起，才能形成认同感与归属感。重视员工个人价值，在实际工作中表现为充分发挥员工的主观能动作用，鼓励员工充分发挥自己的聪明才智，为实现个人价值和组织价值而努力工作。

3. 充分利用非正式团体

所谓非正式团体是人们在相互交往中自发形成的、没有得到正式认可和批准的团体。非正式团体的形成是基于感情亲密、观点默契、利益一致、兴趣相同、经历类似等因素形成的。在正式组织里存在着非正式团体，这是有目共睹的事实。它大多是由同乡、同学、志同道合者、兴趣相投者不约而同地自发组合在一起的。它的核心人物或领袖人物不是以任命或选举的方式产生，而是在人们的默契中自然形成的。因此，非正式团体具有更强的向心力和认同感。非正式团体在组织管理和公共关系工作中，既具有积极作用，又具有不可忽视的“副作用”。公共关系部门及其工作人员应该充分利用非正式团体内部成员便于沟通意见、容易协调关系等有利条件，使其为协调员工关系服务。

4. 对员工进行思想教育

组织内部员工的思想教育，要遵循实事求是、平等相待、正面激励、积极引导的原则，并尽量采用符合时代特征的科学方法，同时，还要努力探讨适合我国国情、适合自己组织的新方法和新途径。公共关系部门应该设法把日常的思想教育工作与企业文化的创建融会贯通，将以思想教育为主要内容的公共关系活动与企业管理、党团活动结合起来。

二、股东关系协调

股东是企业组织中的内部公众。企业组织与股东的关系，就是股东关系。股东关系也称“金融公共关系”或“财务公共关系”。

新中国成立以后至改革开放以前，我国的企业实行公有制，因此不存在“股东”。近年来，随着市场经济体制的逐步确立，对外开放政策的贯彻实施，企业的所有制形式也在发生变化，出现了中外合资的股份公司，有些国有、集体企业为了增加活力、广开财源、增强企业再生产的能力，也纷纷采取联营或向社会集资的方法，即实行股份制。这样，在这些实行股份制的企业中就出现了一类新的内部公众——股东。因此，妥善处理股东关系，成了这些企业公共关系部门的又一项重要工作。

股东关系在资本主义国家的企业中是一种很常见的、每个企业都非常重视的关系。第二次世界大战以后，一方面许多企业急需增股投资；另一方面，中产阶级以及广大群众也希望寻找金钱增值的途径，于是，就有一些人购买企业股票，而成为企业的股东。随着证券交易所、证券分析家、金融机构等服务行业的发展及股票买卖起到的推波助澜作用，西方曾出现过“证券民主化运动”。从此，企业已不再为少数资本家所独自占有，而成为资本来自社会大众或企业员工的“大众公司”。对于股份制企业来说，股东是企业组织的一种内部公众，而股东关系的协调则是内部公共关系工作的重要内容。

(一) 处理好股东关系的意义

1. 有利于稳定和扩大资金来源

企业组织处理好与股东的关系，将会稳定现有股东，争取潜在股东，扩大企业资金来源。企业的资金来源于股东，股东根据股份收取股息。他们不仅仅是投资者，而且对企业的重大决策和人事任免具有参与权和监督权。因此，企业组织与股东的关系成为维系企业发展的重要纽带。关系融洽，资金来源就稳定，原有股东也愿意向潜在投资者介绍企业，促使他们对企业产生兴趣，愿意到企业投资，进而扩大企业资金来源。反之，如果关系恶化，股东就会抛售所持股票，企业的资金就会逐步减少。

2. 有利于树立形象、开拓市场

处理好股东关系，将有利于树立良好的企业形象，有效地开拓市场。股东具有双重身份：既是消费者，又是企业的主人。股东作为消费者，是比较有钱的顾客；股东是企业的主人，企业的发展状况涉及其切身利益。因此，股东可利用自己的社会关系扩大商品销售。如果股东关系处理得好，股东能够得到物质和精神的满足，就会自愿消费本企业的产品和服务，同时也会主动向自己的亲朋好友、街坊四邻推荐。这样既有利于树立企业的良好形象，也能够为企业扩大销售网络，使企业的产品和服务占有更大的市场。

(二) 处理好股东关系的方法

股东关系的好坏，将会直接影响社会组织的生存与发展。为此，公共关系部门及其工作人员应该掌握处理股东关系的有效方法。

1. 尊重股东的特权意识

处理好股东关系的关键是尊重他们的特权意识。因为在股东看来，他们是股票的持有者，也就是企业的所有者，是企业的主人，他们自然认为有权了解本企业的所有情况。因此，企业任何新决策、新变化、新信息，都应通过一定的渠道让他们尽快了解。诸如新厂房的落成、新技术的开发、新产品的问世、管理人员的变动、企业生产进度、财务收支情况等。

2. 视股东为顾客和伙伴

企业组织的公共关系部门应该将股东当做第一顾客群和同舟共济的推销伙伴。股东本身是最有钱的顾客，而且懂得企业的经营与发展状况与自己的切身利益息息相关。因此，企业开展公共关系活动应该充分考虑股东具有“双重身份”的特点，充分利用股东广泛的社会关系扩大产品销售网络。将股东当做第一顾客群体和推销伙伴不仅能够保证财源，而且可以扩大市场，增强竞争能力。

3. 搜集并重视股东意见

企业组织与股东的关系也与其他关系一样，处在不断地变化之中。要想巩固和改善股东关系，就必须密切关注股东队伍的发展变化，及时搜集来自股东的信息并有针对性地采取处理措施。如，股东对本企业股票的信任程度，是否打算放弃本企业的股票，是否还购有其他企业的股票，对分红政策是否满意，对产品或服务有什么意见，是否知道有关本企业的社会舆论，掌握本企业的信息是否充分以及对相关信息的反应和建议等。以上这些信息，对于企业领导制定决策、采取措施以巩固和发展同股东的关系具有重要价值。

4. 加强同董事会的沟通与交流

董事会是股份制企业的最高权力机构。董事会由股东大会选出的董事若干人组成，对股东大会负责。股东大会授权董事会决定关系企业全局的重大问题，如企业的股票发行、利润分红、审定企业的发展规划等。董事会任命总经理处理日常业务。由此可见，董事会与企业的关系不同于一般股东与企业的关系。一般股东与企业组织之间只具有“投资—分红”的松散关系，而董事会与企业则具有更为紧密、更为直接的关系，具有代表股东大会监督企业经营管理、决定企业重大方针、裁决企业重大事务的权力。

企业组织的公共关系部门及其工作人员应该特别重视处理好企业与董事会的关系，加强与董事会的信息沟通与感情交流。处理好与董事会的关系，可以得到董事会对企业的理解和支持、对职能部门的指导和帮助；可以通过董事会发动广大股东，关心和帮助企业搞好经营管理；可以利用董事会成员的社会地位和影响力，扩大企业的社会影响并及时了解公众舆论。

处理企业与股东之间的关系、企业与董事会之间的关系，有以下方法可供参考：

(1) 通过年度报告，向股东说明企业的生产经营、财务及人事等情况。具体分为：

a. 财务状况的报告。也称营业收入报告。介绍企业债务、流动资金收支、设备的资金支出、销售收入与费用的比率、年度营业状况及与上年度比较的盈余和利润、投资、营运资金、现有财产、税额、收入分配等。b. 生产情况的报告。即存货、工厂设备、制造作业状况研究、原料、公用设施、新产品、分部或分厂、运输、原料生产和交货情况、工资和成本的增长、新设备及设备完善情况、原料价格、储存设施等。c. 销售情况报告。指产品销量、广告、推销、定价、订货方法、产品的供应与分配、服务措施、用户关系等。d. 人事情况报告。即企业组织领导班子和行政人员状况、职工福利计划、人事变动、工会关系、职工工时与工资、退休金和保险、安全生产状况及家属待遇等。

(2) 通过图片宣传企业形象，增强广大股东的信心。这包括工厂全景、办公室、生产设施、产品品种、规格、企业新建筑及行政人员照片等。

(3) 召开投资会议，密切与股东的关系。定期召开投资会议，能够使有投资意向者有机会了解企业更多的情况，以便争取更多的投资和赞助。同时，利用会议进行面对面的交流沟通，还可以加深股东或投资者与企业管理人员的感情。

(4) 利用印刷资料，向股东解释说明情况。例如，将企业的财务、生产、销售、服务设施、产品开发等资料，编印成各类小册子或宣传品，有利于向股东解释和说明情况。

(5) 利用其他方式，协调股东、董事会与企业的关系。例如，定期邀请董事会成员到企业参观检查，赠送新产品请董事们试用，邀请董事会成员参加重大活动并发表讲话等。通过以上这些具体活动，能够使股东和董事感到自己确实是企业的主人。受到尊重的感受会促使他们对企业的工作倍加关心和支持。

三、内部公关活动的主要方式

组织内部的公众关系协调，有以下公共关系活动方式可供借鉴和参考：

1. 自办报纸、刊物

自办报刊的主要读者对象是组织内部的员工。通过定期出版组织自办的厂刊、厂报、简讯，报道组织各类活动的消息、情况、资料。这类小型报刊一般要求内容简短，形式活泼，图文并茂，观点鲜明。应该紧紧围绕组织的中心任务和工作，贴近组织的环境以及员工的生活和兴趣。

2. 主办墙报、黑板报

墙报和黑板报是组织内部公关活动的常用方式，具有因地制宜、灵活简便、省时省力、形式多样、刊出及时、图文并茂、受众集中等特点。可以利用这种形式表扬好人好事，批评不良行为，宣传政策方针，传播最新信息，反映员工呼声，公布活动结果等。

3. 利用内部广播系统

组织内部的广播系统，是传播信息最快、受众数量最大、影响最为广泛的公共关系宣传媒介。广播应该做到内容灵活机动，反映本组织近期情况、最新信息及好人好事；还可以通过听众点播节目、专题征稿选播、听众信箱等丰富多彩的形式吸引内部公众，使广播贴近企业实际、贴近员工生活。

4. 利用自设闭路电视

电视是一种声像兼备的信息传播媒介。通过闭路电视，可以播放组织新闻、员工自编自演的文艺节目、技术竞赛实况、一些和本组织有关联的优秀电视片。

5. 利用计算机互联网络

电脑联网是现代计算机技术、通信技术一体化的产物，代表了现代传播科技的最高水平。电脑联网具有一系列优于传统大众传播媒介的特征。组织可以利用电脑联网与员工快速地进行信息沟通。

6. 编印员工手册

内部员工手册，内容可以包括组织的发展历史、战略目标、组织理念、经营哲学、机构设置、技术条件、装备设施、产品介绍、经营特色、规章制度、重大事件等。通过这种方式，可以使员工方便地了解组织的基本信息。

7. 举办各类座谈会

组织内部员工的工作岗位不同、工作性质不同、自身条件不同，员工与员工之间、群体与群体之间、部门与部门之间的具体利益、意见和要求各有差异。通过举办青年工人、女性工人、技术人员、后勤人员、管理人员座谈会，可以沟通干群之间、员工之间的感情，可以听取不同方面的要求和建议，求得员工间的相互沟通和理解。

8. 搜集建议意见

合理化建议的搜集，有利于改进组织内部的管理，提高员工参与管理的民主意识，增强员工作为主人翁的责任感，动员广大员工为组织的发展出谋划策、贡献力量。

由于各种原因，有的员工不愿意与有关领导人员面对面地交谈。因此，可采取意见箱或意见簿的方式征求意见，让员工诉苦衷、发牢骚、谈问题、讲实情。这种背对背的形式，可以广开言路，使职工畅所欲言，往往可以搜集到组织在一般公开场合听不到的意见。

9. 策划专题活动

根据时代特点、社会热点、员工的兴奋点和企业的具体情况，策划一些专题活动，能够使员工在一段时间内沉浸于某种氛围之中，可以避免因工作单调和乏味而带来的效率下降、情绪低落等情况。如“企业当年新闻人物评选活动”、“我为振兴企业献一计”活动、“青工生产技术比武”活动、“为离退休职工送温暖”活动、参观展览活动等，都可以在企业各职能部门的配合下，合理安排、精心组织，达到激励企业员工精神的目的。

10. 组织集体活动

组织内部的各种集体活动，能够给平时分散工作的员工创造相聚的机会，有助于组织上下、员工之间融洽关系，增进了解，联络感情，促进友谊。例如，组织内部可以利用节假日、公休日，组织文体比赛、庆祝会、旅游、节日会餐等活动。

四、处理员工关系的典型案例

我国经济特区深圳康佳电子有限公司在公司工作中，注意对广大员工进行企业感情的培养，他们主要从满足员工的三个需要入手，来处理企业内部的员工关系。

1. 满足员工渴望成才的需要

康佳公司的领导采用的是一套充满公共关系艺术的、富有人情味的管理方式。他们认为，就公司“一班人”来说，赢得了青年，也就赢得了康佳的今天和未来。为了造就一支有理想、技术精、作风硬的员工队伍，不惜投入人力、财力、物力，为员工成才创造条件。他们健全了员工培训的有关规章制度和奖惩措施。几年来，先后与深圳大学、华南师范大学等院校合作，举办了近百期文化、技术、管理培训班，培训了大批生产技术骨干和熟练工人。

2. 满足员工物质和文化生活的需要

几年来，康佳公司切实把解决员工的衣食住行、文体娱乐问题纳入企业文化建设的范畴，除住房、医务所、女工卫生冲洗室和托儿所外，1987年至1994年每年拨款450万元为员工办一件实事好事，包括身体普查、购买大轿车接送员工上下班、报销员工子女学费等。1988年开始，公司党政工团联合创办了每月一次员工生日晚会，表演文艺节目，给当月过生日的员工每人送一份生日蛋糕和生日卡。

3. 满足员工参与民主管理的需要

康佳公司认为，民主管理是员工实现自我价值的有效途径。他们把"让员工参与决策"，"让员工知道"，作为组织内部公共关系的指导方针，通过"六会二日二活动一信息反馈卡"为员工参与管理创造条件。

"六会"即成立青年管理者协会，每周一次党政工领导联席办公会，每月一次生产经营报告会，每季度一次行政民主对话会，每半年一次党内民主对话会，年终一次经理员工恳谈会。

"二日"即每月一次领导接待群众日和两次家庭访问日。

"二活动"即组织员工民主评议干部活动，开展提合理化建议活动。

"一信息反馈卡"即思想政治工作信息反馈卡，每个员工随时都可以向领导部门索取填写，使决策层及时了解员工的思想动态，有的放矢地做好公司内部的公关工作。

康佳公司十分重视公司内部上情下达、下情上达的沟通工作，重大决策和情况及时向员工通报。1988年至1994年，他们通过举办与工程技术人员、大中专毕业生的座谈、对话会形式，收到员工合理化建议316项，其中采纳72项，创造价值350万港元。

康佳卓有成效的内部公共关系工作，增强了员工的认同感、凝聚力，激发了员工的工作热情和生产积极性，提高了员工的责任心和主人翁意识。员工们也为企业的发展作出了努力，为树立企业良好的形象作出了贡献，从而使康佳产品具有较好的信誉，使康佳公司在激烈的市场竞争中立于不败之地。康佳的经验值得总结、推广，康佳的员工工作值得其他企业或组织借鉴、效仿。

第二节　外部关系的协调

随着市场经济、新技术革命和生产力的发展，卖方市场实现了向买方市场的转化，信息的价值急剧增加，社会的整体性越来越强。在新的形势下，任何组织的生存和发展都面临着激烈的竞争。任何组织要想实现既定的目标，都必须依靠内外公众的支持和帮助，都必须与有关方面协同努力、共同发展。因此，社会组织在处理好内部公众关系的同时，还必须处理好与外部公众的关系。组织外部的公众关系主要包括：顾客关系、社区关系、政府关系、媒介关系、竞争关系等。本节我们将探讨处理好外部公众关系的意义和方法。

一、顾客关系协调

顾客即消费者。在公共关系学中，顾客是一个广义的概念，它泛指物质产品的购买者和某种服务或精神产品的消费者、享受者。

（一）顾客是最重要的外部公众

在公共关系学中，有时将“公众”与“环境”作为同义语，组织的外部环境就是组织的外部公众，顾客是最重要的外部公众。这可以从以下几个方面来加以说明：

首先，顾客是组织存在的前提。组织之所以存在，主要是外部环境对其有特定的需要。若没有外部环境对它的特定需要，组织就失去了存在的前提条件。假如报纸、杂志没有读者，旅馆没有房客，那么，这些报纸杂志和旅馆就没有存在的价值。

其次，顾客是组织的生存之本。对于任何组织来说，其再生产的过程总是这样进行的：

人力、财力、物力的投入所生产的商品或提供的劳务，只有经过消费之后，才能实现其价值，才能补偿投入的消耗，实现简单再生产。通俗地说就是只有有了顾客来使用组织生产的产品或提供的劳务，才能回收投入的成本，这样组织才能继续生存。如果只有投入、生产，而无顾客消费，那么，这样的组织不仅没有存在的必要，并且也不具备继续生存下去的条件。

再次，顾客是组织发展的条件。在市场竞争日益激烈的条件下，任何一个组织，都必须考虑如何发展的问题。因为满足现状、止步不前，或者说不具备发展的条件，就意味着被淘汰。只有在生存的基础上不断发展，才能在竞争中立于不败之地。但是，发展的条件是什么呢？最重要的条件是外部环境的需求，而公众则是外部环境的主要部分。顾客的需求与支持程度决定着对企业发展起关键性作用的经济实力。随着市场经济的发展，随着“卖方市场”向“买方市场”的转化，随着企业竞争的日益激烈化，“顾客是最重要的外部公众”这一事实逐渐被更多的组织所认识到。20世纪60年代中期，日本企业界开始形成“顾客就是上帝”的观念。日立公司广告课课长和田可一曾对《朝日新闻》的记者谈道：“在现代社会里，消费者就是至高无上的王，没有一个厂商敢蔑视消费者的意志，蔑视了消费者，一切产品都会卖不出去。”美国缅因州的比恩公司在办公室里以醒目的大字书写着如下的警句：“顾客是本办公室最重要的人，无论他本人来，还是他写信来。顾客并不依赖我们，而我们却依赖顾客。”就目前的情况来看，在我国工商企业组织的生产经营活动中，“顾客至上”的观念还未得到应有的重视，加强和改善企业与顾客的关系，特别是学会运用公共关系的科学手段处理好与顾客的关系，有着十分重要的理论和实践意义。

最后，顾客是人数最多的外部公众。社会的正常运转，依赖其成员的不断生产、不断消费。从全社会的角度来看，并非每个人都需要进行生产性消费，但每个人都必须进行生活消费。因此，在某种意义上可以说，每个社会成员都是消费者，都是顾客；就某一个具体的组织而言，虽然不可能全部社会成员都是它的顾客，但在一般情况下，它所面对的顾客仍然是人数最多的外部公众。一家大型的百货商场，每年接待的顾客可能达到几百万人次；至于使用某一工厂产品的顾客，接受某一企业服务的顾客，则可能达到数亿人。面对如此众多的外部公众，作为企业不能不考虑他们的利益和要求。常言道："民可载舟，亦可覆舟"，"众怒难犯"，"众爱事成"。任何组织都应该对自己的顾客给以足够的重视。

(二) 处理顾客关系的工作目标

处理顾客公众关系应该达到以下基本目标：

1. 熟知与组织最密切的顾客

通过对公众的划分、分析和鉴别，确定出与组织关系最密切的首要公众，然后通过调查、专访等方法了解并掌握他们的物质需求和精神需求，从而使组织的产品适销对路，使组织的服务尽善尽美，在顾客心目中树立组织的良好形象。

2. 强化美誉度，提高知名度

公共关系部门及其工作人员应该尽量帮助顾客了解组织的宗旨、产品性能及服务方式，争取顾客的信任和好感，及时搜集顾客的信息反馈，有针对性地改进产品和服务，以达到强化美誉度、提高知名度的目的。

3. 建立相对稳定的顾客队伍

公共关系部门及其工作人员应该重视对顾客进行消费教育引导，帮助销售部门疏通本组织产品的销售渠道，扩大本组织服务的影响范围，以实现顾客稳定化、系列化。

4. 取得消费者的理解和支持

公共关系部门及其工作人员应该注意检查组织对顾客的宣传材料和有关说明是否符合实际，不应该出现含糊不清、言实相悖、弄虚作假的现象。应该重视顾客的信息反馈，认真分析用户意见，以此为依据不断改进工作，以取得顾客的谅解和支持。

（三）处理顾客关系的方法

顾客是组织所有行为的导向。一切服从顾客的利益和要求，这是许多企业组织的成功经验。组织的公共关系部门及其工作人员，必须具有强烈的顾客意识，树立“顾客至上”的观念，在此基础之上，采取以下方法处理与顾客的关系，以争取顾客的理解、支持和信任。

1. 提供优质产品和优良服务

提供优质产品和优良服务，是搞好顾客关系的基础。顾客关系是由于顾客购买组织的产品或接受组织的服务的消费行为而形成的，如果没有使顾客满意的优质产品和优良服务，就不可能有稳固、良好的顾客关系。生产名牌产品的企业容易赢得顾客的好评，首先就在于它们的优质产品赢得了顾客的信任；文明礼貌经商的商店总是门庭若市，就是因为它们能够向顾客提供完善的服务。

顾客选购产品或接受服务，实际上希望得到三方面的满意：第一，购买到喜欢的商品或享受到热情周到的服务；第二，受到良好的待遇；再次，获得心理上的满足。

要搞好企业组织与顾客的关系，首先要以优质产品吸引顾客。优质产品是维系与顾客关系的关键因素。其次，要尽心尽力搞好优质服务。再次，以企业的实际行动赢得消费者的信赖。如美国的凯特皮公司在其广告中说：“凡是买了我们产品的人，不管在世界上哪一个地方，需要更换零配件，我们保证在48小时之内送到你们手中，如果送不到，我们的产品就白送给你们。”他们说到做到。有时候为了送出一个只有50美元的零件，不惜动用直升飞机，有时实在无法按时把零件送到，就真的分文不收。日本企业家松下幸之助认为，强烈的顾客导向，是企业成功的关键。他经常告诫员工："我们每天都要测量顾客的体温。"将"顾客是上帝"、"消费者第一"落实到行动上，注重提高产品质量及售后服务质量，从而树立了良好的组织形象，也赢得了更多的顾客。

2. 提供完善的配套服务

现代的市场竞争，已不仅是产品价格质量的竞争，同时也是与产品销售相关的配套服务工作的竞争。国内外的许多事例都说明，哪一个企业的服务工作做得好，它就有可能在市场竞争中取得胜利。

与产品销售相配套的服务工作，不仅包括产品售出后的"包退、包换、包修"，也包括产品销售前和销售中的服务工作。这些工作的好坏，同样会明显影响企业与顾客的关系，从而影响到产品的销售。

1993年夏天，中国消费者协会等单位组织了"部分国产家用电器'三包'服务质量及产品质量评价调查"，调查显示，在同一类商品质量基本相同的情况下，选择不同牌号的商品时，有60%的人看重其售后服务。如果一个企业的家电产品价格适中，当出现故障时需要用户送修，而另一个企业的产品价格稍高，但厂家提供上门维修服务，则有95.4%的人愿意选择后者。这个调查结果有力地说明了售后服务的优劣对于产品竞争胜败的重要影响。

3. 重视与顾客的信息交流

加强组织与顾客之间的信息交流，是赢得顾客信任的重要途径。一方面，组织要通过各种途径及时向顾客传播有关信息。如企业的政策、方针和经营状况；产品的性能、规格及价格；产品使用方法及销售方式，维修及售后服务的具体办法；企业的各类服务项目等。另一方面，组织要注意搜集顾客的信息反馈。如顾客的类型、规模；顾客对商品性能、种类、包装、质量、价格的评价和要求；顾客对服务态度、服务项目、服务水平的满意程度；顾客对组织或产品形象的评价等。

通过对以上信息的搜集、整理、分类，有助于组织作出正确决策，有助于组织与顾客之间相互理解，有助于组织改进产品和服务，从而赢得顾客的信任。

4. 及时妥善地处理顾客投诉

组织在复杂的社会环境中生存和发展，受到顾客投诉属于正常现象，关键在于如何处理顾客投诉。处理顾客投诉应该注意以下几点：

(1) 应持欢迎态度。因为顾客投诉也是一种信息反馈，组织可以从中了解相关信息。如果顾客确实有理而且组织又能够满足顾客的要求，便可以取得谅解，还有可能凭借处理顾客投诉的机会扩大知名度、维护组织形象。

(2) 应持诚恳态度。遇到顾客投诉，不管顾客是否有理，都应该心平气和、认真耐心地了解情况。即使对方情绪激动、言辞过激、方法失当，也不应该与其争吵、顶撞，而应该采取诚恳的态度，婉转地加以疏导。

(3) 及时处理问题。对顾客的投诉，反应要迅速，处理要及时，决不可掉以轻心，拖延推诿。要及时表明态度，采取措施，提出意见。对不能很快处理解决的问题，也要做好解释、说服工作。

(4) 全面分析问题。对顾客投诉的内容和问题，应该有比较全面的分析，以确定问题是否具有普遍性。如果发现投诉的问题具有普遍性，应该尽快通过大众传播媒介在适当的范围内予以说明。

5. 积极维护顾客利益

1993 年 10 月 31 日，全国人民代表大会常务委员会第四次会议通过的《中华人民共和国消费者权益保护法》是维护顾客利益的法律依据。维护顾客的合法权利是公共关系工作的重要内容，也是处理好顾客关系的有效方法。顾客的基本权利主要有以下几条：

(1) 获得商品和服务安全、卫生的权利；

(2) 了解商品和服务的权利；

(3) 自愿选择商品和服务的权利；

(4) 监督商品和服务的价格和质量的权利；

(5) 对商品和服务提出批评和建议的权利；

(6) 购买商品和接受服务受到损害时索取赔偿的权利；

(7) 其他为社会公认并与国家法律不相抵触的权利。

组织的公共关系部门及其工作人员应该通过宣传教育使内部职工熟悉保护消费者利益的法律、法规，在日常的生产、销售、服务活动中，自觉维护顾客的正当权利，尊重顾客，以赢得顾客的信赖和支持。

6. 加强对顾客的消费引导

引导顾客消费，又可叫做消费者教育。这种教育必须贯穿于消费者购买商品前后的指导与服务之中。随着市场经济的逐渐成熟和发展，相同类型的新商品越来越多。这既为顾客创造了自由选择的机会，也给顾客带来了迷惘和不知所措。顾客往往因为不了解新产品的功能或者未掌握使用方法，而导致新产品滞销或者要求退换、修理、赔偿，从而给相关企业组织造成经济和名誉损失。因此，企业组织有必要对顾客开展有计划有针对性的消费教育，如撰写更清楚易懂的说明书，举办各种讲习班、培训班。这既可以提高消费者的消费水平和生活质量，又可以使组织与顾客保持更密切、更友好的关系，从而提高企业的声誉。

将消费者组织起来引导其消费是更高层次的顾客关系工作。消费者在被组织起来之后，他们会对该组织的系列化产品产生偏爱，同时该组织也能更快地通过消费者得到更多的信息反馈，这无论对于组织还是对于顾客都是有利的。

二、社区关系协调

社区是一个社会学概念，即人们共同生活的一定区域，如村落、城镇、街道等。社区关系是指组织与自己所在地域内的居民、其他社会群体和社会组织之间的关系。例如，与当地的居民、工厂、学校、机关、医院、商店的关系等。

(一）社区公众的重要性

社区是组织生存和发展最重要的外部环境。国外有的公共关系专家曾说过：社区既可以使组织得到最有价值、最有影响的声誉，也可能使组织遭到危害性最大的指责。它可以使组织由此获得各种优惠和特权，也可能让组织受到多方面的限制。

处理好社区关系的目的，就是争取得到社区公众的爱戴、合作和支持，为组织的生存和发展营造良好的社会环境。社区公众的重要性表现在以下方面：

1. 社区为组织提供职工来源

任何一个组织的正常运转，都必须有足够的、高水平的内部成员。现代企业之间的竞争主要是人才的竞争。如果组织与社区公众的关系良好，社区公众就愿意到该组织就业，这样该组织在人才选聘的竞争中就可以处于有利的地位。

2. 社区为组织提供社会服务

组织的生存和发展需要正常运转。而组织的正常运转除了自身必须具备人力、财力等条件外，还需要各种社会服务系统（如水电供应、道路交通、邮政通讯、治安保卫等）的支持。在组织运转所需要的各种服务中，有相当部分依赖于社区提供。此外，组织在科研、生产、经营等方面的协作单位，有的也与组织处在同一社区内，也属于社区公众。

3. 社区为员工提供生活条件

大多数组织的内部员工生活在社区内。他们不可避免地要同社区的商店、学校、幼儿园、医院等单位打交道。如果组织与这些相关单位的关系良好，那么其员工就可能享受到较好的服务，为员工的正常生活解除后顾之忧，便于员工为组织多作贡献。

4. 社区公众是稳定的消费者

一般来说，本社区的产品与社区外的产品在其他条件相同的情况下，本社区的产品价格应该比较便宜，并且消费者容易得到更为方便的售后服务。社区公众购买本社区的产品更符合消费心理。如果企业组织生产的产品能够在社区内就近销售，那么，就可以减少大量的运输费用与仓储费用。同时，企业组织还可以较快地得到公众的信息反馈，及时改进产品或服务，从而增强竞争能力。如果企业组织的社区关系良好，则有利于促进社区公众的购买倾向，形成稳定的顾客队伍。

5. 社区公众对组织影响重大

常言道：近朱者赤，近墨者黑。社区公众的生活方式、文化传统、教育水准、管理制度、管理方式甚至习惯、嗜好等，都有可能对组织产生直接影响。如果社区居民中有少数民族和宗教信徒，组织就必须对他们的民族习惯和宗教信仰加以尊重，以避免引起冲突。组织在建设自己的文化时，不能不顾及社区文化对企业文化的影响。

社区关系虽然属于组织的外部关系，但是社区这种外部关系与内部关系不可能完全割裂，必然相互影响。例如，组织内部的许多员工，就是当地社区的居民，社区成员；或者员工是组织的内部公众。而员工家属则是组织外部的社区公众。从这个意义上讲，社区关系是组织内部员工关系的延伸。如果组织与社区的关系良好，自然就会受到员工家属的欢迎，有利于员工增强对组织的向心力，更好地为组织工作。因此，无论从外部关系考虑还是从内部关系考虑，组织都应该重视处理与社区公众的关系。

(二) 社区关系的主要内容

社区关系包括的内容十分广泛，主要有以下几个方面：

1. 组织与社区环境的关系

社区环境是社区范围内影响组织生产经营活动的各种环境因素的总和，主要包括自然环境、政治环境、经济环境、文化环境等。社区中的组织首先应该适应环境，并为改善环境作出贡献。

2. 组织与社区政府的关系

组织所在地的政府对组织生产经营活动具有多方面的重要影响，诸如：提供土地、能源、交通等生产和生活必备条件；制定扶持组织生存和发展的各项具体的税收、财政、金融等经济政策；利用国家机器，维护组织安全和正常生产经营秩序；调解组织与当地居民和其他团体、单位的矛盾与冲突等。

3. 组织与其他企业的关系

社区内所有的企业组织，无论是工业、商业、金融业、保险业、电信业、运输业组织，都是社区的成员。建设和繁荣社区是各类组织的共同目标。但是，各种组织都是相对独立的经济实体，都有各自的特殊利益，所以组织之间又可能存在着矛盾。如竞争对手之间、协作组织之间的利益分配问题就可能存在着矛盾冲突。所以，企业组织与社区内其他企业之间的关系就成为公共关系部门需要协调的关系之一。

4. 组织与事业单位的关系

社区内的事业单位包括：科研、教育、文化、卫生、文体、娱乐等。这些单位是企业组织赖以生存的重要公众。如果企业组织处理不好与这些事业组织的关系，就会出现入托难、看病难、上学难等一系列问题，从而成为企业组织生存和发展的障碍。

5. 组织与社区居民的关系

在客观上，企业组织的职工与当地居民存在着相同的地缘关系。企业组织有义务与当地居民一起为社区的经济和文化繁荣，为社区居民的安居乐业作出自己的贡献。

（三）处理社区关系的方法

作为公共关系主体的社会组织要想处理好社区关系，应该采取以下方法：

1. 实行门户开放，主动与四邻交往

组织应该主动加强与社区公众的交往。如邀请相邻单位的负责人、有影响的居民代表到本单位参观，参加联谊活动、庆祝活动；主动利用各种机会，加强与社区公众的交往，以表明组织与社区公众友好相处的愿望。

2. 加强信息沟通，促进相互了解

社区公众虽然同处于相对固定的范围之内，但毕竟属于多层次、多种类的分散群体。组织只有建立有效的沟通网络，注重与社区公众的沟通，才能经常向社区公众通报组织的基本情况，宣传组织的宗旨、经营项目、员工情况、经营状况等；才能及时了解公众对组织的意见和态度，及时调整自己的行为，以增强社区公众对组织的理解和信任。例如，组织可以通过寄送出版物、举办展览会、征询调查、民意测验等方式，一方面把本组织的信息发布出去，另一方面把社区公众的意见搜集起来，以增进组织和社区的相互了解。

3. 支持社区建设，承担社会责任

积极参与和支持社区的公益活动，利用组织的人、财、物等方面的优越条件，为社区的建设和发展出力。例如，在力所能及的条件下资助社区的大专院校、中小学、幼儿园等公益事业单位开展活动；资助社区道路、桥梁、水暖管道、电力通讯设施、商业网点的建设；向社区公众开放组织的浴池、游泳池、球场、舞厅、俱乐部等服务和娱乐设施；当社区出现特殊情况，如火灾、车祸、传染病时，组织应该急人所难，承担社会责任，帮助社区排忧解难；帮助社区其他企事业单位解决资金短缺、技术力量不足、物资缺乏等燃眉之急。

4. 保护社区利益，参与社区活动

首先，应该设法避免本组织在生产或经营活动中出现破坏社区环境的行为，应该防止影响居民身心健康的环境污染，尽量多做一些美化社区环境的工作，比如，建造街心花园、喷水池，种植树木等。其次，应该全力维护社区在生活环境、工作环境和生产环境方面的稳定和安全，如协助公安部门打击不法分子，维护社会治安，遵守社区的法律法规等。此外，组织还应该热情参与社区的活动，包括组织的负责人代表组织参加社区的联谊活动、庆典活动，派出人员参加社区组织的体育比赛、文艺演出、智力竞赛、植树活动、美化环境活动等，以便同社区保持良好的联系。

三、媒介关系协调

新闻媒介包括新闻传播机构（报社、杂志社、广播电台、电视台、网站等）和新闻界人士（记者、编辑）。媒介关系是指组织与新闻传播机构及其记者、编辑之间的关系。媒介关系也叫做新闻界关系或舆论关系。

(一) 媒介关系的特点

1. 身份作用的双重性

媒介关系是一种具有双重性特点的特殊关系。一方面，新闻界是组织与公众实现广泛有效沟通的直接渠道或必经途径，从这一角度来看，新闻媒介具有工具性；另一方面，新闻媒介人员又是组织必须特别重视的公众或被追求的公众，从这一角度来看，新闻媒介又具有对象性。既是媒介又是公众，既具有工具性又具有对象性，决定了新闻界是一种特殊的公众，是组织对外传播的首要公众。他们对组织的态度和评价直接影响着组织的形象和声誉，进而使影响扩散到其他社会公众。

2. 传播信息的快速性

新闻界利用现代科技手段，一天 24 小时不停地传播最新信息。其中，网络、电视、广播的传播速度更是无与伦比，在西半球发生的事情，东半球马上就可以知道。组织通过新闻媒介开展公共关系活动，传播组织的相关信息，能够迅速在公众中引起反应，并对组织产生影响。

3. 影响公众的广泛性

大众传播与人际传播、组织传播比较是受众人数最多、影响范围最广的传播方式。大众传播不仅可以跨越千山万水，而且不受国界限制，能够将信息传送给全世界数十亿人。如果一个组织要想最大限度地提高知名度，使自己的某项政策或某种行为让最多的公众所了解，就应该充分利用大众传播媒介。

4. 传播信息的可信性

新闻媒介传播的信息都是新近发生的事实。在报道这些新闻之前，一般都经过了认真的调查与核实，并且新闻报道不是组织的自我宣传，而是由新闻机构以第三者的身份出面传播的。所以在大多数人心目中，认为新闻媒介传播的信息比较客观，具有更高的可信度。

5. 引导舆论的权威性

舆论是公众对新近发生的事实比较一致的有倾向性的意见。新闻媒介在舆论形成的过程中起着十分重要的作用。它把公众中分散的意见集中起来，有倾向性地支持某种意见，并把它系统化，然后再将这种系统化的倾向性意见向公众传播，使之得到公众的广泛支持，成为舆论。新闻媒介在舆论形成过程中的这种作用，使它成为社会的舆论机构，并使它在引导舆论的过程中具有相当高的权威性。

6. 媒介关系的重要性

报纸、杂志、广播、电视、网络这些新闻媒介，以其传递信息迅速，受众数量众多，波及范围广泛的特点，正日益成为影响和传播社会舆论的权威性机构。西方一些国家把新闻界和立法、司法、行政三大权力同样看待，称为“第四权力”。记者、编辑、节目主持人、专栏作家等新闻工作者见多识广，消息灵通，能言善辩，思维敏捷，影响和操纵着社会舆论，被称之为“无冕之王”。组织的公共关系机构和从业人员必须充分认识媒介关系对于组织沟通信息、树立形象、扩大影响、提高声誉具有极其重要的作用，妥善处理与新闻媒介的关系。在处理重大问题的关键时刻，首先应该取得媒介公众的理解和支持。

(二) 处理媒介关系的原则

正确处理媒介关系应该遵循“四要四不要”的原则。

“四要”是指：

一要以礼相待。对待各类新闻媒介机构及其人员，态度要热情友好，为他们的采访和调查工作提供帮助和必要的服务。

二要以诚相待。为新闻媒介提供真实可靠的信息和材料，实事求是地对待宣传材料，既不能夸大事实，也不能掩盖真相，更不能违反公共关系人员的职业道德，随意杜撰和制造假新闻。

三要平等相待。这里有两方面的含义，其一是对前来采访的新闻机构和记者一视同仁，而不论其机构规模大小和名望高低；其二是对曾经报道过本组织的新闻机构和记者一视同仁，而不论其报道的内容是组织存在的问题还是组织取得的成绩。

四要正确对待。即正确对待新闻媒介传播的不利于本组织的信息。对组织不利的信息大体上有以下三种情况，应该针对不同情况分别采取对策：第一种情况是组织确有错误，新闻媒介的批评正确。组织应虚心接受意见，对新闻媒介表示感谢，向因组织失误而遭受损失的公众道歉，赔偿必要的损失。第二种情况是新闻媒介对组织进行了错误的批评。如果这种失实批评不是故意的，组织应该请求新闻媒介予以更正或作出公开答复；如果是有意诬陷，则应该诉诸法律。第三种情况是新闻媒介的批评并非具体针对某一组织，而是针对某一普遍现象提出了某种观点，客观上造成了对组织的不利局面。对于这种情况，应该客观地审视其观点是否正确，如果其观点正确则应该加以采纳；如果其观点不正确，可以采取讨论的方式澄清事实真相。而决不能也不应该企图用其他手段去压服对方，否则会使自己更加被动。

“四不要”是指：

一不要无理干涉。应该尊重新闻人员的职业尊严，积极配合记者、编辑的正常采访和报道，不要以种种借口阻挠、干涉新闻媒介的工作。

二不要行贿利诱。不要对新闻媒介及其记者采取贿赂或其他不正当手段，以期望或要求他们作出不符合事实的报道。

三不要急功近利。即应该注重加强日常联系，建立畅通的沟通网络，与新闻界广结良缘，不要“平时不烧香，临时抱佛脚”。

四不要杂乱无序。即要有目的、有计划、有步骤地同新闻媒介进行交往。例如，事先为记者准备必要的文字材料和相关服务，为记者的采访活动作出周密安排等。

(三) 处理媒介关系的方法

为了处理好与媒介公众的关系，应该采用以下方法：

1. 主动撰写提供新闻稿

组织内部的公共关系部门及其工作人员应该经常主动地向新闻媒介提供具有新闻价值，符合新闻传播规律，反映本组织成就、经验、问题、事件、人物的新闻稿。新闻稿可以涉及到以下内容：

(1) 满足物质文明建设需要的新闻稿。包括组织实行的新经营方针，组织在产品、服务、工作中出现的新设想、新动向、新情况、新问题。如新产品的问世、新技术的采用、新服务项目的设想组织的庆典、纪念活动等。

(2) 满足精神文明建设需要的新闻稿。内容包括组织中的新人新事、新风尚，组织的精神风貌、工作作风，组织参与的赞助、公益活动以及文化、体育活动等。

2. 利用新闻媒体发广告

在市场经济条件下，广告的作用与日俱增。商品广告有助于促进产品销售，公共关系广告有利于塑造组织形象。因此，公共关系部门及其工作人员应该善于利用各种新闻媒体做广告，宣传产品和服务，树立组织信誉和形象。

3. 定期举办新闻发布会

举办新闻发布会或记者招待会的最大特点是消息发布的形式比较正规、场面隆重且影响重大，能够得到公众的重视，激发公众的兴趣。通过记者对其关心问题的提问，有利于公共关系工作人员深思熟虑、发现具有新闻价值的信息。采用新闻发布会方法可以比较深入地加强同新闻记者之间的双向沟通，是搞好媒介关系的重要方法。

4. 邀请媒介公众参加活动

当组织内部开展重大活动时，应该事先发出请柬或派专人邀请新闻界参加，给他们创造了解组织的条件和机会。平时，也可以主动邀请新闻界人士来组织参观访问，创造条件让他们增加对组织各方面情况的感性认识，向他们提供宣传报道的第一手资料。

5. 为传播媒介制造新闻

制造新闻是公共关系人员为了更好地宣传组织、树立形象、有计划地采用公众所喜欢的政策和行为开展工作，从而促使新闻事实发生。制造新闻决不是无中生有，瞎编乱造。制造新闻要注意以下几点：

(1) 以相关公众近期内密切关注的话题为依据制造新闻。

(2) 制造新闻的事件应该具有“新、奇、特”的新闻价值。

(3) 为了强化制造新闻的效果，事先应让公众有心理准备。

(4) 借助权威人物或社会名流，引起新闻媒介的特别关注。

(5) 利用机会制造与节假日以及庆典密切相关的组织新闻。

(6) 同新闻机构联合举办活动，以提高组织的声誉和地位。

四、政府关系协调

政府是指国家权力执行机构。政府关系是指作为主体的组织与作为公共关系工作对象的国家权力执行机构之间的关系。也就是说，这里的“政府”是以公共关系的客体的身份出现的。它不仅包括冠有“政府”字样的机构（如中央、省、市、自治区、县、乡等不同级别的政府)，也包括各级政府属下的职能部门(如省政府属下有公安、司法、交通、工商、税务、财政、文化等厅局和经济、计划、教育等委员会)。作为公共关系主体的组织与这些职能机构和部门间的关系，都属于政府关系。

(一) 政府关系的特殊性

从公共关系学的角度来看，组织与政府的关系具有以下特殊性：

1. 被管理者与管理者的关系

组织与其他外部公众的关系（顾客关系、社区关系、媒介关系、竞争关系等）都表现为互不隶属的横向关系，而组织与政府间的关系，则是一种被管理者与管理者之间的纵向关系。即政府对全社会各个领域、各个行业乃至各个组织和各个阶层人士进行统一管理。

2. 公关主体与公关客体的关系

任何社会组织都必须接受政府管辖。因此，政府处于主导地位，组织处于服务地位。但是从公共关系的角度来说，我们在这里说的“政府关系”是把政府作为外部环境的组成部分，作为公共关系的工作对象来看待的。即：社会组织是公共关系的主体，政府则是公共关系的客体。

3. 法定的、长期不变的关系

组织与其他外部公众的关系多数是组织在交往中形成的，而政府关系则是法定的。组织与其他外部公众的关系有时可有可无，有的可松可紧，有的可长可短，而组织与政府的关系则是一种稳定的、紧密的、长期的关系。这是不以组织本身的意愿为转移的。一方面，组织必须服从政府的领导；另一方面，组织又必须视政府为重要的外部公众，与其保持并且处理好关系。

(二) 政府关系的重要性

政府关系的重要性主要表现在以下几个方面：

1. 政府实施管理，组织必须服从

政府用法律、法规、方针、政策、制度、计划等手段管理和监控社会，组织必须服从这种管理和监控。政府执行国家法律和制定法规、方针、政策、计划等，以保护组织正当的符合全社会利益的行为。组织服从政府实施的管理与监控，就是服从全社会利益，也就是维护自己的利益。反之，如果组织不服从政府的管理与监控，那么，不仅违背全社会的利益，同时也违背本组织的长远和根本利益。

2. 政府是组织外部信息的重要来源

在现代社会中，信息是最重要的财富之一。组织要想正常地生存发展，就必须大量地搜集各种信息，通过信息了解现状，预测未来，才能作出切实可行的决策。

政府是重要的信源。政府公布的国民经济规划、各行各业各部门的发展规划、各种统计数字、对国民经济发展的长期与短期预测等，都是组织应该着重搜集与研究的重要外部信息。

政府掌握的信息，有些可以完全公开，有些则只能半公开，即只能通过内部渠道传播。如果组织与政府的关系良好，组织不仅能够获得完全公开的信息，还可以及时或提前获得某些保密等级不高的半公开信息。这些半公开信息的价值往往超过那些完全不用保密的信息。

3. 政府是组织人才资源的重要保障

人才是世界上最宝贵的资源，组织间的竞争结果，最终取决于所拥有的人才的数量、质量及其才智的发挥程度。改革开放以来，我国的人才配置主要实行双向选择，人才可以选择组织，择木而栖；组织也可以通过招聘方式选择人才，优用劣汰。但是，就我国的具体情况来看，还不可能完全实行人才配置的双向选择和自由流动。为了保证重点部门、边远地区、贫困地区和少数民族地区对人才的需求，国家还必须对相当一部分人才实行特殊政策。处理好与政府的关系，有利于获得有用的人才。

4. 政府是组织财源的重要支持者

政府通过财政政策控制信贷规模和信贷水平，把是否给予贷款、贷款时间的长短与利率的高低等作为控制组织的财政手段。政府征税多少与征税范围对组织的经营发展也会产生明显的影响。组织与政府的关系良好，就有可能在法律许可的范围内获得数目较多且条件较优惠的贷款，或者在一定的程度上减轻税负，这将有利于组织的生存和发展。

5. 政府是组织产品的重要购买者

在市场经济条件下，企业组织的产品，特别是军工产品与高科技尖端产品，相当一部分是由政府购买的。与政府关系较好的企业组织便有可能得到份额较大的合同。如 1975 年，美国的全部产品中，82％是由联邦政府购买的，13.9％是由州和地方政府购买的。在 1968 年至 1974 年间，美国的格鲁门飞机制造公司从国防合同中获得的销售额占总销售额的 86％。

6. 政府是组织关系的重要协调者

由于目标、宗旨、利益等因素的影响，各个组织之间难免会发生各种矛盾与冲突。这些矛盾与冲突，有些可以通过组织间的协商自行解决，有些必须通过政府的权威加以协调解决，而有的矛盾则必须以法律手段解决。

（三）处理政府关系的原则

组织与政府之间的关系，往往集中体现在国家利益与组织利益、全局利益与局部利益、长远利益与短期利益这三种利益关系问题上，要正确处理好组织与政府的关系，就必须遵循以下两项原则：

1. 坚持以国家利益为重，以大局为重

社会主义国家的任何一个组织或企业都有义务执行国家的各项方针、政策，遵守国家的法律制度。在处理国家利益与本组织利益的关系问题上，应该以国家利益为重，以大局为重。不能只顾眼前利益，不顾长远利益；只顾局部利益，不顾整体利益。

2. 接受政府管理，遵守政府政策法令

我国经济体制是建立在公有制基础之上的市场经济，任何一个组织或企业都要在政府领导下开展生产经营或其他活动，防止和克服分散主义与本位主义。组织或企业必须熟悉和了解政府颁布的各项政策法令，以便制定出既符合国家政策、法令和计划又切实可行的组织目标和最佳的发展战略方案。

（四）处理政府关系的方法

1. 加强与政府的双向沟通

一方面，组织需要认真学习掌握政府的有关法律、法规和方针、政策，以及与组织相关问题的长远规划和发展战略，并且需要关注其发展动向和趋势；另一方面，组织需要经常向政府主管部门汇报工作情况及经营情况，如实申报统计数据，据实反映重大事件，使政府了解组织的发展状况、取得的成就以及面临的问题和困难。

2. 注重与政府官员的人际交往

组织需要利用有利时机，邀请政府领导或相关人员到组织内部视察和指导工作，以便及时反映本组织的情况和要求。可以利用的机会有：开业典礼、新产品试制成功、技术鉴定会、质量评比会、总结表彰会等重大活动。这种方法有助于联络感情，增进政府官员对本组织的了解。

3. 熟悉政府的机构设置与职能

政府是一个复杂的系统，划分为不同的层次、不同的职能部门，每个部门又有不同的办事机构和工作范围，具有不同的权限。比较重要的职能部门有党政机关、司法机构、经贸系统、财政部门、工商管理、防疫部门、能源供应部门、监督检查部门、环境保护部门等。组织对与自己相关的政府机构，必须清楚职权范围、办事程序，并与其保持经常联系。这样，既可以提高办事效率，又可以密切同政府的关系。

4. 响应政府号召，支持政府工作

组织要积极响应政府号召，主动承担并完成政府倡导的工作和任务，如社会公益活动、植树造林、美化环境、保护生态平衡、治理三废及其他与社会主义精神文明建设有关的活动，在政府心目中树立良好的组织形象。

组织应该积极为政府提供合理化建议。凡涉及到长远发展、政策方针、经济增长、社会安定等方面的好办法、好措施，都可以向政府提出建议；凡涉及到有关政府形象的大问题，都应该将群众意见、群众反映如实地通报给政府，以支持政府的工作。

5. 接受政府的监督和管理

政府是国家权力执行机构，政府对所有社会组织实施管理，任何组织都必须服从政府领导、监督和管理。当组织内部因主客观原因导致工作失误、造成损失或不良影响时，要主动向政府汇报情况，接受政府对事件的调查和处理。

五、名流公众关系协调

名流公众是指对社会舆论和社会生活具有较大影响力和号召力的有名望的人士，如政界、工商界、金融界的首脑人物，科学界、教育界、学术界的权威人士，文化、艺术、影视、体育等方面的明星，新闻出版界的舆论领袖等。这类公众的数量虽然有限，但却具有显赫的地位和重要的影响。通过社会名流去影响一般公众和舆论导向，往往可以收到事半功倍的效果。

组织与社会名流建立良好的关系，其目的在于借助名流的知名度扩大组织的公共关系网络，增强组织在公众中的影响作用，为良好的组织形象增光添彩。

组织处理好与社会名流公众的关系具有以下意义和作用：

（一）借助社会名流的知识专长

组织与社会名流建立良好的关系，能充分利用名流的见识、专长为组织的经营管理提供有益的建议。社会名流往往是某一领域、某一方面的权威，经验丰富、见多识广，组织的管理人员能够在与他们交往的过程中获得广泛的社会信息或宝贵的专业信息，为组织增添知识财富和信息财富。

（二）借助社会名流的关系网络

组织与社会名流建立良好的关系，能通过名流广泛的社会关系网络为组织广结善缘。有些社会名流虽然不可能直接为本组织提供所需要的专业信息或管理咨询，但由于他们与社会各界有着广泛的联系，或者在某一方面具有重要影响，因此，组织可以通过他们与有关公众建立、改善关系，从而扩大组织的社会交往范围。

（三）借助社会名流的良好声誉

组织与社会名流建立良好的关系，能够借助名流良好的社会声誉，提高本组织的知名度和美誉度。一般来说，社会名流或是首脑，或是权威，或是明星，都具有某方面的突出成就、特殊贡献和显赫地位。因此，社会名流既具有较高的知名度，也具有良好的社会声誉。一般的公众则多数存在着“相信权威”、“崇尚明星”的心理倾向。组织与社会名流建立良好的关系，将本组织的名字与社会名流的名望联系在一起，能够利用公众崇拜名流的心理，以提高组织在公众心目中的地位。

六、国际公众关系协调

国际公众是指一个组织的产品、人员及其活动所涉及的其他国家或地区的公众对象。组织所面对的国际公众对象具有与本组织完全不同的社会和文化背景，因此，与国际公众之间的传播沟通活动具有显著的跨地域、跨文化特征。

处理好国际公众关系的目的是争取国际公众和舆论的了解、理解与支持，为本组织及其产品或服务塑造良好的国际形象，树立良好的国际声誉。

组织处理好与国际公众的关系具有以下意义和作用：

（一）发展国际公众关系，为对外开放服务

我国实行对外开放政策，企业发展外向型经济，参与国际经济竞争，急切需要发展国际公共关系。一方面需要通过公共关系方法及时、准确地了解国际市场动向，了解有关国家的政治、经济、文化、社会等方面的信息，了解国外的投资者、合作者的相关情况；另一方面，需要运用公共关系手段，向国外的公众传播自己的信息，介绍自己的产品或服务，提高自己的国际知名度和国际声誉。即使是不出国门的组织，也需要运用公共关系方法和手段，向来华投资、经商的外国商人以及来华旅游参观的外国客人提供信息服务，做好接待工作等。

在文化、艺术、科学、教育、医疗、体育等方面的国际交流中，常常接触许多国家的公众对象。良好的国际公众关系状态有利于促进以上各方面的交流与合作，有利于树立中国在世界上的良好形象。

（二）应用跨文化传播，促进形象国际化

有机会参与国际性活动的组织需要建立国际化的形象，即能够适应其他国家公众，受到各国公众欢迎的形象。这就需要关注其他相关国家公众的社会和文化，掌握并且应用跨文化传播的公共关系方法和手段。在与其他国家的信息传播和交往方面，不仅需要运用外国的语言文字，还要了解相关国家的历史文化、风俗习惯、公众心理以及国际商法、国际惯例，使传播的信息尽量符合相关国家公众的传统习惯。

促进形象的国际化，还必须善于应用国际新闻传播和广告传播手段。也就是说，与国际公众协调关系，不仅需要应用我国的对外传播媒介，更需要了解并利用相关国家以及国际上知名的新闻媒介。这就需要与国外的新闻界和广告界建立联系并熟悉向它们提供新闻资料和广告资料的方法和技巧。

第四编 公共关系媒体

第九章 大众传播

英文中的"communication"的含义就是信息的传递。翻译成汉语，传播学者译为"传播"，多指大众传播；社会学家译为"沟通"，多指人际沟通。传播沟通是构成公共关系的中介，没有传播沟通就不可能建立、改善和发展公共关系。本章将要介绍的是大众传播的基础知识，包括传播的特征、要素、类型、模式，常用的大众传播媒介以及增强传播效果的方法和技巧。

第一节 传播基础知识

一、传播及其特征

（一）什么是传播

传播就是人们通过语言、文字、姿态、表情等符号传递、输送、交流和分享信息的社会行为。"信息"这一概念的外延很宽，包括消息、意见、观念、感情、愿望、知识、资料、数据等。传播是人类生存和发展过程中所特有的社会现象。人们在社会生产和社会生活中，为了互相联络、互相了解，就必须自觉或不自觉地运用符号传递某种信息。如聊天、通信、打电话、演说，报纸上的文章、电视中的节目，特定场合中的一个表情、一个姿势、一件物品、一幅图画等，都可以看做是传播。

（二）传播的特征

1. 传播是人与人之间的社会交往行为。

2. 传播由传播者和受传者共同完成。

3. 传播的内容可以统一称之为信息。

4. 传播必须运用某种符号作为载体。

二、传播的要素及类型

（一）传播的构成要素

传播由信源、信宿、信息、媒介、反馈、转换、环境、干扰、效果、目标等基本要素构成。

1. 信源。信源指信息的发布者或传播者，即向受传者发出信息的一方。信息的传播者可以是个人或组织，包括人际传播者、组织传播者和大众媒介传播者。

2. 信宿。信宿也叫做受传者，即信息的接受者或信息到达的目的地。一般是指接受和利用信息的特定公众，也可以指不特定的个人或群体。

3. 信息。信息是指具有新内容、新知识的消息，即传播者所要发布和受传者所要接受的内容及其表现形式（符号）的综合体。

4. 媒介。媒介原意是指中间物。传播中的媒介是指人们用来记录、保存、传递以及获取信息的渠道或工具，如语言、文字、报刊、广播、电视等。媒介与信息密不可分，如果没有媒介作为载体，那么，信息就将无法保存、交流和传播。

5. 反馈。反馈是指信宿即受传者对传播者所传信息作出的反应。在传播过程中，这是一种信息的回流。传播者可以根据反馈信息检验传播效果，调整传播方式，改善传播条件，提高传播质量。

6. 转换。转换包括编码和译码。编码是指将信息中的内容转换成适合传播并容易接受的符号；译码是指将符号转换成内容。

7. 环境。环境是指传播现象赖以发生效果的时间、空间、文化、语言、心理等社会背景。环境对传播者与受传者的传播行为及传播效果具有重要影响。

8. 干扰。干扰是指传播过程中放大或缩小信息量使信息失真从而影响传播质量和效果的重要因素。它可以出现在传播过程中的任何一个环节。消除干扰是传播工作的主要内容之一。

9. 效果。效果是指受传者接受信息后在情感、态度和行为等方面所受到的影响。传播效果是检验传播活动成败得失的重要尺度。

10. 目标。目标是信源选择所传信息的出发点和希望通过传播所达到的效果。目标对选择信宿、信息、媒介以及环境都起着重要的决定性作用。

(二) 传播的主要类型

根据不同的标准可以将传播划分为不同的类型。常见的主要类型有:

1. 直接传播与间接传播

直接传播是指传播者运用自身固有的生理手段(言语、声音、动作、表情)与受传者进行面对面交流的传播。间接传播是指传播者借助技术或机械手段(书信、文章、电话、电报、报纸、杂志、广播、电视、网络等)与受传者进行的不见面的传播。

2. 大众传播与人际传播

大众传播是指职业传播者利用印刷媒介或电子媒介向分布广泛、无确切数量的受传者进行的传播。如记者、编辑、播音员、主持人以及官方的新闻发言人利用报纸、杂志、广播、电视、网络等大众传播媒介所进行的传播活动。人际传播是指传播者以人际沟通的方式亲自向受传者进行的传播。如个人之间的当面交谈,群体集会中的讨论发言,组织代表者的当众演讲,以组织的名义与公众进行的通信、通话等。

三、传播的主要模式

所谓传播模式是对传播过程进行简化和概括说明的一种理论方式。具有代表性的传播模式有“五 W 传播模式”和“新型控制论模式”。

(一) 五 W 传播模式

“五 W 传播模式”是由美国学者拉斯韦尔于 1948 年在《社会传播的结构和功能》一文中提出来的。拉斯韦尔认为说明传播过程的一个简便方法是回答下列问题：(1) 谁传播 (Who)、(2) 传播什么 (Say what)、(3) 通过什么渠道传播 (Through which channel)、 (4) 向谁传播 (To whom)、(5) 传播效果怎样 (With what effect)。其构成要素和传播过程如图 9-1 所示：

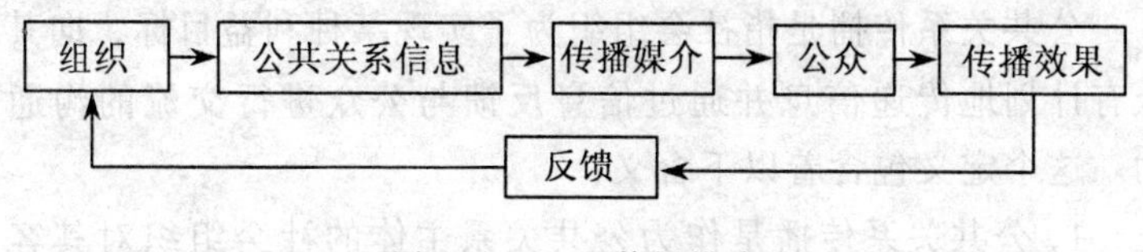

图 9-1　五 W 传播模式

“W”是其中五种构成要素的英文开头字母。这种传播模式通过五个要素在传播过程中的关系，概括地反映了传播是一种单向直线性的劝服过程，但它未能反映出“环境”、“干扰”对“转换”的制约，也未能反映出“反馈”对实现“目标”的影响。

(二) 新型控制论模式

“新型控制论模式”是由美国学者奥斯古德首先提出，经美国学者施拉姆进一步完善而形成的。这种模式的传播过程如图 9-2 所示。

这种传播模式引进了“转换”和“反馈”，反映了传播是传播者与受传者之间的互动过程，但它未能明确反映出“环境”、

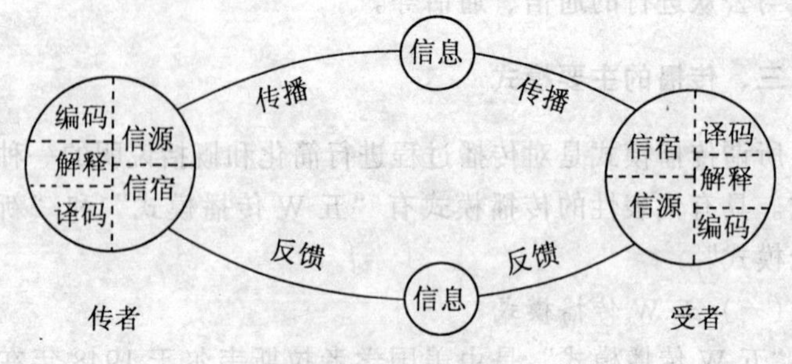

图 9-2　新型控制论模式

“干扰”对“效果”及“目标”的影响。

四、公共关系传播

（一）公共关系传播的含义

公共关系传播是指社会组织为了实现某种利益目标，向其公众有计划地传递信息并通过信息反馈与公众进行交流的沟通活动。这个定义包含着以下含义：

1. 公共关系传播是作为公共关系主体的社会组织对其客体公众的传播。

2. 公共关系传播是为建立、协调和改善关系而进行的完整的动态过程。

3. 公共关系传播是主体按其公共关系总目标有计划、有步骤地采取的行为。

4. 公共关系传播是通过传递与反馈的双向沟通而实现信息共享的活动。

公共关系传播活动是传播的一种类型。它具有传播的社会性、普遍性、工具性、互动性、符号性、共享性等一般特征，也具有传播的探测、协调、教导、娱乐等基本功能。公共关系传播是传播在公共关系活动中的具体应用，因此，它又具有区别于一般传播的特点。

（二）公共关系传播的模式

公共关系传播的模式由“五 W 传播模式”和“新型控制论模式”相互结合而成。公共关系的传播模式由信源、信宿、信息、媒介、反馈、转换、环境、干扰、效果、目标等十种基本要素构成。其传播过程如图 9-3 所示：

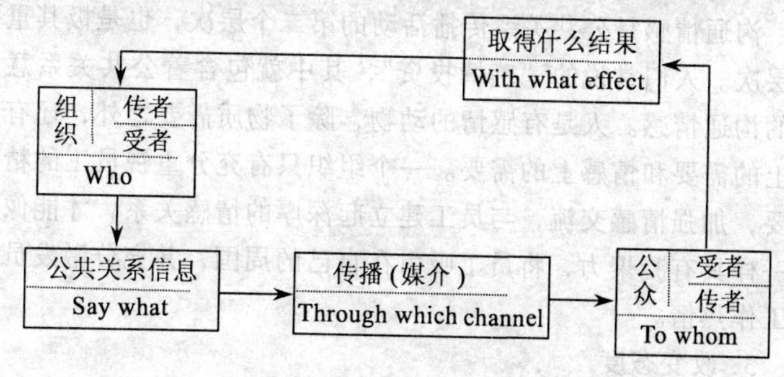

图 9-3 公共关系传播模式

公共关系的传播过程可以描述如下：社会组织为了实现一定的目标将公关信息通过适当的传播媒介传递给相关公众，通过公众的信息反馈来检验取得的传播效果并调整传播方式；传播是传受双方在共同的社会环境中进行的，是一个循环往复的动态过程，传播各个环节的干扰因素影响或制约着传播效果。

（三）公共关系传播的层次

公共关系传播由开始到实现目标可依次分为以下四个层次：即交流信息、沟通情感、改变态度、引起行为。

1. 交流信息

交流信息是公共关系传播活动的第一个层次，也是最基本的层次。其他层次的公共关系活动都是在交流信息的基础上进行的。树立组织的良好形象，优化组织的社会环境，是公共关系活动的最终目标。要实现这一目标决不能企求急功近利，也不能凭借一蹴而就，而必须作长期的、有计划的、坚持不懈的努力。在公共关系活动的开始阶段，公共关系人员向公众传播组织的相关信息，向组织的领导人报告公众的反馈信息，只要信息能够及时、准确地传递，并能为接受者所理解，那么，公共关系人员就基本完成了任务。

2. 沟通情感

沟通情感是公共关系传播活动的第二个层次，也是极其重要的层次。人们常说的"感情投资"，其中就包含着公共关系意义上的沟通情感。人是有感情的动物，除了物质需要之外，还有精神上的需要和情感上的需要。一个组织只有充分重视员工的精神需要，加强情感交流，与员工建立起深厚的情感关系，才能像磁石一样具有凝聚力，将员工吸引在自己的周围，并充分激发员工的工作热情。

3. 改变态度

改变态度是公共关系传播活动的第三个层次，也是非常关键的层次。公共关系传播工作的宗旨就是要影响公众对某一问题的态度。换句话说，公共关系人员进行的传播活动都是围绕着改变公众态度而展开的。例如，美国的总统竞选就大量地采用以改变选民态度为目的的演说活动。一个经济组织要想在对手如林的市场上占有一席之地进而取得竞争的胜利，就必须运用精心策划的公共关系传播活动来影响公众的态度，以获得公众多种形式的支持。

4. 引起行为

引起行为是公共关系传播活动的第四个层次，也是最高层次。引起公众采取对组织有利的行为是开展公共关系活动的最终目的，也是开展活动取得的理想结果。以生产某种民用消费品的公司为例，引起公众对其产品的消费行为就是该公司公共关系部门的一项重要工作任务，说得通俗一点，开展公共关系活动的目的就是要设法引导公众购买本公司的产品。

公共关系传播的四个层次是前后相连、逐层上升的，即前一个层次是后一个层次的基础。因此，要想实现公共关系传播的最终目的，必须重视每一个层次的传播效果。

第二节　大众传播媒介

传播媒介是指人们用以获取、记录、保存、传递信息的途径或工具，如语言、文字、图像、报刊、广播、电视等。媒介与信息密不可分，如果没有媒介作为载体，那么，信息就将无法保存、交流和传播。用加拿大传播学家麦克卢汉的话来讲，媒介就是人体的延长。他认为，文字是视觉的延长，笔是手的延长，书是眼睛的延长，无线电通信是耳朵的延长，衣服是皮肤的延长，房屋是人体调温器官的延长。

大众传播是指具有一定规模的专业性机构，通过中介而为人数众多、范围广泛的受众单向地传递信息的过程。

大众传播具有以下主要特征：具有一定规模的专业性机构从事职业的信息传播工作；通过媒介进行人与人之间的间接传播，而不是面对面的直接传播；传播的信息是公开的，而且越公开越好；传播的受众数量很大、分布广泛而且互不联系；传播的渠道基本上是单向的，主要是由媒介到受众；传播的信息反馈迟缓、有限。

大众传播媒介是指具有一定规模的专业性机构借助于现代化的机器设备和技术手段进行获取、记录、保存、传递信息的途径或工具。如报纸、杂志、广播、电视、电影、互联网等。其中报纸、杂志是印刷媒介，广播、电视、互联网是电子媒介。报纸、杂志、广播、电视是传统大众传播媒介的主体。近年来互联网以惊人的速度迅速进入人们的工作、生活之中，成为现代科技水平最高的传播媒介。

一、公共关系与大众传播媒介

大众传播媒介是开展公共关系活动最常用、最现代化的传播工具，是一种影响力巨大的单向信息传播手段。开展公共关系活动主要从以下几个方面运用大众传播媒介：

（一）提供新闻稿件

由公共关系人员撰写符合新闻价值规律、符合新闻写作规范、符合新闻媒介要求的新闻稿件，还可以制作新闻录像带、电视专题片等，报道本组织机构的新情况、新经验、新发展、新成果，供大众传播媒介采用。

（二）发布新闻信息

通过举行记者招待会、新闻发布会来发布组织机构的信息。有精心准备的新闻稿、背景材料和新闻照片，再经过新闻记者的现场提问后写出报道，可以增强信息的客观性。

（三）组织参观采访

有计划地安排新闻记者到本地区、本组织、本单位参观采访，使公共关系活动成为对外沟通信息的有效渠道。

（四）搜集媒介信息

剪辑、收录大众媒介上有关本组织机构和竞争对手的信息，定期分析比较媒介舆论的变化，为改进工作提供线索和依据。

（五）树立组织形象

通过为大众媒介撰写科普作品、报告文学作品和其他文艺作品，以及与大众传播媒介共同开展经过精心策划的有意义的公共关系活动，为树立组织形象、扩大组织的社会影响服务。

二、大众传播媒介的个性特征

报纸、杂志、广播、电视、互联网是目前广泛应用的大众传播媒介。下面，我们将分别探讨这几种大众传播媒介的个性特征：

(一) 报纸

报纸是以客观事实报道和评论为主要内容，利用印刷文字，定期发行并间隔时间较短的印刷媒体。作为主要的舆论工具，报纸的地位和权威性一直在社会公众的心目中占据首位；在所有的大众传播媒介中，报纸的作用无法为别的媒介所取代。报纸具有以下一些特点：

1. 报纸的主要优点

(1) 报纸可以充分处理论题。由于报纸能容纳较大的信息量，而且还可以自由地调整版面，因此，对某些为社会公众所关注的问题，报纸可以进行深入、细致的分析，详细交待一件事情的来龙去脉。

(2) 报纸可以让读者自由选择。读者对报上刊载的信息，有选择的自主权，而且可以反复阅读思考。这是广播和电视难以做到的。

(3) 报纸易于保存、检索。报纸所刊载的信息，读者可以自由剪辑、摘录、复印，然后分类归档，以供长期使用。

(4) 报纸的专业性强，可以针对不同类型的公众进行宣传和专门化的服务；报纸在反映公众舆论上影响较大，具有权威性。

(5) 报纸的制作较为容易。利用报纸进行传播能够节约经费。

2. 报纸的主要缺点

传播速度不如广播、电视迅速和及时，事件的发生与信息的传播不具有同时性；受文化程度、工作时间等条件的限制，有可能影响读者数量；现场感、形象感较差，可能会影响传播效果。

(二) 杂志

杂志又名期刊。杂志是一种定期或不定期连续出版、版式基本相同、有固定名称、按统一标准顺序编号的印刷媒体。杂志可分为专业性和综合性两大类。

1. 杂志的主要优点

(1) 杂志种类、形式多样。有以文字为主的，有以图片为主的，有图文并茂的；有严肃的政论性刊物，也有娱乐性文艺刊物；有专业性很强的学术刊物，也有百科全书式的综合刊物。千姿百态，各有千秋。

(2) 信息内容丰富、系统。杂志上的文章篇幅一般比较长，可以使报道的事件内容更加深入、细致、充实、系统。杂志所传播的信息往往带有学术和资料性质，具有独特的参考价值。

(3) 印刷精良、装帧漂亮。杂志的版面经过精心编排，一般分列专栏，便于检索，更具有实用和保存价值，更便于读者反复阅读，其艺术感染性也比较强。

2. 杂志的主要缺点

出版周期较长，一般不能及时地报道新闻事件，不能迅速传播信息。杂志对读者的文化水平和理解能力要求较高，专业性强的杂志还要求读者具备一定的专业知识，所以普及性不如报纸。

(三) 广播

广播是通过电波或导线播送音响以传播信息的电子传播媒体。按传输信息的方式，可分为无线广播和有线广播两大类。广播连续传送声音，最易为人接受，其普及程度和涉及范围远远超过报纸、杂志等印刷媒介。

1. 广播的主要优点

(1) 传播迅速、覆盖面广。广播是靠电讯符号传递声音，发布信息与接收信息几乎可以同步，一般不受时间和空间的限制，接收的对象最为广泛，传播信息的地域十分宽广。

(2) 具有广泛的信息受众。广播是靠声音传播信息，使用的是本民族语言，除有听力障碍者外，多数人都能接受，不受文化程度高低的限制。听众可以随时、随地、随意收听，在某些场合下与其他工作不发生冲突。这是广播传送信息的突出优点。

(3) 具有强烈的鼓动特征。广播是以口语作为表达方式，能较好体现情感和情绪的感染作用，显得生动、亲切，具有现场真实感，富于鼓动性，更能激发听众情绪，形成舆论氛围。

2. 广播的主要缺点

传播的信息稍纵即逝，较难记录和保存；听众选择信息的可能性较小，只能按安排的时间顺序接受信息，难以做到反复思考。

(四) 电视

电视是通过光电交换系统，以图像和声音的形式，迅速、连续传播信息的电子媒体。电视以其独特的传播方式得到迅速发展，大有压倒其他传播媒介之势，已经成为最吸引人、最受欢迎的传播方式。

1. 电视的主要优点

(1) 给人以强烈的真实感。电视是文字、声音、形象三者的有机结合，而且色彩鲜明，最能满足人的视听需要，给人以身临其境的真实感受。

(2) 给人以强烈的感染力。电视把各种艺术手法融为一体，博采众长，使各种形式的信息得以直接形象地展现给公众，即使是深奥的理论问题，也能借助生动感人的场面，使观众在欣赏的过程中予以接受，并留下极为深刻的印象。

(3) 给人以娱乐的享受感。电视可以播放声图并茂、丰富多彩的文娱节目，寓信息于娱乐之中，能给人们一种轻松愉快的感觉，从而最充分地实现信息传播。这方面的优点是其他传播媒介所无法替代的。

2. 电视的主要缺点

传播的信息稍纵即逝，不易保存和查找，观众的选择性差；与其他几种媒介比较而言，制作、播出以及接收转换所需要的设备比较复杂，从而使收看的范围和普及的程度受到影响。

(五) 互联网

互联网是现代电脑技术、通信技术一体化的产物，代表了现代科技传播的最高水平，是人类传播史上的第四个里程碑。它的出现从根本上改变了人类的传播意识、传播行为和传播方式，具有强大的传播优势。与传统的大众媒介相比，互联网具有不同的传播特征：

1. 互联网的主要优点

(1) 双向互动。互联网成功地融合了大众传播与人际传播的优势，实现了大范围和远距离的双向互动。在互联网上媒体与公众可以相互作用，媒体可以接触到大范围、远距离的公众，公众可以对网络信息进行加工、处理、修改及重新组合。公众的主动性、选择性、参与性得到充分体现，传播的双向互动性明显加强。

(2) 即时直复。这里的"直"是指通过网络直接连接传播主体和客体。在传统的大众传播中，编辑、记者、导演等充当着"守门人"的角色，他们本身的主客观原因，决定着某条信息能否见诸传播媒介，决定着信息的表现风格和隐含内容。与传统传播的这种局限相比，网络可以使客体直接查询主体的数据库，主体也可以通过网络来发现客体并直接面向客体发布信息。这里的"复"指主体与客体的即时交谈。主体可以从网络站点上收到大量的反馈信息，并快速、详尽地予以答复。直复性使得反馈信息具有一定的度量性和测试性，可以及时地对传播效果进行评价。

(3) 体现个性。从形式上看，网络受众可以根据自己的需要和兴趣对信息加以选择和享用；网络信息发布的主体对信息内容的编码制作、信息的传播与控制等也表现出鲜明的个性。这也是互联网能够迅速抢占公众生活空闲时间的重要因素。

(4) 超越时空。互联网的传播沟通是在电子空间进行的，建立在光纤电缆基础上的互联网，即真正意义上的信息高速公路，能够突破时空的限制与障碍，将信息传播的距离远近、速度快慢差距大大缩小，甚至使之消失。"地球村"便是互联网带给人类的美妙享受。

(5) 高度开放。全球网络不受任何一个政府或商业机构的控制，是一个高度开放的系统。人们在这个电子空间中漫游，不设红灯，不要护照，无需签证；不分社会制度，突破国家界限，没有种族歧视；任何人都可以利用这个网络平等地获取信息和传递信息。这是互联网与传统大众传播媒介相比的最显著特征。

(6) 综合优势。互联网综合了各种传播媒介，如报纸、杂志、广播、电视等的优势，将文字、数据、声音、图像等多媒体信息都转化为计算机语言（二进制代码）进行传递，不同形式的信息可以在同一个网上同时传送。

(7) 成本低廉。互联网功能巨大，但使用花费却比较便宜。原因在于，目前的互联网充分利用了现成的全球通信网络，无需重新投资建设新的通信线路设施。在通信费用方面，无数局域网分担了区域之间的通信费用，个别用户只需支付区域内的通信费用。因此，即使是进行全球性的联络，也只是地方性的收费。

(8) 容量无限。互联网连接着最简单的个人计算机和最复杂的超级计算机。由于它与高悬在天空中的卫星之间存在着直接联系，因此它的覆盖面已超出地球本身。网络为信息交流提供的是一个虚拟市场，这个虚拟市场的容量无限大。

2. 互联网的主要缺点

网络传播虽然优势巨大，但也有值得注意的地方：高度开放和无限的容量，使得网上存在着大量的垃圾信息、重复信息；网络“黑客”的出现也极大地影响着网络传播的质量。加强网络道德，提高公众对网络信息的识别能力，已成为网络传播中不可忽视的问题。

一个组织要想扩大自己在社会上的影响力，提高社会知名度，必须根据实际情况正确选择并恰当使用大众传播媒介。例如，如果公共关系的工作对象是思维活跃、追求时尚的年轻人，那么，就应该用网络与他们沟通传递信息；如果是与知识分子传播沟通，那么，报纸和杂志就比较合适；如果你的产品要引起儿童的注意和兴趣，那么制作电视节目效果最好；如果你的公众是经常加班加点的出租车司机，就应该通过电台广播与之沟通。

第三节　增强传播效果

传播效果是指受传者接受信息后在感情、态度和行为等方面发生的变化。传播效果直接影响着传播目的的实现程度。

一、传播效果的理论分析

一般人往往认为，借助大众传播媒介很容易造成范围广泛的轰动性影响，但经过深入的研究表明，传播效果是一个非常复杂的问题。西方学者在这个问题上进行了长达几十年的探索，但仍然是众说纷纭，莫衷一是。最著名的传播效果理论有以下两种："枪弹论"和"有限效果论"。

（一）枪弹论

"枪弹论"是西方的传播学者在效果研究方面早期提出的一种有影响的理论。这种理论认为大众传播媒介威力无比、所向披靡，能够影响和改变社会公众的态度，并操纵公众的行为。通过大众传播媒介传出的信息，就像枪弹打中目标一样，使受传者应声倒地。这种理论把受众视为毫无防御能力的"靶子"，认为受众可以无条件地接受信息，显然，这种观点不符合实际情况。后来的学者大多数抛弃了"枪弹论"，提出了"有限效果论"。

（二）有限效果论

在传播效果问题上，坚持"有限效果论"的学者们认为大众传播媒介只能在社会结构、社会文化体系中发挥作用。这些社会文化因素影响着受传者的选择和注意，受传者的自由选择决定着大众传播媒介的传播效果是有限的。

对社会公众的心理分析表明，受传者并不是任人摆布的玩偶，而是可以发挥能动作用的主体。当面对着大量的信息时，人们总是愿意接受那些与自己固有观念一致的，或自己关心的、急需的信息，而回避那些与自己固有观念相抵触或自己不感兴趣的信息，这种现象叫做选择性接受。而对于同样一个消息，人们又可以根据自己的看法去加以理解或作出解释，即所谓的“仁者见仁、智者见智”，这种现象叫做选择性理解。一般来说，人们容易记住自己喜欢记忆的知识或信息，而忘记与自己无关或不感兴趣的事情，这种现象叫做选择性记忆。受传者对信息的选择性接受、选择性理解和选择性记忆，使得大众传播媒介很少能够改变其固有的立场。在大多数情况下，大众传播媒介只是提供大量事实去迎合受传者的需要，从而起到强化受传者固有立场和观念的作用。当然，如果大众传播媒介反复宣传那些不引起受传者重大心理冲突的信息，以及受传者还没有形成固定见解的事物，则对培养受传者的兴趣可能会起到一定的作用。

有些心理学家研究认为，在受传者固有观念的外部有一个所谓的“可接受范围”，传播内容一旦进入这个范围，受传者会把它当做中性的或与自己接近的东西而不予抵制。这实际上等于受传者的固有观念向传播内容靠拢了一步。久而久之，传播内容最终可以进入受传者固有观念的核心部位。也就是说，这是一个潜移默化的作用过程，需要具备周密的传播计划，需要长期坚持不懈的努力，需要对影响传播效果的各种因素加以有效控制，需要采取增强传播效果的相关手段和技巧。

坚持“有限效果论”，懂得传播效果的有限性，对于开展公共关系工作具有以下意义：

第一，不要过分夸大大众传播媒介的作用。必须认识到大众传播媒介并非万能的，不要对大众传播的作用抱有不切实际的奢望。公共关系人员要想争取公众对自己的支持，不能仅仅依靠大众传播媒介。

第二，要有长远观念以及坚持不懈的努力。大众传播媒介虽不是万能的，但毕竟具有潜移默化的影响作用，因此，公共关系人员应该掌握各种传播媒介的特性和受传者的心理，通过周密的计划和持久不懈的努力去争取良好的传播效果。

第三，要善于综合应用各种传播沟通手段。成功的传播总是把大众传播媒介与其他人际沟通的手段结合起来使用，公共关系人员应当重视人际沟通以及其他传播手段的作用。

二、影响传播效果的因素

传播学的研究告诉我们，影响传播效果的因素有两种：功能性因素和结构性因素。这两种因素总是相互交织，同时发生作用。

（一）功能性因素

功能性因素分为延缓性因素和即时性因素两大类。

1. 延缓性因素

延缓性因素是能够"调动"受传者的信仰、价值观念等，并在较长时间内发挥作用的因素。如在一个文化观念相对保守的社区，大谈生活方式新潮流，就会在这个社区的公众中招致某种反感；面对思想开放的现代青年公众，大肆宣扬"父母在，不远游"之类的传统观念，也不会取得好的效果。这其中就有延缓性功能因素在发挥作用。

2. 即时性因素

即时性因素是可以调动一个人一时的需求、情绪等心理状态的因素。如有些组织的公共关系部门常将宣传资料装在职员的工资袋里，据说这样可以取得比较好的宣传效果。因为职员领工资时的情绪一般比较好，他们比较容易从积极的方面去理解宣传的内容。这其中便有即时性因素在发挥作用。

公共关系人员在制作信息时，应该考虑到这两种功能性因素对传播效果的影响。

（二）结构性因素

结构性因素涉及到信息刺激的强度、信息刺激的对比度、信息刺激的重复率以及信息刺激的新鲜度四个方面的内容。

1. 信息刺激的强度

通栏标题、高大路牌、披红戴绿、高音喇叭、厉声叱责、猛击一拳、紧紧握手、热烈拥抱，这些视觉、听觉、触觉信息都包含着刺激的强度。包含一定刺激强度的信息能够比较容易地引起信息接收者的注意。广告商在马路边、高大的建筑物上、体育场内竖起醒目的广告牌，目的是引起路人、观众的注意。一个向你表示友好的人，常常用紧紧握手的方式传递这种信息。

2. 信息刺激的对比度

万绿丛中一点红；于无声处听惊雷；说话的抑扬顿挫；路标的红绿交错；站在一群儿童当中的白发老人；一阵阵紧锣密鼓后的片刻沉寂；长段叙述、描写后的醒世警句，其中都包含了信息刺激的对比度。善于吸引学生注意力的教师特别讲究说话的节奏，时而慷慨激昂，如千尺瀑布一泻而下；时而细声细语，娓娓道来如谈家常。广告设计师在色彩的运用上不仅讲究刺激的强度，还格外重视刺激的对比度，信息刺激既有强度又有对比度的广告往往会首先受到消费者的青睐。

3. 信息刺激的重复率

重复刺激是引起注意的一个重要手段，宣传工作者都深谙此理。无论哪一个国家的宣传机器，都会反复地宣传各自的方针、政策，我国的宣传也不例外。新闻单位对某一政策的宣传往往反反复复，少则数月，多则几年。广告亦是如此，Coca-Cola（可口可乐）的商标广告可以做几十年；“松下”、“耐克”可以不断地出现在电视屏幕上。重复其实是信息刺激强度和对比度的一种综合运用与体现。信息的重复出现势必会增加刺激的强度，而重复出现的信息在公众心目中的印象显然要比出现频率较低的信息深刻。

4. 信息刺激的新鲜度

这里说的新鲜度主要指形式上的新颖独特。款式新颖的服装往往引起那些喜欢打扮的人的注意；报纸编辑的拿手好戏便是应用套红报头、应用字体又粗又黑的通栏标题或者改版后的新版式来吸引读者。

三、增强传播效果的途径

美国心理学家C. 霍夫兰在耶鲁大学主持传播效果研究。他的研究成果表明，要想使传播取得良好的效果，必须注意以下几个方面的问题：

（一）要有最好的传播者

要改变传播的效果，最可行的方法是改变受传者对传播者的印象或看法。研究表明，传播者如果具有下列三个条件之一，则比较有利于提高其传播效果。

1. 权威。对于所谈论的问题，由享有声誉的专家来表明意见，会比普通的人更能引起受传者的态度改变。也就是说，人们更容易相信具有权威的专家。

2. 客观。许多研究证明，一个人的声誉主要是由专门知识和客观态度两个方面构成的。如果传播者在公众心目中被认为是客观公正的，不想借助演讲谋私利，那么他就比较容易取得良好的传播效果。如果传播者既是专家权威，又具有客观态度，那么他可以取得更好的传播效果。

3. "自己人"。如果受传者认为传播者与自己"相似"，把对方看做"自己人"的话，就比较容易接受传播者的意见。"相似"的含义很广，通常这种相似点越多，相似程度越高，人际交往的吸引力也就越强。这种现象相当于人们在日常生活中比较喜欢听从朋友的忠告，在传播学中称做"认同策略"。

公共关系人员在开展活动的过程中应当注意选择最佳的传播者。应该根据客观情况的需要，或者邀请专家名流，或者邀请公众代表出面发表意见，尽量减少商业色彩等，都将有助于取得受传者的信任。

（二）注重消除噪音干扰

大众传播的噪音干扰主要有编码干扰、信息干扰、媒介干扰和信宿干扰。现将这些干扰的具体表现及其排除措施分述如下：

1. 编码干扰

编码干扰就是传播者不善于根据受传者或内容的特点组织传播符号（语言表达），从而影响受传者对信息的接收。消除措施只能是通过学习和实践提高传播者的编码能力。

2. 信息干扰

信息干扰就是表达信息内容的形式（符号或语言）本身包含着歧义，由此引起受传者理解上的偏差或者产生误解。消除措施是尽量使表达内容的形式简单、通俗、准确并且具有针对性。

3. 媒介干扰

媒介干扰是指媒介本身出现的各种噪音对传播效果的影响。如：报纸、杂志出现的排版、印刷错误，广播、电视出现的设备故障和操作错误等。消除措施是完善媒介设备的技术性能，提高操作人员的技术水平和增强预防故障的意识。

4. 信宿干扰

信宿干扰是指受传者由于自身的原因影响了对信息的理解和接收。如：受传者的文化水平、相关经验、工作性质、社会地位、心理特征等。消除措施是制作的信息一定要有鲜明的针对性，在力所能及的情况下有计划、有步骤地提高受传者的兴趣、爱好和接受水平。

四、注重传播技巧的应用

（一）应用技巧的意义

传播技巧是指传播者为了达到某种目的，在加工信息、制作符码、传递信息的实际操作过程中所采用的各种策略、战术和手段。它是获取传播效果、达到传播目的的对策和方法，也是在传递信息之前对于如何消除干扰、如何避免阻碍的一种预测、估计和事先控制。

由于传播技巧形成于传播者对编码、传码规律性的正确认识和合理把握，以及对后天习得的传播经验的总结和有关知识的灵活运用，所以，它可以反过来再为正确地制作符码、准确地传播信息服务，为获得最佳的传播效果和顺利地实现传播目的服务。

正因为如此，高明的、有经验的传播者都非常重视传播技巧的应用。传播者如果能够得心应手地、恰到好处地使用令人眼花缭乱而又生动活泼的技巧，那么自己制作、传播的信息就比较容易引起受传者的注意，使其产生兴趣、引发欲望，在加以正确理解之后，记忆在心，并按传播者的意图采取适当的行动，从而使传播者达到自己的目的。

但是，我们必须清楚地认识到，虽然传播技巧能巧妙地消除预测的和现实的传播障碍，准确地传递信息，有利于增强传播效果，实现传播目的，但是，技巧的应用及其作用的发挥并不具有绝对性。因为，传播技巧在某种范围内、在某种情况下可能有效，而在另一种情况下，如果不善于放弃技巧或对技巧加以改造，也有可能适得其反，使传播效果发生逆转，对传播产生消极的影响。

所以，精明的传播者不应该被现有的传播技巧束缚自己的手脚，而应该对现有的技巧进行补充和修正，并且加以创新。

（二）应用技巧的原则

运用传播技巧与做任何其他事情一样，都需要遵循一定的原则。运用传播技巧需要遵循的原则主要有以下几点：

1. 目的隐蔽

隐藏自己的传播目的，是运用技巧取得成功的要诀之一。传播者最好将自己想要得到的结果深藏内心，切不可挂在嘴上。因为，受传者一旦得知你的巧妙劝导是企图影响他的态度和行为时，那么他就会立即产生警戒心理或免疫效应，抗拒或回避你的劝导。这样，你的说服力就减弱了。研究人员的实验结果表明，当信息接受者感觉不到传播者有意要说服自己的意图时，比较容易接受其意见而改变原来的态度；相反，则对传播者的说服予以回避或抵制。还有的研究结果显示，当受传者感觉到你隐蔽的动机中有一个高尚而无私的目的时，也比较容易接受你的信息和观点。

通常，高明、老练的传播者都能深藏自己的企图而不动声色，蹩脚、稚嫩的传播者则往往容易被情绪和环境所左右，而按捺不住内心的真情实感。在条件相同的情况下，这两者的传播效果肯定不同：前者可能事半功倍，后者可能事倍功半。可见，目的不隐蔽，再好的技巧也难以奏效。

2. 诚实可靠

运用传播技巧的人，应该使人觉得诚实可靠，否则，技巧很难发挥作用。

在信息传播中，所谓诚实，主要是指表里如一、言行一致和言符于实的态度或行为。所谓可靠，主要是指对某一问题比一般人更精通，了解得更多，在某一件事情上也更具权威性。如果一个传播者的诚实可靠程度得到了较多受传者的确信，那么，他的传播技巧就能比较好地发挥影响作用，进而促使受传者采取符合传播者意愿的具体行动。如果一个人说话、写作常常见风使舵，信口开河，不懂装懂，甚至丧失骨气和个性，那么这个人的诚实可靠程度就会令人怀疑。有许多口齿伶俐、下笔万言的人，虽然也能轻松地驾驭各种传播技巧，但由于给人以虚伪浮华、浅薄庸俗的感觉，因而其传播沟通效果极其微弱。

总之，要想使传播技巧的应用取得成功，必须有良好的传播基础，而诚实可靠便是建立这种良好基础的不可或缺的重要条件。

3. 指向明确

有的放矢地运用技巧，这是信息传播活动中的起码要求。使用技巧必须加强指向性或针对性，使各不相同的传播技巧适应各不相同的受传者及其类型特点、心理需要或思想状况，并为他们所乐于接受和易于理解。这就是所谓的“因人施教，对症下药”。如果运用技巧不考虑实际情况，不分青红皂白，搞“一刀切”、“一律化”、“公式化”、“一锅煮”，不适应受传者的特点、需要和愿望，那必然要在实践中碰壁。所以，只有弄清了传播对象的具体情况，并根据实际情况运用相应的传播技巧，才能收到好的沟通效果。

一般来说，运用传播技巧应该清楚以下几点：

一要清楚受传者的身份特点（如自己人、中间派、反对派等）；二要清楚受传者的类型特点（如男人和女人，老年、中年和青年等）；三要清楚同一类型中的不同层次（如中年教师中就有高级职称和中级职称的区别）；四要清楚受传者的思想状况和心理欲求；五要清楚受传者的秉性脾气。当传播者对这些情况有了透彻、深入的了解，然后再运用传播技巧就不至于出现对牛弹琴、无的放矢的弊端了。

4. 内容真实

传播的内容一定要真实，一就是一，二就是二，绝不允许有任何弄虚作假、合理想象的成分。尽管技巧既能为真实的内容服务，也能为虚假的内容服务，并且在技巧掩饰下“像是事实的谎言，有时候反而会收到比事实更能抓住听众的效果”，但是，公共关系人员也绝不能搞吹牛撒谎的虚假宣传。因为这正如列宁所指责的那样，吹牛撒谎是道义上的灭亡，它势必会引向政治上的死亡。毛泽东同志也说过，爱讲假话的人，一害人民，二害自己。

如果某种宣传、某种观点或某种解释，被公众盖上了虚伪的烙印，那么，宣传家的命运也就会随之完蛋。因为，真实不仅是真理的化身，也是宣传的生命。

5. 手法灵活

传播手法应该依据不同的信息、不同的受传者和不同的传播渠道灵活巧妙地加以应用。传播技巧、手法的高低优劣、灵活死板，必然会导致传播的不同效果。手法单调、呆板，缺乏变化，受传者就会感到厌烦，最终会起来抵制传播；技巧灵活应变，丰富多彩，受传者就会觉得新鲜有趣，而自觉或不自觉地接近你所传递的信息，赞同你的观点或主张。所以，作为信息社会中的传播者，特别是以传播作为主要工作内容的公共关系人员，如果不在传播技巧上多下工夫，则难以劝服愈来愈受到争夺的受传者。

6. 顾及群体

群体是人们在共同活动、相互作用中形成的具有一定的结构、一定的数量、共同的价值、共同的规范的个体的总和。群体意识是群体中的成员在共同活动中所形成的。因此，在群体内部具有共同性，这种共同意识与其他群体的意识相互区别。不同的群体有不同的群体意识，而且这种群体意识具有相对的稳定性。群体的各种意识都是群体成员共同实践的产物，它适应本群体的需要，并且指导和影响本群体中人们的行为。这种指导和影响作用，主要是通过群体意识中的群体规范来实现的。群体规范是为保障群体目标的实现和活动的一致性而形成的统一成员的信念、价值和约束成员行为的准则。

传播技巧的应用应该考虑和顾及受传者所在群体对受传者的影响。受传者在接受传播信息时，总会以其所在的群体影响为背景。他总是要有意或无意地维护和遵守团体的规范，而不容他人破坏或侵犯。如果传播者能够清楚地知道受传者所在群体的群体意识和群体规范，并在传播过程中有意识地、有针对性地顺应受传者，那么，便可能会比较容易地增强传播效果。

总之，在传播工作中应该注意说服方式或说服技巧的应用。有些研究表明，组织得条理清晰、幽默风趣的信息更能引起受传者的喜欢；宣传时诉诸感情比诉诸理智可以使人产生更明显的态度变化；演讲人明确地说出结论比让听众自己去得出结论会有更好的说服效果。

对于公共关系人员来说，掌握和运用多种传播技巧，必然会增强传播效果。当然，传播技巧的应用效果并不是一成不变的，最重要的还是根据信息内容、受传者和环境这三大因素及其组合情况去灵活地加以确定。

（三）常用的传播技巧

为了取得良好的传播效果，实现传播的预期目的，公共关系人员应该掌握并学会运用各种传播技巧。以下介绍的是常用的传播技巧。

1. 修饰美化法

美化法就是给某人、某事、某物加上一个“美好的修饰语”，使受传者产生美好的想象，从而使受传者在没有经过验证的情况下，就予以接受或赞许。

修饰美化手法的应用，首先是对象要可信。即被美化的对象具备被美化的现实条件。其次是美化要适度。“浓妆艳抹”，美化过分，则容易适得其反，引起受传者的怀疑。再次，要慎重选择修饰语。选择的语词既要有美感，又要有弹性，还要有回旋余地；既能够使受传者产生愉快的美好的联想，也能够经得住客观实际的检验和受传者的验证。美化要以客观事实为依据。远离实际的胡吹乱捧，则是对公众的欺骗和愚弄。

2. 典型示范法

典型示范法也叫做印证法。这种方法是通过邀请某个受尊重、受迫害或有经验的人作为传播者向受传者讲解自己的亲身经历、遭遇、经验或教训，便于对关于某个人物、事物、方案或做法的某种观点加以印证和评价的一种方法。

英雄、模范、先进等典型人物报告会应用的便是一种经久不衰的印证手法。召开现场会、举办展览会、组织公众参观等总结推广经验，应用的就是典型示范的方法。应用典型示范法选取的典型一定要能对全局有指导意义，能代表事物的发展方向，反映时代的精神和要求，否则，便难以发挥传播的效果和作用。

3. 引经据典法

引经据典法是由传播者直接利用传播媒介有目的地引用正面或反面的、正确的或错误的事实、论断来论证某种观点的一种手法。

在议论性的文章中或劝服性的演讲中，引证法常常表现为：其一，引用经典性言论作为自己立论的根据，以增强论证的说服力量；其二，引用易于驳斥的言论作为自己反驳的根据，以显示自己观点的正确、对方观点的荒谬；其三，引用公认的原则、公理、格言、俗语等作为自己论证、反驳的根据，同样具有一定的说服力量。

传播过程中运用引证法需要注意以下两点：其一，引证要准确，不要断章取义。其二，引证要精确，不要过多过滥。

4. 号召随从法

在传播过程中，传播者企图让受传者相信，与受传者相似、相近或其所属群体的其他人都已经或正在接受所传播的观点和主张，以此暗示受传者应该随大流，采取与大家一致的态度和行动。这就是所谓的号召随从法。

受传者之所以会产生随从行为，主要有以下三点原因：其一，想得到团体的奖励或好处，避免遭到多数人的孤立或惩罚；其二，由于自己缺乏主见和自信，很想获得关于如何恰当行动的信息；其三，难以抵抗周围环境和舆论形成的巨大压力。传播者利用受传者的从众心理，对传播的内容加以夸张且一时又难以被核实、验证，所以在特定的情况下能够产生随从效应。

一般情况下，传播者要对受传者产生号召力，其本身的社会地位、人际关系是很重要的因素，但更重要的因素则是其本身的自信和威信。

5. 比喻引申法

用具体的感性形象来比喻抽象的观点或道理叫做比喻引申法。比喻引申不仅能使受传者清楚地看到直接的明显可感的形象，而且也似乎“看”到了隐藏在“形象”背后的虚拟的潜在的内在意义。这“意义”是由传播者有意赋予“形象”的，或是由受传者自己从中体会到的。“喻巧而理至”，一个恰到好处的比喻往往能帮助说明道理。传播者运用隐喻引申法的目的，是利用受传者在看到“形象”之后引起的思维惯性，在意识深处激起一种他所希望的想法，并将这种想法引申到更为深广的问题上去。

隐喻法历来是信息传播工作中常用的手法之一。在我国古代，孟子用“揠苗助长”的寓言故事，形象地说明了违反客观规律，欲速则不达的道理；韩非用秦伯嫁女、楚人鬻珠的故事隐喻说明办事不能舍本逐末、轻重倒置的道理。

6. 诉诸感情法

传播者适当地唤起受传者情感和理智的力量，是传播活动的一个重要问题。从某种意义上说，对人类行为影响更大的往往是情感，而不是理性、悟性。正如有的人所说，情感推动人去行动，而理性则控制人的行为。20 世纪 30 年代，美国心理学家乔治·哈特曼在这方面进行过一次同政治选举有关的广泛的实验调查，结果表明，情感的煽动比理性的劝服作用更大。根据相关资料分析，在下列情况下适合使用感情法：其一，对那些厌恶严密的推理、繁琐的考证和枯燥的政治说教，而喜爱接近生活的情感抒发，容易接受利害关系和恐怖气氛刺激的女性、老人、儿童来说，感性渲染的方法最有针对性。其二，受传者需在比较短暂的时限内形成态度或观点（如需要立即对某事作出表决）。其三，在具有劝服性的传播中，如果需要综合应用感情和理性两种方法时，在开头和结尾部分应带有浓厚的感情色彩，而中间部分则应该采用理性论述。

7. 诉诸理性法

感情法在某些方面对受传者的观点和态度的形成有着较大的作用，但令人惊讶的是，后来的研究又表明，理性剖析在另外一些方面又优于情绪煽动。对此，前苏联学者认为，不能把感情法与理性法视为完全对立的两种形式，因为，它们既有各自的用武之地，也有它们相辅相成综合运用的天地。理性法适合应用于以下条件：其一，向文化程度较高的知识分子和掌权人进行宣传，比较正确的做法是以理性剖析为主。原因是这些人见多识广，信源广泛，立场趋向稳定，情感磨练碰撞的机会较多。所以，若简单地照搬感情煽动的方法，恐怕收效甚微。其二，如果传播的目的在于使受传者形成相对稳定的个性特征和相对固定的立场，那么，比较合适和比较正确的做法是诉诸理性的劝服。因为感情法只能对情绪作短暂的刺激，在记忆中往往保留时间较短；而理性法虽然不能形成当时立即需要的态度，但它运用的是逻辑的力量，所以在人的记忆中往往能保留较长的时间。其三，理性法和感情法不仅不是对立的，而且有时甚至是很难分开的。因此，在信息传递中，这两者也可以综合运用。如用感情法激起受传者的兴趣，以理性法作精辟独到的分析；用感情法获得现场所需要的态度，再以理性法巩固已获得的态度等。

8. 两面分析法

传播者同时向受传者介绍或提出有利的和不利的两种论据或事实，通过对不利的论据或事实的反驳，从而证明前者强于后者。这就是传播中的两面分析法。两面分析法经常在下列情况下使用：其一，在受传者的最初态度已经预先倾向于反面观点的情况下，先正面阐述自己需要传播的观点，而后驳斥反面观点，最后再一次论述自己所主张的观点。两面分析法的应用将对受传者更有说服力。其二，对知识丰富、见识广博的受传者进行宣传应该运用两面分析法。因为这类公众不仅不容易受单方面劝服的影响，而且很容易了解到相反观点的存在。其三，在开放的环境中，为了使受传者对某个问题形成长期的坚定的观点和信念，比较合理的做法是对问题作两面分析。即除了说明传播者的观点外，还必须分析相反的观点。

9. 结论明示法

结论明示法是指在传播过程中对某一问题进行分析后，再将传播的内容予以归纳总结，作出明确而简要的结论。研究结果表明，在口头传播和理性宣传的文字材料之中，最后作出结论的比不作结论的说服作用要明显。因为，具有明确结论的传播，它的中心思想和基本内容比较容易被受传者理解，对受传者的影响自然也会比较明显。一般来说，结论明示法适合于下列情况：其一，可用于口头传播。因为声音呈线性排列，稍纵即逝，既无法追赶，也无法重复。为了增强受传者的印象，传播者对某一问题进行详细的分析之后，有必要作出简明扼要的结论。其二，可用于纯理性的材料。用充分的理由来阐明正面事物的正确性，同时，对与其相反的事物予以驳斥。传播者赞成什么、反对什么，旗帜鲜明，一般应该有明确而简要的结论。

10. 结论暗示法

结论暗示法是指传播者采用耐人寻味、委婉含蓄的暗示手法，将关于传播内容的结论隐藏在传播内容之中，受传者必须借助自己的想象和联想才能得出结论。由于受传者理解问题的差异性和接受事物的选择性，所以，受传者通过传播者的暗示得出的结论常常呈现出各不相同的态势，往往不如由传播者直接作出的结论单纯、集中、简明。

一般情况下，诉诸公众视觉的艺术（如图画、图片、幻灯、电影等）和以描绘形象、抒发感情为主的文学作品（如小说、散文、诗歌、剧本）以及适于客观报道的新闻，比较明智的做法是采用结论暗示法，而不宜对所反映的内容作出明确的结论。

传播手法的高低优劣，会对传播效果产生重要影响。公共关系传播人员应该依据不同的信息、不同的受众和不同的传播媒介的特点，灵活巧妙地运用传播技巧，以增强传播效果，实现传播目的。

第十章 人际交往

社会组织为了处理好与其公众之间的关系，求得生存发展的良好环境，就必须开展各种具体的公共关系活动。大量公共关系活动的主体和客体都是现实中的具体人，所以，开展公共关系活动离不开人际交往。人际交往中的人际沟通或人际传播是公共关系传播的重要内容。作为公共关系活动组成部分的人际沟通或人际传播是社会组织的有意识、有目的的行为，即这种交往行为必须为实现组织的公共关系目标服务。

本章将要探讨的是作为公共关系传播重要组成部分的人际沟通的有关知识和技巧，以及与人际沟通密切相关的人际交往的基础知识。

第一节 交往及其要素

人际交往就是人与人之间通过一定方式的沟通，实现心理上、行为上相互影响的过程。在交往过程中，交往双方进行着各种信息的交流和行为上的互动。根据上述交往的概念，我们可以看出，人们彼此间的相互沟通是进行交往的前提条件。人际沟通的方式有所不同，有的是直接的、面对面的，如彼此谈话；有的是借助中间媒介实现的间接沟通，如通信往来。交往的结果是双方形成一定的思想、情感联系。交往过程实际就是交往双方各种信息的相互交流过程。在这个过程中，双方的心理与行为都会发生变化。

一、人际交往的要素

为了探讨人际沟通的有关理论，我们需要首先了解人际交往的要素与结构，进而介绍与这些要素和结构相关的基础知识。

在现实的人际交往中，交往主体、交往对象、交往手段、交往环境、交往内容、交往目的等都是不可缺少的主要因素，而且，这些要素之间是有其内在联系的。如图 10-1 所示。

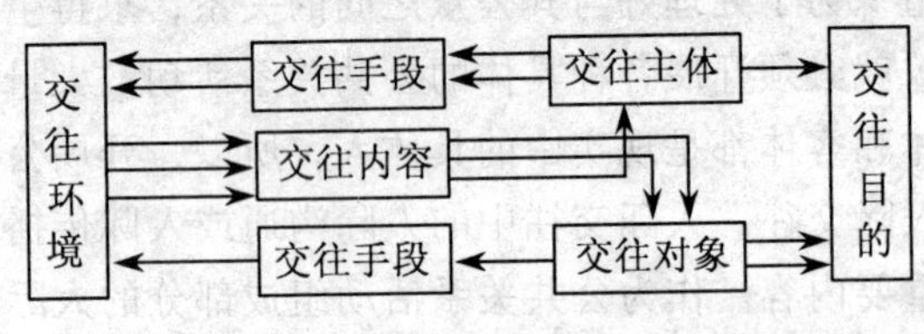

图 10-1　人际交往结构

(一) 交往主体与交往对象

在公共关系活动中，交往主体是代表社会组织开展公关活动的有关人员。他们掌握着交往过程中的主动权，其行为必须有利于树立组织的形象和声誉。同时在人际交往中，他们还扮演着一般社会成员的角色，因而也必须努力塑造与其社会身份相符合的自身形象。交往对象是指社会组织的公众，在公共关系活动的人际交往中，他们往往处于被动地位，扮演着“受传者”的角色。但这种角色划分并不是绝对的，公众在与组织进行交往中，有时也会起主导作用。主体与对象之间是一种双向的互动关系。

(二) 交往手段

人际交往总要借助一定的手段才能实现，一般说来，交往的手段有言语手段和非言语手段两类。

言语手段是最主要的交往手段。在人际交往过程中，人们主要借助言语传递信息、表达情感、协调行为。

言语的功能有二：对内是思维的工具，对外是交往的手段。

人们除了借助言语进行人际交往外，还借助非言语手段进行交往。非言语手段在交往中有着独特的功能。本章第二节将对此问题进行专门介绍。

（三）交往环境

人际交往总是在一定的环境中进行的。交往环境包括交往条件和交往情境两个方面。交往条件包括：交往的空间、时间、频率、地点等。公共关系人员在与公众交往过程中能否适应乃至很好地利用现有的交往环境，关键在于能否合理地利用交往的条件。交往情境是人际交往中的重要环境，它通常以交往双方的内在心情的形式出现，它实质上是人的外在环境与内在心情的有机统一。诸如尴尬局面、紧张气氛、矛盾冲突等，都直接或间接地影响着人们的交往兴趣、交往行为和交往效果。因此，作为公共关系人员应该了解和掌握一些处理交往情境的艺术。

（四）交往内容

人际交往是一种普遍的社会活动，其具体内容五花八门。我们这里说的交往内容是指具有一般性、概括性的内容，它包括信息交流和影响作用。所谓信息交流是指人们在人际交往过程中向对方传递信息，并接受对方的信息反馈的行为。所谓影响作用是指人际交往过程中交往双方在强化或改变对方的立场、观点和态度方面所作的努力以及这种努力的效果。

（五）交往目的

交往目的是通过交往使交往双方达到的各自的目标。不同的社会环境或相同社会环境中的人际交往，其目的存在着很大的差异性。从公共关系的角度，我们将人际交往目的归纳为两大类：一是实现社会组织的公共关系目标；二是满足个人的社会心理需要。在以人际交往为主要方式的公共关系活动中，这两个目标相互联系，相互作用，共同影响着交往的过程。通常人们对交往的期待值越高，目的性就越强，实现交往目的的行为就会越主动、越自觉。所以，公共关系人员必须认真分析交往对象的目的和心理需求，从而适应交往的规律，掌握交往中的主动权。

二、人际交往的阶段

一般来说，人际交往要经过相遇→注意→吸引→适应→依附等五个阶段。

在具体的人际交往过程中，各个阶段可能会很短暂，也可能会经历较长时间，有时可能是按相遇→注意→吸引→适应→依附的顺序进行的，有时也可能在哪个阶段又发生停滞或逆转。因此这一过程的发展速度和方向，存在着一定的随机性，但总的来说是有规律可循的。公共关系人员若能掌握好规律并加以运用，将有利于其在人际交往中建立和发展友善关系。

（一）相遇阶段

相遇是人际交往过程中的第一个阶段，也是信息发送者与信息接受者之间的最初联系。这种联系是通过一定的媒介物建立起来的。

（二）注意阶段

只有通过相遇，才能引起注意。但是，在茫茫人海中，一个人不可能对所有相遇的人都注意，也不可能无缘无故地对某些人加以注意，只有当某人（或某些人）具有与众不同的并且特别适合主体的特质时，才可能引起主体的注意。这里所说的“特质”包括人的风度、仪表、谈吐、举止、行为等一些外显化的东西以及内在的气质、精神面貌、学识水平、某种需求等。注意是人际交往的“前奏”，只有当人们受到对方“与众不同的特质”的刺激而注意对方时，才可能产生与对方交往的愿望。

（三）吸引阶段

由注意产生交往的愿望，但注意还不是交往本身。如果只停留在注意上，或在瞬间、短时间注意之后这种“注意”又消失了，就不可能产生交往行为；只有当自己的注意被对方认同和接受，并回报以“注意”时，才有可能推动交往向前发展。这种相互“注意”就是“吸引”。当交往的双方都被对方所吸引，都对对方产生兴趣时，才会对对方输出的信息和反馈的信息更加关注，从而把交往行为引向深入。

一般来说，导致双方相互吸引的因素有三种：

1. 相似。人们通常对那些与自己有某些相似之处的人感兴趣。这里所说的“相似”含义很广，大到国籍、种族、出生地、政治观点和宗教信仰、生活经历等，小到年龄、学历、兴趣、爱好、个性等。通常这种相似点越多，相似程度越高，人际交往的吸引力也就越强。

2. 互补。除相似之外，人与人之间的差异也是互相吸引的原因。常言道：“金无足赤，人无完人。”每个人都有自己的优势或长处，也存在着令人遗憾的缺点或不足。正视自己的缺点和不足，并能够取人之长补己之短，正是人际交往中互相吸引的心理机制。因此，可以说，互补吸引是交往双方相互倾慕引起的相互吸引，是以交往双方彼此的需求能够在交往中互相补充为前提的。

3. 诱发。诱发吸引是指由于某一刺激因素的出现，引起双方的交往兴趣而导致的相互吸引。如人们总是对有知识、有能力的人敬重倾慕，对他们感兴趣，愿意与他们交往。公共关系人员可以利用这一人际吸引的因素，适时、适量、得体地在人际交往中表露自己的某种才能与特长，从而达到吸引对方并与之交往的目的。

（四）适应阶段

在交往过程中，交往双方彼此为对方所吸引，这便为双方的进一步交往打下了良好的基础，这时的交往会进入一个更高的层次——适应。双方为了密切这种交往，往往会更加理智地调节自己的行为以适应对方。同时，也通过相互间的沟通来接受或同化对方的行为和个性。在适应阶段，双方都开始约束自己，通过一定方式的沟通表达自己与对方交往的意愿和感受。

（五）依附阶段

当交往的双方经过一段时期的接触和了解，都感到彼此适应对方时，交往就进入到了依附阶段。这是人际交往过程中的最高阶段。在这个阶段里，交往的双方都感到对对方的依恋和需要，彼此的联系就会更加频繁密切，建立起亲密的友谊。在交往过程中，他们会十分珍惜这种友谊，常常把自己的利益与对方的利益紧密联系在一起，有时甚至不惜放弃自己的利益来满足对方的需求，以保持双方的友善关系。这是人际交往中的最高境界，也是公共关系人员在人际交往活动中所刻意追求的交往效果。

三、人际交往的特点

人际交往作为一种社会现象，有着自己的特点。我们主要掌握以下两点：

1. 积极主动性

交往的双方互为主体。这一特点使人际交往同动物间的联系以及人与机器的沟通区别开来。在人际交往过程中，交往的双方是互为主体的。即使在某些情况下，一方好像是交往的起因（发起者），具有主动性，但只要一进入沟通过程，交往双方就进入了互为主体的状态，双方都不是在简单地传递信息或消极地接受信息，而是在进行积极的信息交流。

2. 相互影响性

在人际交往中，交往双方都在有意识或无意识地向对方施加着影响，通过自己在交往中的言行去引起对方心理行为的变化。在这里，不存在着单纯的影响者，也不存在着绝对的被影响者，人们在影响他人的同时，也在接受着他人的影响。

四、人际交往的功能

关于人际交往的功能，社会心理学家具有不同的认识和说法。根据人际交往在公共关系活动中的作用，我们认为人际交往主要具有信息交流、情感交换和行为调节三种功能。

1. 信息交流功能

人际交往的首要功能就是使双方的信息交流得以实现。在信息交流过程中彼此对对方产生一定的认识，形成一定的印象。交往的这一功能如果不能实现，那么，人与人之间就不会相互认识，也就谈不上彼此的情感联系，良好关系的建立就是一句空话。如果交往双方的信息沟通出现障碍，那么，双方的关系也就不会正常发展。

2. 情感交换功能

在交往过程中，不仅实现着信息的交流，而且还实现着情感交换。伴随着对所交流的信息内容的理解和对交往对象个性特征的认知，双方都产生一定的情绪体验，这种情绪体验一般表现为两种情感状态：一是情感共鸣，二是情感排斥。当交往双方对所交流的信息有相同的情绪体验，交往对象的个性特征符合自己的心理定势时，就会产生情感共鸣。情感共鸣使双方相互吸引，导致良好人际关系的建立和发展；反之则产生情感排斥。情感排斥导致人与人的疏远或敌视，会使已经建立起来的关系走向破裂。

3. 行为调节功能

在交往过程中，人们会根据交往对象对自己的评价不断地调整自己的行为，使之符合社会群体以及交往对象对自己的期望。这就是交往的行为调节功能。

信息交流、情感交换和行为调节也是公共关系传播的基本目标。这些目标有赖于代表组织的公共关系人员在与公众进行人际交往的过程中去实现。

第二节　人际沟通方式

“沟通”一词是从英文 communication 翻译而来的，传播学者译为“传播”，社会学家译为“沟通”。沟通是指社会中的个人或群体彼此交流思想、观点、情感、知识等各种信息的过程。从公共关系的角度来看，沟通是建立良好人际关系的基础，是协调社会组织与其公众之间关系的有效手段。以下介绍的是公共关系活动中常见的人际沟通方式。

一、直接沟通与间接沟通

直接沟通是运用人类自身固有的手段（如言语手段和非言语手段）而进行的面对面的沟通；间接沟通就是借助技术手段（如书信、文章、电话等个人媒介和报纸、电视、互联网等大众媒介）而进行的不见面的沟通。随着生产力的发展和科学技术的进步，人们之间间接沟通的比例明显上升，而直接沟通则逐渐减少。有调查表明，20世纪初一个城市居民把70%的时间用于人与人之间的直接沟通，21世纪人们将更多地是与报纸、电视、互联网打交道。

（一）间接沟通的优点

间接沟通越来越受到人们的青睐，这除了生产力的发展、科学技术的进步以及传播媒介的发达和增多等原因外，还因为间接沟通具有以下优点：

1. 增多了沟通对象

在一定的时空范围内，直接沟通的对象是固定单一的，而间接沟通的对象则是变化多样的。它不但能与周围的人沟通，而且能与古代人、外国人、名人、陌生人沟通。间接沟通增多了单位时空内的沟通对象。

2. 增大了沟通密度

在一定的时空范围内，如果直接沟通只能进行一次性沟通，那么间接沟通则可能进行多次性沟通。我们生活中常有这样的事，甲与乙的聊天进行了一个多小时，而在这一个多小时内，丙不仅给张三通了一次电话，给五位朋友发了E-mail，而且收看了30分钟的电视节目。可见，间接沟通增大了单位时空内的沟通密度。

3. 丰富了沟通内容

由于间接沟通能够使我们在一定的单位时空内与更多的人进行多次性沟通，因此，通过间接沟通所获得的信息要比通过直接沟通所获得信息多得多。如果说在古代，“秀才不出门，能知天下事”的说法是言过其实，那么今天这种说法则变成了现实。

(二) 直接沟通的优点

间接沟通的比重上升及上述优点，并不能说明间接沟通完美无缺，同时也不表明直接沟通就不重要。相对间接沟通而言，直接沟通也有其特定的优点：

1. 信息反馈及时、充分

一般来说，人际交往中的相互沟通是双向的或双程的，即你来我往。但是，在一定的时空范围内，直接沟通才具有双程性并能进行充分的思想交流。间接沟通不具备双程性，因而也不能进行充分的思想交流。例如，给一个远方朋友写信，至少要等到十天半月之后才能收到回信，而且回信的内容多半是有关你去信所要获取的信息。与此相反，与一位朋友进行面对面的直接交谈，则能更及时、充分地交流各自的思想。

2. 思想交流全面、深刻

在一定的时空范围内，间接沟通虽然能获取大量的信息和资料，但这些信息或资料往往是片面的、肤浅的，相互之间联系不紧。而直接沟通则能使我们就某一个问题进行多方位、多角度、由此及彼、由表及里的商讨，从而帮助我们获得较为全面的信息或资料，并从中得到许多新的启示。李政道教授曾讲过，他和杨振宁合作推翻了宇称守恒定律就是在吃饭交谈时解决问题的。

3. 情感交流自然、真实

一般来说，间接沟通不易于进行情感交流，即使是像互通电话、网上聊天这样的沟通，其情感的交流也是不自然的，甚至是不真实的。因为人与人之间的情感交流不仅仅是凭借言语手段来进行的，更多的是凭借像眼神、表情、手势、静姿、动姿等非言语手段来进行的。因此，只有既凭借言语手段，又凭借非言语手段来进行的情感交流才是自然的、真实的。而这种情感交流只有在直接沟通中才能实现。

由此可见，直接沟通与间接沟通有各自的优点或长处，也有各自的缺点或短处。因此，作为公共关系人员，在开展公共关系活动的过程中，既要运用现代科技手段充分发挥间接沟通的作用，又要力图使之与直接沟通相结合，使直接沟通与间接沟通长短互补，相得益彰。

二、正式沟通与非正式沟通

根据沟通双方的社会身份，可以将公共关系活动中的人际沟通划分为正式沟通与非正式沟通。正式沟通是指通过组织关系进行的，经过精心设计与安排并有明文规定的，建立在一定的正式社会结构基础上的信息传递与交流。非正式沟通是指未经设计和安排的，没有明文规定的，人们通过私人关系并以个人身份进行的信息交流。非正式沟通并不受组织监督，可以自由选择沟通对象。在任何一个社会组织内，既有经过正式安排的，以使信息有目的地交流和传递的正式沟通，又有未经设计和安排的，组织成员自由进行信息交流和传递的非正式沟通。

（一）正式沟通的特点

1.沟通双方受其角色规范所制约

正式沟通要求沟通双方在交往中必须遵守各自的角色规范，不能以个人感情为转移。在一个行政机关中，处长与科长、科长与科员的关系就是领导与服从的关系，只要这种关系还存在，只要是正式场合，处长就有指挥或支配科长的权力，而科长有向处长汇报情况和请示工作的义务。这些都不以个人间的好恶情感为转移。德国著名社会学家马克斯·韦伯曾经指出，人的感情与其职位相分离才会产生合理的行动。因此，在正式沟通中，处于一定职位、扮演一定角色的人，只有抑制住自己的私人感情，才能克服那些可能阻碍自己忠于职守、成功地扮演某个角色的非理性因素。

2. 沟通双方的个人感情影响交往

正式沟通虽然排斥个人感情，但它同时又受个人感情的影响。这是因为，在一定的社会组织中处于一定职位、扮演一定角色的人不仅是社会的人、组织的人，而且是有感情、懂感情的人。因此，这些人在其正式沟通中，首先并主要受其角色规范的制约，同时又受双方在沟通过程中所产生的感情的影响。就拿两国首脑之间的正式会谈来说，他们首先必须从各自国家的立场和利益出发来发表意见和看法，而不能随心所欲地讲话，更不能发表有损国格、有损本国利益的谈话。但是，会谈的气氛、进程及效率有可能受到会谈双方个人之间感情好坏的影响。由此可见，衡量某一具体的正式沟通的效果好坏，首先要考虑沟通双方与其角色规范是否相符以及相符的程度，其次也要考虑沟通双方的感情是否相悦以及相悦的程度。

3. 沟通的效率与组织结构关系密切

由于正式沟通是建立在正式组织结构的基础之上的，因此，正式沟通的效率与其组织结构有着密切的关系。一般来说，组织结构合理并且简单，那么沟通的效率就高，反之则低。据国外学者研究，在机构臃肿、人浮于事的企业中，从董事长到副总经理，丢失的信息约 37%，信息到达企业的高层管理者时只剩下 56%，到达企业的中层管理者时只剩下 48%，到达企业中的操作层时只剩下 20%。[①] 在我国的许多企业或组织中，因上述原因而严重影响其正式沟通的现象还较为普遍。因此，采取切实可行的措施，改变我国许多社会组织中机构臃肿、人浮于事的现

---

① 转引自刘祖云著：《社会交往新论》，华中师范大学出版社 1991 年版，第 44 页。

象，不仅是政治体制改革的需要，而且是及时准确地做到上情下达和下情上传、改善公共关系状态的需要。

此外，正式沟通还具有较强的约束力、显著的权威性、良好的沟通效果等优点。因此，一般比较重要的文件传达，组织重要决策的公布都采用正式沟通的方式。

（二）非正式沟通的特点

1. 信息传递速度较快

俗话说“一传十，十传百”，“好事不出门，坏事传千里”，其意思就是非正式沟通渠道传播信息的速度快。因此有人认为，非正式沟通是信息传递的最快通道。

2. 信息内容比较精确

有许多外国学者的研究结果表明，非正式沟通渠道所传递信息的精确度可高达80%。“无风不起浪”虽然不是特指非正式沟通的精确度，但它肯定了非正式沟通所传递的许多消息是有根据的。另一方面，人们的真实思想和心理动机往往是在非正式沟通中表现出来的。

3. 信息容量比较宽广

由于非正式沟通具有非正式性、多向性和交叉性，这不仅可以使它传递各种性质不同的信息，而且还可以同时传递数量众多的信息。无论是郑重其事的信息，还是稀奇古怪的见闻，无论是真情实话，还是谣传谎言，都可以成为非正式沟通的信息。

4. 信息反馈面较广

由于上述特点，非正式沟通不仅能及时地传递信息，而且能够及时地得到较大面积的信息反馈。

（三）应该重视非正式沟通

非正式沟通是人际交往中的一种重要沟通方式，公共关系人员也应该认真研究，并在工作中加以利用。理由如下：

1. 非正式沟通是正式沟通的补充

非正式沟通可以超越组织层次或部门而加快信息沟通的速

度，可以改善人际关系和避免某些副作用大的组织控制手段等。例如，当上级发现下级人员有某些不良行为，这些不良行为并未严重到必须采用正式惩戒手段时，利用非正式沟通渠道“打个招呼”，往往能够使处于萌芽状态的不良行为得到及时纠正。

2. 非正式沟通能有效地联络感情

非正式沟通能够满足人们联络感情的需要。任何一个人，无论是在生活中，还是在工作中，与人交往、联络感情是其基本的精神需要，而这种精神需要的满足一般是通过非正式渠道实现的。例如，高兴时与家人邻居谈论一下自己的幸福感受和愉悦之情；沉闷或痛苦时向亲朋好友倾诉一下自己的难言之怨和难忍之苦，这些都有助于人们增强生活信心和完成工作任务。

3. 非正式沟通能传播大量信息

在习惯上，人们把非正式沟通渠道传递的信息称为“小道消息”，并把“小道消息”视为贬义词。其实，“小道消息”无所不在、无时不有，也并非完全不对。有些是谣言、闲话，有些则是真言、实话，特别是在正式沟通渠道不很畅通的情况下，小道消息的真实性或可信度会更高。即便是谣言、闲话之类的小道消息，虽然有混淆是非、颠倒黑白、扰乱人心等消极作用，但也有发泄人们心中的不快、减少人际摩擦、缓和人际冲突等积极作用。因此，公共关系人员既不能视小道消息为“异端邪说”而横加批判，也不能视小道消息为“神圣”或“新奇”而盲目推崇，而应该具体问题具体分析，用其所长，克其所短，使之服务于我们的工作和生活。

（四）沟通网络

沟通网络是人际沟通活动中信息沟通的途径或线路。根据沟通双方身份的不同，也可划分为正式沟通网络和非正式沟通网络两种。每种又有不同的类型。当公共关系人员为解决某些问题而与公众进行沟通时，可以根据不同的信息内容、传播速度、交往对象等因素，选择不同的信息沟通网络，以便增强沟通效果。

1. 正式沟通网络

正式沟通网络主要有以下五种：

(1) 链式沟通网络

一个组织系统相当于一个纵向沟通网络，链式沟通网络中的信息传递是按高低层次逐级进行的，即信息可以自上而下或自下而上地交流（见图 10-2）。在这个网络模式中，居于两端的公众只能与其内侧的一个成员相联系，居中的则可以分别与上下互通信息。各个信息传递者所接受的信息差异较大，不同公众的平均满意程度也有较大差距。在组织内部管理中，如果某一组织系统的内部机构过于庞大，需要实行分层授权控制，此时利用链式的信息沟通网络是一种行之有效的方法。

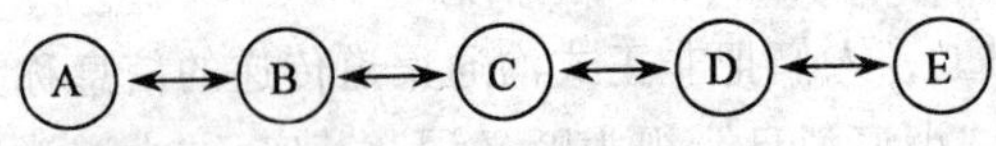

图 10-2　链式沟通网络图

(2) 环式沟通网络

这种信息沟通是指不同公众之间依次联络沟通（见图 10-3)。这种网络结构可能产生于一个多层次的组织系统之中。第一级主管人员对第二级建立纵向联系，第二级主管人员再与底层建立联系，底层工作人员之间或底层主管人员之间建立横向的沟通联系。在内部公共关系工作中，如果需要在组织内部创造出一种高昂的士气，共同为实现组织既定的目标而努力，那么，采用环式沟通网络则较为合适。

(3) Y 式沟通网络

Y 式沟通其只有一个成员位于沟通活动的中心，成为中间媒介与中间环节（见图 10-4)。在一般企业、公司机构中，这一网络大体相当于企业领导、秘书班子再到基层部门或一般员工之间的纵向沟通关系。这种沟通模式集中化程度高，信息通道有限，

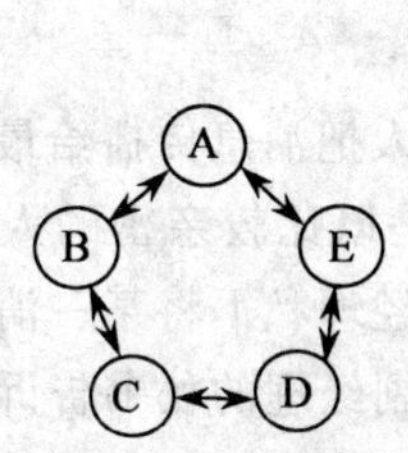

图 10-3 环式沟通网络图

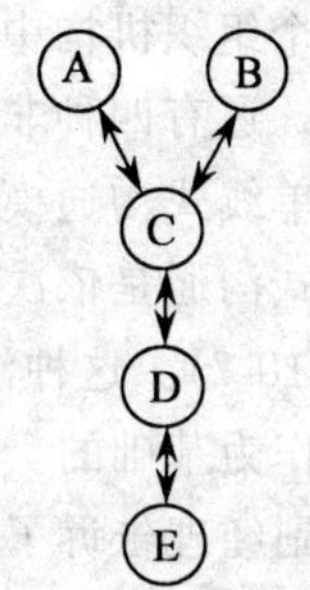

图 10-4 Y 式沟通网络图

中间环节的作用至关重要。

(4) 星式沟通网络

星式沟通网络相当于主管人员分别同下属部门发生联系，成为各种信息的汇集点和传递中心（见图 10-5)。这种沟通网络只有处于领导地位的主管人员了解全面情况，并由他向下属发出指令，而下级部门和基层公众之间没有沟通联系，下级部门只分别掌握本部门的情况。星式网络是加强控制、争取时间、加快速度的一种沟通方式。

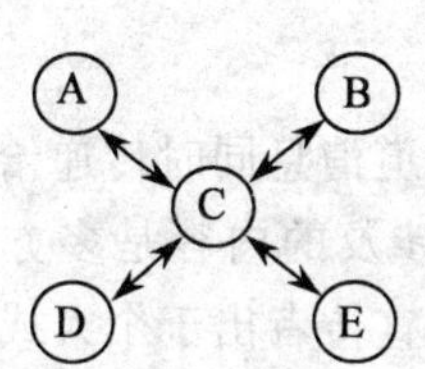

图 10-5 星式沟通网络图

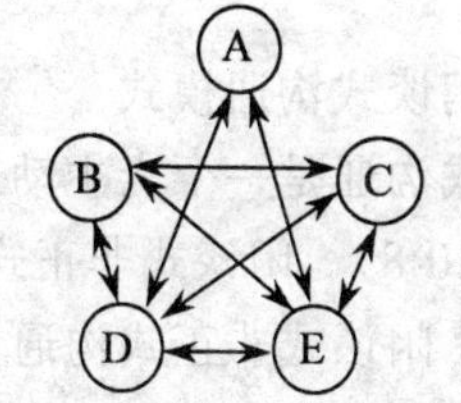

图 10-6 全通道式沟通网络图

(5) 全通道式沟通网络

这种网络是一个开放式的信息沟通系统（见图 10-6)，其中每个成员之间都有一定的联系，彼此十分了解。民主气氛浓厚、合作精神很强的组织机构一般采取这种沟通网络模式。这是一种比较理想的沟通形式。

2. 非正式沟通网络

在一个组织机构中，内部公共关系的信息沟通网络除了上述五种之外，还有四种非正式沟通模式：

(1) 单线式沟通模式

单线式沟通是依次通过一连串的人把消息传播给最终的接收者（见图 10-7）。这种沟通渠道一般是以比较亲密的人际关系即人际感情作为基础的。例如，某公司经理私下将某一消息告诉了副经理，副经理告诉了自己的秘书，副经理的秘书告诉了自己的好友人事科长，人事科长又告诉了自己的好友经理办公室主任。在实际生活中，这种以人际感情作为基础的非正式沟通比较普遍，而且发挥着较大的作用。

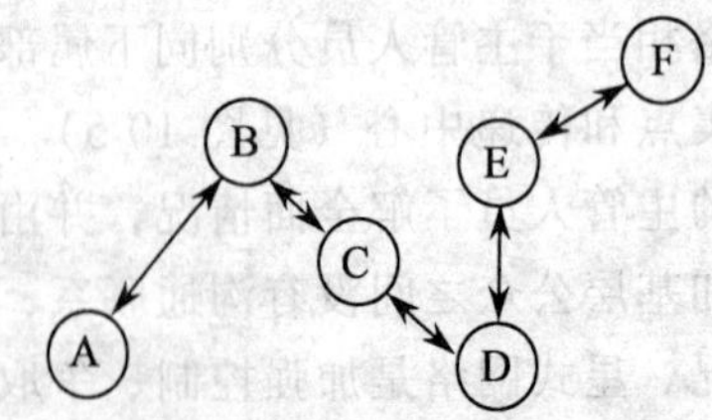

图 10-7　单线式沟通模式图

(2) 闲谈式沟通模式

闲谈式沟通是一个人主动地把小道消息同时传递给其他许多人（见图 10-8）。闲谈式非正式沟通涉及的内容是多方面的。但总体来说，闲谈式非正式沟通主要是宣传者出于个人或其部门的特殊目的需要而采取的沟通模式。在实际生活中，这种现象也较为普遍。

(3) 偶然式沟通模式

偶然式沟通是指一个人随机地传播小道消息（见图 10-9）。例如，局长的秘书在无意之间听到局长谈论下一年度的财政预算和人事安排，事后当同事、朋友、家人甚至邻居谈论并展望新的一年时，这位秘书便即兴透露了他所得知的情况。偶然式信息传

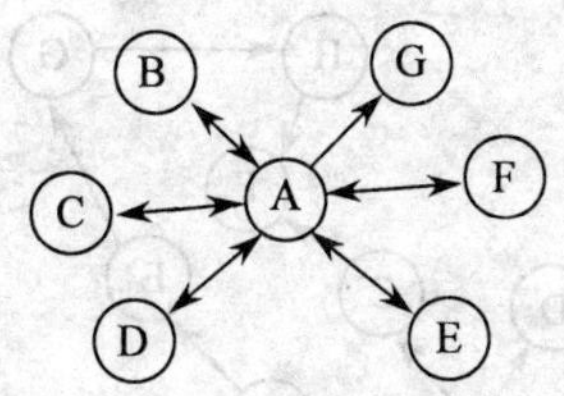

图 10-8　闲谈式沟通模式图

播一般是在无意中进行的。这种现象在现实生活中也不少见。

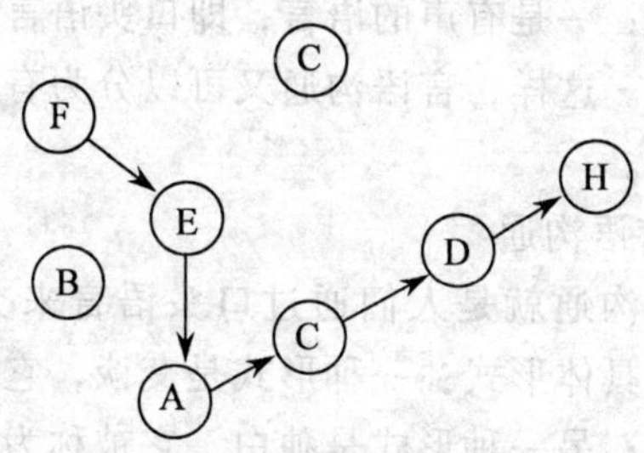

图 10-9　偶然式沟通模式图

(4) 群集式沟通模式

群集式沟通是指一个人将信息有选择地告诉自己的朋友或有关的人（见图 10-10)。这种信息沟通渠道一般是以人际感情或利害关系为纽带的。例如，当某一单位人事科员事先得知本公司要通过考试公开招聘一批科级以上的管理干部时，他可能将此消息告诉与此事有关的亲朋好友，以便他们早做准备。

三、言语沟通与非言语沟通

(一) 言语沟通

言语沟通就是以自然语言为沟通手段的信息交流。由于构成人类语言主体的是物质化的语音和字形，因此，自然语言又可以

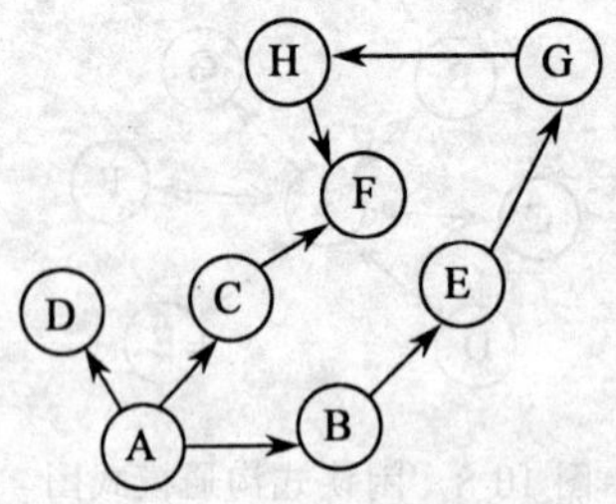

图 10-10　群集式沟通模式图

分为两个子系统：一是有声的语言，即口头语言；二是无声的语言，即书面语言。这样，言语沟通又可以分为有声的言语沟通和无声的言语沟通。

1. 有声的言语沟通

有声的言语沟通就是人们通过口头语言来交流思想和感情等。它又有两种具体形式：一种形式是交谈，它被称为有声言语沟通的初级形式；另一种形式是独白，它被称为有声言语沟通的高级形式。

(1) 交谈

交谈是一对一的有声言语沟通，它具有两个显著特点：一是对称性，即沟通的双方同时互为主体或客体，只要一方不充当主体或客体，对话就会停止。二是情境性，即交谈受其情境的影响或制约。如早上碰到就会问候："早上好！"由于交谈的情境性较强，语言一般比较简洁。

交谈也有不同的形式，一种是标准化交谈，也叫结构性交谈。这种交谈就是在谈话之前将其所要谈及的问题及字句作出安排。另一种交谈形式是非标准化交谈，也叫非结构性交谈。与标准化交谈相反，这种交谈可以自由地谈论问题，它一般被用于非正式沟通，它是家人之间、朋友之间、邻里之间、同事之间、同学之间常见的沟通方式。一些正式组织的领导人也常常采用这种交谈方法与群众交流思想和感情，因为这种方法既可以密切干群关系，又可以提高交谈内容的真实程度，同时还可以获得一些标准化交谈所不能获得的信息。公共关系人员也应该善于运用这种沟通方式。

要想提高交谈效果，我们不仅要讲究交谈方式，而且还应该注意并提高交谈技能。对于交谈技能，有许多学者进行过专门研究并提出了一些要领或秘诀。我们认为，一次成功的交谈，至少要注意以下几个方面：

①在交谈次序上，通常要先谈一些共同感兴趣的、没有争论的一般性问题或题外话，以形成一种友善、自由与安全的谈话气氛。

②一般性讨论不宜过长。事实上，当交谈者谈论一般性话题时，接谈者往往是在迫不及待地期待着开始交谈实际问题。因此，交谈话题应及时地由一般性问题转向特定问题，并逐步缩小谈话的范围。

③双方都应该尽量放松。如果自己紧张，那么，对方也难以轻松，影响从容自如地谈吐。

④鼓励对方吐露真情。双方都应该争取在交谈不中断的情况下，尽量少说多听，不要只顾自己侃侃而谈，不顾别人是否话已说完。

⑤应该避免多余的忠告。不必要的忠告可能会引起对方的反感，从而影响交谈的气氛和效果。

⑥应该避免仓促草率的判断。在交谈的一方的话没有全部讲完，或意思尚未完全说清之前下判断、作结论，尤其不合适。

⑦应该避免互问棘手的问题。如询问对方的政治态度或私人生活等，往往使对方难以作答。

⑧在交谈结束时，应该提出一些积极性的建议或对对方表示鼓励。

（2）独白

独白是一对多的有声言语沟通，其主要特点是非对称性，即沟通双方并不同时互为主体或客体，而是讲者为沟通主体，听者为沟通客体。因此，这种沟通能否进行以及进行得是否顺利主要取决于沟通主体即独白者。运用独白形式传递信息要求主体具有较强的口头语言表达能力和充分的准备，特别是随着科学技术和传播媒介的进步，独白的形式（既有当面演讲等直接形式，又有广播、电视讲座、多媒体教学等间接形式）日益多样化的情况下，对独白者的要求就更多、更高。

在我们的现实公共关系工作中，独白是一种常见的信息沟通方式，如演讲、解说、介绍等大都是一人讲众人听。

独白式的沟通应尽量避免无休止的大话、空话、套话及老生常谈。在当今的信息社会中，生活节奏大大加快，人们更需要简洁、准确、明晰的言谈。而那些穿靴戴帽、庞杂冗长的空话、大话、套话，是人们深恶痛绝的。

2．无声的言语沟通

无声的言语沟通，就是人们通过书面语言来交流思想和感情的沟通方式。它也有两种形式：一种形式是书信，它是书面言语沟通的隐蔽形式，是一对一的沟通；另一种形式是书文，它是书面言语沟通的公开形式，是一对多的沟通。

与书信相比，书文的形式比较规范，其内容也比较系统。书文具有大众性，即书文一般是通过报纸、杂志、图书等大众传播媒介与许多人沟通。沟通的客体即受众的多少并不取决于沟通主体的主观愿望，而取决于大众传播媒介的传播效率，即取决于报纸、杂志及图书的发行量的大小。随着大众传播媒介的增多，尤其是互联网的普及，这种一对多的沟通形式将会更加普遍。

（二）非言语沟通

非言语沟通就是不以一般的语言为沟通手段的沟通。因此，非言语沟通实质上是既不以口说的字词，又不以书写的字词为沟通手段的沟通。

非言语沟通也可以根据不同的标准而划分为不同的类型。美国著名学者卡克·W. 贝克（Beck）在其主编的《语言与交际》(1977 年）一书中将非言语沟通划分为动态无声沟通、静态无声沟通、辅助语言和类语言沟通三大类。下面我们根据这一分类方法作些具体分析。

1. 动态无声沟通

动态无声沟通，即通过无声的动姿来沟通思想和感情的过程。无声的动姿包括手势、运动体态、面部表情、触摸、眼神等。

(1) 手势

手势在人类的非言语沟通中起着重要作用，是人们相互沟通的有效手段。一方面，手势是语言沟通的辅助手段，例如，人们在谈话时，常常借助手势来缓解自己的紧张情绪等；另一方面，手势有时仍是人们相互沟通的主要手段，如两个国籍不同、语言相异的人相互沟通时，起初都是借助手势表达自己的思想和感情的。又如聋哑人之间的沟通则主要依靠手势。手势的沟通功能可分为三个方面：一是情绪性的，如恐惧时掩鼻、恼怒时握拳等；二是指示性的，如招之即来、挥之即去等；三是描述性的，如张臂围圈表示大球，缩指围圈表示小球。手势的这些作用告诉我们，手势的运用是影响相互沟通的重要因素。

(2) 运动体态

运动体态是指身体的动态，又称说明性身姿。在人与人的相互沟通中，运动体态也是一个重要媒介。如一个足球运动员，当他将球踢进球门时，他便顿时龙腾虎跃地跑向队友或观众，或者振臂高呼，或者在地上翻滚，以示他的成功和高兴。在一场比赛结束时，仅仅依据双方队员的运动体态就可以判断谁是胜利者，谁是失败者。球赛是这样，我们的学习、工作及日常生活又何尝不是如此。

近年来的研究表明，一个人的运动体态往往反映着他对待别人的态度。比如，如果和一个所讨厌的人相处，人们要么过于随便，如入无人之境；要么过于拘谨，显得手足无措。可见，运动体态既反映一个人的情绪状态，又反映一个人的待人态度，因此，我们既可以通过自身的运动体态传递信息，又可以通过别人的运动体态接收信息。

（3）面部表情

面部是最为常用、最为有效的沟通区域，一般来说，人们的喜怒哀乐等情绪状态和他们的待人态度首先是通过面部表情表露出来的。因此，我们可以通过面部表情来判断一个人的情绪状态和待人态度，如笑容满面的人一定会心情舒畅；待客和颜悦色表明对客人的重视。此外，我们还可以通过面部表情来判断一个人的言谈是言由衷发，还是口是心非。在沟通过程中，人们对面部表情的判断并不是轻而易举的事情，其主要原因就在于人类面部表情的千变万化以及表意的丰富多彩。

（4）触摸

触摸也是人们相互沟通的手段之一。人们相互沟通中的触摸行为主要包括握手、拍肩、亲吻、拥抱等不同方式。触摸方式的不同也反映了不同民族的文化差异。不同的国家和地区以及不同的民族有着不同的风俗习惯，表现在触摸方式上往往也大不相同。例如，在西方社会中，熟人相见亲吻、拥抱是习以为常、司空见惯的，而东方社会的人们则把这种行为方式视为不端或有伤风化。总之，触摸行为是一种社会行为，它既反映人们的思想和感情，又受社会文化条件的约束。

（5）眼神

眼神在人们的相互沟通中用途最广，然而也是最神秘莫测的一种面部表情。为此，我们把它从面部表情中抽出来专门论述。眼神在信息沟通中的作用，主要有如下方面：

①眼神是“认知的先导”。当我们询问一个人是否认识某人或知道某事时，往往是从他的眼神首先获得结果。在一定的沟通

情境下或一定的谈话过程中，一个人的眼神往往首先告诉人们他是否想说话或者想说什么。

②眼神是“无声的命令”。眼神不仅是一种认知手段，而且是一种提示、告诫及监视的手段。如当一个学生在课堂上不注意听讲而在下面讲话时，老师可能会盯他一眼，此时目光就是一种告诫，提醒学生注意保持安静。在工作中同事之间的沟通和生活中朋友之间的沟通也是如此。

③眼神是“心灵的窗口”。眼神还可以用来表达人们的思想和感情。如暗送秋波的眼神蕴藏着友谊和爱慕，而横眉冷对的眼神则充满着愤怒和恼恨；望断秋水的眼神饱含着深情和思念，而虎视眈眈的眼神则暗藏着野心和欲望；目不转睛的眼神说明重视和喜欢，而不屑一顾的眼神则表示蔑视和厌恶等。

2.静态无声沟通

静态无声沟通就是通过没有声音的静态姿势来沟通思想和感情。无声的静姿主要包括两方面的内容：一是指沟通者的静止体态；二是指沟通中的人际距离及时间、环境等。

(1) 沟通者的静止体态

和运动体态一样，沟通者的静止体态也是一种沟通手段，也能沟通人们的思想和感情。无论是站着还是坐着，无论是正襟危坐还是斜倚歪靠，在一定的语境里都传递一定的信息。如当一个人在会议上发表自己的意见时，我们可以通过其他人的举止来猜测他们的态度。赞同的人一般都翘着二郎腿，摆出一副自信的样子；反对者则双手抱胸，叉腿而立，大有不甘退让之势；骑墙者则兼而有之，既翘腿而立，又双手抱胸，此谓“袖手旁观”。如果有谁突然改变了自己的姿态，他很可能与讲话人持有异议或者正要改变自己的立场。当然，沟通者的思想及态度是复杂多变的，仅凭静止的体态并不能完全反映出来。但是，其中确实存在着一定的规律性。

(2) 沟通中的人际距离

人们在沟通中的人际距离虽然是在无意中形成的，但它却反映了人们之间已经建立或希望建立的关系。英国人类学家爱德华·霍尔是研究沟通中人际距离的专家。他根据人们的沟通状况将沟通中的人际距离分为四类：一是亲热距离，二是亲近距离，三是规定距离，四是大众距离。

这种分类在一定程度上反映了生活实际，并说明了人们沟通距离的远近与人际关系的亲疏密切相关。当然，人们在沟通中所形成的距离不仅仅取决于人们相互间的亲密程度，还有许多其他原因。文化背景不同、社会地位不同、人的性别不同都是人际距离不同的重要原因。

3. 辅助语言和类语言沟通

辅助语言主要是指声音的音调、音量、节奏、声音转换、停顿、沉默等。类语言是指那些有声而无固定意义的声音，如呻吟、叹息、叫喊等。在人们的相互沟通中，辅助语言和类语言都发挥着重要作用。

例如，同样一句话“你听不听”，如果我们采用不同的声调，意思和效果会大不一样。音量、节奏、变音转换等都有如此效用。如同既能将空气冷却以供人们乘凉，又能将空气加热以供人们取暖的空调一样，辅助语言既能对语词进行“加热”，使人热血沸腾，又能对语词进行“冷却”，使人心灰意冷。因此，我们在沟通中要恰当地运用这一“空调设备”，不要随意地“加热”或“冷却”。

如果说辅助语言在人际沟通中的作用是妙不可言的，那么类语言的作用则是高深莫测的，它所传递的信息更是复杂多变、丰富多彩。比如，不同的人在不同的条件下所发出的叹息往往代表不同的含义。一个涉世不深的小孩的叹息可能寓意肤浅，而一个饱经风霜的老人的叹息可能意味深长；一个高考落榜青年的叹息可能是悔恨，而一个得知自己的孩子考试成绩不好的家长的叹息可能是责备。此外，有时一个人的一声叹息还可能包括多种含义。总之，类语言是一种形式简单而内容复杂的非言语沟通形式，没有对人的深入了解和对生活的深刻理解，是难以认识、掌握这一沟通形式的。

第三节　人际沟通技巧

如何通过有效的沟通，建立起和谐友善的人际关系，是人际交往需要探讨的核心问题。对于公共关系人员来说，掌握有效的沟通技巧，可以从排除心理障碍、增强言语沟通和非言语沟通的效果等几个方面入手。

一、交往过程中的心理障碍

交往是一个分级递进的过程：第一级是进行信息的交流（交换）。交往双方使用一个双方可共用的言语或非言语符号系统对信息进行编码和译码，传递和交换信息；第二级是情感沟通，即交往的双方根据对方提供的信息产生一种社会知觉，对对方的心理活动及其原因作出一种揣测、判断，这种揣测带有很浓的情感色彩，形成对交往对象的"第一印象"，喜欢、接纳或是厌恶、排斥等；第三级是交互作用，即双方的行为都引起对方的接纳、承认和同感认知。

在以上交往的三级层次中，都可能产生不同的心理障碍，影响交往的正常进行。

（一）信息沟通的障碍

在信息沟通层次上，最常见的是言语障碍。言语活动是一种心理活动，它是通过有声的言语或类语言来表达思维活动的结果。人们由于先天的禀赋和后天锻炼上的差异，在言语表达能力上存在着很大差距。有人伶牙俐齿，出口成章，有人讲话则颠三倒四，辞不达意，语义含糊，令人不知所云；有人对言语信号（符号）反应迅速，感受性强，不仅通晓其意，而且还能通过语言、语调、停顿、表情听出弦外之音，有人则对言语刺激反应迟钝，误解他人之意；有人措词严谨，语义明晰，有人却用词不当，指代不明，表达得模糊不清。要取得良好的人际沟通效果，注意培养和提高自己的语言表达能力是十分重要的。

（二）情感沟通的障碍

在情感沟通层次上，可能出现的心理障碍主要表现在社会知觉和自我认知方面。通常有第一印象、月晕效应、刻板印象、线索偏差、情绪感染等。

1. 第一印象

在人际交往中，初次见面留给对方的印象即第一印象往往特别深刻，改变和消除这种印象则不太容易。心理学研究表明，初次见面时对方的容貌、仪表、风度等外显的特征会形成日后交往的依据。这种现象是不利于我们加深交往和发展关系的。因为认识、了解一个人，不是初次见面所能完成的。第一印象往往会导致以偏概全、爱屋及乌的偏差。

2. 月晕效应

月晕效应是指在交往中，个体身上某一特性会掩盖其他特性或对某人的优点和缺点进行“放大”。此现象类似月亮周围的晕轮。盲目崇拜就是月晕效应引起的行为。在影视明星、歌星、球星的头上正是笼罩着这样一个光彩夺目的晕轮，从而掩盖了他们作为一个普通人的一切。该现象会产生对一个人的优点过分地美化或对一个人的缺点认识不足的片面否定评价，因此会产生许多不良后果。

3. 刻板印象

通常我们在角色认知过程中存在着一种社会刻板印象。这是指将个体按照国籍、肤色、职务分为若干类，对每一类人都有固定的看法，以此作为判断人格的依据。刻板印象是对人、对团体的最初步、最简单的认识，它虽然有利于对某一个人或某一群人作出概括性的反映，但也容易成为一种先入为主的观念，往往对被刻板化的人造成不必要的伤害，阻碍人们之间的正常认知。

4. 线索偏差

线索偏差主要是指由于一些人的真正意图被假相所掩盖，而形成对人认知的错觉现象。有些人为了达到个人的某一目的而讨好、奉承对方，采用口蜜腹剑、笑里藏刀的伎俩。这种“笑面虎”往往会影响主体对他们产生线索偏差的认识。

5. 情绪感染

在第一印象形成的过程中，主体当时的情绪会影响对客体的评价，也会对客体产生影响。客体可能会受到主体的影响，而产生“情绪感染”的心理效应。这种效应会导致双方的态度变化，从而影响人际交往。

（三）交互作用的障碍

在交互作用的层次上，容易出现的心理障碍通常是人际知觉障碍、角色知觉障碍、自我意识障碍等。

1. 人际知觉障碍

人际知觉是指对人与人之间相互关系的认知。判断人际关系时人们不但要了解对方的动机、性格以及人际反应特征，同时也需要了解对方与其他许多人之间的关系。然而一些人恰恰忽视了这一点，以为对人际关系的判断只受两个人的特点及其之间关系的影响。更有甚者，有的人认为在交往中可以我行我素，从而导致了人际知觉的障碍。事实上，一个社会成员在社会群体中，不管自我想法如何，其行为都必然受到其他成员的影响。人际知觉障碍会导致认知主体的孤立，造成群体缺乏凝聚力或主体被他人所排拒的后果。

2. 角色知觉障碍

角色知觉是指对某人在社会上扮演角色的认知和判断。举例而言，我们可以根据某人的言行，认定他所从事的职业。一般人对于角色的认识主要是通过以下几个方面进行的：

①感情或情绪；

②动机；

③对社会的贡献；

④在社会上的地位。

每一个人在社会上都扮演着各种角色，而每一种角色都有一定的行为规范，各个人对于这种行为规范的认知就决定了他在社会上的行为。例如，工作中的上下级关系在一般人的心目中自有固定的方式，而这些交往方式已经在社会实践中约定俗成，并为大众所认可。所以，一旦上下级之间的角色关系确立下来，他们就依照彼此间所认可的相互交往方式与对方交往。而所谓角色障碍就是指对自己所扮演的角色认识不清，或对该角色的行为规范缺乏正确的认识和掌握，甚至出现角色偏差，出现违反角色规范的行为，而导致个人的心理紧张、交往双方的矛盾冲突以及社会认同的冲突等。由于不同个体所充当角色的地位不同，客观上就已决定了彼此之间的人际关系，所以当事人必须按照社会认可的角色规范去进行人际交往。

3. 自我意识障碍

人类只有在认识了自身的状况之后，才能使自己更好地适应外界环境的要求。作为一个社会主体的人，不仅是认识客观世界的主体，同时也是被自己认知的客体。不仅要认识他人，而且需要认识自己，形成自我意识。要正确地认识他人，首先必须从认识自己开始。虽然人的自我意识是社会赋予的，但是社会无法使每个人都具有正确的自我意识。有的人存在着自傲心理，过高地评估自己，因而趾高气扬，轻狂自傲，其言行举止很难为社会和周围的人所接纳；有的人存在着自卑心理，过低地评估自己，总觉得自己一无是处，低人一等，也难以适应社会的发展和需要。

二、交往中心理障碍的排除

交往中的各种障碍均源于个体心理和社会两个方面，因此，交往障碍的排除也包括个体心理障碍的排除和社会障碍的排除。

从总体上看，排除交往障碍是一个综合治理的过程，需要治标治本相结合，预防和治疗相结合。所谓治本是指从保持心理健康、实现自身的现代化、遵循交往原则几个方面入手；而治标却是从排除障碍的具体方法和措施入手对症下药。治标治本相结合，预防和治疗相结合的方针是一项“辨证施治”的方针。

（一）保持心理健康

人们生活在世界上，总是要和各式各样的人交往，并同他们结成一定的关系。这就要求人们在交往过程中，要有积极适应的心理，而不应该有消极被动的心理。

一般认为，健康的心理应具备以下特征：

1. 智力正常，这是人们学习、生活、工作的基本心理条件。

2. 对自我的认知正确，对自身能力的评估恰当。

3. 心理特点符合年龄。一个人的行为若严重偏离自己的年龄特征，往往是心理不健康的表现。

4. 人格完整与和谐。心理健康的人，心胸坦荡、言行一致、表里如一。人格缺陷和双重人格都是心理不健康或病态的特征。

5. 充分的安全感。

6. 尊重自己，尊重他人。

7. 生活目标与客观实际能大体相符。

8. 人际关系和谐融洽。

9. 积极交往并同外部环境保持联系和接触。

10. 具有恰当地表达情感和控制情感的能力。

11. 在群体的许可范围内尽可能地发展个性和完善自我。

12. 在社会的限制之内，能够恰当地满足个人的需要。

13. 具有较强的“克己”意识、承受压力和经受挫折的韧性。

14. 具有乐观豁达、积极向上的心态。

以上这些既是心理健康的标准，也可作为排除障碍的方法和措施。只要我们努力保持心理健康，不断克服自身心理上的弱点和缺陷，就能够完成心理优化和心理品质的完善，保证人际交往的正常进行和健康发展。

(二) 实现自身的现代化

现代社会塑造了现代化的人，现代化的人组成了现代社会。人的任何活动都与需要和动机密切相关，而人的需要和动机又是和生产力的发展水平紧密相联的，有什么样的生产力就有什么样的需要和动机，有什么样的需要和动机就有什么样的行为方式。现代的社会生产方式决定了现代生活方式。建立现代的生活方式，掌握现代生活的艺术，完善现代人的个体素质，是排除现代社会中人际交往心理障碍的一项重要内容。这与圣哲先贤们所说的“欲强身先固本”具有同样的道理。

美国著名社会学家英格尔斯认为现代人应该具备这样一些基本素质：

1. 乐于接受他从未经历过的新的生活经验、新的思想观念和行为方式。

2. 准备接受和参与社会的变革。

3. 思路宽广，观念开放，尊重和愿意考虑来自各个方面的意见和建议。

4. 着眼于现在和将来，守时守约，惜时如金。

5. 强烈的个人效能感，对自己适应社会的能力充满信心，办事讲求时效。

6. 在公共和个人生活中都有制定长远计划的习惯。

7. 尊重知识，热心于开拓创新，尽可能多地吸收各种新的知识。

8. 人同人之间的依赖性和信任感增强。

9. 重视一技之长，具有愿意根据技术水平高低来领取报酬的心理基础。

10. 敢于对传统教育内容和传统的智慧挑战，乐于让自己和后代选择传统并不尊敬的职业。

11. 人与人之间相互了解、彼此尊重，具有强烈的自尊感。

12. 了解现代生产及其过程。

作为一个现代人，必须从现代社会生活的实际需要出发，努力实现自身的现代化。只有具备了在现代社会生活中所必须具备的人的现代素质，才能有效地克服现代交往中的种种心理障碍，正常地与现代人进行交往。

（三）遵循交往原则

在交往过程中遵循交往原则，有助于排除交往障碍，巩固交往成果，发挥交往的积极作用。反之，就会导致交往障碍的产生。

1. 择善弃恶，互帮互促。“善”是指对社会、对他人有益的行为，“恶”即有损于社会和他人利益的行为。人际交往应该择其善者而行之，择其恶者而弃之。

人际吸引的相等理论认为以最小的代价来换取最大的报酬乃是一般人所追求的行为原则。互帮互促将有助于建立友谊，使双方都得到一种心理满足，出于友谊的心理满足，将会增强双方的交往动机，排除交往的障碍。

2. 相互理解，相互尊重。人际沟通中双向互动的影响和作用，要求沟通的双方都应该得到对方的理解和尊重。只有设身处地地体验和感受对方的情感，才能相互理解、相互尊重、关系融洽，才能排除沟通过程中的心理障碍。

3. 协调平衡，分清主次。人际交往的目的是为了满足某种需求。需求有主有次，有轻有重，有缓有急，这一特点要求沟通的双方必须区别各种需求的地位和作用，从而使各种需求之间处于一种协调和平衡状态。

4. 严于律己，宽以待人。严于律己，就是对自己的言行要高标准，严要求，决不姑息迁就，得过且过。“尺有所短，寸有所长。”取人之长，补己之短既有利于提高自己的素质，又有利于使对方心理得到满足；而抱着“举世皆浊我独清，众人皆醉我独醒”的态度，则难以实现与对方进行推心置腹的沟通。

（四）排除障碍的具体措施

克服和排除心理障碍的具体措施有：

1. 调节平衡法。即通过对沟通行为的调节，达到一种均衡状态。交往双方应该从明确的共同目标出发，通过调整自己的行为，以满足对方的利益需求。

2. 感情移入法。即设身处地体验、理解对方的感情，以形成彼此间的共同感受。孔子所谓“己所不欲，勿施于人”，孟子所谓“老吾老以及人之老，幼吾幼以及人之幼”都可视为一种情感移入。

3. 自我安慰法。当个体心理失去平衡时，自己寻求理由安慰自己，使自己的情绪平静下来。这是利用心理变化规律暂时缓解情绪反应的方法。

4. 心理相容法。心理相容意味着交往双方对交往关系的满意，对交往对象的好感和心理接近。心理相容法要求双方要注重心理与个性的接近。

5. 补偿迁移法。即当某种原因使某种需要不能满足而引起强烈的情绪反应时，应有意识地回避思考这一问题，将引起该反应的能量转移到其他方面，以分散强烈的情感体验，控制情绪的反应。

6. 自我表露法。自我表露是指开诚布公地向对方表露自己，这比封闭自我更能得到心理满足，并且会使对方受到感化。

三、注重增强言语沟通效果

在交往过程中，言语不仅担负着传递信息的功能，而且是激励或抑制群体成员情绪的影响手段之一。肯定的情绪影响和否定的情绪影响，调节着社会成员的共同活动。为了更好地发挥言语沟通的效果，我们应该掌握影响沟通的因素，并遵循言语沟通的原则。

（一）言语中影响沟通的因素

影响言语沟通的常见因素有：

1. 遣词造句不合规范或使用冷僻费解的词汇。

2. 语言规范不一致，这主要表现在各个国家和民族语法规范和语言规则的差异上。

3. 语意含糊，模棱两可或用词不当，指代不明。

4. 出于特殊目的，有意制造歧义。

5. 由于观点不一致又不便于明确表达而导致遣词造句的不准确。

（二）遵循言语沟通的原则

为了在运用语言沟通的实际交往过程中准确地表达思想，有必要遵从以下原则：

1. 自觉运用规范的语言形式

无论是应用口头语言还是应用书面语言，遣词造句都应该遵循语法规范和发音标准，要做到言简意赅，比喻贴切，修辞恰当，这样才能增进交往双方的信息沟通和感情交流。

2. 力求准确简明地表达思想

在运用语言进行交往过程中尽可能地使用含义明确的词汇表达思想，这有助于增强交往的效果，而不应该用多余的或转弯抹角的（除非必须用的）词语，以免造成对方理解上的困难。

3. 表明观点不掺杂个人情感

可以通过定义、划分、举例、对照、比喻等手段，表明自己的观点，即只对某人的行为或某物的特征、某事的过程加以描述，而不掺杂个人感情色彩的褒贬、议论、评价及判断。这可以使我们更好地传递信息，同时也可防止信息传递过程中失真和混淆现象的发生。

4. 要注意交往的空间和时间

在言语交往中，所谓空间指的就是场合，所谓时间包括时代、时期、时节、时段、时机等。交往者应该尽可能地使用人们在当地或当时所能接受的语言信息系统。

5. 充分利用其中的逻辑力量

无论是书面语言还是口头语言，都应该做到条理清楚，前后连贯。从逻辑的角度来说就是要做到概念明确、判断恰当、推理正确、论证严谨。

四、有效地利用非言语沟通

在现实的人际交往过程中，非言语交往占据着极其重要的位置。美国学者朱迪·C. 皮尔逊认为，即使是最保守的看法，在某一交往过程中，35%的社会信息是通过言语传递的，其余65%的信息是由非言语手段传递的。可见，非言语交往的有效性对于人们交往的成功起着主导作用。但是，成功地进行非言语交往决非易事，非言语交往有效性的实现取决于我们是否能够完整、准确、迅速地理解对方应用非言语传递的信息，是否能够很好地掌握非言语交往的基本方法和技巧并能够得心应手地加以应用。

（一）使用非言语沟通应注意的问题

在有效使用非言语沟通时我们必须注意以下几种情况：

1. 人们会使用同一个表情、姿势、动作表明一个或多个意义及一种或多种感情。

2. 人们会使用多种表情、动作表示同一种意思，或传递同一信息，或表明同一感情。

3. 人们在交往过程中可能会出现有意或无意的言语信息和非言语信息之间的矛盾，导致“口是心非”或“言行不一”的情况，从而使交往的另一方陷入迷惘之中。

基于以上几点，我们在非言语交往中应尽可能地使信息的传递具备明晰性。

（二）非言语沟通技巧

1. 坚持同一性

坚持同一性的含义是指运用非言语必须同他人保持同一，必须同环境和交往情形保持同一，必须同自身特点保持同一。即各种非言语沟通手段的使用既要适合于对方，同时也应该坚持自身的特点。坚持非言语交往的同一性有助于增强非言语信息的明晰性，以防止出现信息被误译、意义被曲解的现象。

2. 坚持一致性

在非言语交往中应保持所使用的交往方式同所传递的信息的一致性，力求用不同的非言语方式传递不同的交往信息，尽可能地避免言语信息和非言语信息之间的矛盾。例如，应坚持目光接触和交往愿望的一致性，如果我们想与人交往，就应该和他保持目光接触，若不想同某人交往，则不应看着对方。

3. 坚持伴随性

即坚持表情、动作与言语表达的伴随性。为了更好地表达思想和观点，交流感情信息，增加言语交往的有效性，身体动作、面部表情应和言语表达相伴随。这不仅可以增加信息的明晰程度，而且能使交往活动更加生动活泼，更富有成效。

4. 坚持象征性

在非言语交往活动中，恰当地使用人们易于接受的或者对方能够理解的象征性动作，有助于更形象地表明观点、思想，更有效地传递信息。

5. 坚持统一性

在交往活动中，为了有效地发挥非言语交往的作用，应该坚持身体姿势、位置和内心态度的统一性。例如，如果我们愿意接纳别人，欢迎别人，就应采取外向的或开放的身体姿势；反之，如果我们不希望受到对方干扰或排拒对方，就应采取内向的、封闭的身体姿势。如果我们同对方有共同的或相似的信念、感情、态度和价值观，就要采取协调一致的身体位置；如果你与对方没有任何共同或相似之处，就不要采取这种身体位置。

此外，在使用非言语交往方式进行交往的过程中，为了取得良好的交往效果，还应该注意触摸语、界域语、辅助语言、类语言以及服饰语言的恰当运用。

第五编 公共关系实务

第十一章 公共关系调查和策划

任何公共关系活动都需要按照活动程序进行。公共关系活动的程序就是按照时间先后顺序依次安排和进行的公共关系活动步骤。将公共关系活动的全过程区分为不同的步骤，这有利于公共关系活动的程序化、规范化和科学化。了解公共关系活动的一般程序，有助于认识公共关系活动的本质特征，便于理解和掌握公共关系活动的操作性特点及其相关的方法和技巧。通常将公共关系活动的程序分为调查、策划、实施和评估四个步骤。这四个步骤就是所谓“四步工作法”。本章探讨调查与策划，第十二章探讨实施与评估。

第一节 公共关系调查

公共关系调查是开展公共关系活动的基础性工作，也是公共关系从业人员需要掌握和应用的公共关系基本方法和专业技能。要想有效地开展公共关系活动，就必须准确地把握自身所处的公共关系状态；而要准确地把握公共关系状态，就必须开展公共关系调查。

一、公共关系调查的含义和作用

（一）公共关系调查的含义

公共关系调查是指公共关系人员运用科学的方法，有步骤地考察、了解、分析、研究组织的公共关系状态，以搜集信息、发现问题、掌握情况为目的的一种公共关系实践活动。公共关系调查的概念中包含着以下含义：

1. 公共关系调查的主体是代表组织而开展公共关系活动的专门人员。实施公共关系调查的专门人员既可能是组织内部的公共关系部门的成员，也可能是由组织聘请的来自外部公共关系公司的专门人员。

2. 公共关系调查的对象是与开展公共关系活动密切相关的目标公众。社会组织所面临的公众具有多种类型。在一般情况下，调查应该根据开展公共关系活动的具体需要，以与组织密切相关的目标公众为调查对象。

3. 公共关系调查的本质是认识组织的公共关系状态的一种实践活动。公共关系调查作为一种实践活动强调置身现场、深入实际，它不同于对公共关系现象的直觉感悟。

4. 公共关系调查的目的是搜集信息，发现问题，掌握组织实际情况。任何组织的公共关系状态都受到各种相关因素不同程度的、直接或间接的影响。通过调查掌握各种因素对公共关系状态影响的具体情况，以此作为开展公共关系活动的依据和基础。

5. 公共关系调查应以完整、系统的科学认识方法和技术手段为工具。公共关系调查既需要运用感性认识的方法搜集事实资料和数据资料，获得对组织公共关系状态的感性认识，也需要运用理性认识的方法分析、描述和解释相关因素对公共关系状态的实际影响情况。

（二）公共关系调查的作用

美国公共关系专家 R. 西蒙曾经说过："不论人们如何表达公共关系活动的流程，调查研究都是举足轻重的。如果把公共关系活动视为一个'车轮'，调查研究便是这个'车轮'的'轴'。"①公共

① 引自方光罗主编：《公共关系实务》，中国财政经济出版社 1994 年版，第 49 页。

关系调查是公共关系活动的首要步骤、基础性工作和重要组成部分。公共关系调查在公共关系活动中的重要作用主要表现为：

1. 提供活动依据

公共关系是组织与其公众之间的信息交流关系，如果没有信息交流也就不会有公共关系。公共关系工作的每一个步骤、每一个环节、每一个方面都需要有相关信息作为基础，都需要有相关信息作为动力，都需要有相关信息作为依据，都需要有相关信息作为指导。如果没有通过公共关系调查所获得的信息，那么，公共关系活动则无法开展。

2. 增加成功概率

开展公共关系活动必然要涉及到主体、客体、传播这三大构成要素的相关因素。活动的成功则取决于这三大构成要素的优化组合，而三大构成要素的优化组合必须以对相关因素的全面了解、深刻认识、妥善安排、有效协调为基础。通过公共关系调查掌握相关信息的程度直接影响着策划和实施，也影响着活动的成功概率。全面、深入的公共关系调查能够为公共关系活动增加成功的机会和概率。

3. 实施环境监测

组织的生存和发展必须与环境相适应。任何组织开展的公共关系活动都离不开一定的社会环境，都要受到环境的制约和影响。因此，组织要想有效地开展公共关系工作，必须密切注意监测自身所处的环境。公共关系学中的环境是一个由多种因素构成的开放系统，具有明显的不确定性、可变性和复杂性。要想对环境进行监测，必须依靠持续不断的、广泛深入的公共关系调查活动。

4. 预测发展趋势

公共关系调查能对社会组织可能遇到的问题进行预测，通过预测问题的发展趋势为社会组织开展“论题管理”和“危机处理”的超前行动提供参考依据。所谓“论题管理”是指社会组织对于那些具有争议的、将要进入立法程序的问题可能给组织造成的影响进行分析、预测并制定相应的对策和方案，使组织在社会变动中始终处于主动地位。所谓“危机处理”是指社会组织对业已出现的或可能出现的公共关系危机事件进行分析，并采取相应的对策和行动，以保证组织的稳定并转危为安。在“论题管理”和“危机处理”中超前行动是至关重要的环节，而超前行动必须以公共关系调查所得到的信息以及根据信息对问题或危机的发展趋势作出的预测为依据。

5. 塑造组织形象

公共关系调查作为一种实践活动需要公共关系工作人员深入社会、深入实际、深入现场、深入公众。这对于社会组织在公众中传播和树立良好的形象具有直接作用。首先，公共关系人员作为组织的代表深入基层，了解舆情民意，了解公众疾苦，搜集公众的建议、意见、评价和需求，必然会使公众形成对组织的良好印象。其次，公共关系调查既是搜集相关信息的过程，同时也是传播组织形象相关信息的活动。公共关系人员在与调查对象接触、交流的过程中，会将组织的良好形象传播给公众，从而起到塑造组织形象的作用。

二、公共关系调查的原则和程序

（一）公共关系调查的原则

公共关系调查的原则是保证通过调查搜集到的信息在公共关系活动中充分发挥作用的准则和指导思想。公共关系调查作为公共关系活动的首要步骤，对于公共关系活动的成功具有重要的影响作用。为了使公共关系活动能够取得预期的良好效果，公共关系调查必须遵循以下基本原则：

1. 主动性原则

主动性原则与开展公共关系活动的目的密切相关。调查必须具有明确的目的，才能做到有的放矢。公共关系调查应该紧紧围绕着开展公共关系活动的内容来进行。人类社会已经进入信息时代，信息的生成呈爆炸性增长趋势。这既为通过调查搜集信息创造了方便条件，也为搜集信息带来了许多困难。如果调查没有明确的目的，没有针对性，不加限制地搜集信息，那么就会如坠茫茫大海，或者搜集不到急需的信息，或者搜集的信息杂乱无章，都会直接影响公共关系活动的正常进行。

组织开展公共关系活动的目的就是为了解决已经或者将要出现的影响组织公共关系状态的问题。为了确保公共关系活动取得理想效果，使出现的问题得到及时彻底的解决，就应该主动地调查、搜集与开展活动相关的信息。此外，通过调查所搜集到的信息很可能有真有假、有实有虚或者是鱼目混珠、良莠相间，这就需要调查人员具有积极认真的态度，主动自觉地对其进行分辨。只有遵循主动性原则，才能及时、准确、全面地搜集到具有实际应用价值的信息。

2. 客观性原则

公共关系调查是为了准确地了解公众对组织的评价，因此，客观性是调查人员应该遵循的最重要的原则。调查人员在调查过程中，应该从客观实际出发，注意区分公众的客观态度和主观想象。公众的客观态度是指调查对象对组织的直接感受和评价，而主观想象则是调查对象对组织的猜想和愿望。常言道“仁者见仁，智者见智”，调查人员与调查对象都难免带有一定的主观意向。在调查过程中，只有把握了调查对象的客观态度，才能对公众的有关评价得出科学的、准确的结论。只有通过调查得到的信息客观真实，公共关系活动才能顺利进行，富有成效，并取得成功。坚持客观性原则，主要是指调查人员要避免主观、克服偏见、防止随意，应该做到时时、事事、处处都从客观事实出发，坚持实事求是的态度，不能回避事实，更不能掩盖事实。

客观性原则中也包含了全面性的含义。公共关系调查的全面性要求调查人员在搜集调查对象对组织评价的信息时，必须注意搜集来自各方面公众的意见，在此问题上应该注意以下两点：一是调查对象必须能够代表公众。只有调查对象具有代表性，才能代表公众的整体态度；二是调查所得到的资料必须全面，既要有正面意见，也要有反面意见，并注意各种意见之间的联系，不能一叶障目，不见泰山，更不能以偏概全。

3. 时效性原则

首先，公共关系调查的目的是了解调查对象在某一确定的时间对组织的评价，调查所得到的信息具有很强的时效性，信息的价值与时机密切相关。如果搜集及时，就有可能起到“一招先，吃遍天”的巨大作用，若延误时机，则可能降低甚至完全失去使用价值。其次，信息的效用具有一定期限，效用期限的长短及其递减程度与环境的发展变化有关；环境的发展变化越快，信息的最大效用期限越短。在人类社会已经进入信息时代的当今，信息以“爆炸”的方式急剧增加，组织所面临的环境瞬息万变，因此，一般来说，信息的“黄金时代”将会呈现出明显的缩短趋势。再次，公众也具有变化性，一次调查只能反映当时当地的公众态度。这种态度会随着时间的延续而发生变化，公共关系工作千万不可根据公众一时的态度去制定一劳永逸的决策。这就要求调查人员必须头脑清醒，反应敏捷，及时掌握环境的发展变化动向，善于捕捉各种反映事物发展趋势的现实信息和预测信息，加快通过调查而搜集信息的速度，以确保信息在公共关系活动中最大限度地发挥效用。

4. 计划性原则

公共关系调查是组织传播管理中的重要一环，组织不可企望通过一次调查获得永久有效的所有信息，调查应该按照计划经常进行。调查工作应列入组织的整体工作计划中，使之经常化、长期化、制度化、规范化。这样，才能使组织及时得到具有重要价值的信息，组织才能不断地总结调查的经验，提高调查工作的质量。此外，对于某项具体的调查工作来说，事前也需要制定一个完整的、严密的调查计划，这样，才能保证调查工作的顺利进行，才能提高调查工作的效率。

5. 规范性原则

规范性原则是指调查人员在调查过程中，既要注意调查内容的科学性，又要注意调查行为的规范性。这里所说的规范特指非法律规范，主要包括道德规范和礼仪规范。如果调查人员使调查对象受到某种程度的伤害，对调查对象采用欺骗手段，使调查对象产生某种心理压力，或是在进行资料分析时，片面地引用调查事实等，都属于不符合规范的行为。调查人员的行为不符合规范就难以取得调查对象的重视和信任，这样，调查结果的客观性、全面性就难以保证。调查人员与调查对象之间，应当以诚实和公开为交往原则，而不应该互相欺骗和隐瞒。

6. 精确性原则

公共关系活动是一项非常复杂的系统工程，成功的活动应该使其中的每一个环节或者说子系统都做到天衣无缝。这就要求通过调查搜集的信息必须首先做到精确无误。马克思认为："一种科学只有成功地运用数学时，才算达到了真正完善的地步。"在某种意义上说，运用数学也就是运用定量方法来分析和显示认识结果。人们对客观事物的认识由定性分析进入到定量分析，这是认识从笼统、模糊的低级阶段过渡到精确、清晰的高级阶段的重要标志。在公共关系调查过程中，精确性原则包含着以下含义：第一，应用统计学的原理规划调查工作；第二，运用相关的数学模型对信息进行科学分析；第三，用具体数字显示或表达调查的结果。

（二）公共关系调查的程序

公共关系调查的程序就是按照时间先后依次安排和进行的调查活动步骤。公共关系调查作为一种实践性的活动与操作过程，它具有明显的阶段性。将公共关系调查活动的全过程区分为不同的步骤，有利于调查活动的程序化、规范化和科学化。了解公共关系调查的程序，有助于认识、理解和掌握公共关系调查的操作性特点及其相关的方法和技巧。

公共关系调查的全过程可以划分为以下五个基本步骤：

1. 调查准备阶段

调查准备阶段是公共关系调查的起始阶段和基础环节。能否通过调查获得开展公共关系活动所需要的信息，在很大程度上取决于调查的准备工作是否充分。调查准备阶段的工作主要包括以下三项：

（1）确定调查任务。确定调查任务是公共关系调查准备阶段的第一项工作。公共关系调查的任务是由调查的内容确定的，根据不同的调查内容，确定不同的调查任务。开展公共关系活动所需要的信息有可能千头万绪，与此相对应，公共关系调查的内容就可能十分广泛。但任何一次公共关系活动都有具体目标、具体对象、具体要求和规定，因此，调查的内容就没有必要包罗万象。也就是说，需要根据开展公共关系活动的目标、对象、要求和规定确定调查内容，然后，再根据调查内容确定调查任务。确定调查任务的意义在于使调查具有针对性，做到有的放矢、突出重点。

（2）制定调查方案。明确调查任务以后，接下来的工作就是制定调查方案。一个全面完整的调查方案应该包括的内容有：

第一，研究的课题及调查的目的和意义；第二，调查研究的公众范围和目标公众；第三，调查研究准备采取的方式和方法；第四，调查对象的选择方案或抽样方法；第五，调查内容、调查指标和调查项目；第六，调查的场所、需要的时间和进度；第七，需要的经费以及其他物品的计划；第八，选择调查人员，并进行提前培训。

调查方案的制定或设计必须全面考虑以上这八个方面的问题。

（3）做好物质准备。开展公共关系调查活动还需要具备相应的物质条件。相应的物质条件主要涉及到调查人员、所需经费、设备器材三个方面。

第一，调查人员。公共关系调查人员的条件包括知识、能力、素质等方面的质量要求，也包括一定的数量要求。应该根据调查活动的实际需要，有针对性地对调查人员进行培训。

第二，所需经费。应该做好经费预算，确保经费到位。

第三，设备器材。即开展调查活动需要的器材，如录音机、录像机、摄像机、摄影机、电话机、电传机、计算机等。

2. 搜集资料阶段

搜集资料阶段就是具体的调查阶段，是公共关系调查过程中的核心阶段。搜集资料阶段的主要工作是：实施现场调查，取得支持配合。

(1) 实施现场调查。收集资料阶段是公共关系调查的现场实施阶段。应该按照公共关系调查方案的要求，深入调查现场，接触目标公众，采取各种调查方法，实际搜集相关资料。在公共关系调查中，可以从不同的角度将搜集资料的方法分为：直接搜集和间接搜集；正式途径搜集和非正式途径搜集；公开搜集和秘密搜集等。现场搜集的资料基本上可分为两类：原始资料和现成资料。原始资料也叫做第一手资料，是指调查者深入现场实地调查所搜集到的资料，这类资料应该成为搜集的重点。现成资料也叫做第二手资料，是指经他人搜集、整理过的相关资料。现成资料可以避免重复劳动，减轻调查负担，用于核对原始资料。

(2) 取得支持配合。现场实际调查需要得到被调查者及其相关组织或人员的支持与配合，才能顺利进行，才能搜集到真实、准确、全面、丰富的资料。因此，调查人员必须注重处理好各种关系，争取相关人员的支持与配合。首先，要处理好与被调查者的关系，争取得到被调查者的真诚支持与通力合作。其次，处理好与被调查者相关的组织或人员的关系，争取得到这些组织或人员的支持和帮助。

在现场搜集资料的过程中，必须注意恰当合理地应用调查的策略技巧和技术手段，因为这将直接影响搜集资料的数量和质量。

3. 整理分析阶段

整理分析阶段是运用科学的方法，对搜集到的各种调查资料进行去伪存真、去粗取精并加以归类、排列的信息处理过程。通过对搜集的资料进行整理分析，实现由此及彼、由表及里、由感性认识上升为理性认识的飞跃。本阶段的主要任务是整理调查资料和分析调查资料。

(1) 整理调查资料。一般来说，从现场搜集到的调查资料具有以下特点：其一，真伪混杂，良莠并存，真实性和准确性都需要加以确认。其二，内容分散，形式各异，完整性和条理性都需要加以提高。其三，主次无序，冗余量大，针对性和概括性都需要增强。显然，根据这样的调查资料难以准确地判断组织现时的公共关系状态，难以清晰地反映组织存在的公共关系问题，也难以有效地预测组织未来的公共关系趋势，因此，对通过现场调查搜集到的资料，必须加以整理。整理资料是对资料进行分析研究的基础性工作，是从具体调查阶段过渡到研究阶段，由感性认识上升为理性认识的中间环节。

整理调查资料的工作内容主要包括：

第一，按照真实性、准确性、完整性的要求对调查资料进行审核；

第二，按照科学性、针对性、实用性的原则对调查资料进行分类；

第三，按照条理性、系统性、概括性的标准对调查资料进行加工。

(2) 分析调查资料。对调查资料的整理为调查资料的分析奠定了基础。调查资料的分析是指调查人员运用一定的科学方法，对调查资料的内容进行深入加工的过程。分析资料所运用的科学方法可以概括为定性分析方法和定量分析方法两类。调查人员应该对经过整理的调查资料进行由此及彼、由表及里、由现象到本质地深入比较、归类、推测、判断、概括、统计，从而发现其中的重要信息，揭示其中的关键问题。在此基础之上，形成调查的认识成果，提出解决问题的对策。

分析调查资料是对调查资料的认识深化和提高的过程，也是决定调查结果能否充分发挥作用的关键环节。

4. 形成结果阶段

当对调查资料进行整理分析后，一般应该形成书面形式的调查结果，即形成一份完整的公共关系调查报告。公共关系调查报告是指用以反映通过公共关系调查所获得的主要信息成果或初步认识成果的书面报告。调查报告集中地反映了调查过程中所获得的信息成果和认识成果，便于组织的领导人员或决策人员参考，便于将调查成果应用于公共关系活动。

(1) 写作调查报告的工作内容。写作调查报告实质上是调查者对获得的信息资料的加工处理过程。这一过程的具体工作内容如下：

第一，分析经过审核和处理的信息资料，确定调查报告的主题；

第二，汇集相关信息资料，概括出存在的问题及其变化的情况；

第三，对重要信息资料进行综合研究，从中概括出明确的观点；

第四，选择应用信息资料，说明公共关系工作应该注意的问题。

(2) 写作调查报告的基本要求。公共关系调查报告既应该体现调查者的调查能力和写作水平，也应该体现调查在公共关系活动中的重要地位和巨大作用。因此，写作公共关系调查报告应该符合以下基本要求：

第一，确保调查报告内容的客观性和真实性。这是对调查报告最基本的要求。这一要求的基本含义是写作调查报告必须以调查所获得的信息资料为依据，包括以信息资料为依据确定主题，以信息资料为依据概括情况，以信息资料为依据提炼观点，以信息资料为依据说明问题等。

第二，确保调查报告体例的系统性和完整性。系统性是指调查报告的体例安排和内容表述应该具有严谨的逻辑性；完整性主要是指调查报告的结构应该包括题目、目录、概要、正文、结论、建议和附件等几个部分。

第三，确保调查报告表述的准确性和通俗性。调查报告的语言表达主要要求做到准确、通俗。准确是指行文要把握好分寸，恰如其分地反映事实；通俗是指用语要简洁、朴实、易懂，不需要修饰和美化。

5．总结评估阶段

调查报告形成以后应该对整个调查过程和调查结果进行总结评估。总结评估是公共关系调查的一个必不可少的重要步骤。通过总结评估，调查人员可以在以下三个方面取得新的收获：其一，可以清楚地了解本项调查的完成情况；其二，可以准确地掌握本项调查取得的成果；其三，可以总结出本项调查的经验和教训。总结评估的主要内容通常是以下两个方面：

(1) 评估调查成果。评估调查成果主要是指衡量调查成果的价值。衡量调查成果的价值通常使用学术价值和应用价值这两个指标。在学术价值方面，应该对调查所提供的事实资料和数据资料的完整性、真实性、可靠性作出客观的评价；应该对提出的理论观点和研究结论的科学性、合理性、创新性等作出客观的评价。在应用价值方面，一般需要根据调查成果被采用的情况、调查成果对公共关系活动的实际指导作用和所取得的实际效益来作出具体的评价。

对调查成果进行评估，大致可分为调查人员自己评估、成果应用者评估、同行专家评估、组织领导评估等四种情况。这四种形式的评估各有利弊，应该综合其中的优点，克服其中的弊端。对调查成果进行评估的具体方法主要有：定性的、定量的，集中的、分散的，面对面的、背对背的等，在实践中可以根据具体情况选择使用。

（2）总结调查工作。总结调查工作是指对整个调查活动的工作过程和有关情况进行回顾并加以归纳概括。其内容主要包括：其一，调查工作的完成情况。如是否按时完成了调查任务，是否真正达到了调查目的，是否需要补充或重新调查等。其二，调查所取得的经验教训。如本项调查有哪些成功之处和不足之处，调查的各个阶段取得了哪些具体成绩和收获，事先确定的调查目的、任务、范围、过程是否妥当，调查的条件、方法、手段是否适用等。

总结调查工作的主要目的是积累成功经验，吸取失败教训，为以后的调查活动提供参考与借鉴的依据。

三、公共关系调查的基本内容

公共关系调查的基本内容取决于调查的目的，一般来说，调查的基本内容包括以下五个方面：

（一）组织自身的情况

组织自身的情况可区分为基本情况和实力情况。

1. 组织的基本情况

组织的基本情况主要包括以下四个方面的内容：

（1）组织总体情况。包括组织的性质、任务、类型、规模，组织的管理体制、机构设置、主管部门等。

（2）组织经营情况。包括组织的经营发展目标、经营方针、经营战略，组织对社会提供的产品和服务及其特色等。

（3）组织荣誉情况。包括组织发展史上的重大事件及其影响、组织对社会的贡献、组织获得的各种奖励与特殊荣誉等情况。

(4) 组织文化情况。包括组织的理念、组织的精神、组织的信条、组织的道德规范、组织的文化传统以及组织的名称和各种识别标志的文化含义等。

2. 组织的实力情况

组织实力情况一般包括组织自身的物资基础和人力资源。

(1) 组织的物资基础。包括组织拥有的空间、拥有的设备和设施、拥有的现代办公手段等情况。

(2) 组织的人力资源。包括组织拥有的专门技术人员、高层管理人员的数量和知识构成情况，以及技术和管理的领先程度等。

(3) 组织的财务实力。包括组织的固定资产总额、流动资金总额、人均利润率等。

(4) 组织成员的待遇。包括工资水平、奖金数额、津贴标准、住房面积、劳动保护等。

(二) 相关公众的情况

公众是对公共关系活动对象的总称。公众对组织的态度和意见是一切公共关系活动的出发点。开展公众调查、公众研究是一项经常性的公共关系工作，相关公众的情况是调查的重点内容。

相关公众的情况主要包括公众背景情况、公众需求情况和公众评价情况。

1. 公众背景情况

公众背景情况主要包括：

(1) 内部公众背景情况。包括组织成员的数量、年龄、性别、专业、能力、职务、职称、文化程度、需求层次、劳动态度、思想素质等。

(2) 外部公众背景情况。包括外部公众的数量、分布、特征、需求、观念、与组织的联系状态、对组织的重要程度、对组织的依赖程度等。

2. 公众需求情况

公众需求情况主要涉及以下两个方面：

(1) 公众的物质需求。包括公众对改善物质生活环境的需求，公众对获得优良物质产品的需求，公众对获得各种有形服务的需求等。

(2) 公众的精神需求。包括公众对受到组织重视的需求，公众对享受合法权益的需求，公众对获得满意服务的需求，公众对获得相关信息的需求，公众对获得尊重的需求等。

3. 公众评价情况

公众对组织的评价主要有：

(1) 对组织产品的评价。包括对产品的内在质量的评价，对产品外型的评价，对产品价值的评价等。

(2) 对服务质量的评价。包括公众对组织服务项目、服务方式、服务措施、服务水平的评价等。

(3) 对管理水平的评价。包括公众对组织管理机构及其办事效率的评价，对组织经营创新的评价，对组织管理革新的评价等。

(4) 对人员素质的评价。包括对组织领导人员、中层管理人员、专业技术人员、一般员工、公共关系人员及特殊人物的评价等。

(5) 对外向活动的评价。包括对组织外向型宣传活动、社会公益活动的评价等。

(三) 传播媒介的情况

传播媒介的情况主要包括：

1. 大众传播媒介的情况

大众传播媒介的基本情况有：

(1) 大众传播媒介的分布情况。包括地域分布情况、行业分布情况、类型分布情况、数量分布情况等。

(2) 大众传播媒介的作用情况。包括大众传播媒介的传播范围、传播内容、传播特色、传播效果、传播人员的威信等。

(3) 大众传播媒介对信息的需求情况。包括一定时期内大众传播媒介的报道中心，开辟的新栏目，编辑和记者目前急需报道的内容等。

2. 专题活动的媒介情况

专题活动的媒介情况主要有：

(1) 专题活动的筹办情况。例如，某项专题活动由什么组织机构将在何时何地举办，活动的主题、内容、规格、规模，参加活动的人员、人数，估计将会形成的影响等。

(2) 专题活动的效果情况。例如，某项专题活动的经验教训和利弊得失，经济效益与社会效益，主办单位的自我评价，参与活动者的印象，权威人士的看法，局外人士的见解，新闻媒介的报道情况等。

(四) 社会环境的情况

社会环境情况一般包括以下内容：

1. 基本社会环境情况

基本社会环境情况一般包括的主要内容有：

(1) 人口环境情况。包括现有人口的总数、增长速度、年龄结构、性别比例、地理分布、婚姻状况、教育状况、就业状况、流动状况、国家的人口控制政策与人口管理措施等。

(2) 政治环境情况。包括国家或地区的政治体制及其改革情况，国家或地区的方针政策的提出，法律法规的颁布、实施以及其他政治性因素存在与变化的情况等。

(3) 经济环境情况。包括国家或地区的经济体制及其政策情况，国家或地区的产业结构、分配政策、交换政策、消费水平、技术水平及其调整变化情况，国家或地区的经济发展及相应的战略措施情况等。

(4) 文化环境情况。包括国家或地区的民族特征、文化传统、宗教信仰、教育水平、社会结构、风俗习惯、价值观念、生活方式、社会道德规范与精神文明建设等情况。

2. 具体市场环境情况

具体市场环境情况一般包括的主要内容有：

(1) 市场需求情况。包括市场容量、社会购买力、居民的消费结构与消费水平、现有的或潜在的购买人数、近期需求和长远需求及其需求变化趋势、国家是否鼓励某类消费、银行是否贷款支持某类消费等。

(2) 消费者的情况。包括消费者的总体数量、消费者的构成情况、消费者的消费欲望与购买动机、消费者的偏好及造成消费者偏好的原因等情况。

(3) 市场竞争情况。包括市场是否形成竞争态势、竞争对手的生产能力、产品或服务特色、销售政策、服务措施、在消费者中的印象、与中间商和消费者的关系、广告宣传的力度、公关促销的措施等情况。

3. 所属行业环境情况

所属行业环境情况主要包括：

(1) 组织所属行业的基本情况。包括所属行业各种组织的数量，所属行业的整体发展水平，所属行业在国民经济和人民生活中的地位与作用等。

(2) 所属行业的特定组织情况。包括所属行业特定组织的经营方针、人员素质、技术力量、资金占有量、经营管理水平、产品与服务方面的情况及其在公众心目中的形象、在同行业中的地位等。

(3) 所属行业的横向协作情况。包括所属行业各种组织之间的协作意向、协作项目、协作类型、协作可能取得的效果，是否有同行组织愿意与本组织开展协作等。

(4) 所属行业的竞争对手情况。如竞争对手的发展历史，竞争对手的优势，竞争对手的横向联系情况，竞争对手的公共关系状态，竞争对手的关键技术和关键人物，竞争对手已经形成的竞争对手或合作伙伴等。

(五) 组织的形象地位

上述四个方面的情况都是以各自独立的形式从不同的角度反映着组织的公共关系状态。组织的形象地位是通过知名度和美誉度两大指标直接体现组织现时所处的公共关系状态。这是开展公共关系活动应该掌握的最重要的内容。

组织的形象地位调查包括三个基本环节，即自我期望形象的调查、实际社会形象的调查、形象差距的分析研究。

1. 组织自我期望形象

自我期望形象就是一个组织希望自己所具有的社会形象。它是一个组织公共关系工作的内在动力、基本方向和努力目标。自我期望形象的调查主要包括三个方面：

(1) 组织领导层的目标和要求。组织的公共关系目标实质上始于领导层。作为组织的决策者和领导者，他们对于自己组织形象的期望水平，对于组织目标和组织信念的形成，对于组织形象的选择和建立，具有决定性的作用。因此，公共关系调查人员首先必须认真研究领导层所拟定的各项目标和政策，领会领导层的决心和意图，研究他们的言行和经营管理手段，测定他们对组织形象的期望水平和具体要求，以此作为设计组织形象的重要依据。

(2) 组织成员的要求以及评价。一个组织的目标和政策必须得到广大成员的认同和支持，才可能有效地转化为组织的实际行动。因此，需要通过调查研究，了解广大干部和员工对组织的要求、看法以及各种批评建议，了解他们对领导层提出的总目标的信心和支持程度。

(3) 组织的实际状态和基本条件。组织对自我形象的期望不能脱离客观实际，自我期望形象的确立应该注意主观愿望和实际能力相结合。公共关系调查人员必须完整地掌握本组织各方面的基本情况（即以上介绍的组织的自身情况）。

2. 组织实际社会形象

组织实际社会形象是指社会公众对一个组织的现实态度和总体评价。组织实际社会形象是通过社会舆论和公众评价来反映的。了解组织的实际社会形象，就是运用各种调查方法，测量组织在公众中享有的知名度和美誉度。具体的实施方法是：

(1) 确定目标公众。首先必须明确本组织的公众范围、公众分类。通过对公众分布范围的分析和辨别，从中找出与本组织密切相关的主要目标公众，确定调查的对象和范围。如果调查的对象不准确，就不可能获得准确的调查结果。

(2) 形象地位测量。在对公众分布范围进行分析的基础上，采用具体的调查方法（如访谈法、问卷法等）对公众进行调查并且对公众的评价意见加以综合概括，根据得到的知名度和美誉度两项指标，借助于组织形象地位测量图（见图 11-1），测定组织的实际形象地位。

组织形象地位测量图分为四个区，分别表示四类不同的公共关系状态。

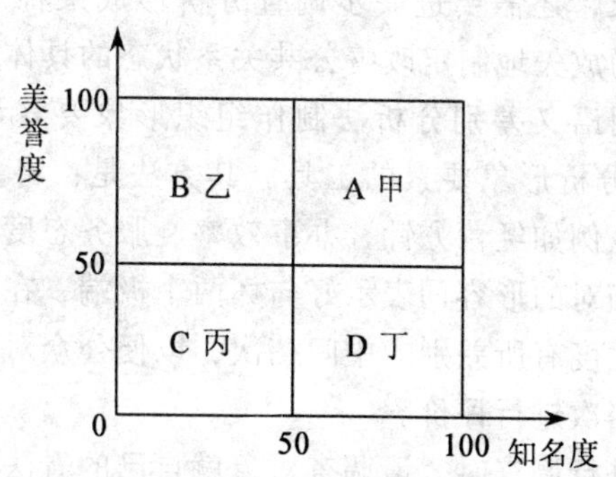

图 11-1 形象地位测量图

A 区表示高知名度、高美誉度。处于这种形象地位，说明公共关系处于较好状态（如图中的甲组织）。

B 区表示高美誉度、低知名度。处于这种形象地位，表明公共关系具有良好的发展基础，公共关系工作的重点应该是在维持美誉度的基础上提高知名度（如图中的乙组织）。

C 区表示低美誉度、低知名度。处于这种形象地位，表明公共关系的状况不佳，其公共关系工作甚至需要从零开始。首先应该完善自身，争取较高的美誉度，而在传播方面暂时保持低姿态，待享有较高的美誉度之后，再加强提高知名度的工作（如图中的丙组织）。

D 区表示低美誉度、高知名度。处于这个形象地位，说明公共关系处于臭名远扬的恶劣处境。其公共关系工作，首先应该扭转已经形成的不良影响，默默地努力改善自身，设法逐步挽回信誉（如图中的丁组织）。

测量组织的形象地位是为了初步评断组织的公共关系状态，为了寻找组织存在的具体公共关系问题而明确方向。

(3) 形象要素分析。构成组织形象的要素不是单一的。无论处于哪种形象地位，都是由多种因素造成的。要准确评价组织的实际社会形象，还需要进一步调查分析形成某种形象的具体原因，以便有的放矢地制定改善公共关系状态的具体措施。

可以应用语义差别分析法制作组织形象要素调查表（见表 11-1），作为分析形象要素的工具。其方法是：将事关组织形象的重要因素，例如经营方针、办事效率、服务态度、业务水平等分别用正反相对的形容词表示好与坏两个极端，在这两个极端中间设置若干程度有所差别的中间档次，以便公众对每一个调查项目均可以分档次进行评价。

对公众进行调查时，请调查对象就自己的看法对表中的每一项形象要素给出评价。公共关系调查人员对所有调查表格进行统计，计算出每一项形象要素中各种不同程度的评价所占的百分比。

表 11-1　　　　　　组织形象要素调查表

评价 调查项目	非常	相当	稍微	中	稍微	相当	非常	评价 调查项目
经营方针正直		65	25	10				经营方针不正直
办事效率高			25	65	10			办事效率低
服务态度诚恳				15	20	65		服务态度恶劣
业务水平有创新					20	70	10	业务水平缺乏创新
管理顾问有名气						10	90	管理顾问没有名气
公司的规模大					25	55	20	公司的规模小

我们以上图中的丙组织为例，分析这份调查结果，可以勾画出丙组织的形象要素如下：

经营方针比较正直，办事效率平平，服务态度较差，业务缺乏创新，管理顾问知名度甚低，公司规模较小。这就是丙组织处于 C 区的形象地位的具体原因。丙组织开展公共关系活动的计划和措施，就应该针对这些原因来制定。

3. 形象差距的比较分析

将组织的实际社会形象与组织的自我期望形象进行比较，找出二者之间的差距。弥补或缩小这种差距便是下一步开展公共关系活动努力的目标。

可以运用形象要素差距图（见图 11-2）将这种差距显示出来。方法是把组织形象要素调查表示不同程度评价的七个档次相应数字化，形成数值标尺。例如：1 表示非常差，2 表示相当差……3～4 表示中间状态……7 表示非常好。然后，根据表 11-1 的调查统计结果，计算公众对每一个调查项目评价的平均值，将各个平均值分别标定在数值标尺的相对位置上，连接各点，即成为组织的形象曲线。以上述丙组织为例，图中的实线部分表示丙组织的实际社会形象，虚线部分表示丙组织的自我期望形象。

两条曲线之间的差距就是丙组织的形象差距。

从图 11-2 中可以看出，除了“经营方针”这一形象要素实际社会形象与自我期望形象比较接近以外，其他各项形象要素均有相当差距。缩小和弥补这个差距，便是丙组织的公共关系工作目标。

找出差距，发现问题，是公共关系调查的重要任务之一。

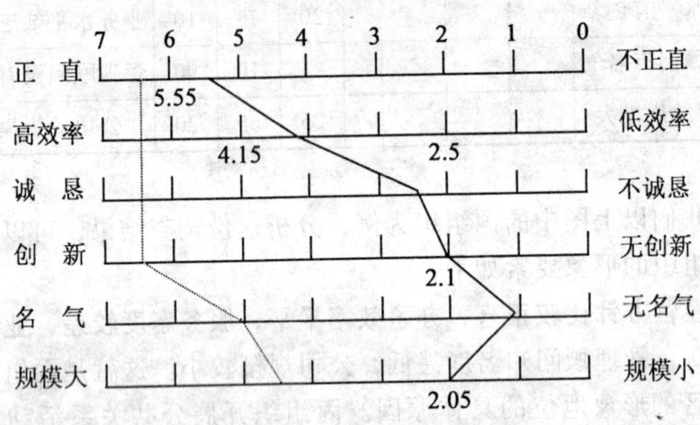

图 11-2 形象要素差距图

四、公共关系调查的基本方法

公共关系调查的方法是指用以保证公共关系调查目的顺利实现的途径、方式、手段及措施。公共关系调查的方法多种多样，可以从不同角度、根据不同标准对其进行分类。例如，根据信息的不同来源，可以划分为组织内部的调查方法和组织外部的调查方法；根据搜集信息的不同方式，可以划分为直接调查方法和间接调查方法；根据搜集信息的不同途径，可以划分为正式途径调查方法和非正式途径调查方法等。我们这里所介绍的调查方法是适用性比较广泛的、最基本的分类方法。基本的分类主要有两种：即以调查对象的数量作为标准的分类和以搜集信息的方式作为标准的分类。

(一) 以调查对象的数量作为标准的分类

以调查对象的数量作为划分标准，可以将公共关系调查的方法分为普遍调查、抽样调查、典型调查、重点调查、个案调查五种。

1. 普遍调查

普遍调查简称普查，也可以称做全面调查或整体调查。普遍调查是指对一类调查对象中的全部个体都进行调查，以搜集调查对象总体情况的调查方法。根据调查的目的，普遍调查可以在大范围内进行，也可以在小范围内进行。普遍调查的主要作用是对组织面临的某种公共关系现象作出全面的、准确的描述，以把握这种现象的总体情况，得出具有普遍意义的结论。

普遍调查的优点是：普遍调查获得的资料全面、准确，经过归纳得出的结论具有精确性、概括性、适用性、真实性等特点。

普遍调查的缺点是：需要大量的人力、物力、财力和时间，适用的范围受到限制。

在公共关系调查中，普遍调查一般适用于调查对象总体数量不大的情况。

2. 抽样调查

抽样调查是指借助于一定的抽样方法从调查对象总体中抽取一部分个体作为样本进行调查，并根据样本具有的属性来推论总体属性的调查方法。

抽样方法可区分为概率抽样和非概率抽样两种。概率抽样是指调查对象总体中的每一个个体都具有相同的被抽作样本的概率。其具体方法有：简单随机抽样、等距随机抽样、分层随机抽样、多段随机抽样等。非概率抽样则是指调查对象总体中的每一个个体具有不同的被抽作样本的概率。其具体方法有：偶遇抽样、主观抽样、配额抽样等。

抽样调查既能保持普遍调查的优点，又能克服普遍调查的缺点。与普遍调查相比，抽样调查具有费用低、进度快、适用范围广泛、精力相对集中等优点。

决定抽样调查结论可靠程度的因素有抽样方法和样本数量，而其中的关键是抽样方法。一般来说，应用概率抽样方法所得到的结论要比非概率抽样方法所得到的结论可靠。

3. 典型调查

典型调查是从调查对象总体中选择具有代表性的少量个体作为典型进行调查，并根据典型具有的属性来认识同类现象的本质及其规律的调查方法。典型调查的认识过程是从具体到抽象，从特殊到一般。

典型调查的优点是：占用的时间、人力、物力、财力较少；可以深入地剖析某一具体调查对象，从而得出结论；调查的方式和过程比较灵活。

典型调查的缺点是：选择典型时难以避免主观随意性；典型的代表性和结论的适用性难以用科学的手段准确测定；典型调查局限于定性研究，难以进行定量研究。

典型调查结论的可靠程度取决于选择的典型是否具有代表性。因此，采用典型调查法，要求调查人员应该对调查对象的总体情况具有比较全面的了解，并以实事求是的态度来选择典型。

4. 重点调查

重点调查是从调查对象总体中选择具有某种突出特征并对总体具有某种决定性作用的少量个体作为具体调查对象进行调查，并根据这些具体调查对象的属性来掌握总体基本情况的调查方法。

重点调查的优点是：比较容易确定具体调查对象；比较省时、省力、省钱；结论可以反映总体基本情况。

重点调查的缺点是：适用的范围具有局限性；结论的可靠程度比较低。

通过重点调查能够迅速掌握总体在一定范围内的基本情况。

5. 个案调查

个案调查也称个别调查，是指对特定的对象所进行的深入调查。个案调查即通过“解剖麻雀”的办法，了解或解决某一特定的问题。

个案调查具有调查的方式灵活多样，可以做到详尽、深入，能够全面、完整、系统地搜集个案资料，可以灵活地安排时间，调查与研究结合进行，对个案得出具体结论的优点。

个案调查适用于以下情况：其一，了解某一特定公众对象的形成和发展过程；其二，了解某些独特因素或事件对公众特定行为的影响；其三，具体分析某一特定公众对象对组织的需要、动机、兴趣；其四，深入探讨公众对象的行为方式与组织公共关系工作之间的关系。

个案调查一般按确定个案、登记立案、访问案主、搜集资料、分析诊断五个步骤进行。通常通过现场观察或深入访谈来搜集调查资料。

进行个案调查应该特别注意的是个案调查的具体对象可能具有某些个别属性，对其进行调查的结论只能反映个案的具体情况，而不能用于推论其他个案和一般公众的情况。

（二）以搜集信息的方式作为划分标准

以搜集信息的方式作为划分标准，可以将公共关系调查分为观察法、询访法、问卷法、检索调查法、量表测量法等几种主要类型。

1. 观察调查

观察调查也叫做实地观察法，是指调查人员亲临现场通过仔细察看来获取信息的调查方法。实地观察法可采用多种方式。观察者可以参与被观察者的活动进行观察，也可以不参加活动以旁观者的身份进行观察；可以在自然状态下对被观察者进行观察，也可以在有意制造的人为情景下进行观察；可以事先设计统一内容、规范结构、具体要求，然后进行观察，也可以不作具体规定而进行随意观察。以上方法各有利弊，各有适用范围，在一般情况下，往往综合地运用，更有可能达到快速、准确地搜集信息的目的。

使用观察调查法最好是在被观察对象没有任何觉察的情况下进行，因为这样才能搜集到比较真实、客观的信息。应用观察调查法只能了解被观察对象的行为，而对于被观察对象的动机、需要、态度、打算等心理活动则了解得不够深入。

2. 询访调查

询访调查是指调查人员通过提问请对方作答来获取信息的调查方法。询访法按其所采用的方式或手段，可分为面谈询访、电话询访、书面询访、电子邮件询访等。按其有无确定格式和是否公开意图，还可分为以下四种方式：①有确定的询访格式，意图公开；②有确定的询访格式，意图不公开；②无确定的询访格式，意图公开；④无确定的询访格式，意图不公开。此外，还可以根据接受访谈的人数多少区分为个体询访和集体询访。

以上具体方法各有所长、各有所短，适合在不同的情况下使用。如面谈询访可以对信息的多种相关因素进行细致的了解，可以在了解的同时对信息的准确性、实用性进行推断与分析，但花费时间多，要求询访人员具备良好的观察判断能力、口语表达能力和综合分析能力，具备一定的临场经验和相关知识。这种方法主要适用于较为复杂的信息搜集。在搜集信息的问题上，到底采取哪种询访方法更合适，只能根据具体情况来确定。一般来说，搜集简单的、时间性强的信息，以电话询访为好；搜集涉及面广、层次较深的信息，则以面谈为妥；搜集不便于当面交谈的信息，则以书面询访为宜。电子邮件询访则兼有其他几种询访方式的优点，可以广泛地应用于信息搜集。

3. 问卷调查

问卷调查是指由调查人员向对方提供问卷并请其对提出的问题作出回答从而获取信息的调查方法。问卷一般是一份经过精心设计的问题表格，根据不同标准可以区分为不同类型。按问卷由谁填写，可区分为自填问卷和访问问卷两种。自填问卷应该由被调查者自己填答，访问问卷则由调查人员根据对方的口头回答来填写。按问卷的设计方式，可区分为封闭式问卷和开放式问卷。封闭式问卷的提问方式是在提出问题的同时，给出若干个备选答案，要求对方选择其中的一项或几项；开放式问卷的提问方式是只提出问题，不提供具体答案，由对方自由填答。按问卷的发送方式还可分为邮寄问卷和送达问卷。邮寄问卷通过邮递方式发出和回收；送达问卷则由调查人员亲自送到并收回。

以上各种问卷的结构基本相同，一般包括封面信、指导语、问题、答案、编码等几个部分。其中的问题和答案是问卷的主体，也是设计问卷的关键。

问卷调查的优点是：可以节省时间、经费和人力；被调查者不必填写姓名，调查人员比较容易搜集到真实的信息；得到的信息资料便于定量处理和分析；可以避免调查人员的主观偏见，减少人为的误差。

问卷调查的缺点是：回收率难以保证，尤其是邮寄问卷；被调查者必须具有一定的文化程度，否则难以作答。

不同类型的问卷调查各有特点，应该根据具体情况选择应用，才能取得比较好的信息搜集效果。

4. 检索调查

检索调查是指从已经储存的信息资料中选择并索取有关信息的调查方法。“检索”是信息情报工作的常用术语，指的是按一定程序，从电脑储存库中挑选、索取所需要的信息。而我们这里所说的“检索”，包括对电子信息的检索和对印刷信息的检索，从一定意义上来说，也包括对自己头脑中记忆信息的检索。

印刷信息检索主要是通过查阅相关文献的目录、索引、文摘和年鉴、手册、百科全书等来进行。电子信息检索是通过计算机终端从其信息库中查找已经存储的相关资料。以上两种方式，有时都可能直接检索到所需要的具体信息，有时可以从中发现所需资料的线索，进而查找到需要的具体信息。

现阶段，印刷信息检索仍然是应用检索调查搜集信息的主要方式。电子信息检索在我国已逐渐开发出来。目前大量的统计数据库系统、高等学校数据库系统、科研成果数据库系统、企业数据库系统、产品数据库系统、市场营销数据库系统以及金融数据库系统、交通数据库系统等都已经开通使用。我们已经能够通过计算机信息网络检索到全国各地、各行各业甚至世界范围内主要信息库中存储的各种数据和信息。

检索调查具有简单、快速、节省费用、不受时空限制等特点，尤其适用于对历史资料和远程区域信息资料的搜集。检索调查既可以作为一种独立的调查方法运用，也可以作为实地调查方法的补充。

5. 量表调查

量表调查也叫做量表测量法，是指借助于量表对调查对象的主观态度、观念或潜在特征进行测量，以搜集信息资料的调查方法。量表是调查工具，它由一组精心设计的问题所构成，用以测量公众对某一事物的态度、观念或公众在某些方面的潜在特征。

人们的态度、观念和潜在特征都具有不同程度的隐匿性和模糊性，有时连自己都难以觉察，更难以进行精确的描述。因而，调查公众的态度、观念和潜在特征并不容易，尤其是以直接调查方式更是很难达到目的。这就需要采取量表测量这种间接的调查方法。

量表可以分为多种类型。以其测量内容作为划分标准，主要有态度量表、能力量表、智力量表、人格量表、意愿量表、人际关系量表等；以其作用作为划分标准，主要有调查量表和测验量表；以其设计的方式作为划分标准，则主要有总加量表、累积量表以及语义差别量表等。

第二节　公共关系策划

公共关系策划是公共关系活动的重要环节，策划水平直接影响着活动效果。本节将对公共关系策划的含义、作用、原则、程序、工作内容和基本方法进行探讨。

一、公共关系策划的含义和作用

（一）公共关系策划的含义

公共关系策划是策划的一种类型，是策划在公共关系活动中的应用。策划是指人们为了实现某种特定的目标，根据现有条件及其变化趋势，借助适当的科学方法，为决策或计划而构思、设计、制作行动方案的理性活动过程。公共关系策划是公共关系人员为了实现组织的公共关系目标，根据现实的公共关系状态及其发展趋势，借助适当的科学方法，为决策或计划而构思、设计、制定传播沟通方案的智力活动。这个定义中涉及到了公共关系策划的构成要素：策划人员、策划对象、策划目标、策划依据，策划方法、策划方案，并且包含着与构成要素相对应的基本含义。

1. 公关策划人员

公关策划人员是公共关系策划行为的主体。公共关系人员按参与公共关系工作的不同分工大体有三种类型：一是工作的指挥者、领导者或决策者；二是高层次、高水平的公共关系专业人才；三是具备一定实践经验和某些特殊能力的具体操作人员。而公共关系策划活动主要由高层次、高水平的公共关系专业人才来完成。公共关系策划人员可区分为个体和群体。

2. 公关策划内容

公关策划内容是公共关系策划行为的客体。策划内容即策划对象。具体地说，策划内容包括分析信息、确定目标、界定公众、制定方案、经费预算、效果评估；概括地讲，策划内容主要是指针对组织现实的公共关系状态及目标公众而制定开展传播沟通的活动方案。

3. 公关策划目标

公关策划的目标是公关策划人员通过策划活动最终解决的问题和达到的目的。这里所说的问题特指组织在与公众建立、巩固、协调和改善关系方面存在的问题。公共关系策划的目标可以划分为总体目标与分项目标、长远目标与近期目标、最优目标与最低目标等。公关策划的目标既是形成策划方案的依据，也是对策划效果进行评估的主要标准。

4. 公关策划依据

公关策划的依据是进行公关策划活动的基础。策划的依据特指通过公共关系调查搜集到的反映组织公共关系状态及其发展变化趋势的相关信息。

5. 公关策划方法

公关策划的方法是指公关策划人员在策划过程中所采用的形式、手段、技术、措施、程序等。公共关系策划的方法是保证策划活动顺利进展，取得良好策划效果的基本条件。

6. 公关策划方案

公关策划方案是通过策划活动所形成的概括反映策划过程、策划内容、策划结果等问题的口头报告或书面文件。经过抉择最终确定的公关策划方案是开展公关活动、进行策划效果评估的依据，是避免盲目性、随意性，保证实现策划目标的规范化章程。

公共关系策划的六大基本要素相互作用，相互制约。公关策划者以策划依据为基础，确定策划目标，将策划方法应用于策划对象，最终形成策划方案。公共关系策划是一个具有系统性、整体性、完整性的活动过程。

公共关系策划与一般意义的策划既有联系又有区别。公共关系策划作为策划的一种类型，它也是为决策和计划构思、设计、制定行动方案的智力或理性活动。公共关系策划作为策划的一种特殊方式，它的策划内容主要是运用传播沟通的方式建立、巩固、协调和改善组织与其公众之间的关系，从而达到建立信誉、塑造形象、优化环境的目的。

（二）公共关系策划的作用

公关策划的作用是由公关策划的性质特点及其在学科体系和实践活动中占据的特殊地位所决定的。公共关系策划是高层次的公关工作或公关活动，因此，我们这里所说的作用只限于公共关系策划对于开展公共关系工作或公共关系活动所发挥的功能。公共关系策划的作用主要有以下几点：

1. 可以加强公关工作的有效性

通过精心策划的公关活动，可以确保目标明确、方法得当、进展有序；可以将公关活动与广告、营销、管理等有机结合，起到解决现实问题的作用；也可以妥善处理近期目标与长远目标、总体目标与分项目标的相互关系；既能产生理想的经济效益，也能产生良好的社会效益。要想使开展的公共关系活动取得良好的效果，就必须事先对其进行精心策划，制定出切实可行的行动方案。

2. 可以增进公关工作的计划性

公共关系以其特殊的功能和作用，越来越受到各类组织的重视。无论是处于起步创业阶段还是处于稳定发展阶段的社会组织，无论是一帆风顺还是处于逆境的社会组织，都需要不间断地针对各种不同类型的公众开展多种形式的公共关系活动。因此，对公关工作所投入的人力、财力、物力逐渐增大；开展活动所使用的方法和手段在不断改进；面对的目标公众及活动内容日益复杂。社会组织要想使这些活动安排合理、有条不紊，不出现顾此失彼的现象，就需要通过策划，做出整体部署。只有经过整体性、系统性的先行策划，才能制定出顾及全局、突出重点、纲目分明、总分有序、着眼长远、立足现实的活动计划。

3. 可以保证公关工作的连续性

公共关系的作用表现为建立信誉、塑造形象、协调关系、优化环境，但这些作用的发挥需要坚持不懈地长期努力，需要接连不断地开展公共关系活动。只有通过公共关系策划，才能妥善处理组织的总体目标与公关目标、长远目标与近期目标之间的关系，才能使开展的公共关系活动具有长远性、连续性，才能做到承前启后、衔接紧密、相互照应、配合默契、持之以恒。

4. 可以促进公关工作的规范性

公共关系的主体社会组织具有不同类型，公共关系的客体公众具有不同需求，公共关系的中介传播沟通具有不同方式。这三大要素的多元化及其不间断的发展变化，使得公共关系活动绝不能模仿，更不能照搬，必须具有创新性，才能取得理想效果。公共关系活动千变万化，纷繁复杂，但概括地说，其实质就是促使这三大要素优化组合，尽量趋于协调。不同的社会组织，面对不同的公众及其态度的变化，采用何种传播媒介，采用何种传播方式，利用什么时机，选择何种场合开展活动才能取得最佳效果，这更需要经过巧妙的策划。常言道：力巧破千斤。公共关系活动的魅力就来自于巧妙的创新。

但是，策划不是毫无章法的胡思乱想，也不是没有依据的胡说八道，它不等于创意，更不同于点子。策划是在科学理论的指导下，在社会规范的制约下，针对着组织面临的具体问题进行的创造性的、理智性的脑力劳动。通过科学、严谨、周密的策划而制定的活动方案，对于公共关系工作的规范化必然会起到促进作用。

二、公共关系策划的原则和程序

（一）公共关系策划的原则

公共关系策划的原则是指在公共关系策划过程中应该遵循的具有普遍性、共同性的准则和标准。不同的策划主体所进行的某一项具体的公共关系策划将会确定不同的目标，涉及到不同的内容、不同的环境，也会制定不同的策划方案。因此，公共关系策划的原则也不会完全相同，也就是说具体的策划原则可能是多种多样、千差万别的。我们以下将要介绍的只是一些具有普遍性、一般性、共同性的原则。

1. 利益性原则

利益性原则是指公共关系策划必须将组织利益与公众利益相互结合。公共关系是社会组织与公众之间的一种利益关系，这是公共关系与其他关系相区别的本质特征。因此，进行公共关系策划时必须遵循利益性原则。

利益性原则的具体内容是：公共关系策划必须将组织利益与公众利益相结合；必须将社会效益与经济效益相结合。

2. 针对性原则

针对性原则是指公共关系策划必须针对某个需要解决的具体问题。针对性原则也可以称为目标性原则，即针对某个特定的问题来确定策划目标，有的放矢，对症下药。

针对性原则的具体内容是：公共关系策划必须针对公众的心理状态，必须针对组织现时的公共关系状态来确定公共关系活动目标。

3. 可行性原则

可行性原则是指策划方案应该切实可行，方案的实施能够取得良好的效果。策划方案是策划活动的最终结果，方案是否切实可行必须经过实施才能得到验证。切实可行的策划方案有利于树立组织的良好形象，不符合实际的方案则可能适得其反。公共关系策划应该保证策划方案符合实际，方案的实施能够取得良好的效果。

可行性原则的具体要求是：对策划方案应该进行可行性分析，进行可行性试验，进行可行性评估。

4. 新颖性原则

新颖性原则是指公共关系策划活动应该力求新奇、独特、精致，不落俗套。新颖性原则也可以叫做创造性原则或创意性原则。公共关系的三大构成要素——主体、客体和媒体都具有不同的类型，都处在不断地变化之中。不同的组织面对不同的公众，使用不同的传播媒介，在不同的发展阶段所开展的公共关系活动就应该有所不同。只有开展的活动具有针对性和新颖性，才能取得良好的活动效果。

新颖性原则的具体要求是：策划的活动方案应该新奇、独特、精致，不落俗套。

5. 灵活性原则

灵活性原则是指公共关系策划活动应该随着形势的变化，积极、主动、及时地进行。古人云：时移则势异，势异则情变，情变则法不同。公共关系策划活动应该顺应形势、适合时宜、及时进行，只有如此，才能使策划方案不断完善，才能使方案的实施收到更好的效果。

灵活性原则的具体要求是：应该增强变化意识，掌握变化情况，预测变化趋势，根据变化形势，灵活地修订策划方案。

6. 整体性原则

整体性原则是指公共关系策划活动应该考虑和顾全与策划项目相关的各个方面。每一项公共关系活动的开展都要涉及到多种因素，如组织内部的条件，组织外部的环境，组织面临的问题，开展活动的天时、地利和策略、技巧等。要想使公共关系策划方案切实可行并通过方案的实施取得预期效果，必须将与策划项目相关的多种因素看做一个有机整体，充分考虑各个因素之间的协调。

整体性原则的具体内容是：应该充分考虑组织自身的整体实力，应该全面考虑外部环境的整体利用，应该精心考虑策划要素的整体协调，应该周密安排策划程序的整体衔接。

以上介绍了公共关系策划的一般性原则。我们在此必须说明以下两点：

第一，这六条原则在具体应用过程中并不是绝对独立的，而往往是结合在一起综合应用的。例如：

新颖性与可行性就应该相互结合应用。一次成功的公共关系策划必须具有新颖性，但是，有些具备新颖性的策划方案，因为受到多种因素的制约，并不一定都可行。所以，成功的公共关系策划必须既要考虑社会组织所要达到的目标，也要考虑外部环境和内部条件。

整体性与灵活性也应该相互结合应用。策划方案涉及到策划目标、实施条件和活动措施，公共关系活动的目标必须与组织的总体目标相协调，实施条件涉及到人、财、物等方面，活动措施涉及到各种条件的优化组合，因此具有明显的整体性。但是公共关系活动可能会遇到各种条件发生变化的情况，为了适应变化，又必须具有灵活性。为了使方案切实可行，就必须既要考虑整体性又要考虑灵活性。

整体性与针对性也应该相互结合应用。公共关系策划是在组织整体计划的约束下进行的。在进行公共关系策划时，必须把本项策划所产生的行动方案看做组织整体计划的一个部分和一个方面，与组织的整体计划统一起来。如果策划方案与组织的整体计划相悖，那么，再好的行动方案也只能是一种不切实际的空想。可是任何一项公共关系策划的目标都是针对特定公众的，也就是说，公共关系策划又必须具备针对性。因此，只有将这两项原则结合起来，才能取得策划的成功。

第二，除了这六条原则以外，在具体的公共关系策划活动中还有可能需要遵守其他相关的原则。例如：

时效性原则。时效性原则是指公共关系策划活动应该考虑时机对效果的影响，充分运用有利时机以增强方案的实施效果。时机是体现方案价值的因素之一，决策方案的价值将随着时间的推移与条件的改变而增减。因此，策划方案的实施必须考虑时机的运用，应该重视时机对效果的影响，应该认识时机的即逝性特点，应该巧妙地安排和利用时机。

群策性原则。群策性原则是指公共关系策划应该群策群力，集中众人智慧，发挥团体力量。随着市场经济的发展和现代科学技术的进步，竞争的领域在不断地扩大，竞争的形势日益激烈，策划活动也越来越受到重视。策划活动是一项高智力的复杂的系统工程，包括多个环节，涉及多个方面，而任何个人的知识和智慧都是有限的，因此，公共关系策划活动应该遵循群策性原则，应该发挥专家团的群体智慧，应该集思广益并且取长补短，应该虚心采纳相关人员的建议。

(二) 公共关系策划的程序

公共关系策划的程序就是按照时间先后依次安排和进行的策划活动步骤。借鉴有关策划程序的代表性观点，结合公共关系策划的特殊性，我们认为公共关系策划的一般程序应该包括四个阶段十三个步骤。第一阶段：策划起始阶段，主要指发现和提出问题；第二阶段：策划准备阶段，包括搜集信息、整理信息、分析信息、界定公众四个步骤；第三阶段：正式策划阶段，包括确定目标、设计主题、选择媒介、预算经费、拟订方案等五个步骤；第四阶段：策划完善阶段，包括审定方案、形成文件、反馈调整三个步骤。

公共关系策划的程序是一种具有规律性的客观存在，策划人员只有按照客观规律行事，才能保证策划方案具有科学性、整体性、可行性，策划方案的实施才能取得理想的预期效果。

1. 公共关系策划的起始阶段

在公共关系策划的程序中，由于以后几个阶段的所有步骤都是以承认问题的存在为前提，都是以解决现实问题为基础而展开的，因此，我们认为，发现和提出问题是公关策划的逻辑起点，解决问题贯穿于公关策划的全部过程，制约着策划的其他步骤。

(1) 问题是目标与现状间的差距。这里所说的问题是指组织的现实状态与理想目标之间的差距。如果组织现实状态与理想目标之间没有差距，那么，就不会有策划活动；如果组织现实状态与理想目标之间存在着差距，那么，组织的决策者就会感到有问题存在，需要通过策划采取积极行动加以解决。现状偏离目标，现状与目标之间的差距就是所谓问题。公关策划的动机就是试图解决这一问题。

（2）问题是公关策划的逻辑起点。将问题作为策划的起点，主要有以下三点理由：其一，问题是公关策划行为的起因；其二，问题分析就是确认策划目标；其三，问题制约着策划的其他环节。

（3）发现问题的常用方法。发现问题的常用方法有：例外原则、偏差记录、组织诊断和缺点列举。

第一，例外原则。将理想目标与现实状态加以对照，如果两者相符则属于正常，如果两者不符则属于例外。确立目标的标准和理想目标的客观描述对于发现问题具有重要意义。

第二，偏差记录。偏差记录要求相关人员周期性地调查和询问组织内外发生了什么变化，有什么不同寻常的现象出现，并将所有脱离正常轨道的偏差记录下来。然后可对这些偏差进一步加以分析研究，看它是否与组织理想目标有关，是否属于公共关系策划应该考虑的问题。

第三，组织诊断。组织诊断是指对组织机体进行测度、评估和分析，以发现潜在问题为目的的一种方法。这种方法需要使用诸如试探、统计、审计等一系列手段。通常，组织诊断需要聘请外部专家。

第四，缺点列举。所谓缺点列举就是将事物的缺点一一列举出来，从中发现存在的问题。通常的做法是召开缺点列举会。参加此会的人数一般以5～10人为好，会议时间以2～3小时为佳，讨论的议题宜小不宜大。

2. 公共关系策划的准备阶段

策划的准备阶段，包括搜集信息、整理信息、分析信息、界定公众四个步骤。

(1) 搜集信息。搜集信息是指根据公共关系策划工作的需求，把关于组织内外环境的各种零乱无序的信息加以聚集的过程。搜集信息对于公共关系策划的重要意义表现在以下四个方面：为发现和研究问题提供客观依据、为公共关系策划奠定科学基础；为审定策划方案限定参照标准；为开展公关活动创造有利条件。

(2) 整理信息。整理信息指的是对搜集到的信息资料进行初步加工处理，使其便于保存、分析和应用的过程。在公关策划过程中，整理信息的意义具体表现为以下三点：提高信息的有序性和完整性；提高信息的真实性和准确性；提高信息的概括性和针对性。

(3) 分析信息。分析信息是指针对公关策划活动的实际需要，运用专门的科学方法，对搜集到的信息资料进行比较、估量、计算、筛选等加工过程。信息分析工作对于公共关系策划来说，其意义表现为以下四点：明确现状，找出差距；总结经验，发现优势；获取新知，闯出新路；寻找时机，实现目标。

(4) 界定公众。通常将公共关系活动的针对对象称为目标公众或对象公众。策划准备阶段发现的问题主要出自相关公众，搜集信息的目的是全面地掌握特定公众，而分析信息的目的则是为了界定公众，即确定目标公众或对象公众，以便为正式策划做好准备。界定公众的意义主要有以下四点：有利于明确活动目的；有利于设计活动主题；有利于选择实施人员；有利于选择传播媒介。

3. 公共关系策划的正式策划阶段

正式策划阶段，包括确定目标、设计主题、选择媒介、预算经费、拟订方案等五个步骤。

(1) 确定目标。确定目标是继准备阶段之后正式进行策划的第一个步骤。公共关系策划的目标是指期望通过策划方案的实施所要达到的理想结果。确定目标是以现实公共关系状态为依据，确定通过策划方案的实施将会实现何种目的的过程。确定目标既需要以发现的问题、搜集的信息及信息分析、界定公众为前提条件，又对整个策划过程以及策划结果具有重要影响。确定目标的意义有以下三点：为策划活动指明方向；为后续活动奠定基础；为实施方案提供依据。

(2) 设计主题。设计主题是使公共关系目标具体化的过程。主题是策划的灵魂和核心，贯穿于整个策划之中，对整个公共关系活动起着统辖和指导作用，使组成策划的各个要素有机地组合成一个完整的策划方案。设计的主题是否恰当、精彩，对整个公共关系活动的效果有着举足轻重的影响。主题应该是对即将策划的本项公共关系活动内容的高度概括，因此，一般用提纲挈领式的语言来表达。

主题的表现方式多种多样，它可以是一句口号，也可以是一句陈述或一段表白。尽管公共关系的主题看上去非常简单，但设计起来并不容易。在设计主题时应该认真思考、反复推敲，才能使主题简洁、精确、明了并能够充分体现活动的宗旨，才能起到感召公众、激发行为的作用。

(3) 选择媒体。传播媒体的种类繁多，各种传播媒体都有其特定的功能，都可以为实现某一特定目标而发挥作用。只因作用的效果各不相同，所以，才有必要对其加以选择。报纸、杂志、电视、广播以及电脑联网在所有媒体中占有重要地位。这五种传播媒体是公共关系策划选择传播媒介时应该重点考虑的对象。

选择传播媒介应该以公关活动的目标和要求、目标公众的特点和需求、公关活动的内容和特点、开展活动的经费数额和各种媒介的组合效果为重要依据。

(4) 预算经费。无论是出于何种目的而开展的公共关系活动都应该考虑投入与收益的关系。公关策划的方案必须建立在一定的物质条件基础之上，才有可能成为现实。所以，预算经费成为公关策划活动必须重视的一个程序。

预算经费的意义在于：保证方案切实可行；妥善安排轻重缓急；可为评估提供依据。

公共关系策划的经费预算项目可分为行政开支和项目开支两大类。行政开支由劳动成本费用、日常行政费用和设施材料费用构成。项目开支由已经进行的项目、计划进行的项目和预测可能需要进行的项目费用等三部分构成。

预算公共关系活动经费的方法主要有：固定比率法、投资报酬法、量入为出法和目标先导法。

第一，固定比率法。固定比率法是指按照一定时期内经营业务量的大小来确定预算经费总额的一种方法。经营业务量可以按销售额计算，也可以按利润额计算。各组织自行决定从中抽取一定的百分比作为公关活动经费。这种方法最突出的优点是计算简便，简单易行。

第二，投资报酬法。投资报酬法是把公共关系活动的开支当做一般投资来看待，即以相同数量的资金投入获得效益的大小为依据。由于公关活动的效果体现在社会效益和经济效益两个主要方面，社会效益一时难以计算，经济效益基本上又需要通过组织其他部门的效益间接体现，因此，计算的数字是相对而言的。一般的计算是以知名度和美誉度的提高程度作为依据的。

第三，量入为出法。量入为出法是以组织的经济实力和财务支出情况为依据，根据财政上可能支出的金额来确定公共关系活动经费总额。

第四，目标先导法。目标先导法是先制定出公共关系活动所期望达到的目标，然后将实现这一目标所需要的各项费用详细计算出来，从而计算出整个活动所需要的经费总额。这种预算方法必须建立在对有关项目支出的市场信息充分了解的基础之上，才可能进行相对准确的预算。目标先导法的优点在于目标明确、项目具体，策划人员可以从实际出发，充分发挥主观能动作用。因此，在具体的公关策划过程中，在预算经费的问题上往往将这种方法与前面介绍的几种方法结合起来使用。

(5) 拟订方案。活动方案是保证目标得以实现的各项措施、办法、途径、策略、技巧的汇集。拟订方案是策划阶段的核心环节，是使策划目标得以实现的必要措施和基础。这一步骤将直接影响方案的审定，以至于影响整个活动的效果。

拟订策划方案的意义主要表现为明确面临的任务，建立合理目标，编制工作程序，分清轻重缓急，便于组织活动，展现行动结果等六个方面。

拟订方案应该以资料信息、目标公众、目标系统、活动主题、传播媒体、活动经费和结果预测作为依据。

根据策划方案的内容和作用的不同可将其分为积极方案和应变方案。积极方案是指从正面保证各项目标得以实现的方案。这是策划方案的主要类型，方案中包含着促使目标实现的各项积极措施。应变方案又可分为预防性应变方案和善后性应变方案。前者是指在条件发生变化之前就采用的各种应变措施，其作用在于防止万一而导致措手不及；后者是指在条件发生变化之后采取的各项应变措施，其作用在于更迅速地适应变化，扭转局面。拟订策划方案应当遵循多样原则、制约原则、创新原则和时空原则。

4. 公共关系策划的完善阶段

策划的完善阶段包括审定方案、形成文件、反馈调整三个步骤。

(1) 审定方案。拟订出来的方案仅仅是关于如何开展公共关系活动的初步设想，为了使其更加完善，还需要加以审定。审定方案一般需要经过评估、选择、优化、论证等过程。

(2) 形成文件。形成文件是将策划过程及其结果等与策划相关的主要内容经过整理加工并转化为书面形式。形成的文件就是策划方案，这是反映最终策划成果的书面文件。

撰写策划方案是为了将策划的各个工作环节和形成的初始文

件进行整理、加工，使之系统化、规范化、完善化。策划方案的制作过程为：首先应该撰写策划方案的写作大纲，列出各章的标题和要点等主要内容；其次是经过检查进行补充和调整，使之内容全面，顺序合理，结构严整；再次是对要点进行说明或阐述使之成为策划方案初稿；最后，应该在初稿的基础上加以润色推敲，使之简洁明了，重点突出，文字流畅。

一份规范的策划方案应该由封面、提要、目录、前言、正文和署名等六个部分构成。

策划方案的封面应该在合适的位置标明策划项目的名称、策划主体的名称、完成策划的日期以及策划书的编号。提要应该简明扼要地表述本项公关策划的核心内容，便于决策者了解策划的精神实质，形成深刻印象。目录部分应该列出策划书正文的篇、章、节的名称，如果有附件也应该在目录中注明。前言即序言，这是策划书的大纲，包括策划的宗旨、背景、意义等主要内容。正文中一般包括标题、主题、目标、综合分析、活动日程、传播方式、经费预算、效果预测等内容。署名是指在最后注明策划机构的名称或策划人员的姓名，策划方案的完成日期。

(3) 反馈调整。公共关系活动是一种双向传播与沟通活动。公共关系策划具有明显的超前性和预测性。策划过程中涉及到的一系列相关因素都处于不断发展变化之中，策划人员的事先预测难以做到与客观现实毫无差距。因此，在方案实施过程中及时收集反馈信息是十分必要的。搜集反馈信息的目的主要是发现实施过程中出现的偏差，通过分析研究从而对策划方案进行必要的调整，以利于活动进展顺利，最后实现策划的目标；也便于总结经验，为以后的策划提供借鉴。

①反馈调整的方法。对策划方案进行反馈调整经常运用的方法有比率统计法、询问统计法、媒介反馈法、观察理解法和民意测验法。

第一，比率统计法。比率统计法是对事先确定的开展活动所选择的传播媒体的传播效果加以统计、计算，以计算的比率与策划方案中预计的效果加以比较。

第二，询问统计法。询问统计法是对目标公众进行访问调查，统计被询问者中接受信息、产生情感、改变态度、引起行为的人数及其程度，并进行计算，以计算的结果与策划方案中预测的效果加以比较，从而判断工作成效。

第三，媒介反馈法。媒介反馈法即搜集新闻媒介对策划项目实施的相关反映，与方案实施以前的反映进行对比，从中了解通过策划项目活动的开展而产生的效果。

第四，观察理解法。观察理解法即通过对目标公众改变态度、引起行为等情况的观察分析，来判断开展活动的效果，以此作为制定和采取相应对策的依据。

第五，民意测验法。民意测验法是通过问卷、访谈等民意测验的方式，了解目标公众对开展活动的了解、理解和认识等情况，以此推测开展活动所取得的效果。

②反馈评估的内容。反馈评估的内容可以分为三大类：准备情况的评估，实施过程的评估，活动效果的评估。

第一，准备情况评估。准备情况评估主要是通过活动进展情况，来检验准备的材料是否充分，对材料的分析和形势的预测是否准确，传递信息的形式、方法是否合适等。

第二，实施过程评估。实施过程评估主要是通过对传播出去的信息数量与被新闻媒介采用、被目标公众接受的信息数量进行对比分析，来衡量活动的开展情况。

第三，活动效果评估。活动效果评估主要是通过对接受信息、改变观点、转变态度、引起行为的目标公众数量的变化，实现目标的程度与解决的问题以及通过活动所产生的社会效益和经济效益的对比分析，来权衡开展活动所产生的效果。

③反馈调整的原则。在调整策划方案的问题上应该遵循分清主次、实事求是、科学谨慎和及时果断的原则。

第一，分清主次。分清主次是指应该对实施过程中出现的偏差进行认真分析，找出影响实施的主要因素，针对主要问题进行调整，即解决主要矛盾。

第二，实事求是。实事求是是指当事先的预测与客观现实出现偏差时，一定要以实事求是的态度，对事先通过预测而制定的方案进行修订。

第三，科学谨慎。科学谨慎是指对策划方案的调整应该以谨慎的态度和科学的方法为基础，找到影响方案实施的真正原因，才能进行调整；不能轻易改变经过认真思考已经确定的重要内容。

第四，及时果断。及时果断的含义是：如果经过认真分析，已经确认出现偏差的原因确实是由于方案本身的问题，或者在方案实施的过程中出现了没有预料到的影响方案实施的条件变化，那么，就应该及时果断地对方案进行修改，以便扭转形势，避免导致事与愿违的结果。

三、公共关系策划的工作内容

公共关系策划的工作内容主要是指正式策划阶段的基本内容。公共关系策划的正式策划阶段包括：确定目标、设计主题、选择媒体、预算经费、拟订方案等主要工作。本节我们将以公共关系调查以及公关策划程序介绍过的内容为基础，进一步探讨这几个方面的工作内容及其具体要求。

（一）确定活动目标

1. 目标的基本类型

公共关系活动的目标是一个复合目标系统。按照不同的标准对公共关系活动的目标进行分类，可将目标分为长期目标与近期目标；主要目标与次要目标；一般目标与特殊目标；最优目标与最低目标；总体目标与具体目标等。对于公共关系策划来说，最常见并且最具有实际意义的目标是以实现目标所涉及的范围作为标准的划分，即将目标分为总体目标和具体目标。

(1) 总体目标。总体目标即公共关系战略目标。公共关系工作的总体目标应该与组织的整体目标相一致，以塑造组织的整体形象为主要内容。总体目标一般使用高度概括的简练语言来表达。

(2) 具体目标。具体目标也可以叫做战术目标。公共关系工作的具体目标是有着确定的内容，服务于总体目标，通过阶段性的公共关系活动便可以实现的理想结果。

2. 确定目标的要求

在确定目标的问题上，应该符合以下要求：目标必须服从总目标，必须有客观依据，必须具有明确性，必须具有可行性，必须具有可控性。

(1) 目标必须服从总目标。目标必须服从总目标的含义是公共关系策划所确定的目标必须符合组织运行的整体目标。

(2) 目标必须有客观依据。目标必须有客观依据是指公共关系策划的目标必须针对组织面临的具体问题。

(3) 目标必须具有明确性。目标必须具有明确性是指目标的含义必须确切单一、具体清晰，不能模棱两可、包含歧义。

(4) 目标必须具有可行性。目标必须具有可行性是指确定的目标应该符合实际，经过努力能够实现。

(5) 目标必须具有可控性。目标必须具有可控性是指确定的目标应该留有余地，应该具有一定的伸缩性，在出现预想不到的情况变化时，也可以采取应变措施来实现目标。

(二) 设计项目主题

主题从形式上看虽然只是一个语词、一个概念或者一句话，但从作用上看它却是策划活动的核心思想的结晶，是体现策划价值和魅力的灵魂，是实施策划方案的指导方针。因此，我们应该探讨并掌握设计主题的要求和方法。

1. 设计主题的要求

主题应该体现策划活动的目标以及策划方案的信息个性，应该体现主体顺应公众需求的核心思想。活动目标、信息个性和心理需求，这三点在主题中缺一不可。任何一项成功的策划主题，都应当是活动目标、信息个性、心理需求这三者的和谐统一。策划目标是构成策划主题的基础和依据；信息个性可使策划主题针对特定的公众对象；心理需求则能使策划主题体现出充满生机的活力。主题的设计应该符合以下基本要求：

(1) 主题应该鲜明突出。这是针对公关策划或开展公关活动的目标而言的。目标是根据组织的社会角色、行动纲领、发展前景、公关状态等因素确定的。主题是对活动目标的提炼和升华，提炼出来的简洁语句既需要概括目标的所有内容，又应该与目标保持一致，充分体现目标。只有鲜明突出的主题，才能服务于活动目标，才能保证方案的实施不至于与组织的公关活动目标以及总体目标相违背。

(2) 主题应该新颖独特。这是针对主题的信息个性提出的要求。策划方案的信息个性是指本项活动区别于其他活动的特点。策划涉及的对象可能是有形的也可能是无形的，可能是具体的也可能是抽象的，可能是宏观的也可能是微观的……在传播技术长足发展，各种信息扑面而来的当今，没有个性的信息如同过眼烟云，不会给人留下深刻的长久印象。只有通过主题将策划对象的信息个性体现出来，使其新颖独特、鲜明醒目，才能产生强烈的感召力和巨大的影响力。

(3) 主题应该顺应公众。这是为了遵循公共关系的基本原则而提出来的。“投公众所好”是公共关系学的创始人爱德华·伯内斯一贯提倡的公共关系思想，“以公众为目标”是公共关系的基本原则。公众的需求既包括物质需求也包括心理需求。公共关系活动的主题必须针对公众需求，顺应公众心理，既要让公众感到新奇，能振奋人心，也要使公众觉得合情合理，可亲可信。

(4) 主题应该合情合理。这是将以上三点综合起来考虑的。

主题的合情合理是指符合主体目的，符合公众心理，具有信息个性。主题应该是这三方面内容的有机融合，相互渗透，而不能忽略其中的任何一个方面。只有如此，才能使公众从心里认可，才能有效地实施策划方案。

（5）主题应该通俗简练。这是就主题的表现形式来说的。公共关系策划的主题是为实现目标服务的，因此必须考虑念起来顺口，听起来入耳，便于理解，便于记忆，便于传播。据心理学的研究证明，人们对语言的记忆，其音节在16个以下效果为佳，超过16个音节便容易产生排斥心理。因此，主题的表述必须做到通俗易懂、简短凝练。只有如此，才能被公众接受理解，才能得到广泛的传播。

（6）主题应该提炼选择。主题需要提炼，这是由人们的认识规律所决定的。主题既是策划要素、策划程序、策划原则、公众需求等在策划人员头脑中反映的产物，也是策划人员对上述一系列相关问题加以分析研究而得出的结论。策划人员对策划相关因素的认识，需要有一个由浅入深、由此及彼、由感性认识上升到理性认识的发展过程，也就是说，主题的设计不是一下子就能完成的。要想使设计的主题符合上述要求，能够深刻地反映策划活动内容，就必须反复推敲、精心提炼。提炼主题必须从策划的目标出发，从客观情况出发，尊重公众的心理需求，而不能脱离现实，盲目追求独特，更不能不切实际地一味突出新奇。

主题需要选择，这是由策划因素的多元性决定的。虽然主题必须体现目标，但目标可以根据不同的需要，从不同的角度、不同的侧面、不同的层级来体现。例如，“希望工程”这一主题，便是从“精卫计划”、“春雨计划”、“爱心计划”、“桃李计划”、“振兴计划”和“希望计划”中经过选择和加工而形成的。只有通过选择，才能使主题符合上述的一系列要求。

2. 设计主题的方法

设计主题或者提炼主题，应该重点掌握以下几种方法：

(1) 目标聚焦法。目标是策划的灵魂，目标一经提出，策划人员在设计主题时，就应该将目标作为聚焦点，将其他相关信息聚集到目标上来，凝聚成一个创意新颖、构思独特的主题。

(2) 信息联结法。这里所说的“信息”，包括对策划具有潜在价值的、各种各样的事件及其相关的人物、时间、地点、情节、物品等。信息联结法的含义是将某些有价值的信息与策划目标有机地联系起来，从而创造出主题。

(3) 片言居要法。片言居要是古人总结出来的表现文章主题的重要方法。“立片言以居要，乃一篇之警策。”意思是说，写文章要用简要的语言作为中心，片言就像骑马驾车的鞭子（警策），对全篇文章具有统帅的作用。

(4) 画龙点睛法。“画龙点睛”是散文或某些记叙文表现主题的手法，也是片言居要法的具体应用。策划中应用这种方法在于突出主题的信息个性，以增强主题的活力。策划目标体现了策划的宗旨。为了通过主题将目标的宗旨呈现出来，还应该对目标加以提炼，在此基础上，用一句精粹、简明的语言来表达主题。

(三) 选择活动方式

公共关系活动的开展既需要应用传播媒介，又需要采取一定的活动方式。传播媒介的选择与应用问题可参考本书第九章和本章第二节的相关内容，此处我们重点探讨选择活动方式的问题。

1. 活动方式的类型及其特点

公共关系活动方式也叫做公共关系模式，是指以一定的目的任务为前提，针对不同的环境和不同的公众对象，运用各种传播媒体和方法技巧所形成的具有特定功能的工作方法系统。根据不同的标准，可将活动方式区分为不同的类型。

(1) 根据活动方式本身的主要特点可将其分为以下五种：

①宣传型（或张扬型）活动方式。这种方式是选择不同的传播媒介，运用各种传播手段，迅速将组织的有关信息传递出去，形成有利的社会舆论。特点是主导性强，时效性强，有助于提高

组织的知名度。

②交际型活动方式。这种方式是通过人与人的直接接触来联络感情，广结良缘，深化交往层次，建立社会关系网络。特点是富于人情味，给人以亲切感，直接灵活。

③服务型活动方式。这种方式是以提供各种实惠服务获得公众的信任与好评，树立组织的良好形象。特点是具体、实在、效果显著。

④社会型活动方式。这种方式是通过参加有组织的社会性、公益性、赞助性活动来树立组织的良好形象。特点是不拘眼前，着眼长远，影响较大，但花费较多，需量力而行。

⑤征询型活动方式。这种方式是通过舆论调查、民意测验的办法采集信息，分析、研究、加工信息，为组织决策提供参考意见。特点是充当组织的耳目，需耐心、细致、诚恳，通过日积月累地不懈努力形成良好的信息网络。

(2) 根据活动方式的功能或所达到的目的可将其分为以下五种：

①建设型活动方式。通过较多的宣传和交际活动向公众作自我介绍，主动结交朋友，使更多的人知道、了解和接近组织。适用于组织的开创时期，主要功能是提高知名度，目的是引导、启发公众。

②维系型活动方式。通过各种传播媒介以较低的姿态持续不断地传播组织的有关信息，使公众在潜移默化中接受影响。适用于组织的稳定发展阶段。主要功能是维护组织的良好形象，目的是使公众对组织的认识深化、推动公众的行动。

③防御型活动方式。采取以防为主的策略，重视信息反馈，控制公关失调的苗头，调整自身的政策或行为。适用于出现潜在公关危机的情况，主要功能是防患于未然，目的是使组织始终保持主动地位。

④矫正型活动方式。采取有效措施，做好善后工作，平息风

波，稳定舆论，挽回影响。适用于出现公关失调，组织形象受到损害的关键时刻。主要功能是维护声誉，目的在于求得公众的谅解与同情。

⑤进攻型活动方式。抓住有利时机，利用有利条件，迅速调整变换决策，另辟蹊径。适用于组织遇到严重的不利情况，需要改变被动局面的时候。主要功能是反守为攻，出奇制胜。目的是摆脱被动，寻求新的机会，开辟新的环境。

2. 举例说明活动方式的选择

以上介绍的活动方式是一些工作方法系统，构成系统的因素具有多元性。组织开展公共关系活动可能出于多种多样的目的，因此，我们虽然掌握了各种活动方式的特点和功能，也明确了出于不同目的而开展的公共关系活动需要选择相应的活动方式，但是，我们却无法对此类问题一一地加以探讨。我们只能采取限定条件、举例说明的方法，进一步探讨选择活动方式的必要性。

公共关系活动具有塑造形象、传播沟通、协调关系、咨询决策等多方面的功能，组织的发展过程大体上要经历初创、发展、兴盛和危机等不同阶段。我们以下的探讨仅以组织发展不同阶段的形象塑造作为假设条件。

（1）初创期的形象塑造。组织、产品或服务的初创时期，既需要提高知名度，也需要树立美誉度。因此，进行公共关系策划时，活动的目标应该确定为力求增强、树立形象。出于此种目的，就应该考虑选择建设型或宣传型、交际型、社会型等活动方式。

（2）发展期的形象巩固。组织、产品或服务进入稳步发展时期后，需要维护和巩固已经树立起来的良好形象。进行公共关系策划时，活动的目标应该确定为稳扎稳打，扎扎实实地开发一些既有益于组织发展又有益于社会和公众的活动。在这种情况下主要应该选择维系型或者交际型、服务型的活动方式。

（3）兴盛期的形象竞争。组织发展到兴盛期说明该组织的形象已经树立起来，在各方面都具有相当强的竞争能力。如果就此停滞不前或者竞争方式不当则难免好景不长，甚至于在激烈的竞争中败下阵来。处于兴盛期的组织，开展的公关活动应该既要考虑经济效益，更要考虑社会效益，应该以别出心裁、标新立异的方式突出业绩，突出形象。选择的活动方式应该以社会型、服务型为主。

(4) 危机期的形象重塑。组织在发展过程中，质量下降、服务不周、决策失误、他人假冒、公众误解等多种原因，都可能使组织的形象受到损害。因此，必须采取以防为主的策略，重视信息反馈，关注潜在危机，控制公关失调的苗头，以便及时调整自身的政策或行为。这就需要采取防御型活动方式开展经常性的公关活动，以便防患于未然，使组织始终保持主动地位。如果一旦出现形象危机，就应该沉着冷静，运用有效的调查手段，迅速查明情况，然后果断、及时地处理，以稳定人心，控制局势，平息风波，重塑形象。在这种情况下主要采取矫正型、进攻型的活动方式。

(四) 制订活动计划

制订活动计划就是对整个策划活动进行深刻思考，使策划的具体内容——目标、主题、传播方式、活动安排、经费分配等形成一个前后有序、条理清楚、结构严谨、切实可行、便于操作的总体构想。“计划”有广义与狭义的区别。狭义的“计划”是指策划人员为了实施策划方案而对未来的活动所作出的具体安排和布置。我们此处所说的“计划”仅指策划书的正文部分，基本上是狭义的计划。

拟订出来的方案只是关于如何开展公共关系活动的初步设想，为了使其更加完善，还需要对初步拟订的方案进行审定。审定方案一般需要经过评估、选择、优化、论证等过程。审定方案是制订活动计划的基础，因此，我们将首先介绍审定方案的方法及内容，然后介绍制订活动计划的相关知识。

1. 方案评估的方法和内容

(1) 方案评估的方法。一般来说，评估策划方案比较常见和实用的方法主要有比较分析法和经验分析法。

第一，比较分析法。比较分析法是通过对不同方案的比较，将各方案的优缺点、利与弊一一列出，以便加深对每一个方案的认识，也为选择方案创造条件。这种方法常在面临多个方案，对每一个方案的单独分析不足以认识清楚的情况下使用。对于策划方案的比较，有两点值得注意。首先是要有较为明确的、稳定的比较标准，这样才能全面地发现每一个方案的优劣利弊。其次是相互比较的方案之间要有可比性，是属于同一类问题、同一个目标的方案。

第二，经验分析法。经验分析法是根据与此类似的以往策划中的经验和教训来肯定或否定现有的方案。这种方法的理论依据是逻辑推论中的归纳法。通过对以往成功的经验和失败的教训进行归纳，发现成功或失败的共同原因，以此推论本方案的可行性。这也是分析策划方案经常采用的一种方法。

(2) 方案评估的内容。方案评估涉及的内容主要有两个方面：一是方案的实施过程评估，其中包括实施条件评估和应变程度评估；二是实施方案的结果评估，其中包括效益评估和危害评估。

第一，实施条件评估。实施方案的条件中既有客观条件，也有主观条件；既有内部条件，也有外部条件；既有宏观条件，也有微观条件；既有主要条件，也有次要条件；既有直接条件，也有间接条件。策划人员必须认真分析每个条件与目标之间的关系。首先要排除那些与目标没有联系，与本方案的实施无关的条件。其次要考虑支持目标实现的现实条件是否真实可靠，理论依据是否有说服力，事实依据是否充足。然后，还要考虑支持目标实现的条件与目标之间的针对性、逻辑性等方面的联系程度。

第二，应变程度评估。策划方案的实施过程中可能会遇到各种各样的障碍或阻力，如目标公众的逆反心理，宏观环境的突然变化，竞争对手的新近举措，活动步骤的前后脱节，实施人员的临时变动，所需经费的预算差距等。这些情况的出现都将直接或间接地影响方案实施。为了在激烈复杂的竞争环境中实现策划目标，达到预期目的，必须考虑拟订应变方案，而且应该对应变方案作出应变程度的分析和评估。分析评估的主要内容是：首先预测积极方案实施过程中可能会出现的各种情况，分析方案实施的条件在各种情况下的适用程度；其次要完善应变方案，应该尽量采取有效措施避免应变方案失效的现象出现。

第三，效益评估。效益评估实际上就是对通过方案实施可能取得的效益进行分析和预测。方案实施的效益应该由活动目标来体现，不同的策划项目所要达到的目标各不相同，同一个策划项目也具有不同类型、不同层次的目标，但一般来说，目标中既应该包括经济效益，又应该包括社会效益。公共关系活动的功能就是提高知名度、增强美誉度、建立信誉、塑造形象、协调关系、优化环境，通过良好的社会效益为实现经济目标奠定基础、创造条件。因此，对策划方案进行效益评估既应该考虑经济效益，更应该考虑社会效益。

第四，危害评估。所谓危害评估是指对方案实施可能引起的负面作用的分析和预测，即分析该策划方案实施后可能给组织或社会造成的危害。对一项策划方案进行评估，不仅需要考虑好的结果，而且还必须考虑到不良的后果。只有通过对“得”与“失”的权衡或对效益与危害的比较，才能准确地预测该方案是否可行。对于公共关系策划来说，如果事先预测到通过活动方案的实施有可能提高知名度，却可能降低美誉度；有可能使本组织大大获益，却对社会造成危害；有可能得到眼前利益，却对长期发展不利，那么，就宁可放弃该活动，也不应该做这种得不偿失的事。

对策划方案的效益和危害评估都是在假定的基础上进行的，

即假定方案的实施必将导致某种确定的结果，产生相应的效益或危害，因此，这种评估往往具有不确定性。为了提高方案评估的准确率和可信度，应该用量化标准或科学数据作为评估指标，表示假定结果。

2. 选择方案的要求及方法

选择方案是以方案评估为前提的又一个思维过程。在具体的策划过程中对方案的评估和选择往往同时进行，二者密切相关。但从思维过程上来看，这两个环节是确实存在的，有着不同的内容和侧重点。

(1) 选择方案的基本要求。选择方案就是对多个备选方案作出选择。对方案进行选择就需要有选择标准，标准的合理性会影响到整个决策方案的质量，所以，在对方案进行选择之前应该确定标准。既然方案评估是方案选择的前提，方案选择是在评估的基础上进行的，那么，对方案进行评估的几个方面，即实施条件、应变程度、效益与危害也就是选择方案的标准。只要经过评估，确定了每个方案的优劣利弊，也就可以作为依据对方案进行选择了。但是，还有一点应该加以说明，那就是在对方案进行评估和选择的问题上，除了使用一些客观条件作为标准外，还会受到主观因素的影响。由于策划人员或决策人员个人的经历、学识、能力、气质、性格、修养以及价值观念、抱负水准的不同，对同一个决策方案的价值可能会有不同的评价，也就是说，他们评估方案和选择方案具有不同的标准。例如，有的决策人处事常抱乐观态度，富于冒险和竞争精神，这种人往往选择那些实施比较困难，但能取得较大效益的方案；有的决策者比较保守、谨慎，不喜欢冒险或不适宜冒险，这种人往往选择那些实施比较容易，但取得效益较差的方案；有的决策者老成持重，善于深谋远虑，则可能选择那种出乎众人意料，而能够取得惊人效果的方案。策划人员或决策人员在选择决策方案的问题上，既要从组织的实际情况出发，全面考虑各方面的条件，又应该尽量避免主观因素对选择方案所造成的不良影响。

(2) 选择方案的常用方法。选择方案常用的方法主要有两种：淘汰法和综合法。

第一，淘汰法。淘汰法的运用过程是：用方案评估和方案选择的四条标准，即实施条件、应变程度、效益、危害作为保留或淘汰方案的依据，保留那些效益好、危害性小、实施条件充分、应变程度强的方案，而淘汰那些效益差、危害性大、实施条件不充分、应变程度差的方案。至于上述的四条标准以哪一条为主，哪一条为辅的问题，则应该依据具体情况作出决定。

第二，综合法。综合法也可以叫做归并法。即在对备选方案进行选择时发现，备选的几个方案各有利弊，完全淘汰掉哪一个方案似乎都不大可能。在这种情况下，就需要将几个方案的优点综合起来，而舍弃那些弊端，使其成为一个最优方案。综合法基本上有两种方式：一种方式是以其中的一个方案为主，吸收其他方案的优点。另一种方式是将几个不同方案的优点合并到一起，成为一个新的方案。总之，综合法是吸收各个备选方案的优点，而舍弃其中的缺陷，使经过综合的方案更加完善。

3. 方案优化的基本方法

任何方案的完善程度都是相对而言的，尽管经过了评估和选择，仍有必要对被选取的方案进行优化。方案的优化过程实际上就是增强方案的目的性、科学性、可行性、应变性、合理性的过程。方案优化常用的方法有重点法、轮变法和增益法。

(1) 重点法。重点法是指在对一个方案进行优化时，应该首先确定影响方案实施的重点。确定重点的标准仍然是实施条件、应变程度、效益和危害等几个方面。确定重点的方法是全面衡量各个标准对方案实施及其结果的影响程度，以影响最大的标准为重点。例如，方案中的实施条件充分，应变程度很强，预测效益可观，但是危害性较大，优化过程中就应该以减少危害性为重点；如果应变程度很强，预测效益可观，危害性也很小，只是实施条件中的费用太高，那么，就应该以如何节约经费为重点。

(2) 轮变法。轮变法是指对构成方案的诸要素轮流变换数量以确定优化程度的方法。具体地说，就是将方案中的一个因素作为变数，对其进行数量的增加或减少，而其他的因素作为定数不变，以此确定这个作为变数因素的最优标准。当各个构成要素都轮换作为变数，从而确定出最优标准之后，得到的便是最优方案。

(3) 增益法。增益法是指以增加效益为重点，以此为基础考虑如何对其他因素进行修正或完善，从而使方案的实施取得最优效益。使用这种方法对方案进行优化应该充分发挥创新思维的作用。通常情况下，人们只考虑如何降低成本而增加效益，其实，如果增加少量成本而能够获得更大效益的话，那么，这种“丢卒保车”、“欲取故予”的做法应该说更适合现代的竞争需要。

4. 方案论证的基本内容

方案论证是指对经过评估、选择和优化以后而确定下来的策划方案所进行的可行性论证。一般由有关领导、专家和实际工作者对方案的可行性提出问题，由策划人员答辩说明。方案论证包括如下几个方面：

(1) 对策划目标进行分析。即分析策划方案中所确定的目标是否明确具体，策划项目的目标是否符合组织的总体目标，策划项目的目标与其分目标之间的安排是否科学合理，实现目标的可能性程度如何等。

(2) 对实施条件进行分析。任何一项公共关系活动的实施都要受到资金、时间、地点、人力、传播媒介、活动方式以及其他有关条件的限制。方案论证中的实施条件分析，主要是以策划方案的可行性为中心，论证如何充分发挥各种条件的作用。

(3) 对潜在问题进行分析。即对活动方案实施过程中可能发生的潜在问题进行预测，以此为据论证采取防止措施和补救方法的可能性。

（4）对预期结果进行分析。这项内容的分析论证也可以叫做综合效益评估。也就是对方案的实施可能取得的社会效益、经济效益以及导致的危害进行预测。这是决定策划方案是否付诸实施的重要依据。

5．活动计划的基本内容

策划人员可以根据每一项策划的具体内容制订出千姿百态、丰富多彩的活动计划。但是，无论何种计划，它们都应该由策划目标（包括目标、主题）、实施条件（包括时机、方式、地点、人员、步骤、经费）和活动措施这三个主要部分构成。

（1）策划目标。当策划方案经过评估、选择、优化、论证而确定之后，策划目标就成了未来公关活动需要解决的问题或需要完成的任务。策划目标贯穿公关活动计划的始终，实施条件以及活动措施都是围绕着目标而展开的。

公关活动计划中的目标，是对未来的公关活动提出的总原则，在活动计划中往往用活动主题对其进行概括。目标或主题为公关人员指明了努力方向。为了使这个总目标得以实现，需要将它分解为数个内容具体的分目标。

对总目标进行划分，可以根据策划项目的具体内容以及开展活动的实际需要来进行。可以将总目标划分为若干个相互并列的分目标，可以将总目标划分成若干个逐层深入的分目标，也可以根据具体需要将两种划分方法结合起来对总目标进行划分。

（2）实施条件。实施条件是制约策划目标实现的物质因素，包括：有利的时机、合适的方式、恰当的地点、精干的人员、妥善的步骤、充足的经费等。活动计划中应该对这几个方面的物质条件进行精心安排，使其得到充分有效的利用。

在以上条件中实施人员是起关键作用的主导性因素，实施人员的作用发挥制约着计划的实施结果，所以，在活动计划中必须对计划执行者的职责作出明确安排。如果是比较重大的活动项目，对实施人员要有明确的分工，并且严格规定每个成员承担的责任，应该做到：分工合理，各司其职，责任明确，相互配合。在人员配备上应该充分考虑各自的能力和特长，使其充分发挥作用。

时机、方式、地点、步骤、经费都对活动的效果具有重要影响，在活动计划中都应该作出妥善安排。

(3) 活动措施。活动措施可分为两部分内容，一部分是执行活动计划的措施，另一部分是反馈调节的应变措施。

第一，执行活动计划的措施。执行活动计划的措施主要是规定实施人员在活动正常进行的情况下，为实现目标而采用的方法、策略、技巧以及其他的必要手段。

第二，反馈调节的应变措施。反馈调节的应变措施主要是规定实施人员在方案实施过程中发现意外情况时，应该采取的变通办法、途径、策略等。

综上所述，活动计划由策划目标、实施条件、活动措施三部分构成，是这三部分内容有机结合的整体，是对公关人员开展活动作出的具体安排。

四、公共关系策划的主要方法

公共关系策划的过程其实就是创造性思维发挥作用的过程，或者说是创造性思维与策划活动的结合过程。创造性思维是重新组织已有的知识、经验，提出新的方案、程序和新成果的思维方式。创造性思维是公共关系策划的主导思想，它贯穿策划活动的各个方面和策划过程的始终。本节我们将介绍公共关系策划中常用的创造性思维的联想法、组合法和类比法。

(一) 公共关系策划中的联想法

联想是指由感知的某事物引起回忆有关的某事物，或由想起某事物而又想起与其相关事物的思维过程。依据联想所反映的事物间的不同关系，可以把联想分为相近联想、相似联想、对比联想、关系联想等种类。相近联想，是指在空间或时间上接近的事物容易形成联系，使人由一事物想到另一事物。例如，提到“长虹”就容易使人想到彩色电视机。相似联想，是指由对某事物的感知或回忆引起对与它在性质上相似的事物的回忆。例如，由“耕耘”想到教师的教书育人。对比联想，是指由对某一事物的感知或回忆引起对与它具有相反特点的事物的回忆。例如，由一宾馆服务员的恶劣态度想起另一宾馆服务员的周到服务。关系联想，是指由于事物之间的某种联系而形成的联想。例如，由室内寒冷而想到取暖。

联想法以头脑风暴法为主要形式，在头脑风暴法的基础之上又衍生出逆头脑风暴法、NHK 头脑风暴法、默写式头脑风暴法、三菱式头脑风暴法、川喜田法、七乘七法、片方法、特性列举法、戈登法等一些新的方法。我们仅介绍公共关系策划常用的几种方法。

1. 头脑风暴法

头脑风暴法也叫做自由讨论法或集思广益法，是联想法中最有代表性的一种方法。它是指在宽松的环境中，以专题讨论会的形式，通过专家间的自由交流，引起智力碰撞，从而产生出新的智慧火花，使专家们的观点不断集中和升华，以形成优化方案的一种集体思维方法。

头脑风暴，最早是精神病理学上的用语，指精神病患者头脑的错乱状态。1938 年，美国创造学专家阿历克斯·奥斯本将这一语词借用过来命名他首创的、作为一家广告公司团体解决问题的方法，并转其意为思维自由奔放、打破常规、创造性地思考问题。

我国的学者结合我国的国情特点，在头脑风暴法的基础上，总结出了具有中国特色的“智力激励法”或“脑力激荡法”。

头脑风暴法的核心是高度自由的联想。这种技法一般是通过一种特殊的小型会议，使与会者毫无顾忌地发表见解，彼此激励，相互诱发，引起联想，导致连锁反应，产生众多的创造性设想。

(1) 头脑风暴法的具体实施要点。第一，召集 5～12 人参加会议。第二，会议有一名主持者，1～2 名记录员。主持人在会议开始时应先简要说明会议的目的、要解决的问题或目标，宣布会议遵守的原则和注意事项；在会议进行中则要鼓励人人发言，听取一切新构想，随时注意保持会议主题方向，努力使发言简明，气氛活跃。记录员要记下提出的所有方案、设想（包括平庸、荒唐、古怪的设想），力求不要遗漏。会后协助主持人分类整理各种设想。第三，会议一般不要超过 1 小时。第四，会议地点应选择安静的场所，并且尽量避免受到外界的干扰。第五，会议通知应提前发出，在备忘录上注明会议的主题和涉及的具体内容，使与会者事先有所准备。

(2) 头脑风暴会议必须遵守的规则。头脑风暴法的应用最重要的是必须严格遵守下列规则：

第一，保留评判的规则。对于所有与会者提出的任何一种设想和看法，不论其正确与否，也不论其是否符合自己的想法，一律不准提出怀疑和批评。

第二，自由畅想的规则。这一原则要求与会者要独立思考，敢于冲破传统逻辑和常规思想的限制与束缚，海阔天空地想，无拘无束地谈，始终使自己的思想保持自由驰骋的状态。

第三，多多益善的规则。在会议有限的时间里，与会者提出的设想数量越多越好。据国外调查统计资料表明，一个在同一时间内能比别人多提出两倍设想的人，最后产生的有实用价值的设想可以比别人高出十倍。

第四，借题发挥的规则。与会者要善于吸收其他专家提出的合理或创新的设想，巧妙利用他人的想法来开拓自己的思路，并在此基础上提出更新更奇的设想。

在上述四条规则中，头脑风暴法的创建者阿历克斯·奥斯本特别强调第一条规则的重要性。他指出："当一些设想刚刚产生的时候你就运用智能加以十分仔细的研究，这是不妥当的。因为它有碍于我们进行创造性思维。”因此，只有当会议严格遵守保留评判的规则时，才称得上名副其实的“头脑风暴”会议。

(3) 开好头脑风暴会议的经验。头脑风暴法自20世纪50年代开始推广以来，人们在实践中总结出以下经验：第一，确定的讨论题目应该具体、明确、大小适度。第二，提出设想与自我考虑交替进行。第三，按照顺序一个接一个地发言。第四，集中精力听清所有与会者的发言。第五，参加会议的成员应具有代表性。第六，应该尽量创造热烈、欢愉、宽松的气氛。第七，主持人应该将提出的设想按序编号。第八，由未参加头脑风暴会议的其他人对提出的设想进行评价和筛选。

2. 逆头脑风暴法

逆头脑风暴法是美国“热点”公司开发的方法，又称对演法。一般头脑风暴法禁止批评他人发言，而逆头脑风暴法反其道而行之，不但不禁止批评，而且重视批评，对已有的设想大做文章、评头品足，通过批评缺点，促使设想完善。

除了禁止批评之外，头脑风暴法的相关原则在逆头脑风暴法中均被沿用。其具体做法是将参加会议的人员分为两组，通过唱对台戏的方法进行辩论，互攻对方所短，充分揭露矛盾。也可以对需要讨论的方案人为地设置对立面，相互挑剔反驳，以期使一些潜在的问题得到比较充分彻底的揭露，促使新见解更加成熟、完善。

3. 片方法（ZK法）

片方法是由东京工业大学片善治所创，以其英文姓名字头“ZK”命名的。ZK法的特点是解题信息按“启、承、转、合”的线索发展，由此寻求解题最佳方案。片方法既可以一人使用，也可以多人一起运用。

(1) 启。议题提出之后，与会者各自搜集与议题相关的资料和信息。

(2) 承。根据所搜集的信息与资料，按自己的思路，把解决方案写在纸上。每个与会者就自己的方案发言。在此期间，巧妙利用他人的解决方案，思考新的解决方案。

(3) 转。大家把所写的内容贴在墙上，必要的话，关掉灯光，进行默想，对各自的方案进行思考和推敲，加以增删或修正。

(4) 合。各自宣读修正后的观点，然后再进行思考和推敲，将最后确定下来的方案写到黑板上，全体成员对各种解决方案进行分析比较，找出最佳方案。

4. 特性列举法（AL 法）

特性列举法是美国内布拉斯加大学教授克劳福德创立的。这一技法既适用于个人，也适用于集体，比较简单。它采用的主要手段是：通过对策划对象的特性分析，逐一列出其特性，然后进行排列，分清主次，并由此引起各种联想，提出改进方案。这是进行企业诊断、理清思路的一种好方法。运用特性列举法可按以下两步进行：

(1) 选择一个目标比较明确的策划或革新课题，接着列出策划或革新对象的特性。一般事物的特性包括以下三个部分：①名词特性——全部、部分、材料、制造方法；②形容词特性——性质、状态；③动词特性——功能。

(2) 从各个特性出发，通过提问或自向，启发广泛联想，形成头脑风暴，产生众多的新设想，然后，通过评价分析，找出效益良好、美观实用的设想来。

使用特性列举法要注意将一事物所有的属性都列举出来，尽量不遗漏。另外，还要注意选择的题目宜小不宜大，否则由于工作量太大，最终将影响此法的效果。

5. 戈登法

这是 1964 年由美国阿沙·德·里特尔公司戈登创造的技法。戈登在评论奥斯本的头脑风暴法时指出：“奥斯本方法在会议一开始将目的提出来，这种方式容易使见解流于表面，难免肤浅。”

为了克服这一缺点，戈登所采用的方法是：除了会议主持者之外，会议开始时不让与会者知道真正的意图和目的。

主持者在似乎漫无边际的讨论中，因势利导，把握方向，捕捉有创造性的思想火花，最后把真正的意图向与会者和盘托出。在此技法中，会议主持人是关键，主持人的水平和能力直接影响着会议的质量和效果。

（二）公共关系策划中的组合法

组合是指将各种事物或观点相互联结，以产生新的事物或观点的思维形式。组合是创造性思维产生的重要途径。通过合乎逻辑的组合，往往能够产生新颖而有用的构想。公共关系策划依赖于组合这一创造性思维形式。日本千叶大学多湖辉教授认为：策划内容里的97.7%是任何人都知道的、非常常见的、普通的东西，当它们被一种新的关联体系重新组合起来，具有相对有效性时，就能发展成为策划。公共关系策划中常用的组合方法主要有：检核表法、形态分析法、信息交合法和成对列举法。

1. 检核表法

检核表法，又称设问法，是通过组合进行创造的技法中最著名的一种方法。

检核表法就是根据需要解决的问题，或者需要策划创造的对象，列出有关问题，然后从不同角度一个个地审核、讨论和研究，从而促进产生新的决策方案、产品或发明的一种创造技法。检核表法几乎适用于任何类型与场合的创造活动，因此享有“创造技法之母”的美誉。目前，有许多各具特色的检核表法，其中以奥斯本的检核表法最为著名。

(1) 奥斯本检核表法的使用步骤。第一步，对某一决策方案、产品或某一事物，从多方面进行提问。第二步，为了解决所提出的各种问题，产生出一系列的新设想。第三步，对所列出的所有新设想逐一加以分析研究，取其精华，舍去糟粕，权衡利弊，综合一体。奥斯本认为通过以上三步便可以产生一种最佳的决策方案，或一种功能更强、造价更低的产品，或一件尽善尽美的事物。

(2) 奥斯本检核表法常提的问题。奥斯本总结了麻省理工学院有关人士拟定的检核题目，主要列出以下问题：可否将产品的形状、制造方法、颜色、声音、味道等加以改变；能否将现有的发明应用到其他领域；能否在现有的发明中，引入其他创造性设想；能否在现有发明的基础上加以创新，使它增加功能，延长使用寿命；可否将现有的产品缩小体积、减轻重量或者分割化小；能否用其他材料代替原有的产品或发明；可否将现有的发明更换一下型号或更换一下顺序；可否将现有的产品、发明或工艺进行颠倒；可否将几种发明或产品组合在一起。

2. 形态分析法

形态分析法，又称形态方格法，是由美籍瑞士科学家、加利福尼亚大学茨维基教授于 1942 年提出来的。此法是一种利用系统观念来网罗组合设想的创造发明方法。其具体做法是：将发明课题分解为若干相互独立的基本因素，找出实现每个因素功能要求的所有可能的技术手段，然后加以排列组合，得到多种解决问题的方案，最后选择出最优方案。

形态分析法的一个突出特点是：所得方案具有全面性和完整性。

形态分析法的应用一般分为以下步骤：第一步，明确问题。即对需要策划的事件作出明确的界定。第二步，要素分析。即确定需要策划事件的主要组成部分，也就是基本要素。要求所列的每一要素都是缺一不可的；各要素之间彼此独立；不能遗漏一个要素。第三步，形态分析。即寻找实现每个要素可能的技术手段。一般采用列矩阵表的形式，把各要素以及实现各要素相对应的各种可能的技术手段列在一张二维的表格之中。第四步，形态组合。按照对需要策划事件的总的功能要求，分别把各要素的各形态一一加以排列组合，以便得到所有可能的组合设想。第五步，评价淘汰。制定价值标准并按标准的要求对所有的组合方案进行一一评估，去掉一些明显不合要求和不够理想的组合方案。第六步，选择方案。即选择最佳或最满意的组合方案。

3. 信息交合法

信息交合法由我国华夏研究院的思维研究所所长许国泰副教授经过八年验证，于 1986 年首创。信息交合法又称“魔球方法”。其基本思路是使信息“繁殖”，不同性质的信息交合生成新的信息。信息交合的反应场是使一个“魔球”旋转，新构思就会源源不断地出现。

信息交合法的运用分为以下四步：第一步，确定中心。即确定研究对象，将它定为信息坐标系中的零坐标（即魔球）。第二步，画出标线。至少两条线能够交合，多者不限。第三步，注出标点。即在信息标上注明有关信息点。如我们为某食品企业策划推出一个新食品，那么如何选择宣传角度呢？就可以在产品特殊坐标线上写上产品的各种特性，如名称、质量、材料、形状、重量、功能、味道等。另一坐标可标上可借用的形式，如文学、绘画、文艺、体育、医疗、音乐、化学、养生、武术、历史、民族等。第四步，相互交合。即以一条标线上的信息为母本，另一条标线上的信息为父本，交合后便可产生新信息。例如，我们以食品为一标点，与历史相交至少可产生出各朝各代的风味特色信息；与民族交合至少可推出 56 种产品；民族再与历史交合，开发新食品的思路就更宽了；再与文学交合，就会得到古今中外大量信息。信息交合简直是一个取之不尽、用之不竭的思想宝库。

4. 成对列举法

成对列举法是根据所要解决的问题，事先将考虑到的所有事物或想法依次列举出来，然后任意选择两个进行组合，列举其成对特性，并从这些组合起来的方案中选择一种最符合目标要求的最佳组合方案的创新方法。成对列举法包括任意组合法和排列组合法两种方式，其中任意组合法比较便于操作。

任意组合法的使用程序如下：第一步，详细列举。即根据需要策划的问题，把所能想到的因素详细地列举出来。第二步，两两组合。即把所列的事物两两组合起来，构成一种组合方案。第三步，筛选择优。对上述所列的组合方案进行筛选和择优。第四步，确定最佳组合方案。

(三) 公共关系策划中的类比法

类比法是把不同的两类或几类对象进行比较，根据已知的相似性，来推论其他属性的相似，使人们触类旁通，从已知事物的特征看到未知事物的特征，把未知变为已知，从中获得新知识的创造性思维形式。公共关系策划需要借助于类比这种创造性思维形式。公共关系策划中常用的类比创造技法主要有提喻法和匿名咨询法。

1. 提喻法

提喻法是由美国创造学家戈登在 1944 年提出的。这个词的原文"Synectics"是一个希腊语，意思是把不同的、看上去不相干的因素联系在一起。Synectics 方法的核心是类比，所以中文译作提喻法，我国台湾学者译为综摄法或举隅法。

(1) 提喻法的主要依据。提喻法的主要依据是以下三个基本假设：第一，人类的创造过程可以具体描述，而且正确的描述应该能够应用数学方法，从而提高创造效果。第二，发明作为一种文化现象在艺术中和在科技中是相似的，而且都可以用同样的基本心理过程来体现。第三，创造工作中的个人过程与小组过程直接类似。

(2) 提喻法的实施要点。提喻法的实施要点如下：第一，由不同知识背景、不同气质的人组成小组，相互启发，集体攻关，小组一般由 5~7 人组成。第二，提喻法遵循变陌生为熟悉和变熟悉为陌生的思考原则。所谓变陌生为熟悉就是在头脑中把给定的陌生东西与早先已知的东西进行比较，根据比较结果，把新的问题变成某种熟悉的事物。所谓变熟悉为陌生是指对已有的各种事物，运用新的方法来进行观察、分析和处理。第三，在提喻法中，变陌生为熟悉、变熟悉为陌生的思维方式主要是类比法。戈登认为，没有类比方法的应用，要阐明问题和解决问题是不可能取得成功的。这是提喻法的核心内容。第四，通过审美快乐反应，对想像力产生的各种类比进行选择判断。快乐反应就是对一个新设想进行逻辑分析或检验之前凭借对该设想的一种强烈审美愉快感，作出“太妙了！事情肯定是对头的!”之类的选择判断。戈登认为，这种快乐选择判断基本上是审美的。上述四个环节互相联系，组成一个有序的统一整体，在提喻法应用中缺一不可。

戈登把实施提喻法的全过程分为以下九个阶段：第一，题的给定；第二，变陌生为熟悉；第三，问题的理解（分析问题，抓住要点)；第四，操作机制（发挥各种类比的作用)；第五，变熟悉为陌生；第六，心理状态（对于问题的理解达到卷入、超脱、迟延、思索等心理状态)；第七，把心理状态与问题结合起来（把最贴切的类比与已理解的问题作比较)；第八，观点（得出新见解、新观点)；第九，答案或研究任务（观点付诸实践或变为进一步研究的题目)。

2. 匿名咨询法

匿名咨询法亦称特尔斐法。特尔斐是古希腊传说中的神谕之地，因而借用此名。匿名咨询法是一种比较先进的调查研究和科学预测方法。一般的策划研讨会讨论时往往仁者见仁，智者见智，争论不休，结果常常受到与会者心理及开会时间、环境等因素的干扰。匿名咨询法采用许多专家背对背多次咨询的办法征求意见。领导小组对每一轮意见都进行汇总整理，作为资料再发给每位专家，请他们分析论证，提出新设想。由于它采取匿名方式，应聘专家互不了解，完全消除了心理因素的影响，专家们可以参照前一轮的成果修改自己的方案而无需公开说明，无损自己的威信，效率又高。这样反复几次，专家们的意见日趋一致，方案的可靠性就日益增强。

以上介绍的联想法、组合法和类比法是公共关系策划常用的重要思维方法。公共关系策划人员在进行策划时，应该主动自觉地运用这些技法。

第十二章 公共关系实施和评估

第一节 公共关系实施

公共关系实施也叫做公共关系活动计划的实施或者公共关系策划方案的实施。本书认为：经过策划拟订出来的方案只是关于如何开展公共关系活动的初步设想，为了使其更加完善，还需要对初步拟订的方案进行审定，审定方案是制定活动计划的基础。“计划”是指策划人员对未来的活动所作出的具体安排和布置。公共关系实施是指在公共关系计划被采纳以后，将计划所确定的内容变为现实的过程。计划的实施过程在公共关系活动中是紧接策划之后的第三个步骤，也是解决公共关系问题，实现公共关系目标的关键性环节。

一、公共关系实施的意义和特点

（一）公共关系实施的意义

公共关系实施对于整个公共关系活动的意义主要表现为：

1. 通过实施检验计划

公共关系活动计划仅仅是解决问题的设想。这种设想是否符合实际，只有通过实施才能加以检验，否则，便无法检验这种设想是否有效以及有效的程度和范围。开展公共关系活动既需要制定计划，更需要对计划加以实施。只有通过实施，才能完成计划中所确定的任务，实现计划目标；只有通过实施，才能检验计划并且对其加以完善。

2. 通过实施解决问题

开展公共关系活动的最终目的不是研究问题而是解决问题。制定公共关系计划仅仅是研究问题的过程，而只有计划的实施才是直接地、实际地、具体地解决问题的过程。如果将一项非常完美的公共关系计划束之高阁，而不加以实施，那么，它无论是对社会组织还是对公众都是毫无意义的“纸上谈兵”。

3. 通过实施积累经验

开展公共关系活动需要首先制定公共关系活动计划。制定活动计划必须要以组织面临的公共关系现状为依据，特别是要以前一项公共关系活动计划实施以后由各种渠道反馈回来的信息作为依据。组织面临的公共关系现状以及搜集到的反馈信息都是以前开展活动所形成的结果。这就是说，开展公共关系活动需要不断地总结和积累经验，而只有通过计划的实施，才能做到不断地总结和积累经验。以前一项公共关系计划实施的经验为基础，针对新出现的问题制定新的计划，才能使组织的公共关系环境不断得到优化。

总之，计划的实施在整个公共关系活动中是一个非常重要的环节，它的作用和影响贯穿于公共关系活动的全过程。

（二）公共关系实施的特点

公共关系计划的实施作为一个完整的活动过程，一般情况下它包括以下一些内容：首先是实施的准备阶段，它包括设计实施方案，制定对各类公众的行动、沟通计划，确定实施的措施和程序，建立或组成实施机关，训练实施人员并向他们介绍计划的内容和实施计划必须具备的条件；其次要实施的执行阶段，实施机关按照已经设计好的实施计划的程序，落实各项措施；最后是实施的结束阶段，实施机关需要为下一步的效果评估做好相应的准备。

我们将公共关系实施作为一个完整的活动过程并与制定计划

相比较加以考察，可以发现它具有以下突出特点：

1. 实施过程的动态性

公共关系计划的实施是由一系列接连不断的活动共同构成的一个完整过程。在这个过程中，需要对原来的计划内容进行不断的调整，因此可以说，计划的实施过程是一个思想和行为不断变化、不断调整的过程，计划的实施过程具有动态性。这种动态性取决于以下两方面的原因：一方面，从所属领域来看，计划属于思想认识，而实施属于社会实践，无论一项公共关系计划制定得多么周密、具体和细致，总免不了与实际情况存在着一定的差距；另一方面，从时间关系来看，必定是计划在先，实施在后，随着时间的推移、实施的进展、环境的变化，实施过程中仍会遇到一些制定计划时没有考虑到的新情况和新问题。因此，适时地改变、修正或调整原定计划中的实施方案、程序、方法和策略等则是实施活动中的正常现象。也就是说，实施过程中的修正和调整属于实施的正常状态，这是实施动态性的表现，而不能说明实施具有随意性。如果不考虑社会环境的发展引起的条件变化，而按一个固定的模式去机械地“执行计划”，那就不仅不能实现自己计划的目标，反而会给组织自身带来新的麻烦。同时，我们也必须说明，不能将计划实施的动态性与实施人员的主观随意性混为一谈。强调实施过程的动态性，并不意味着实施人员可以随意以一些无关大局的变化为借口而不执行原定计划。

2. 实施主体的创造性

计划的实施是一个不断变化和需要调整的动态过程。这就决定了公共关系计划实施的过程决不是一个简单的照章办事的过程，而是一个由一系列不同层次的实施主体发挥主观能动性的过程。实施主体应该掌握实施过程的动态性特点，根据整个计划的实施原则和自己现有的条件、面临的环境、遇到的时机，充分地发挥自己的积极性、主动性和创造性来确定自己的实施策略。例如，根据公众的变化情况，重新选择传播渠道、媒介与方法；抓住临时出现的有利时机，灵活地调整步骤；根据实施进展情况，随时更换人员或调整任务等。

如果公共关系实施人员能够充分发挥创造性，那么，公共关系计划实施的过程就不仅是一个执行原计划的过程，而且也是一个对原计划进行再创造，以此丰富公共关系实务经验的过程。在此，也必须说明，强调主体应该发挥创造性，决不意味着允许实施人员随意违反实施的原则或以各种借口对原定计划的实施进行抵触。

3. 深刻广泛的影响性

一般来说，制定一项公共关系计划需要涉及众多的因素和变量，而计划的实施则可能对各类公众甚至社会产生深刻广泛的影响。这种影响在方案策划阶段仅仅是纸上谈兵，只有在计划实施后才能真正体现出来。计划实施所产生的影响性主要表现在以下两个方面：

首先，计划的实施可能对目标公众产生深刻广泛的影响。一项公共关系计划实施成功后，常常会使该组织的逆意公众转变为独立公众，使独立公众转变为顺意公众。即使有时不能彻底转变目标公众的立场，那么也会在观点、态度等方面使其产生不同程度的变化。至少可以令目标公众的态度由消极（敌视、偏见、漠然、无知）向积极（了解、理解、感兴趣、支持）的方向转化。

其次，计划的实施可能对整个社会产生深刻广泛的影响。公共关系计划的实施虽然是某一社会组织的行为，但因其方案中蕴含着某种顺应社会潮流的思想，很可能对整个社会的文化、习俗产生深刻影响。例如，1971 年，美国的汉堡包在一项公共关系计划的实施中远涉重洋，“登陆”日本。这一成功的公共关系计划实施，不仅使日本人两千多年来以大米、鱼类为主食的习惯发生了变化，而且使日本人进餐的方式也有了改变。以往日本人习惯于端坐在桌旁用筷子吃饭，现在吃汉堡包却可以用手抓着吃，可以边走边吃，忙碌时甚至可以边工作边吃。这一进餐方式的变革由于适应了日本民族快节奏的现代生活方式而为日本人民所普遍接受。

由此可见，一项公共关系计划的实施所产生的影响和作用往往不局限于计划本身所制定的目标，同时也可能对整个社会的文明和进步产生推动作用。

二、公共关系实施的原则与方法

公共关系计划的实施既需要遵循一定的原则，也需要应用一些行之有效的实施方法。这些原则和方法主要有：

（一）目标导向的原则与方法

目标导向原则是指在公共关系计划实施过程中，保证公共关系实施活动不偏离公共关系计划目标的实施原则。遵循目标导向的实施原则实际上是加强控制的一种手段。从广义上说，控制就是掌握好事物的发展方向及进度，使其不任意活动或越出限定的范围。控制也被看做管理的重要内容，而且多数情况下是与实施活动联系在一起的。在管理科学的五要素说（计划、组织、指挥、协调、控制）和三种有机职能说（计划、组织和控制）中，都突出了控制的地位。实际上，公共关系计划的实施过程也就是对实施加以控制的过程。控制过程就是实施人员利用目标对整个实施活动进行引导、制约和促进，以把握实施活动的方向和进度。因此，目标导向原则也可以叫做目标控制原则。不同的控制有不同的控制主体、客体和手段。在公共关系实施中，目标控制的主体是实施公共关系计划的社会组织，客体是组织面对的公众，其手段就是目标本身。

在公共关系实施过程中，为了使目标导向的原则得到贯彻落实，人们常常采用线性排列法和非线性排列法，将所有公共关系行动和措施按先后顺序有机排列组合起来，然后加以实施。

线性排列法是按公共关系行动、措施的内在联系为先后顺序逐一排列出来，一步一步地向目标迈进（见图 12-1）。

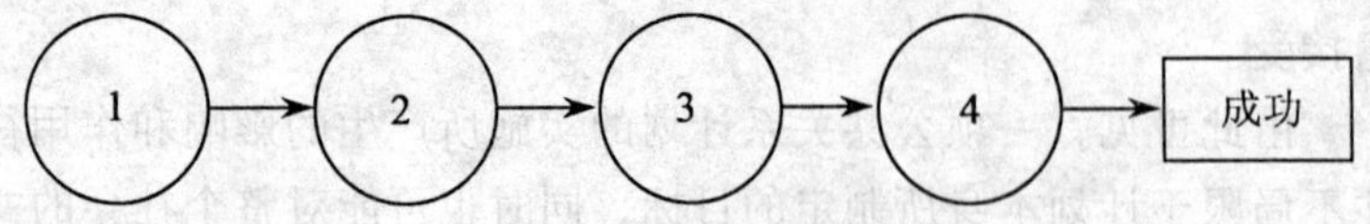

图 12-1　线性排列法

这种方法的优点在于：当前一步行动没有取得成功的时候则不急于开展第二步工作，以避免浪费人力、物力和资金。

非线性排列法是将几个行动同时展开、共同向成功迈进的排列方法（见图 12-2）。

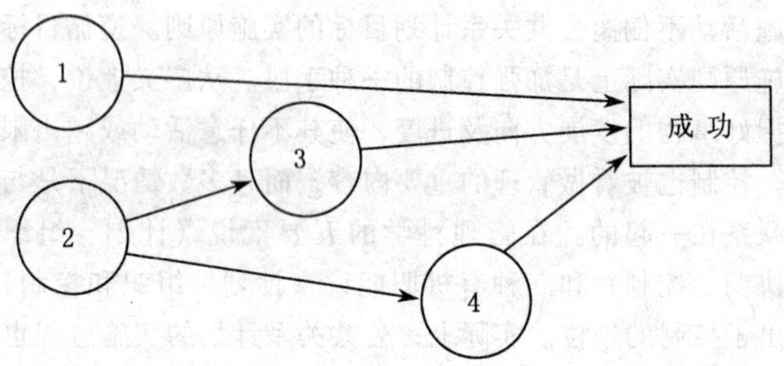

图 12-2　非线性排列法

非线性排列方法可以缩短整个计划实施的时间，但花费的人力、物力和资金相对线性排列法要多，而且一旦前一步工作不能获得成功，下一步工作就可能造成浪费。

（二）控制进度的原则与方法

控制进度原则是指根据整个公共关系计划和目标的需要，按照一定的程序，掌握工作的进展速度，以避免出现顾此失彼倾向的实施原则。在公共关系计划实施的过程中，由于实施人员分工不同又各负其责地开展工作，往往会出现多方面工作进展不同步的现象。例如，某项赞助活动在电视台和报刊已经传播开了，但赞助的纪念品尚未制作出来。由此造成的工作脱节，致使赞助活动不能正常进行，也会影响活动主办机构的声誉。因此，在公共关系活动过程中，应经常检查各方面工作的进度，及时发现超前或滞后的情况，搞好协调，使各方面工作同步进行和平衡发展。

贯彻控制进度的实施原则必须具备两个条件：

第一，要明确控制目的；第二，要重视反馈信息。遵循控制进度的实施原则，对成功地实现公共关系计划具有重要意义。

为了保证公共关系计划的实施能够按照一定的程序和谐同步进展，美国的黛伯拉·斯旺森（Deborah Swanson）和普雷斯顿·麦克墨里（Proston Mcmurray）发明了一种计划实施程序制度，命名为“雷达跟踪制度”，简称为 RADAR 制度（见图 12-3）。

“雷达跟踪制度”的作用在于：

1. 提供计划实施的全部情况。RADAR 制度可以向实施人员提供计划任务与实际工作的情况，反映计划实现的程度。

2. 控制安排工作的先后次序。当有关情况发生变化时，RADAR 制度可以帮助实施人员调整工作的先后次序，以促使公共关系活动有序进行。

3. 促进投资收益分析。RADAR 制度有助于高层管理者对现行公共关系工作作出评价。

4. 保证计划或方案的可靠性。RADAR 制度便于对实施的情况加以严密的跟踪监控，在出现问题时予以及时调整。

5. 提供方案报告机制。RADAR 制度要求每周对方案的实施情况评估一次，以保证任何人的工作都有效，同时，保证管理者的工作不会出现疏漏。

6. 保证信息全面集中。RADAR 制度要求将一项计划及其实施的全部有用的信息资料都集中在一处，以避免丢失或查找时浪费时间。

重视运用控制进度的原则和方法，对成功地实现公共关系计

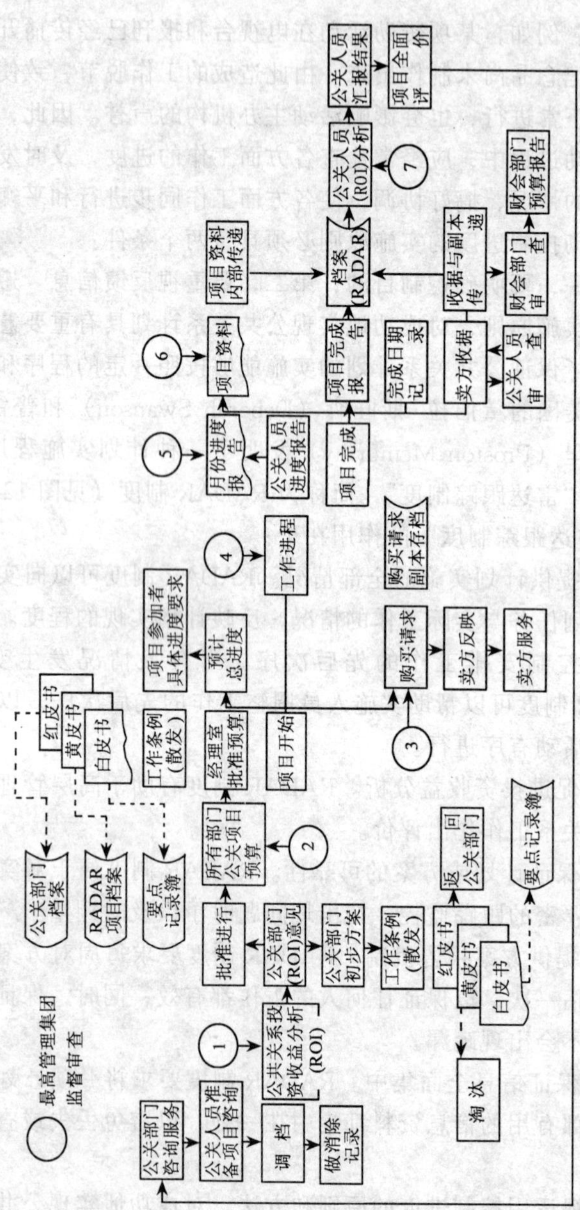

图 12-3 RADAR 系统图

划具有重要意义。

（三）整体协调的原则与方法

整体协调原则是指在计划实施的过程中使工作所涉及到的各个方面互相配合、互相补充，达到和谐、合理、统一状态的实施原则。协调不同于控制，控制是对计划实施过程中出现的与计划存在差异或背离计划的行动进行纠正或克服的行为；协调则强调实施过程中的各个环节之间、各个部门之间及实施主体与其公众之间相互配合，不发生矛盾或少发生矛盾，当矛盾产生时，也能及时加以解决。

最普遍的协调有两类：一类是纵向协调，一类是横向协调。

纵向协调是指上下级之间的协调。为了保证此类协调的效果，必须注意以下几点：第一，上级部门对下级部门要有充分的了解；第二，上级部门提出的新措施不可在下级部门毫无思想准备和组织准备的情况下突然付诸实施；第三，实施计划中的主要目标和措施必须告知下级部门和全体实施人员；第四，下级部门必须实事求是，如实反映情况。

横向协调是指同级部门或实施人员之间的协调，通常采用当面协商、文件往来等形式沟通信息。

无论是纵向协调还是横向协调，都需要借助于信息的沟通。沟通过程中传递的信息应该具有明晰性、一致性、正确性、完整性等特点。明晰性是指沟通过程中的信息表达应该清楚明确，并能够在实施人员的心目中形成清晰的印象。如果实施计划中的概念或指令不明确，那么，目标就不能统一，实施人员就难以抓住整个公共关系计划的关键，协调工作也会因目标不明确而无所适从。一致性是指实施人员接收到的多个指令必须前后一致。否则，实施人员就会对先后接收到的不同指令感到困惑不解，无所适从，使协调落空。正确性是指要避免信息失真，因为信息失真就可能导致协调工作偏离既定的目标。为了避免信息失真，就不要在沟通过程中有意无意地曲解信息的内容。完整性在于要求建立双向交流的信息通路。只有通过双向的信息交流，才能有效地进行协调。

总之，协调的目的，是要使全体实施人员在认识和行动上取得一致，保证实施活动的同步与和谐，提高工作效率，减少和避免人力、财力和物力方面的浪费。

整体协调可以采用计划评估法。

计划评估法认为，凡实施一项计划或组织一项复杂的工程，事先要有明确的目标。根据目标做出工作设计，并绘制推进工作的网络图，进行优选后作为控制实施工作的标准。这个网络图不仅有各项工作的名称，而且还表明了它们的相互关系以及每项工作的最早和最晚的起止时间、时差和关键线路。实施者可以根据这个网络图指挥和控制实施活动，发现问题及时解决，从而保证在最合理的情况下，顺利地完成原定任务。

计划评估法的运用，大致可分为以下步骤：

1. 确定目标，进行工作设计。首先是确定该项任务的总目标，包括时间、数量、质量要达到的标准，以及最后要实现的综合效果；然后是分析计划任务，进行工作设计。任务总是由许多具体工作步骤或环节组成的，要把它分解成一项一项的具体活动，明确每项活动前后左右的衔接关系，估算每项活动所需要的时间，列出全部活动的明细表。

2. 绘制网络图。以活动明细表为基础，用箭头线、节点或线路表示工作的起始和过程，构成网络图，并把各项活动的最早开始与结束时间，最迟开始与结束时间以及时间的差距，分别用数字在图上标明。

3. 进行网络分析，选定最优方案。网络图绘制之后，对已计算出的数据资料和各种活动的因素进行全面分析，检查网络图上的结构是否合理，并进行相应的修改。

4. 执行网络计划，检查进度。计划一旦确定，就要将网络图区分为总图、分图和细节图，以便供不同的实施人员使用。实施时要注意关键线路以保证重点，还要随时掌握工作进度，密切注意新的变化，发现问题及时补救或重新修改计划。

计划评估法具有以下优点：

第一，有利于选出最优的计划方案。

第二，有利于避免工作中的盲目性。通过网络图，可一目了然地看到整个工作的全貌和各项工作之间的联系，能够使所有实施人员做到胸有全局，便于把握主要环节，控制进度，预见各项工作的发展趋势，进行整体协调。即使是负责某项具体工作的人员，也可以知道自己分担的任务在全局中的位置，全局工作对自己的要求，从而主动地加强协作，互相配合，有利于工作任务的完成。

第三，有利于减少损失。当情况发生变化需要调整计划时，能够根据计算的结果找到最合适的调整部位，而且常常只需进行局部调整，因而，能够减少因调整计划而遭受的损失。

第四，能够通过时差的计算，发现各项工作在时间配合上的潜力，为缩短工期和合理调配人力、物力、财力提供科学依据，从而保证整个计划按期完成。

因此，我们说运用计划评估法可以有效地贯彻整体协调的原则，控制公共关系计划的实施。

（四）反馈调整的原则与方法

反馈是指信宿即受传者对传播者所传信息作出的反应。在传播过程中，反馈是一种信息的回流。由于传播者通常要用这种反馈信息检验传播效果，调整公共关系计划的实施活动，所以又称之为“反馈调整”。

反馈调整的突出特点是：根据过去实施的结果去调整未来的行为。反馈调整的过程见图 12-4。

反馈调整的过程是：

公共关系计划的制定者确定公共关系目标，根据公共关系计划的目标制定具体的实施方案，实施方案制定好以后，组织有关

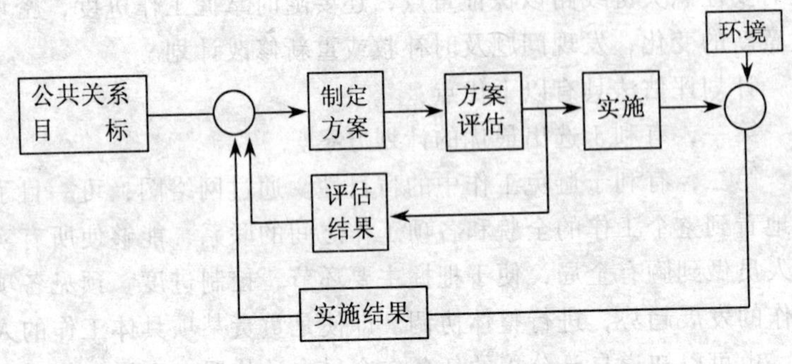

图 12-4　反馈调整示意图

部门和人员对方案进行评估，然后，把评估结果与原定的公共关系目标进行比较，如果发现问题就要重新修订公共关系计划。这是第一次反馈调整。之后，再将经过修订的公共关系方案付诸实施，实施后将实施结果与原定目标进行比较，以比较的结果作为依据，对下一步公共关系计划的制定与实施进行调整。这是又一次反馈调整。

由于公共关系计划实施的环境和目标公众的情况是复杂而多变的，因此，在实施过程中，必须不断地把公共关系计划在客观环境中实施的结果与公共关系目标相对照，如发现偏差，就应该及时对计划、行为或目标进行相应的调整。为了便于发现偏差，需要依靠各种形式的信息反馈渠道，把方案实施的各种信息及时、准确地搜集汇总上来，经过研究分析，作为采取调整行为的依据。在此需要明确指出，一项公共关系计划的制定与实施，并非进行一次反馈调整便可解决一切问题，而往往需要经过多次循环往复的反馈、调整，使实施不断完善，直至完成公共关系计划，实现战略目标。

为了保证计划的实施获得成功，实施人员还应该掌握能够体现反馈调整原则的方法——测试工作法。测试工作法主张首先应将计划在小范围内或者在样本公众身上实施，待取得经验进行反馈调整之后，再在大范围内实施。因为一项公共关系计划的实施，特别是那些重大的公共关系活动计划的实施，都要受到政治、经济、文化、心理等各方面社会因素的影响。对这些影响难以进行精确的定量分析。此外，重大活动的后果影响深远，难以预料，而类似的经验又十分缺乏。在这种情况下，工作测试就成了一个必不可少的环节。有些公共关系计划，虽然专家运用科学方法进行了反复研究、比较，但可能仍然感到没有把握，此时，工作测试便成为最后一个有效的验证手段。

测试工作法大致包括选择测试对象、设计测试方案、进行测试和总结测试结果等几个步骤。

首先是选择测试对象。选择测试对象就是我们常说的选“点”。选择测试对象，要根据公共关系计划的要求进行，力争全面、有代表性和便于测试。例如，要测试信息的可读性，可以在传播信息的稿件发表之前，找各种不同类型的公众试读。测试过程中应该避免倾向性。因为带有倾向性的测试不能客观地反映事物的本来面目，只能将测试工作引入歧途。

其次是设计测试方案。周密的测试方案有利于指导测试工作的顺利进行。用于测试的方案可以是一个，也可以是两个或多个。对于范围较广、影响较大的复杂活动，最好有几个不同的方案同时测试，以便进行比较。测试方案的设计一般分为两个组，即试验组和对照组。在试验组中具体实施公共关系计划，对照组不实施，只是用来与试验组对照比较（见表12-1）。

表12-1　**试验分析表**

	测定前		测定后	差　异
试验组	O_1	X	O_2	$O_2 - O_1 = de$
对照组	O_3		O_4	$O_4 - O_3 = dc$

其中X代表某一公共关系方案，O代表试验组各因素变化

的状况。de 和 dc 表示实施公共关系方案之前和之后的变化情况，前者进行了试验，后者未进行试验。从试验的结果看，如果 de 和 dc 之间出现了明显的差异，并且这种差异的方向与公共关系目标的方向一致，就表明该项公共关系计划具有明显的效果，一般来说，它就具有高度的可行性，能够全面推广；反之，就说明该计划或者实施过程出现了问题。当然，无论计划是可行还是不可行都需要经过总结分析阶段才能最后确定。

最后是分析和总结测试的结果。这是测试工作中最关键的一个步骤。因为这个阶段要根据测试的整个过程和最后结果，检验、评估、修改、补充或者否定该项公共关系计划。如果计划可行，就要根据测试的过程总结和提出具体的实施方案，以指导公共关系计划的全面实施。总结经验要实事求是，要对实施的整个过程和结果进行全面系统的考察和分析。一般来说，结果成功，表明公共关系计划和实施方案是正确的。当然，有的时候，成功也可能是由偶然因素造成的。在通常情况下，结果失败，证明公共关系计划和实施方案是不正确的。必须注意，公共关系计划的目标错误会导致失败，测试方案错误也会导致失败，测试方案的具体实施措施出了问题同样也会导致失败，某种难以预料的偶然因素也可能造成失败。

总结经验还必须分析研究这些经验适用的范围和条件。对失败的教训也要给予特别重视。在科学实验的领域内，对于人们的认识来说，失败和成功同样具有价值。成功的经验从正面告诉我们应该怎样做，而失败的教训从反面回答我们不应该怎样做。只有将两者结合起来，才能知道必须怎样做。

整个测试的过程基本上与前面的反馈调整图相同，只需把“实施”改为“测试”，把“实施结果”改为“测试结果”即可。测试工作法体现了反馈调整的原则并为我们提供了反馈调控的方法，因而公共关系计划的制定者和实施者都应对测试工作法给予高度重视。

（五）选择时机的原则与方法

在公共关系计划的实施过程中，时机是必须考虑的一个重要因素。正确选择时机是提高公共关系计划成功率的必要条件；忽视时机这一因素，常常导致计划实施的失败。

在实施公共关系计划时，究竟应该怎样选择时机呢？

首先，要注意避开或利用重大节日。凡是同重大节日没有任何联系的活动都应该避开节日，以免被节日活动冲淡。凡是同重大节日有直接或间接联系的公共关系计划则可以考虑利用节日烘托气氛，扩大公共关系活动的影响。例如，龙年国际旅游年活动的开幕典礼选在春节前后进行，更容易收到良好的宣传效果。

其次，要注意避开或利用国内外重大事件。凡是需要广为宣传的公共关系活动都应避开国内外的重大事件，以免被重大事件所冲淡。凡是需要为大众所知、又希望减少震动的活动则可选择在重大事件发生之时，例如，公布物价上涨的消息。因为这时人们的注意力被重大事件所吸引，这样可以借助重大事件的影响减少舆论的压力。

最后，还应该注意的是不宜在同一天或同段时间内同时开展两项重大的公共关系活动，以免其效果相互抵消。总之，正确地选择时机，是实施公共关系计划的一种技巧和方法。它并不能千篇一律地按照一种固定的模式去进行，而应该根据当时当地的具体情况及整个公共关系的目标把握好时机。这样，才能收到预期的效果。

三、实施过程中的障碍及其消除

公共关系计划实施过程中可能会遇到一系列影响实施的因素，我们称这些因素为实施的障碍。了解实施障碍并采取排除措施，将有利于实施的顺利进行。

公共关系实施过程中的障碍可以从不同的角度、不同的侧面加以探讨。归纳起来，大体上有：危机事件的障碍、大众传播的障碍、人际沟通的障碍、计划中的目标障碍、组织机构的障碍、制作信息的障碍和接受信息的障碍等。其中危机事件的障碍及其排除请参阅本书第三章第五节“妥善解决纠纷”和第十四章第一节“危机事件处理”的内容，大众传播的障碍请参阅本书第九章第三节“影响传播效果的因素”和“注重消除噪音干扰”的内容，人际沟通的障碍请参阅本书第十章第三节“交往过程中的心理障碍”和“交往中心理障碍的排除”的内容。此处我们仅探讨计划中的目标障碍、组织机构障碍、制作信息的障碍和接受信息的障碍以及排除这些障碍的措施等内容。

（一）计划中的目标障碍及其排除

公共关系计划中的目标障碍是指在公共关系计划中由于所拟定的目标不正确、不明确或不具体等原因而给实施带来的障碍。尽管公共关系计划的实施具有动态性，但无论其动态性多么突出，实施基本上还是要按照计划中所规定的内容进行，否则，就不能称之为公共关系计划的实施。因此，如果计划中所规定的公共关系活动目标不正确、不明确或不具体，那么，就会给实施造成困难，尽管实施人员尽心尽力，也难以取得预期效果。例如，如果公共关系活动计划中规定的目标不符合公众利益，那么，实施就有可能受到目标公众的抵制；如果公共关系活动计划中规定的目标过低，那么，往往不能唤起目标公众的合作热情，如果公共关系活动计划中规定的目标过高，那么，便有可能使实施人员望而却步，失去信心。因此，要想通过计划实施取得理想的活动结果，就必须排除活动计划中的各种目标障碍。

排除目标障碍的根本途径是要求计划的制定者尽量使活动目标正确、明确和具体。实施人员在开展工作之前应该从以下五个方面检查目标是否符合上述要求：

第一，检查计划目标是否切合实际并且能够达到；

第二，检查计划目标是否可以进行比较或者衡量；

第三，检查计划目标是否指出了期望的确切结果；

第四，检查计划目标是否超出了实施人员的职权范围；

第五，检查计划目标是否规定了准确的完成期限。

如果这五个方面存在着疏漏之处，实施人员应该主动与计划制定者取得联系并促使其及时修订，否则，可能会使实施工作受到影响。

（二）组织机构的障碍及其排除

这里所说的“组织”主要指组织结构。组织结构是否合理直接影响着实施过程中的信息传播，合理的组织结构有助于信息沟通，不合理的组织结构则可能成为信息沟通的障碍。公共关系计划实施过程中的组织障碍主要表现在以下四个方面：

第一，组织层次过多造成信息失真。传播学的研究表明，通过口头传达信息的人际沟通方式，每次可能损失原来信息的30%。而同一个信息经过若干人逐级传递，信息失真率会越来越大。如果组织的层次过多，有关决策的信息在由决策层向基层公众传递时需要经过若干个环节，那么，随着中间环节的增多，信息就会相应减损，中间环节越多，信息的保真率越低。排除这方面的障碍，应注意尽量减少传播沟通的中间环节，尽可能以书面文字为传播信息的依据。

第二，机构臃肿造成信息传递缓慢。如果一个组织机构纵向层次多，横向部门多，无事人员多，就容易导致分工不清、职责不明、有人没事干、有事没人干的低效率局面。这就好像一个过分肥胖的人，由于心脏承受着重压，血液循环与新陈代谢必然因受阻而缓慢。排除这方面障碍的有效方法就是精简机构，精兵简政，分工具体，责任到人。

第三，条块分割造成沟通“断路”。条块分割的组织结构，容易出现“地方”保护主义。为了保护局部利益、就有可能以“条块”的得失作为选择信息的标准。对“条块”有利的信息就向下传播，对“条块”无关或不利的信息则置之不理。排除这种障碍的方法是设法打破条块分割，即将整体利益与局部利益，长远利益与既得利益有机地结合。

第四，单向渠道造成信息量不足。这种障碍主要是指“下情上达”的沟通渠道不畅通，到达决策层的信息量过少，不足以作为决策的依据。一般来说，组织在机构设置比较适合“上情下达”的信息传播，而不大适合“下情上达”的信息反馈。排除单向渠道障碍的办法是组织在机构设置问题上必须体现公众意识，必须适合公共关系的“双向传播”特征，组织机构既应该适合“上情下达”，也应该适合“下情上达”。

（三）信息制作中的障碍及其排除

公共关系人员在制作信息时必须考虑四个问题：主题、内容、结构和表达形式。然而在实践中，这四个问题的妥善处理并非轻而易举。因为制作信息的人员主要是组织内部的公共关系人员。他们制作信息的依据是上级、同级和下级送来的各种信息情报，制作信息的目的是将信息传递给相关公众。这就难免在信息的制作过程中加入制作者的主观判断和片面理解，信息的制作质量也难免受到信息制作人员能力的影响。这些来自信息制作人员的主观因素，就可能成为信息制作中的障碍。

提供信息和编制信息的人员对信息的片面性理解、选择性认知，可能会造成信息内容的偏颇乃至失真；提供信息和编制信息的人员在信息中添加了过多的个人见解，可能导致公众的逆反心理而使传播中断；编制信息的人员由于个人的语言表达能力较差，可能造成对信息的表达不当、不准或不清而出现传递失误。总之，在信息制作过程中，信息制作人员的主观片面性可能导致传播沟通的障碍。

排除信息制作中的障碍，除了强调在信息制作中应尽量坚持客观立场外，还应该注重提高信息制作人员的业务水平和表达能力。

（四）公众接受信息的障碍及其排除

公众在接受组织向其提供的信息时，可能遇到来自他们自身方面的主观障碍。这包括经验方面的障碍、信任感方面的障碍、心理方面的障碍、生理方面的障碍等。

经验方面的障碍是指公众受其以往接受信息的经验、教训的影响，可能对任何信息都持怀疑态度，不可能轻易地、完全按照组织的意愿来理解其提供的信息。

信任感方面的障碍是指如果传播信息的组织不为公众所熟悉，在公众心目中缺乏知名度和权威性，公众往往会对其提供的信息的真实性表示怀疑，不愿轻易地相信。

心理方面的障碍是指公众受其价值观念、切身利益的影响，往往需要一定的时间才能认可和理解组织提供的信息；如果公众感觉难以适应或承受组织的某种行为后果，他们就可能对组织提供的信息持抵触态度。

生理方面的障碍是指公众受其文化程度、观察能力、理解能力、选择能力、记忆能力的影响，可能片面地接受信息、歪曲地理解信息、忽略或忘记重要信息等现象。

要排除公众接受信息的障碍，必须根据不同情况采取不同的措施。针对公众经验方面的障碍，组织应该注意从公众利益出发，有针对性地采取措施提高信息的可信程度；针对公众信任感方面的障碍，组织应该注意在传播沟通活动中采取认同策略，设法提高传播者的权威性，让公众将其视为“自己人”；针对公众心理方面的障碍，组织应该注意在传播过程中尽量满足公众的心理需求，做好耐心细致的劝服工作，避免强迫灌输；针对公众生理方面的障碍，组织在传播过程中应该做到传播目的明确、针对性强，传播内容确切、具体，传播方式适合公众接受，长期坚持不懈并保持适当的重复信息。

公共关系计划实施过程中的障碍来自多个方面，障碍的特点形形色色，排除障碍的方法自然也应该多种多样。概括地说，认真地研究公众，掌握公众的特点，从公众的切身利益出发，有针对性地选择适合公众接受的传播媒介、传播方式和传播时机，尽量缩小传播者与其公众之间在认识、立场、态度、能力方面的差距，是排除实施障碍的根本措施。

第二节 公共关系评估

公共关系评估是根据特定的标准对公共关系活动计划、计划的实施及效果进行衡量、检查和评价，以判断其优劣的过程。本节主要探讨公共关系评估的意义、内容、程序、标准和方法。

一、公共关系评估的意义和程序

（一）公共关系评估的意义

公共关系评估既是公共关系活动四个步骤中的最后环节，也是对公共关系活动的总体评价和全面总结。评估既是某一项公共关系活动过程的终结，又是下一次公共关系活动的开始。公共关系评估的重要意义主要有以下几点：

1. 评估是改进公共关系工作的重要环节

公共关系评估对一个社会组织的公共关系工作具有“效果导向”的作用。美国一位公共关系的先驱者埃瓦茨·罗特扎恩(Evarts G.Routzahn)早在1920年时就曾经说过，当最后一次会议已经召开，最后一批宣传品已经散发，最后一项活动已经成为历史的记录时，就是你在头脑中将自己和自己所采用的方法重新过滤一遍的时刻。这样你就会清理出经验和教训，供下一次借鉴。这位先驱者所说的“清理出经验和教训，供下一次借鉴”，恰恰说明了公共关系评估对改进公共关系工作的重要作用。

2. 评估是开展后续公关活动的必要前提

从公共关系活动的连续性来看，任何一项新的公共关系活动计划的制定与实施都不能孤立产生和存在，它总是以原来的公共关系活动及其效果为背景的。一项新的公共关系活动计划的制定和计划的实施，应该以前一项公共关系活动计划及实施作为借鉴。即使是前后两项公共关系活动所要解决的问题各不相同，它们之间也会存在着某些相通之处，前一项活动也可以为后一项活动提供经验和教训。因此，对前一项公共关系活动的评估，可以为后一项公共关系活动计划的制定提供决策依据，为后一项公共关系活动计划的实施提供经验和教训，为后一项公共关系活动的开展提供前提条件。这是公共关系活动连续性的必然表现。

3. 评估是总结成绩、鼓舞斗志的重要形式

公共关系活动计划实施的效果具有不同的表现形式，往往呈现出复杂的局面。例如，既可能体现为经济效益，也可能体现为社会效益；既可能表现为使公众利益得到了满足，也可能表现为对公众利益进行了调整；既可能满足了某些公众的既得利益，也可能保证了某些公众的长远利益。一般来说，组织内部的领导人员和员工很难对公共关系活动的效果具有深刻的认识和全面的了解。所以，当一项公共关系活动计划实施之后，由相关人员将该项公共关系活动计划的目标、措施、实施的过程和效果向领导人员和内部员工加以解释和说明是非常必要的。通过评估和对评估结果的说明，可以使员工认清本组织的利益及其实现途径，从而自觉地将本组织的战略目标与自己的本职工作紧密地联系在一起，并转变为实际行动；同时也可以使组织的领导人员看到开展公共关系活动取得的明显效果，从而使他们更加重视公共关系工作。

4. 通过评估向相关人员全面地提供信息

一项公共关系活动计划的实施涉及到计划的制定人员和实施人员。这两方面人员对公共关系计划的实施抱有不同的期望和要求。一般来说，计划的制定人员希望得到计划是否合理，计划实施的程度、范围和效果如何，实施的方法和程序是否需要调整，实施的经费是否与计划相符等方面的信息。计划的实施人员则希望知道实施的关键环节是什么，哪些实施策略、方法最为有效，实施对哪些公众产生了影响、影响程度如何，哪些方法能够有效

地排除障碍等方面的信息。通过评估对公共关系活动计划的制定和实施以及通过实施所取得的效果作出全面具体的评价，可以根据各类人员对信息的不同需求，有针对性地向他们提供所需要的信息。这些信息可以成为开展公共关系活动、改进公共关系工作、制定新的公共关系活动计划的可靠依据。

(二) 公共关系评估的程序

公共关系评估的程序就是按照时间先后依次安排和进行的评估步骤。一般来说，公共关系评估应该按照以下步骤进行：

1. 确定统一的评估目标

统一的评估目标是检验公共关系活动的参照标准。有了参照标准才能通过比较来检验公共关系活动计划以及计划实施的结果。即使评估目标以定性的形式来体现，也仍然有确定的必要。这就需要将评估目标以书面文字的形式确定下来，以保证评估工作顺利进行。

2. 将评估过程列入计划

评估并不是计划实施以后的事后思考总结，而是整个公共关系活动的重要组成部分。因此，应该将公共关系评估列入公共关系活动计划，对评估的目标、人员、方法、程序、时间等问题作出周密的安排。

3. 对评估取得一致意见

在组织内部公共关系工作往往具有辅助性质，公共关系活动的效果也更多地体现为社会效益。这使得有的公共关系人员对于公共关系这种没有实物性结果的活动如何进行评估感到困惑，因此，有必要在公共关系机构内部统一对评估的认识。

4. 使评估目标尽量具体

应该使用能够观察或能够测量的标准将评估目标具体化为许多分目标。如争取独立公众、转化逆意公众的数量，预计效果发生的时间等。将目标分解为许多具体目标，能使公共关系计划的实施目标更加明确，也有利于评估工作的顺利进行。

5. 选择有说服力的证据

为了对公共关系活动作出准确恰当的评估，选择的作为评估标准的证据应该能够充分说明某种观点或某种结果。如为了说明开展活动取得的效果，就必须以目标公众在对组织的认识、观点、态度和行为等方面发生变化的人数作为证据。

6. 确定搜集证据的途径

了解公共关系活动的效果，可能有多种办法和途径。除了调查之外，组织活动的记录、小范围的试验都是搜集有用信息的重要途径。搜集证据的方法和途径，应该根据评估的目的和评估的标准来确定。

7. 充分利用实施的记录

计划实施记录能够充分反映公共关系活动计划的可行程度，反映计划实施过程的各个环节，如哪些策略有效，哪些策略乏力甚至无效，哪些环节衔接比较紧密，哪些环节还有疏漏或欠缺等一系列相关信息，也能够反映公共关系人员的工作方式和工作效果。充分利用计划实施记录，以实施记录作为评估证据可以比较客观地掌握一项公共关系活动的基本情况。

8. 重视评估结果的利用

对公共关系活动进行评估的意义之一就是将评估的经验和教训应用于后续的公共关系活动。通过评估，在充分认识活动中所用策略的有效程度的基础之上，将其应用于新的公共关系活动，这样的策略将会更好地发挥作用。评估结果的有效利用，将有利于改进工作，提高活动效率。

9. 向领导报告评估结果

当评估结束后，应该将评估结果报告给具体负责这项工作的领导人员，以便其及时掌握相关情况，全面协调和安排组织的各项工作。

10. 总结经验，吸取教训

评估过程中对具体活动的全部资料进行了认真的分析、研究和提炼，对活动的成功经验和失败教训作出了客观评价。这些经验和教训对于后续的公共关系活动具有重要的指导意义。

二、公共关系评估的主要内容

对公共关系评估的内容可以从不同的角度进行探讨。如果从理论的角度来看，评估的内容应该是与公共关系活动相关的所有项目。如果从实际操作的角度来看，评估的内容可以根据具体情况有所侧重。我们将以上两个角度综合起来考虑，其中具有一般性、普遍性、实用性、便于操作的评估内容包括以下五个方面：对公共关系活动过程的评估，对传播沟通基本情况的评估，对公共关系状态的评估，对专项公共关系活动的评估，对公共关系人员工作绩效的评估。

（一）对公共关系活动过程的评估

对公共关系活动过程的评估，评估的重点内容主要包括对公共关系活动准备工作的评估，对公共关系计划的评估和对公共关系计划实施的评估。

1. 对公共关系活动准备工作的评估。此项评估包括：

(1) 对公共关系调查活动的评估。包括：公共关系调研的设计是否合理；公共关系调研方法的选择是否得当；公共关系调研工作的组织实施是否合理；公共关系调研的结论分析是否科学等。

(2) 对相关材料的准备是否充分。即检查占有的背景资料是否充足，对相关材料的分析判断是否准确。例如，在确定公共关系活动的目标公众时是否有遗漏，相关新闻媒介所需要的材料准备程度如何，是否确定了开展活动涉及到的所有关键因素等。

(3) 准备的相关材料是否合理。即准备的信息资料是否符合活动要求，是否符合新闻媒介的要求，开展活动的时间、地点、方式是否符合目标公众的要求，准备的相关材料有没有相互冲突的内容，有没有与本项活动配合的其他活动等。

(4) 表现信息的方式是否合适。检验的主要内容包括：信息资料和宣传品的设计是否合理，是否新颖，是否引人注目。具体地说就是文字语言的运用、图表的设计、图片的选择、展览方式的选择等是否能够有效地传播相关信息。

2. 对公共关系计划的评估。此项评估包括：

(1) 公共关系计划中的目标是否正确；

(2) 总体计划是否合理、可行；

(3) 计划在执行中是否与组织的整体目标保持一致，是否与社会环境条件相适应；

(4) 公共关系战略构思是否科学；

(5) 目标公众选择是否准确；

(6) 媒介的选择及其应用策略是否得当；

(7) 经费预算是否合理；

(8) 计划中留有的余地是否适中等。

3. 对公共关系计划实施的评估。此项评估的重点内容有：

(1) 实施的准备工作是否充分（包括实施方案的准备、组织机构统筹分工准备、信息资料准备、实施人员训练的准备、各种实物的准备等）。

(2) 实施过程的安排是否明确、合理、灵活。

(3) 制作的信息内容是否准确充实，表现形式是否恰当。

(4) 传播发送的信息资料的数量，信息资料被新闻媒介采用的数量，接受信息的目标公众的数量，注意到发送信息的公众数量。

(5) 实施效果如何。包括了解信息内容的公众数量，改变观点的公众数量，改变态度的公众数量，引起行为或重复行为的公众数量，增加或保持期望行为的公众数量，达到预期目标及解决问题的情况，对社会经济和文化发展产生的影响等。

(二) 对传播沟通基本情况的评估

对传播沟通基本情况的评估主要是分析传播沟通的效果，评估的主要内容有：

1. 信息制作情况的评估。即主题是否鲜明，内容是否真实，结构是否合理，表达形式是否合适，表现手法是否新颖；在一定时期内撰写新闻稿件的数量、专题报道的数量以及其他传播资料的制作数量。

2. 信息传播情况的评估。传播信息的媒介，传播信息的数量，所传信息的覆盖面等。

3. 传播沟通效果的评估。目标公众对信息本身的了解情况，目标公众接受信息的情况，目标公众接受信息后的态度变化情况，目标公众接受信息后的行为变化情况；传播沟通的计划或方案是否妥当，确定的目标公众是否准确，选择的传播媒介是否合适等。

（三）对公共关系状态的评估

公共关系状态是指组织所处的社会关系状况和社会舆论状况。公共关系状态既是组织开展公共关系活动的基础，也是组织开展公共关系活动的结果。因此，对公共关系状态的评估是对公共关系工作成效的总结性、全方位的评估。

对公共关系状态的评估应该区分为全过程的评估和阶段性的评估。全过程的评估是对组织长期以来开展的所有公共关系活动所取得的总体成效的评估。阶段性的评估是对组织开展的单项、系列或季度、年度公共关系活动所取得的阶段性成效的评估。这两种评估的指标相同，但评估的基础不同。全过程的总体成效的评估其基础是公共关系活动起步以前形成的自然的公共关系状态，阶段性成效的评估其基础是以前开展公共关系活动而形成的自觉的公共关系状态。如果在评估中需要将公共关系状态进行量化，那么，我们可以将自然的公共关系状态视为零，但却不能将自觉的公共关系状态视为零。这就是说，阶段性成效的评估是在原来公共关系状态基础之上对公共关系状态变化程度的评估。

对公共关系状态的评估可以将内部公共关系与外部公共关系

区别开来进行。

1. 内部公共关系状态评估

对内部公共关系状态评估的主要内容有：全体成员的公共关系意识，员工的士气和归属感，组织的凝聚力和号召力，组织内部的人际关系、群体关系等。

2. 外部公共关系状态评估

对外部公共关系状态的评估需要考察顾客、媒介、社区、政府等多种目标公众在接受信息、产生情感、改变态度、引起行为方面的变化情况。

（四）对专项公共关系活动的评估

对专项公共关系活动的评估主要包括以下几类：对日常公共关系活动的评估；对单项公共关系活动的评估；对年度公共关系活动的评估；对长期公共关系活动的评估。

（五）对公共关系人员工作绩效的评估

对公共关系人员工作绩效的评估应该首先区别公共关系人员的职责和分工，职责和分工不同，评估的指标或内容也应该有所不同。

三、公共关系评估的人员和方法

（一）公共关系评估人员

评估人员是指具备一定资格或条件并对公共关系活动进行评估的主体。评估的主体既可能是个人也可能是组织。一般说来，在公共关系活动计划中就应该确定评估人员。这样，评估人员可以全面地了解公共关系活动的具体情况，以便作出客观、准确的评估。

1. 评估人员的构成

公共关系活动的评估人员应该由以下人员共同构成。

(1) 公共关系活动的主办者。其中包括公共关系活动的组织人员、策划人员或实施人员。这部分成员能够从当事人的角度总结和评价自己的工作。

(2) 公共关系活动中的公众。这部分人是公共关系活动中的工作对象。他们能够从客体的角度，根据自身的“体验”对公共关系活动以及活动的组织人员和实施人员作出评价。

(3) 公共关系专家。来自公共关系公司、研究机构或高等学校的公共关系专家，他们能够从公共关系“专业”的角度对活动作出科学的评价。

2. 评估人员的条件

作为公共关系活动的评估人员应该具备以下基本条件：

(1) 遵从准则。参与公共关系活动评估的人员必须具备良好的职业道德，必须自觉遵从职业准则。公共关系职业道德和职业准则的基本内容是：敬业爱岗，忠于职守；廉洁奉公，遵纪守法；坚持原则，处事公正；求真务实，勤奋高效；顾全大局，严守机密；维护信誉，光大形象；认真钻研，锐意创新。

(2) 客观中立。保持中立是评估人员应该具备的基本条件。无论评估人员的背景身份如何，只要参与评估工作就应该保持中立的态度和客观的立场。

(3) 认真负责。公共关系活动评估既涉及到对过去工作的评价，也涉及到评估结论的运用与推广。评估的依据有的可能是确切具体的数字，有的可能是程度不同的感受。如果没有认真负责的工作作风则难以胜任评估工作，只有做到认真负责才能真正体现评估的意义。

(4) 严守规范。为了确保评估工作的客观、准确和公正，在公共关系活动计划中应该规定评估的原则和规范。参加公共关系评估工作的人员必须严格按照这些原则和规范进行评估。

(二) 公共关系评估的方式和方法

1. 实施过程的评估方式

实施过程的评估方式基本上可分为以下三种：

(1) 评估人员的直接观察。这种直接观察，可以由评估人员直接参与实施过程，进行实地考察，记录各个环节实施的状况和顺序以及进展情况。

(2) 对实施者与实施对象进行调查。对实施者进行调查是搜集各种评估资料的重要途径。对实施对象的调查可以了解到他们对公共关系活动各个环节的评价以及对这一活动感到满意的程度。同时，将对实施者进行调查得到的有关资料与对实施对象进行调查得到的相关资料加以对比分析，也是一种不可忽视的评估方式。

(3) 分析搜集到的各种相关资料。通过不同渠道搜集到的各种相关资料，例如数据、图表、报告都是评估的重要依据。通过对这些资料的分析研究，可以从中发现实施人员、实施对象、实施方法、实施步骤、实施环境等方面的特点和规律，也可以从中发现实施过程中容易出现的障碍，以此作为依据可以建立标准化的实施程序，确定实施人员向实施对象进行传播沟通的最佳方式。

在实际评估过程中以上三种方式一般可以综合运用。将应用三种方式评估得到的结果相互比较，相互印证，可以得出全面的、综合性的评估结论。

2. 实施过程的评估方法

对实施过程的评估一般采用以下三种方法来检测信息发送的数量、被采用的数量及接收与注意到信息的公众数量。

(1) 日记法。日记法要求被检测者在接受检测期间每天将自己收听广播、收看电视的次数、时间以及其他有关事项记录下来，以供分析和研究。这种方法比较简单易行，但是被检测者的态度及责任感对检测效果的影响较为明显。如果被检测者的合作态度不够真诚，这种方法往往不能收到预期的效果。

(2) 表录法。表录法是将一种电子记录器的指针调到与被测电台、电视台的频率、频道相一致，以测定电子媒介对有关信息的发布情况，然后将测定的资料传送给中心电子计算机系统进行处理。这种方法的最大缺陷是无法确定哪些人在收听、收看，同时，对设备条件要求也较高。

(3) 电话访问回忆法。电话访问回忆法是在节目播出期间或刚刚播放完毕时，由调查者进行电话访问，了解公众对节目的收听、收看情况。这种方法需要由实施调查的人员打电话询问和调查对象通过回忆来共同完成，所以叫做“电话访问回忆法”。

询问的内容应本着便于进行定性、定量分析的原则，既有开放型的问题也有封闭型的问题。通常由实施调查的人员拟定统一问卷，通过电话向调查对象提问，笔录答案。这种方法的优点是迅速及时、费用较低、回答率高、误差较小；如果需要补充调查也比较容易。但一般访问的时间较短，回答比较简单，对问题难以深入探讨。这种方法只适用于电话普及率较高的国家和地区。

通过以上几种方法获得的数据是公共关系实施过程评估的重要依据。

3. 实施效果的评估方法

根据评估实施人员的不同可以把实施效果的评估方法分为以下三种：

(1) 自我评定法。这是由公共关系活动的对象通过亲身感受而对公共关系活动给予评定的方法。例如，日用化学品厂推出了一项旨在宣传普及美容知识的公共关系活动，在这次活动中，该厂特意举办了一个美容技巧培训班。为了评估这次公共关系活动的影响效果，公共关系人员可以请参加这个美容技巧培训班的学员自己评定他对该次公共关系活动的满足感，估量自己所学到的知识和技能，评价该次活动是否增加了他们的美容知识等。

这种评估方法的缺点是容易产生不真实的测量结果，尤其是向调查对象提出一些比较敏感的问题时更是如此。因此，采用自我评定法要特别注意问卷提问的方式，对敏感的问题宜采用灵活、委婉的方式进行调查。

(2) 专家评定法。这种方法是由公共关系专家或有关方面的专家来审定公共关系计划，观察计划的实施，对计划实施的对象进行调查，与实施人员交换意见，最后撰写出评估报告，鉴定公共关系活动的成效。专家评定法的评估质量取决于专家是否具备专门的知识，如果专家不具备公共关系活动所涉及的某些领域的知识，那么他们也无法作出正确的评估。因此，采用专家评定法时，一定要聘请那些知识丰富、熟悉情况的专家。

(3) 实施人员评估。公共关系计划的实施人员经常自行对公共关系计划和实施的情况进行评估。这种评估能够及时、充分地利用实施过程中的实际情况对该项活动的影响效果进行判断。这种评估方法的缺点主要是实施人员对自己实施的计划可能会尽量加以美化，报喜不报忧，从而使评估不能真实反映公共关系活动的效果。

4. 对实施效果进行评估的注意事项

(1) 排除公共关系活动以外的影响因素。在进行实施效果的评估时，应该注意到：一项公共关系活动总是在一定的社会环境中开展的，它所产生的影响，可能是公共关系活动本身引起的，也可能是其他社会因素的作用。科学的评估，最好能尽量排除公共关系活动以外的因素，才能真正显示公共关系活动的影响作用。为了排除公共关系活动以外的因素，准确地对公共关系活动进行评估，我们必须掌握评估公共关系活动净实施效果的方法。所谓净实施效果是指排除其他因素所起的任何作用，完全由公共关系活动本身的作用产生的影响效果。

(2) 进行活动效果评估需要具备两个先决条件：第一，必须确定衡量公共关系目标的标准；第二，公共关系计划已经充分实施，活动的作用已经在目标公众中得以体现。

5. 实施效果评估的公式

实施效果评估常用到以下三种公式：

(1) 公式一：$I = E2 - E1$

这个公式的含义：实施效果 I 等于目标公众在接受公共关系

活动传播的信息之后可以测量出的变化值 E2，减去目标公众未接受活动之前可以测量出的值 E1。

(2) 公式二：I = E2 - C2

这个公式的含义：实施效果 I 等于目标公众在接受公共关系活动传播的信息之后可以测量出的变化值 E2，减去未接受公共关系活动的控制团体可以测量出的变化值 C2。

如果甲是接受公共关系活动的目标公众，乙是未接受公共关系活动的公众，而且乙是在组织的控制之下，那么乙就是未接受公共关系活动的控制团体。

(3) 公式三：I = (E2 - E1) - (C2 - C1)

这个公式的含义：实施效果 I 等于目标公众在接受公共关系活动传播的信息之前和之后的可以测量出来的变化值之差（E2 - E1），减去未接受公共关系活动的控制团体前后两段时间在变化值上的差（C2 - C1）。

第一个公式所得的数值为公共关系活动的实施效果，也就是目标公众在接受公共关系活动传播的信息之后的全部变化，其中既有公共关系活动的作用，也有其他因素的作用。后两个公式则考虑到其他因素的作用，并设法加以排除。最后一个公式最为精确，是测量公共关系活动实施效果的主要公式。

第十三章　不同组织的公共关系实务

不同社会组织的公共关系实务既具有相同之处，也具有明显不同的特点。本章将分别探讨政府公共关系实务、企业组织的公共关系实务和事业组织的公共关系实务。

第一节　政府的公共关系实务

政府是国家或地方的行政机关，是辖区公众的代表，对其管辖区的各方面事务负有指导、规划、管理、协调、服务、监督、保卫等基本职责。因此，政府的工作具有突出的公共性和服务性。政府公共关系是指以各级政府为主体、以广大内外公众为客体的一种特殊类型的公共关系。政府公共关系实务是指国家和地方各级政府为了树立“创新、务实、廉洁、高效”的政府形象，更好地体现国家管理职能，增进社会公众对政府工作的了解、支持和监督，以协调内部和外部各种关系的行政活动。各级政府为了更好地协调与公众的关系，树立良好的政府形象，有效地对公共事务进行管理，争取广大公众的信任和支持，以形成和谐稳定的社会政治局面，就需要开展公共关系活动。

一、政府公共关系实务的特点

政府公共关系是一种特殊类型的公共关系。它既具有一般公共关系的属性，又具有独特的内容，其特点主要表现为以下五个方面：

1. 目标的独特性

任何公共关系活动都是为了建立、协调或改善主体与客体的关系。但是，不同的社会组织有不同的情况，公共关系工作的侧重点也有所不同。与一般意义的社会组织比较，政府公共关系实务的着重点不在于提高知名度，因为一个国家或地区的人民不可能不知道直接管辖他们的政府。政府公共关系活动的主要任务是提高政府的美誉度、在我国，人民当家做主，一切权力属于人民，政府代表人民的意志对社会进行管理。政府公共关系工作的基本目标是树立“创新、务实、廉洁、高效”的政府形象，以此来赢得人民群众的信任与支持。

2. 主体的权威性

政府公共关系的主体是作为国家行政机关的政府。政府是特殊的社会组织，其特殊性首先表现在政府拥有极大的权力，具有权威性。它可以制定政策、颁布法令，并强制实施。在一般情况下，在同一国家或同一地区，不可能有几个政府并存，因此，政府还具有惟一性。由于政府的权威性和惟一性，它往往容易产生官僚主义、主观主义、命令主义等问题。因而，政府既需要不断地加强自身建设，也需要广大人民群众的监督。政府开展公共关系活动的一个重要方面，就是要提高政府工作的透明度，使政务公开化、管理民主化，让人民更多地了解政府工作的各种情况，增强人民参政、议政的意识，发挥人民大众的监督作用，提高人民对政府的认同感、信任感，使人民大众自觉地服从政府的领导，主动地支持政府的工作。

3. 公众的复杂性

政府开展公共关系活动所面临的社会公众，包括本国社会的各阶层、各民族、各党派、各种社会组织、各种群众团体以及世界各国公众。这些公众基本上可划分为政府机构内部公众、政府辖内公众和政府的外部公众。辖内公众是政府公共关系中的一个特定概念，对于国家政府来说，管辖的是整个国家，全国人口都属于辖内公众；对于地方政府来说，其管辖范围内的人口属于其辖内公众。与其他社会组织比较，政府所面临的是整个社会公众，不仅数量众多，而且呈现出极其复杂的结构。这些以一定利益关系为基础的社会公众，又可划分成各种不同的利益群体。这些利益群体，既有共同的社会利益，又有着不同的特殊利益。这些利益群体对政府制定的有关政策和法令，往往持有不同的态度，这就必然会出现具有不同意见的社会群体。特别是在一些与公众切身利益密切相关的敏感性问题上，例如物价、工资、住房、社会福利等，政府的相关政策都会引起公众的不同反响。如果这些问题处理不好，那么就可能在公众与政府之间产生隔阂，引起矛盾。因此，政府应有效地运用公共关系的协调职能，统筹兼顾，调节各方面的利益，理顺各种社会关系。政府的行为必须符合人民群众的利益，被人民群众所理解和接受，在人民群众的支持下，促进经济的发展和维护社会的稳定。

4. 传播的优越性

政府开展公共关系活动的传播条件最为优越。首先，政府掌握大量的大众传播工具，广播、电视、电影、报纸、杂志等大众传播媒介都由政府管理。这在客观上为舆论导向提供了条件，并可以通过多种新闻工具，从各个角度大量地、反复地传播某种信息，来加深公众的印象，提高传播的效率。其次，政府的组织传播不仅严密，而且迅速。政府机构虽然庞大，却组织严密，对组织传播无论是纵向的还是横向的都十分有利，可以使信息准确、迅速而有效地传递给社会公众。政府的许多政策都是先经过充分酝酿并听取各方面的意见后，通过文件形式在组织内部传播，而后再采取大众传播方式。这种审慎的态度和多头并举的方法，在其他组织中是比较少见的。

5. 效益的社会性

一切公共关系活动都是为了获得公众对组织的理解和支持，但是，评价公共关系活动效果的标准却不尽相同。企业是独立的、直接的生产经营单位，必须围绕生产经营来开展公共关系活动。政府是社会管理部门，对政府公共关系的评价，应该以是否具有“人民利益高于一切”的精神，是否受到人民群众的拥护为标准。也就是说，政府公共关系应该以政府被人民群众了解、信任和支持的程度作为评价标准。

我国的政治制度决定了政府是人民的政府，这就决定了我国的政府公共关系必须全心全意为人民服务，这是我国政府公共关系的一个鲜明特色。我国的政府公共关系，在与内部公众和外部公众的关系处理上，都应该体现一切从人民利益出发、全心全意为人民服务的精神，让人民群众真正感受到政府是人民自己的政府。

二、我国政府公共关系的意义

（一）有利于加强民主政治建设

社会主义民主政治的本质和核心是人民当家做主，人民真正享有并有效行使各项公民权利。同时，人民有效地行使公民权利，积极地参政议政，参与和支持国家事务的管理有助于民主政治建设，有助于提高政府管理的科学性和有效性。要想使人民群众积极地参政议政，有效地行使公民权利，就必须首先让他们透彻地了解政府的方针和政策。这就要求政府必须主动架起与人民群众沟通的桥梁，建立起民主的信息交流关系。有效的信息交流是民主政治的基础。

开展政府公共关系活动，对于加强民主政治建设的意义主要体现在以下三个方面：

1. 双向沟通能够体现民主的基本特性。开展政府公共关系活动，通过政府与人民群众的双向沟通，可以促使政府不断增强工作的透明度，使人民群众享有充分的知情权，从而增强公民意识，真正树立起主人翁的责任感，提高参政议政的自觉性。

2. 决策民主化是民主建设的重要保证。开展政府公共关系活动，可以制约政府严格按照民主程序办事，重视与公众之间的协调沟通，重视广泛集纳公众的意见。这能够从制度上保证决策的民主化，而决策的民主化则是民主政治建设的重要保证。

3. 公众的监督是民主建设的有效途径。开展政府公共关系活动，可以保证人民群众行使对政府的监督权力。社会公众通过政府发布的有关信息，及时了解政府实行的政策和行动。人民群众的监督可以帮助政府避免官僚主义，消除腐败现象，提高工作效率，保证人民政府真正成为人民所希望的“创新、务实、廉洁、高效”的政府。

总之，通过政府公共关系活动的开展，政府与人民的关系将会变得更加密切，社会主义的民主政治建设将会不断得到加强。

（二）有利于维护社会秩序的稳定

稳定的社会秩序是政府正常发挥管理职能并实现目标的前提条件。在经济、政治、文化、社会的转型时期，国际国内形势千变万化，各种利益关系错综复杂。政府的改革开放措施能否得以落实，建立市场经济体制的目标能否实现，在很大程度上取决于人民群众的理解与支持。虽然从总体和长远来看，改革开放会给全体人民带来极大的好处，但因改革过程中涉及到诸多问题，每项具体措施不可能立即给每个人带来实际利益，甚至有可能在一定时期内使某些人的利益受到影响。这就是说，改革开放的进一步深入有可能使各种潜伏着的矛盾表面化、激烈化，从而引起社会动荡，影响经济、政治体制改革的进程。在各种复杂的社会关系中，政府处于核心地位。如果政府不能妥善地处理好这些关系，社会局面就不能稳定，政府的工作就无法顺利开展。政府公共关系作为一种新型的行政传播管理，它具有监测环境、协调关系的功能。开展政府公共关系活动，可以在与公众进行双向沟通的过程中充分发挥监测和协调作用，了解公众的各种变化趋向，妥善处理各种关系，引导舆论走向，消除不稳定因素。

（三）有利于建立市场经济体制

党的十四大决定在我国建立社会主义市场经济体制。建立市场经济体制的关键是实行政企分开，转变政府职能。政府公共关系活动的开展将有助于政企职责分开和政府职能转变。

政企职责分开需要公共关系发挥“桥梁”作用。以政企职责分开为中心环节的经济体制改革，其目的在于通过改革使企业真正进入市场，增强企业参与国内与国际市场竞争的能力。政企职责分开的基本内容是政府只负责宏观经济政策和市场规则的制定，而不再过问企业的具体生产和经营。政企职责分开并不意味着政企完全割断联系，更不意味着政府不参与企业管理，而只是管理的性质发生了变化。即政府对企业的管理，由侧重于直接管理到侧重于间接管理，由侧重于微观管理到侧重于宏观管理，由采用硬性行政命令和计划手段进行管理到采用经济、法治、行政等多种调控手段进行综合管理。“间接”、“宏观”、“综合”的管理需要借助一条能够有效联系政企的“桥梁”。通过这条“桥梁”来保证政府对企业实行正确适度的宏观调控、协调、引导和服务，从而促进市场经济的顺利发展。政府公共关系这种新型的行政传播管理则能够发挥这种“桥梁”的作用。

政府职能转变需要通过公共关系实务强化服务功能。从政府公共关系的角度来看，政企职责分开使得企业由原来的内部公众转变为外部公众，政府和企业的关系增强了平等性；政府的职能由对企业产、供、销的直接管理转变为加强对产权、设施、服务等公共物品的供给管理，转变为宏观调控、协调引导的间接管理。这种管理性质的转变表明政府需要强化公共管理和公共服务的职能。政府作为公共关系活动的主体，通过开展公共关系活动能够以平等的身份与企业建立新型的密切关系，帮助企业排忧解难、走向市场；政府作为最大、最可靠的信息源，可以通过开展公共关系活动向企业进行信息输导和决策服务，使企业在不断变动的经济大潮中增强竞争能力；通过开展公共关系活动，政府可以主动地与企业协调关系，化解政企间可能产生的矛盾和误解；通过开展公共关系活动，优化外部环境，可以为企业走向市场、参与国际竞争创造有利条件和良好环境。总之，政府通过开展公共关系活动来强化服务功能，既有利于保证企业真正成为相对独立的经济实体，成为自主经营、自负盈亏的商品生产者，也有利于政府适应和实现职能的转变。

（四）有利于进一步实行对外开放

市场经济的出现和发展是一种世界现象，市场竞争不可能长久受到国界的限制。从一个国家内部发展起来的市场竞争，必然会冲破国家界限，形成国际竞争；同时，世界范围的国际竞争也必然渗透到每一个市场经济国家，使国内市场成为国际市场的组成部分，使市场竞争成为国际经济现象。任何一个国家，要想实现经济现代化，就必须发展市场经济；而一旦走上市场经济的发展道路，就将或早或迟地融入充满激烈竞争的国际市场。当今世界以经济实力为核心的国际竞争，从竞争的程度来看是越来越激烈，从竞争的范围来看是逐渐向国际化趋势发展，这既是当代世界经济发展的新趋势，也是当今国际竞争的基本趋势。发展市场经济，实行对外开放是我国的既定政策。开展政府公共关系活动，对于进一步实行对外开放的意义主要体现在以下三个方面：

1. 对外开放必须加强双向的传播沟通。要进一步扩大对外开放，就必须以相互了解为前提。中国需要了解世界各国，世界各国也需要了解中国，需要在相互了解的基础上建立起友好合作的关系。与世界各国开展以双向传播沟通为突出特点的政府公共关系活动是加强相互了解、增强彼此信任、建立友好关系的有效途径。

2. 对外开放需要以良好的形象为基础。“十年动乱”使我国的国际形象受到极大的损害，造成的影响至今尚未完全消除。政府开展国际公共关系活动，加强国际交流与沟通，有利于国外公众了解我国政府改革开放以来的方针政策，了解我国近年来在各方面取得的伟大成就，从而消除对我国政府的误解、偏见和隔阂，在国际公众心目中重新塑造中国政府的形象。

3. 对外开放需要社会公众的大力支持。社会公众对改革开放的支持程度取决于政府在广大公众心目中的信誉和形象。良好的政府形象能够增强政府的凝聚力和号召力，能够提升政府的威望和信誉，能够提高政府行为的合理性和政府工作的有效性。良好的政府形象是政府取得广大社会公众的信赖与支持，对社会实施领导和管理的资本和力量。政府开展公共关系活动，将政府的方针、政策和行为通过传播媒介传达给社会公众，再把公众的意见和要求反馈给政府，实现政府与社会公众的双向沟通，取得公众的认同和支持，从而提高政府在社会公众心目中的威望，塑造政府的良好形象。

三、政府公共关系实务的内容

我国政府公共关系实务的主要内容可以从“面”和“点”两个不同的角度来探讨。所谓“面”是指政府公共关系实务面临的公众类型。从这一角度考虑，政府公共关系实务的主要内容有：政府内部的教育和管理，政府与辖内公众的沟通，政府对外的沟通与交往。所谓“点”是指政府公共关系实务面对的重点问题。从这一角度考虑，政府公共关系实务的主要内容有：管理中的关系协调，推动民主政治建设，塑造政府的良好形象。

（一）政府内部的教育和管理

政府内部的教育和管理是指对政府机构内部工作人员的教育与管理。社会公众往往通过对政府的职能部门及其工作人员的印象来评价政府，因此，政府机构内部工作人员的形象应该符合政府形象的要求。对政府机构内部人员加强教育和管理是体现政府职能和塑造政府形象的基础性工作，是体现政府是人民政府、政府工作人员是人民公仆的根本措施，也是政府公共关系实务的一项重要内容。任何一个政府，如果放松了对内部工作人员的教育和管理，就有可能出现有损政府威望的现象，从而失去社会公众的信任，影响政府的公共关系状态。

政府内部的教育工作是提高政府内部工作人员素质的一个重要途径。由于政府担任着管理社会的重任，掌握着管理社会的大权，如果政府机构内部工作人员滥用权力，就有可能造成社会公害。所以，政府机构内部工作人员的素质比其他组织成员的素质更加重要。要提高政府机构内部工作人员的素质，加强对其进行教育是一条重要的途径。政府内部工作人员的素质教育应该以增强其公共关系意识为主要内容。公共关系意识是一种现代意识，是一种综合性的、现代化的经营管理和行政管理思想、观念和原则。综合性是公共关系意识的最主要特征，它是形象意识、公众意识、沟通意识、信誉意识、服务意识、责任意识、合作意识、创新意识、竞争意识、时效意识、战略意识、审美意识以及信息意识的总和。公共关系意识的增强将对提高素质具有重要的促进作用。党和政府的各级机构内部工作人员公共关系意识的增强则对全民族迅速改变传统观念而增强现代意识具有至关重要的引导作用。

政府内部的管理工作是反映政府管理或工作水平的重要方面，只有依靠先进的管理体制和管理手段，才能从根本上解决政府内部存在的有损政府形象的各种问题。新中国成立五十多年来，我国政府虽然一贯重视对国家干部的教育，但是由于管理落后，政府机构越来越庞大，办事效率仍然不高，目前必须依靠政治体制改革和政府机构改革来解决问题。政府内部的管理工作应该以持之以恒地廉政、勤政建设为主要内容。只有政府的各个职能部门及国家机构内部的工作人员真正做到了廉政、勤政，才能取信于民，才能塑造良好的政府形象。政府内部的管理工作，需要借助于政府公共关系活动来增强政府机构内部工作人员的公共关系意识。

(二) 政府与辖内公众的沟通

政府的辖内公众既是政府的内部公众又是政府的外部公众。一方面，政府实际上代表的就是辖内公众，辖内公众是政府的支持者和动力源，政府要对辖内公众负责；另一方面，政府服务和工作的主要对象也是辖内公众，辖内公众是政府的监督员和裁判员。政府同辖内公众的这种双重关系，决定了政府与辖内公众必须进行充分的双向沟通，才能赢得辖内公众的信任，从而忠实地代表辖内公众的利益。

政府与辖内公众的双向沟通包括两个方面：一方面是宣传政府的方针和政策，使之在社会公众中得以贯彻执行；另一方面是集纳社会公众的意见和愿望，为政府的决策提供依据。宣传政府的方针、政策、政令、条例，使之为社会公众了解、理解，得以贯彻执行。政府的工作宗旨是为人民服务，但是具体的方针、政策却不一定都能够得到各种各样的公众群体的全部认同和立即响应。尤其是降低储蓄利率、提高物价水准、大型基础建设等关系到广大群众切身利益的问题，必须通过广泛宣传、耐心解释来取得公众的理解和支持。这方面的工作可以视为政府向社会公众传播信息，即"到群众中去"。

集纳社会公众的意见和愿望，为政府的决策提供依据。我国政府是人民的政府。这一性质决定了政府要反映人民的意见和愿望，其各项决策都只能从群众中来。例如，上海市政府的"菜篮子工程"就是集纳了市民对"买菜难"的问题的强烈反映后，经重点研究，作为一项政策提出来的。集纳群众的意见和愿望，以此作为决策的依据，这是政府公共关系实务的具体和重要的内容。

(三) 政府对外的沟通与交往

开始于 1992 年的全球政治经济新格局，以经济实力为主的经济安全理论已经成为国家的行为准则。不论是发达国家的政府还是发展中国家的政府；也不管是实行专制制度的政府或者是实行民主政治的政府，都将经济发展作为政府的首要任务。各国政府首脑及主要官员的外交活动都开始以扩大对外贸易、推销本国产品、寻求合作伙伴、拓展投资领域和签订经贸合同作为重要内容。

“和平”与“发展”已经成为当今世界的主题，经济市场化和政治民主化的发展呼唤着政府通过公共关系活动，将政治与经济相融合，重点是发展经济、自由竞争。现代化的大众传播和交通手段为政府开展公共关系活动提供了前所未有的优越条件。

目前，我国改革开放事业正逐步深入地进行，政府将面临着更多错综复杂的国际问题。

在经济方面需要适应 WTO 的各项规则。中国加入 WTO 将对现实经济社会产生全面的影响。其中，最为深刻的是对政府的影响：对体制结构的影响、对政府行为的影响、对政府目标的影响和对行政方式的影响。WTO 既是一个贸易组织，也是一组贸易规则的集合。这些通行的规则对政府职能的发挥存在一个规范和替代的问题。加入世贸组织就需要按照它所提供的一系列规则来组织运作。这就意味着政府必须广泛地开展对外沟通与交往，以逐渐地适应世界贸易组织的规则，也使世界各国了解、理解并支持我国政府。

在政治方面需要确立主权国家的应有地位。在打破冷战格局、抵御霸权主义、反对强权政治、维护世界和平、优化国际环境、建立公正合理的国际政治经济新秩序等方面发挥应有的作用。政府需要通过对外沟通与交往，来提高我国在国际社会中的威信，确立我国的国际地位。

在文化方面需要加强与世界各国的交流。我们与发达国家相比，在民族文化或吸收外来文化方面存在着明显差异。西方文化的精髓是：重视人与自然的关系，提倡开拓发展、征服自然、改造世界、奋进冒险。而中国传统文化则强调人与人之间的关系，重人伦轻自然、重义气轻利益，提倡修身养性、清静无为，于是便形成了中庸、忍耐、克制、保守、重情、恋家的民族特色。两相对比不难看出，西方文化中包含着较多的竞争意识，中国传统文化中则缺少竞争观念。为了适应日益激烈的竞争形势，政府需要通过对外沟通与交往来展示我国的文化建设所取得的成就，吸收和借鉴外来的先进文化。

政府与辖外公众的沟通与交往，是促进经济繁荣、维护国家主权、推动文化发展的重要途径。由于政府与辖外公众的交往活动事关政府的外部形象和外部关系，因此，是政府公共关系实务的重要内容。中央政府的对外沟通与交往是国际性的，地方政府的对外沟通与交往既包括国际性的，也包括地区性的。我国是主权国家。国际性的对外沟通与交往，需要坚持在和平共处五项原则的基础上，同所有国家发展友好的合作关系。我国是社会主义国家，地方政府间的沟通与交往应该以“全国一盘棋”为指导思想，相互支持、优势互补、共同发展。

无论是国际性的还是地区性的对外沟通与交往，其中都有大量的工作属于政府公共关系实务的内容。改革开放以来，我国政府在国际性和地方性的交流与合作方面不断取得新的进展，政府公共关系在其中也发挥了重大的作用。

（四）协调各种利益关系

政府在对社会实施管理的过程中，必然涉及到与执政党的关系、与司法机关的关系、中央与地方的关系、政府与其派出机构的关系、地方政府之间的关系、政府与其他党派团体的关系以及其他各种关系。这些关系都需要政府进行统筹与协调。统筹与协调各有侧重，统筹是在共同利益指导下对各种特殊利益的分配和定位，侧重在规划、决策等方面发挥作用，侧重于共同利益；协调是在统筹的基础上对某些局部的、特殊的利益关系进行协调或调整，侧重在统筹和决策之后发挥作用，侧重于局部的、个别的利益。

我国政府的领导与中国共产党的领导紧密相关。政府既需要努力推行中国共产党的路线、方针、政策，也需要协调执政党与其他党派和广大社会公众之间的关系。

我国的民族众多，国土辽阔。各民族、各地区的团结与协作，既关系到国家社会环境的稳定，也体现出社会主义制度的优越性。为了增进这种团结与协作，需要通过公共关系活动大力弘扬民族精神，传播“全国一盘棋”的观念，需要协调各种利益关系。

政府担负着推动社会主义物质文明建设、政治文明建设和精神文明建设的重要责任，需要协调“三个文明”建设的关系。在物质文明建设中，需要协调重点建设项目和非重点建设项目之间的关系以及三大产业之间的关系。在政治文明建设中，需要协调发展社会主义民主政治与坚持党的领导、人民当家做主和依法治国的关系。在精神文明建设中，需要协调思想理论工作队伍的稳定和发展问题、文化事业的繁荣和引导问题。

政府在社会管理方面的职能，最重要的就是维护社会的稳定和促进社会的发展。稳定是发展的前提，发展是稳定的目的，稳定和发展是相辅相成的。促进社会的稳定和发展，需要统筹与协调。

政府面临的各种各样的公众既有各自的特殊利益，又有共同的社会利益，政府既要着眼于社会的共同利益，又要照顾到不同群体的利益。这种矛盾只有通过统筹与协调来解决。政府公共关系无疑担负着引导、协调、疏通的任务，这是保证党的路线、方针、政策得以全面准确贯彻的一个重要方面。

统筹与协调虽然各有侧重，但它们都是不可或缺的社会管理手段，对维护社会的稳定和促进三个文明建设发挥着重要作用。政府管理中的统筹与协调有的需要采取政治策略，有的需要采取法律措施，有的需要采取经济手段，有的则需要政府开展公共关系活动来进行。可以预见，随着改革的进一步深化，政府的统筹与协调的职能将进一步得到加强，政府公共关系实务在统筹与协调中的作用将会越来越受到重视。

（五）推动民主政治建设

政府开展公共关系活动，通过健全和完善政府与公众的沟通渠道和传播机制，及时、广泛地了解社情民意，提高政府工作的透明度，鼓励公众积极地参政、议政，实现政府和公众之间的双向沟通，以此来推动社会主义民主政治建设。

1. 了解民意为制定政策提供依据

现代民主政治高度重视社会舆论和民众意见；将社会舆论和民众意见视为政治性和行政性决策与行动的根据。重视舆论就必须重视与公众的沟通，必须建立了解民意、反馈民意的各种有效渠道。了解和反馈民意可以通过信访渠道、民意测验和基层访问等方式进行。

(1) 信访渠道。信访是指公众通过写信、访问的形式向政府有关部门反映问题、意见和要求，以求得到满意的答复和妥善的解决。在一般情况下，公众的信访行为是因为当事人在工作或生活中遇到了自身无法解决、其所在组织也不能给予妥善解决的问题，需要直接求助于上级行政管理部门。因此，信访行为一般是超越正常行政程序的一种越级沟通，是公众直接与有关主管部门和领导的主动沟通。这是政府领导和有关人员直接了解民意和公众动态的一条重要渠道。建立和完善信访工作制度，对来信来访反映的问题认真对待、妥善处理，并与来信来访者建立联系，应该成为政府公共关系实务的工作内容。

(2) 民意测验。民意测验是了解社会公众对政府某项政策方针的态度和意见常用的一种调查方法。通过民意测验能够更加科学、准确地了解和掌握公众对政府的态度和意见。政府在制定事关民众生产和生活的重大政策或决策之前以及这些政策和决策公布之前，都应该通过民意测验了解公众的基本态度和意见，以便为政策或决策提供更加充实可靠的依据，根据公众的态度和意见对政策或决策加以调整。为了使民意测验的结果更加客观公正，最好委托中立的专业机构来进行。

（3）基层访问。基层访问是指政府的相关领导人员或专门机构的工作人员，直接深入基层群众进行民间察访，了解民情、倾听公众意见的方法。这是了解民意的一种传统方法，通常叫做"下马观花"或"蹲点调查"。这种方法由于调查人员直接深入公众，能够在与公众建立深厚感情的基础上开展调查活动，所以，有利于了解到更加深层的真实情况，也有利于建立政府与公众同呼吸、共命运的和谐关系。

2. 政务公开以提高行政的透明度

政府政务公开，提高行政透明度，满足公众知情权是推动民主政治建设的重要内容。为了切实做到政务公开，应该建立政府新闻发布制度和政府办事公开制度。

（1）建立新闻发布制度。政府管理中涉及到与广大公众日常生活密切相关的公共事务，如交通、治安、环保、卫生、住房、医疗、福利等，需要经常答复公众的咨询；涉及到广大公众密切关注的重大活动和事件，如新的财政预算报告、重大工程立项、重要的外事活动、有关社会政治经济的重要决策、政府领导人的人事变动等，需要及时对公众广而告之。

政府的新闻发布制度就是适应上述需要的公开化、制度化的传播沟通机制，是政府公共关系实务的一种常规性的工作。为了使上述工作真正做到公开化，需要建立和完善政府发言人制度并且规范和完善政府的新闻发布工作。

政府发言人是政府正式授权、代表政府向新闻界和公众发言的全权代表。只有政府发言人提供的信息才是官方正式认可的消息。政府发言人制度可以避免信息传播失控而导致公众的混乱。为了规范和完善政府的新闻发布工作，政府的新闻发布机构应该设法保持政府信息渠道的畅通，做好新闻的分析和综合，及时向新闻界提供信息资料，定期举办新闻发布会议，召开专题的记者招待会以及就重大议题安排专访。

（2）建立办事公开制度。办事公开包括公开办事制度、公开办事程序、公开办事结果、公开办事人员。通过办事公开，能够使政府的工作人员接受公众监督，以减少营私舞弊、贪赃枉法的现象；可以减少因办事程序混乱而造成的"踢皮球"、"公文旅行"等低效现象和不必要的行政纠纷；可以使庞大复杂的行政组织机构变得简明、清晰、透明，从而提高办事效率。

3．拓宽渠道以吸引公众参政议政

政府与公众沟通渠道的畅通程度直接影响着公众参与政治生活的积极性。因此，拓宽沟通渠道，使公众能够充分、有效地公开表达意见，有利于调动公众参政议政的积极性，形成生动活泼、稳定和谐的政治局面与社会秩序。吸引公众参政议政的沟通渠道主要有协商对话制度、公众议政活动、公众投票表决等。

（1）协商对话制度。协商对话是指由政府机构的负责人员出面，就社会公众关心的重大问题，与公众或公众代表进行直接、平等、公开的对话，面对面地听取公众的意见，回答公众的问题。例如，举办公众咨询日活动、举办定期的政府开放日活动、举办"公众论坛"或"城市论坛"等。这种面对面的协商对话，能够有效地排除信息沟通中的媒介障碍，减少信息失真的可能性，成为政府与公众沟通的有效渠道。

（2）公众议政活动。现代大众传播媒介为社会沟通提供了广泛、便捷的多种方式。可以利用报纸、杂志、广播、电视、网络等媒介，就政府官员难以作出决策、公众关心的热点问题，动员公众各抒己见、集思广益、群策群力、献计献策。这也是政府与公众沟通，吸引公众参政议政的重要形式。例如，举办"假如我是市长"的征文活动，开展"房改方案大家谈"、"菜篮子工程之我见"活动。

（3）公众投票表决。投票是公众表达个人意见，参与代价最低、参与面最广的一种民主方式。投票不仅仅适用于各种选举，也可以用于表决重大的社会政治问题。某些重大的社会政治问题，交由全体公民投票公决，是吸引公众参政议政的重要形式。例如，“改革开放十件大事”评选、“城市形象建设定位”表决。

（六）树立政府良好形象

树立“创新、务实、廉洁、高效”的政府形象是政府公共关系实务的基本目标，因此也是政府公共关系实务的重要内容。通过公共关系实务树立政府的良好形象主要应该做好以下几个方面的工作：

1. 确立公众至上的服务意识

确立公众至上的服务意识，既是政府开展各项具体公共关系活动的一个重要前提，也是政府公共关系实务的重要内容。

现代政治学认为，政府是公民间契约的产物，它在本质上是一种为公民和社会共同利益服务的组织，其合法性是建立在公民与政府、公民之间政治契约的基础上的，结成契约的形式就是公民直接或间接选举。政府作为社会共同利益的组织，是为维护公共利益，保护公共秩序而产生和存在进而发展的，因此政府的基本职能就是服务职能。随着经济发展和社会进步，公民民主意识增强，政府对政治、文化等思想意识形态领域的控制和管制也将逐步削弱，而其基本的服务职能将日益凸现和加强。所以，政府职能转变的趋势就是为公民服务，为国家服务，为社会服务。

要想使政府更好地履行服务职能，政府机构的公务人员就必须首先确立公众至上的思想，具备为公众服务的精神，服务人民、公众利益至上是社会主义国家政府的根本宗旨，这与现代公共关系意识和原则是完全一致的。现代社会，每个社会成员都接受着政府提供的一系列公共服务，政府公共服务的质量高低已经成为公众评价政府形象的一项重要标准。

政府公务人员的“公众至上”意识，包括“公众选择意识”、“契约意识”和“政务公开意识”。

树立“公众选择”意识是指政府的服务必须注意加强与广大公众的沟通交流，关注公众需求，倾听群众呼声。服务项目的确定，不仅取决于上级，而且需要经过公众选择、双方沟通协商后再酌情确定。

契约是现代民主政治的构成要素之一。它规定着政府与公众间在权利与义务方面的双向依存关系。就政府而言，确立公务人员的契约意识有助于强化为人民服务的观念，使之不再把政府服务视为一种“恩赐”行为。近年来，某些地方政府推出的“承诺制”便是政府部门在增强契约意识的基础上提出来的一系列优化服务与自我要求、自我约束的规范。

政务公开意识是“公众至上”意识的具体体现，是确保政务公开制度得以落实的思想基础。只有政务公开，才能保证公众对政府的办事制度、服务态度、工作效率的监督落到实处，才能切实防止官僚主义，遏制腐败蔓延，才能保证通过双向沟通，加深政府与公众的相互了解，缩短心理距离，密切相互关系。

2. 落实“为人民服务”的宗旨

我国政府的人民性，决定了政府的公共关系实务必须坚持人民性，必须把为人民服务作为宗旨，必须始终代表人民的利益，全心全意为人民群众解决实际问题。政府只有勤政为民，多为群众办实事、办好事，才能得到群众真心实意的拥护。落实“为人民服务”的宗旨，首先应该将公众最关切、意见最大、最迫切需要解决的问题作为办实事的重点，限期解决，以取信于民。其次，应该完善各种便民措施，提高工作效率，改善服务态度。

3. 言必信，行必果，讲求信誉

制定和执行有利于公众切身利益的各项政策是体现政府为公众服务的重要方面。政府的政策涉及全局，事关千家万户，只有保持政策稳定，才能取信于民，如果朝令夕改，政策多变，说了不做，就会失去信誉，失去民心。因此，如果没有把握做到的事就不应该说，说过的事就应该尽力做到。如果因为主客观原因出现了“承诺”无法兑现的现象，应该向公众作出诚实的交待。已经做过的事应该及时向公众报告。对公众的质询和申诉，要作出认真负责的答复并且跟踪查办落实。公众对政府公务人员的监督，总是“既听其言，又观其行”。因此，能否做到言必信，行必果，直接影响着政府及其公务人员的声誉和形象。

4. 加强廉政建设，纠正不正之风

在市场经济条件下，政府中的少数工作人员滥用职权、贪污腐化、行贿受贿、权钱交易，使人民政府的形象受到了严重损害。政府必须不断加强廉政建设，克服官僚主义，消除腐败现象，纠正不正之风，才能恢复和保持良好形象。根除政府官员中的丑恶现象，必须依靠国家的法律手段和行政监察手段，此外，还必须强化社会监督机制，充分发挥公众舆论监督、新闻舆论监督的作用。例如，定期向公众公布政府工作人员的政绩，公布政府工作人员尤其是领导干部的经济待遇和福利标准等。强化社会监督机制，有利于政府廉政建设，有利于政府树立良好形象。

第二节　企业组织的公共关系实务

企业是指从事生产和经营活动的独立核算的经济组织，是现代国民经济的基本单位。按从事的经济活动可分为工业企业、农业企业、商业企业、交通企业、金融企业、建筑企业、服务企业、信息企业等。追求利润最大化是所有企业组织的共同目标和基本特征。为了在激烈的市场竞争中取得优势，企业必须针对公众的需求，通过有效的公共关系活动，向公众提供优质的产品和优良的服务，以建立、协调和改善同公众的关系，创造企业生存和发展的良好关系环境。

一、企业的类别及其公共关系实务

下面我们把企业分为生产性企业、商业性企业、饭店旅游业、运输邮电业、金融保险业，并分别对这几类企业的公共关系实务进行探讨。

1. 生产性企业的公关实务

生产性企业的基本特征是通过物质生产活动，向社会提供实物产品。产品成为生产性企业形象的基本载体，构成联结企业与顾客的纽带和桥梁。生产性企业首先应该在提供产品的功能、外观、品种等方面不断创新、不断改进，以求在市场上做到独树一帜，才能在激烈的市场竞争中立于不败之地。因此，提供高质量的产品是树立、改善和巩固企业形象的有力保证。生产性企业的信誉高低，还在很大程度上取决于服务质量。良好的售前和售后服务，可以为消费者解除后顾之忧，使他们深切体会到企业处处为他们着想，从而树立起对该企业产品的消费信心。

生产性企业公共关系活动的重点在于提高产品质量和提高服务水平，通过公共关系促销为企业赢得效益和良好形象。

目前，我国的社会主义市场经济体制已经初步形成，经济运转已经由以卖方市场为主转变为以买方市场为主。生产性企业的产品质量和服务水平已经成为市场竞争的主要内容，开展公共关系活动也随之成为生产性企业适应市场的有效方法。

2. 商业性企业的公关实务

商业性企业是专门从事商品流通和交换工作、为实现商品销售而提供各种服务的企业。商业性企业是联结生产性企业与顾客的中间环节。商业性的特点决定了它一方面要积极争取生产性企业和顾客公众的依赖与合作，另一方面还必须取得政府、媒介、社区、运输、仓储、财政、税收、金融等各类公众的理解与支持。因此，商业性企业的公共关系活动具有复杂多样的突出特点。

商业性企业的公共关系实务应该注意以下几点：

首先应严格把握进货渠道，经销优质商品。商业性企业进货必须进真品、进精品，这是塑造良好商业形象的基础。在假冒伪劣商品充斥柜台的情况下，再好的购物环境和服务态度都无济于事。

其次是弘扬商业文化，提高员工素质。营业员是商业性企业内在形象的直接代表，他们的素质如何直接影响顾客对企业形象的总体评价。

再次是美化商业企业的购物环境。优美的购物环境，可以使顾客产生一种信赖感，从而产生购物欲望。

最后是提供优良服务，树立良好的服务形象。这有利于形成商业企业对顾客的凝聚力，形成相对稳定和不断增加的消费者群体。这是商业企业兴旺发达的根本所在。

3. 饭店旅游业的公关实务

随着经济的发展和人们生活水平的提高，外出旅游的人逐年增多，饭店旅游业随之而发展起来并兴旺红火。饭店旅游业的公共关系实务应该从硬件和软件两个方面着手努力：

硬件主要是指对饭店的建筑、设施，旅游景点的环境、特色的设计。软件主要是指完善内部管理，实施全员公关，提供优质服务。细致周到的服务会使顾客产生一种宾至如归的感觉。众所周知的美国希尔顿饭店之所以誉满全球，就是因为它给予顾客的第一印象就是微笑服务。无论在何种情况下，员工们都始终恪守着“饭店服务员脸上的微笑应该是永远属于顾客心中的阳光”这一独特的信条。

4. 运输、邮电业的公关实务

运输业是借助汽车、火车、轮船、飞机等运输工具，通过公路、铁路、水路和天空等运输线路，以转移旅客和货物的空间位置为主要服务项目的企业。邮电业是借助运输工具和电波，通过邮递和通讯传送信息，以实现信息空间转移为主要服务项目的企业。运输、邮电业虽然属于不同行业，但它们都是国民经济的“先行官”，都是所在地区以及国家的窗口行业，服务对象都是遍及全社会。因此，运输、邮电业的员工素质以及服务设施、服务项目、服务水平、服务态度、服务方式等，既对本行业的形象具有重要的影响，同时也影响着本地区以及国家的形象。这两个行业的公共关系活动具有很多共同之处，那就是全行业、全体员工都需要具备公共关系意识；健全服务制度和制约措施；改善服务设置和服务态度；提高服务质量和服务水平。

5. 金融、保险业公关实务

金融、保险业是通过吸收存款、发放贷款、办理汇兑、转账结算、开设保险、发行证券等方式，借助资金的统筹运转规律，为社会各方面公众提供金融与保险服务的企业。对于已经商业化了的金融保险业来说，也同样面临着激烈的竞争。因此，良好的信誉和形象已经成为金融、保险企业立足市场的关键因素。金融、保险业的公共关系活动主要是：宣传并帮助公众选择服务项目，改善服务态度，提高工作效率，以务实的态度和行为在公众心目中建立信誉。金融、保险业员工积极的态度、优良的服务可以给社会公众或客户留下深刻印象，从而为企业的发展打下良好的基础。

二、企业公关实务的主要内容

企业是社会及整个国民经济的基本组成部分。企业有活力，整个国民经济才会生机勃勃。市场经济条件下的企业竞争主要体现为企业形象的竞争，因此，企业形象的塑造是企业公共关系实务的重要内容。企业是现代公共关系发展和应用最为广泛的领域，因此，本书中的所有章节几乎都涉及到了企业的公共关系。在此，我们针对目前的竞争形势，对企业开展公共关系活动提出一些建设性的意见。

1. 营造企业文化，树立企业精神

企业文化是吸取传统文化的精华，综合当代先进的管理思想和管理理论，为企业员工树立一套正确的价值观念、工作规范和行为准则。企业文化的作用在于以企业精神、经营理念和价值观念为核心来规范员工的行为。它不是通过硬性强制，而是通过软性引导；不是通过权力，而是通过思想；不是通过单纯的规章制度，而是通过企业宗旨和行为准则，以一只看不见的手操纵着企业及其员工的行为。企业文化具有激发企业内部力量，增加企业凝聚力的功能。

企业文化和企业精神是企业形象的本质和基础。企业文化和企业精神所倡导和弘扬的是一个企业成员共同的价值观念。这种价值观念一旦形成，对企业形象具有重要影响。用企业文化或企业精神来培育和造就优秀的企业成员，是企业充满活力的重要保证。因为企业的任何行为和构成要素，都离不开企业成员的共同努力。只有高素质的人才，才是决定企业生存和发展的根本。美国 IBM 公司的托马斯·特森认为，一个企业的成功或失败最重要的是“称之为信念的那种精神力量，以及这种信念对全体员工所具有的感召力”。其实，企业的形象就是企业成员的形象。因此，营造企业文化、增强企业凝聚力是企业公共关系活动的重要任务。具体地说，主要是培养员工先进的价值观念、高尚的情操和积极向上的进取精神等。

2. 重视名牌效应，增强竞争能力

名牌是指以合法的注册商标作为保护，以品质优良的产品作为根基，以具备综合实力的企业作为主导，知名度、美誉度、信任度高并能产生较高价值，带来丰厚利益，形成较大效应的品牌。名牌的形成是名牌商标、名牌产品和名牌企业三者相互渗透的结果。名牌一旦形成，便会实现从有形资产向无形资产，再由无形资产向有形资产的转化。可口可乐的商标价值 1993 年是 244 亿美元，1994 年是 359.50 亿美元，1997 年是 479.78 亿美元。从以上这组数字不难看出，名牌商标在无形资产转化为有形资产的过程中迅速增值。

20 世纪 90 年代以来，人类社会已经进入了名牌消费时代。名牌产品不仅可以满足消费者心理需求，而且使消费者建立起一种消费信念。这就为名牌产品的久盛不衰打下了坚实的社会基础。名牌能够产生巨大的效应，驰名商品是衡量一个国家的经济发展水平，衡量一个国家国力强弱的重要标志。名牌还可以演化为一种精神和信念，融进一个国家或民族的文化之中，从而成为这个国家和民族的形象力。因此，市场经济条件下的企业竞争主要体现为名牌的竞争。当今，众多企业、各级政府和有关社会团体已经将创造名牌、实施名牌战略付诸实际行动。为了增强我国企业在国际市场上的竞争能力，企业的公共关系活动必须以重视名牌效应，争创名牌产品、名牌企业，塑造名牌形象作为重要内容。

3. 创造“人和”环境，奠定发展基础

“人和”的环境是指内部和外部公众关系的和谐状态。孟子说：“天时不如地利，地利不如人和。”在某种意义上说，公共关系就是“内求团结，外求发展”的科学。只有“人和”的环境，企业内部公众才具有向心力与凝聚力，才能同舟共济，共创辉煌；只有“人和”的环境，企业才能与整个社会相互适应，才能得到外部公众的信赖与支持，才能做到产、供、销的良性循环。因此，“人和”的环境，是企业生存的可靠保障，是企业发展的坚实基础。

企业的公共关系实务必须首先以创造“人和”的环境为主要目标。企业的内部团结是“人和”环境的基础，也是建立、协调和改善外部关系的必要前提。只有内部形成了团结一致的融洽关系，才能激发内部成员的士气和工作热情。因此，企业的公共关系实务必须注重营造团结和谐的内部环境。企业外部的“人和”环境是企业发展的决定性因素，满足外部公众的基本需求，建立、发展和改善外部关系是企业公共关系实务的重要内容。

4. 增强危机意识，提高创新能力

目前，中国已经成为世界贸易组织的成员国。加入世界贸易组织必然会给我国的经济发展带来巨大的机遇和挑战。发达国家进入世界贸易组织的直接主体是一些跨国财团、大企业，这些大财团、大企业已经牢固地占领了世界市场。作为国民经济的基本组成单位的中国企业无论从规模上还是从实力上都无法与那些跨国财团和大企业相抗衡。也就是说，加入世界贸易组织，中国的企业将面临巨大的冲击和激烈的竞争。

凡事预则立，不预则废。形势的发展为企业的公共关系实务提出了新的要求。为了使中国的企业在与外国企业的竞争中立于不败之地，中国企业的公共关系实务必须重视增强企业的危机意识，必须重视提高企业的创新能力。创新体现在思维方式的创新、科学技术的创新、管理方法的创新、经营战略的创新、产品设计的创新等多个方面。企业的公共关系实务应该为企业的发展战略、发展方向、发展途径提供更多的服务。

第三节　事业组织的公共关系实务

事业组织通常被称之为非营利性组织。这些组织向公众提供的“产品”和“服务”不是为了满足公众的物质需求，而主要是为了满足公众对精神、知识、审美和健康等方面的需求。这与企业组织具有根本性的区别。因此，事业组织的公共关系实务，其根本目的不是盈利，而是实现某种社会效益，推动某项事业的发展。

一、不同事业组织的公关实务

事业组织通常包括教育、科研、文化、艺术、体育、卫生以及社会福利等系统或单位。就总体来说，事业组织的公共关系实务，应当注重将科学、技术、知识、思想、精神、道德、情感、审美的价值作为核心内容，并针对事业组织的突出特点采取适宜的方式和方法。不同的事业组织具有不同的业务内容，不同的业务内容具有不同的特点，在社会生活中所发挥的功能作用也有所不同，因此，不同类型的事业组织其公共关系实务的重点内容和方法也各不相同。以下我们将分别探讨学校以及文化、艺术、体育等组织的公共关系实务。

1. 学校的公共关系实务

事业的发展靠人才，人才的培养靠教育，教育是立业之本，教育是立国之本。学校作为教育系统的主要部门，其主要任务是提高全民族的素质，为社会培养具有良好道德品质和专门能力的合格人才。目前，我国人口众多，经济比较落后，教育资金投入严重不足，而发展市场经济，迎接知识经济又亟需大量高素质的人才。因此，学校就需要广泛地开展公共关系活动，以引起全社会对教育的重视，实现稳定师资队伍、提高办学质量、树立学校形象的目的。

学校的公共关系实务主要有以下内容：第一，宣传党和国家的教育方针、政策，宣传学校的发展战略、培养目标和培养规格，以达到吸引生源的目的。第二，全面了解社会各界对人才需求的意见和建议，为学校制定规划提供决策依据，以实现为社会培养合格人才的办学目标。第三，建立广泛的关系网络，争取社会各界在人力、财力、物力上对学校的支持与援助，不断改善办学条件，稳定教师队伍，提高办学质量。第四，通过各种新闻媒介，宣传教育在国民经济中的重要地位，在社会上树立尊师重教的良好风尚。第五，注重校园文化建设，倡导树立良好校风，为塑造良好的学校形象出谋划策。

2. 科研院所的公共关系实务

科研院所是研究基础理论、应用理论、应用技术的主要基地，也是推广科技成果，提高科技水平的事业组织。当今社会，企业之间的竞争、国家之间的竞争，关键在于科技的竞争和人才的竞争。在即将到来的知识经济时代，这种竞争将会愈演愈烈。科研院所作为发展科技、造就人才的事业单位，需要大量的资金投入，并且，科研院所的科技成果也需要转化为生产力，转化为经济效益，才能体现出它的价值和作用。因此，科研院所需要通过公共关系活动来调动科研人员的积极性，促进科技成果的转化。

科研院所的公共关系活动主要有以下内容：第一，与政府部门沟通协调，争取资金投入充足，保证科研正常进行。第二，与相关企业建立稳定的合作关系，以促进科技成果的迅速转化。第三，建立内部激励机制，调动科技人员的科研积极性，以促进高质量成果的问世。第四，进行组织形象与新成果的宣传，使新成果得到有关社会公众的重视，从而投入开发、产生效益。第五，对科技成果的开发及投入市场进行跟踪调查，以便改进提高。第六，注重科技普及工作，以增强全民族的科技意识，提高对科研工作的重视程度。

3. 医院的公共关系实务

医院是保证人民身体健康，对患者公众进行救死扶伤，实行革命的人道主义的事业机构。医院的良好信誉和形象，应该以优良的医术，一流的医疗设施，细心、周到、热情的服务为基础。

医院的公共关系活动主要有以下内容：第一，通过各种传播方式，宣传医术高明的医生、成功的医疗案例、医疗保健的常识、新式的医疗仪器等。第二，协助有关部门对内部医务人员进行医风、医德教育，以提高服务质量和服务水平。第三，倡导参与普及健康知识以及救死扶伤等突击性的社会工作。第四，鼓励医务人员开展学术研究，推广科研成果，为促进人民群众的身心健康作出贡献。第五，通过内部公共关系活动，提高医务人员的责任意识，以避免出现医疗事故。

4. 图书馆的公共关系实务

图书馆是收集、整理、收藏图书资料供人们借用、阅览、参考的机构。图书馆往往成为一个城市、地区或者单位、部门的文化象征。图书馆的价值和作用是通过为读者服务来体现的。

图书馆的公共关系活动主要有以下内容：第一，主动与当地政府相关部门建立关系，以便取得足够的资金来改善硬件设施，购置图书和检索仪器。第二，对内部工作人员进行培训教育，以提高服务质量，在图书借阅、信息咨询等方面给予读者满意的服务。第三，利用各种机会和各类传播媒介宣传服务项目，以争取更多的读者，提高图书与信息的利用率。第四，主动进行信息汇总与传播，为社会各界、各种学术活动提供信息服务。第五，激励内部员工在为社会提供优质服务的前提下，通过各种学术研究活动，加强图书馆之间的交流合作。

5. 群众团体的公共关系实务

群众性团体，是指人们为了共同目的自发组织起来的非国家政权性质的群众组织。比如各种专业学术团体、业余爱好者团体、消费者团体、个体经营者团体、工人团体、教师团体、农民团体、妇女团体、老人团体、少年儿童团体、学生团体、退伍军人团体、残疾人团体、少数民族团体、宗教信仰团体等。这些团体的组织形式很多，例如协会、学会、研究会、联合会等。群众团体的活动资金主要依靠自行筹集，筹集资金的方式主要是向成员收纳会费、接受社会赞助、向社会提供服务而取得收入等。群众团体的组织机构比较松散，加入组织和参加活动基本上是出于自愿。

群众团体的公共关系活动主要有以下内容：第一，策划团体所要致力实现的奋斗目标。这是团体得以建立、存在的核心内容，也是团体能得到社会公众理解、认可和赞赏的根本条件。第二，设计团体日常工作的方式方法，以保证团体正常地开展活动。第三，开展符合团体宗旨的、具有特色的活动，以此增强团体的凝聚力，树立团体的良好形象。第四，参加与相关企业、事业组织的合作项目，在为社会作出贡献的同时，也树立自身形象。第五，宣传团体已经取得的成绩和作出的贡献，为团体的持续发展奠定基础。

二、事业组织公关实务的内容

不同的事业组织其公共关系实务有着不同的内容，但也存在着共同之处。这些共同特点具有一般性和普遍性，所以，应该成为事业组织公共关系实务的重点内容。

1. 突出事业组织的社会意义

事业组织的公共关系实务，一般来说都具有普遍的社会意义。如，学校为社会培养合格人才；科研院所通过科研成果来推动科技与社会的发展；医院为人民解除病痛，救死扶伤，维护人民群众的身心健康；图书馆收藏书籍资料，传播人类文明；福利团体对社会上有困难的人进行救助等。所以，突出事业组织存在的社会意义，应该成为其公共关系活动的首要工作。

2. 争取社会各界的实际支持

对社会具有重要作用又非营利性是事业组织的共同特点。因此，对于开展公共关系活动的问题，就需要在突出事业组织意义的基础上，寻求社会各界的实际支持。比如资金的支持、物质的支持、人力的支持、道义的支持、舆论的支持等。为了取得支持，开展的公共关系活动必须充分考虑社会公众的心理需求。只有使公众的心理需求得到满足，才能取得理想的活动效果，得到社会各界的实际支持。

3. 努力为社会发展作出贡献

突出事业组织的社会意义以及争取社会各界的实际支持，其目的都在于为促进事业的发展提供必要条件。事业组织只有努力为社会的发展作出贡献，才能充分体现它存在的意义，才能名正言顺地给支持它的公众一个满意的答复。例如，备受全国人民关注的“希望工程”使50多万失学儿童因为得到了各方资助而能够重返校园学习。中国青少年发展基金会正是因为通过此项公共关系活动为社会作出了实际贡献，所以，才树立了良好的组织形象，才得到了社会各界的信任和拥护。

第四节　城市形象建设

城市形象是指一个城市的内部与外部公众对该城市的内在综

合实力、外显活力和未来发展前景的综合评价及形成的总体印象。城市的综合实力包括经济、政治、科技、教育、文化等方面；外显活力和发展前景涉及到发展规模、水平、速度、质量等因素。城市形象建设是把物质文明建设和精神文明建设有机地结合起来，以塑造城市整体的良好形象，达到增强城市的凝聚力和吸引力，促进城市经济发展的目的。目前，城市形象建设已经引起了社会各界的高度重视并在全国范围内广泛展开。

一、城市形象的构成要素

城市形象本身就是一个复杂系统，它的构成要素则是一些子系统，归纳起来，它的子系统大体上有以下主要方面：

1. 精神理念系统要素

精神理念系统要素是指精神理念所产生的系统形象效应。精神理念是一个城市的精神支柱，是促使城市不断发展的一种信念。理念可以是对城市传统文化的提炼，可以是对城市发展哲学的概括，可以是对城市历史传统和发展历程的凝结，可以是对民间风俗和市民精神的写照……精神理念可以渗透到城市的各行各业、方方面面。比如延安的“延安精神”、深圳的“拓荒牛精神”等都是这方面的典型。

2. 行为规范系统要素

行为规范系统要素，包括个体、群体，百姓、官员，生活、工作，科技、生产，文明、礼貌等多个方面。市民的举手投足、言语行为，都是城市形象的一种反映。城市的文明手册、文明公约、各种倡议等所列举的内容基本上都属于行为规范系统要素。不同的城市都有着不同的行为规范，不同的行为规范所产生的总体效应也存在着差异。

3. 视觉感受系统要素

视觉感受系统要素是城市形象最直观、最明显的体现。如，建筑、街道、商场、广场、风景、古迹等，都是构成城市形象的视觉要素。通常，如果一个城市具备一个或几个极富个性的视觉要素，就能使人强烈地感受到这一城市视觉形象的魅力。如，北京的天安门广场、上海的东方明珠电视塔、武汉的黄鹤楼、哈尔滨的冰雕等，都是具有代表性的城市视觉要素。

4. 服务感受系统要素

服务感受系统要素是通过消费体现出来的，对城市形象的影响极大，给人们的印象最深。一个人第一次来到一个陌生的城市，首先接触和感受到的就是它的服务业，所以，服务业也被称做城市的“窗口”。如果首先遇到“宰”你没商量，你会对这个城市产生一种坏印象；如果首先遇到一位热情为你指路、主动为你让座的市民，你就会产生一种好印象……服务感受系统包括商业服务、社会服务、政府服务、公益服务、生活服务、工作环境、交通设施等多个方面。

5. 风俗人情系统要素

风俗人情系统要素往往构成城市形象浓烈的个性色彩。此类要素包括风俗、习惯、文化、传统、交往、人情、处事、名胜、特产、俚语、方言等。风俗人情系统要素所产生的形象效应对本地人来说可能形成一种眷恋之情，而对外地人来说可能会产生新奇、神秘的感受。风俗人情是构成城市特色、形成独特城市观念的重要要素。

6. 经济发展系统要素

经济发展系统要素包括城市的经济发达程度、经济主要类型、经济发展战略、经济发展规划、经济发展布局、经济运行体系，还包括有代表性的城市产业、城市企业、城市产品等。尤其是有代表性的城市名牌产品，可以为城市形象增添不可磨灭的光彩。

二、城市形象建设的主要内容

城市形象建设是一项牵动经济、社会、文化诸因素全方位的系统工程，它对城市的发展起着重要作用，城市形象建设的主要内容有：

1. 城市形象的整体定位

每个城市都有自己特有的历史文化传统、地理资源优势、经济产业特色、科技教育布局、建筑交通设施以及未来发展目标等。城市形象整体定位就是通过对上述因素的综合分析、科学论证，恰当、准确地为城市确立未来的发展方向。例如，广州市前市长黎子流于 1992 年提出把广州市建设成为“现代化国际大都市”的战略构想；1993 年 4 月在广州市召开了“现代化国际大都市，迈向 21 世纪的广州国际研讨会”；同年 9 月，广州市成为我国惟一被接受加入世界大都市协会的城市；1994 年初，《广州建设现代化国际大都市的战略构想》成型出台。作为该战略重要部分的广州现代化国际大都市形象战略定位是“历史悠久的文化名城，现代化区域性金融中心，南中国重要的贸易中心，华南地区的交通枢纽与信息中心，具有岭南特色的旅游都市”。这一城市形象定位，促进了广州经济的蓬勃发展，加快了广州成为国际化大都市的建设步伐。

2. 城市行为规范的统一

城市行为规范是指作为城市主体的个人和组织在一切行为中表现出来的动态形象。市民的素质是决定城市形象的基础，市民的行为是城市形象的写真。市民是城市的主体，城市行为规范的统一，关键就在于造就有理想、有道德、有文化、有纪律、有礼貌的市民，努力提高市民的文明程度、素质修养和科学文化水平。

3. 城市建筑风格的规划

城市形象构成要素中的主体建筑，是指那些最容易吸引城市内外公众注意的建筑群体，即最能展现城市形象的建筑物。如政府办公大楼、机场、火车站、汽车站、码头等交通枢纽的建筑设施；具有代表性的商务、金融、历史、文化、体育、文艺、科技、教育、风景、旅游、卫生、医疗的高水平的建筑物等。城市建筑风格的规划就是要使城市的建筑物与城市所处的自然地理环境相一致；要使主体建筑与所在城市的人文历史相协调，与城市的民风民俗相融合，与城市的主要功能相匹配。例如，1990年党中央和国务院作出了开发浦东的战略决策以后，上海市政府以此为契机，将浦东建成了一个现代化的新区。被人们称之为浦东之窗的画廊、飞架东西的南浦大桥、杨浦大桥、内环线高架路、东方明珠电视塔等，不仅美化了市容，而且重新塑造了上海的形象，并且激发了上海人民的自尊心、自豪感，也增强了上海市人民的凝聚力。

三、城市形象建设应该注意的问题

目前，我国的城市化已取得了重大进展，城市化率已达到30%以上。但是，部分城市在进行形象建设时，却存在着一系列问题。例如，有的城市形象设计没有突出个性；有的城市形象规划不考虑生态环境，破坏了历史文物；有的城市形象设计贪大求全，盲目攀比，定位不准，不切实际。据有关资料表明，在当今世界，能够称得上“国际化大都市”的城市只有14个，即美国的纽约、芝加哥、休斯敦、波士顿、洛杉矶、旧金山和英国的伦敦、法国的巴黎、德国的法兰克福等。有关专家认为，在我国城市中除香港外，只有上海在经过相当一段时间的建设发展后，才有可能成为“国际化大都市”。这就是说，“国际化大都市”对于上海也仅仅是个发展目标，而不是现实。可是前几年，我国城市定位为“国际化大都市”的多达43个。这些城市的领导人根本没有考虑“国际化大都市”的客观标准和基本要素，盲目追求“高起点规划”、“超常规发展”，其结果是热闹了一阵之后，只好重新定位，降格以求，这严重地影响了城市形象建设。城市规划设计应该引起注意的问题，归纳起来主要有以下几点：

1. 应该注重城市具有的个性和特色

城市形象建设应该遵循实事求是、量力而行的原则，围绕城市的产业特色、功能特色、景观特色和环境特色进行认真研究、科学思考。应该通过城市实力形象和活力形象的设计充分显示产业特色和功能特色；通过城市主体建筑形象设计来体现城市景观特色和环境特色，避免城市的趋同化。

2. 应该注重以人为核心的城市规划

城市、社区是人类赖以生存和交往的地域，是人类沟通情感的纽带。城市形象不仅表现为优美的外部环境，如绿化、卫生设施和空间布局等，更表现为人与人之间的相互关心和情感的融洽和谐。现代城市居民之间，感情日渐淡薄，这与人与人之间缺乏沟通和了解有重要关系。因此，城市形象策划必须考虑方便人类的沟通与交往，必须以人为核心要素。

3. 应该注重区域合作避免贪大求全

新兴城市的崛起是区域经济发展的结果。一座城市的发展，离不开区域经济的支撑。一个地区的大型基础设施建设，如机场、高速公路等，应该以可持续发展战略和整个区域发展前景为标准来规划设计，必须考虑区域的协调发展和投入产出效益。例如，珠江三角洲地区不过几百平方公里地域，就有七个大型机场，几十个高尔夫球场，这些设施的利用率很低，经济效益极差，严重影响了该地区的经济发展。

4. 应该注重增强内部公众形象意识

城市形象建设不仅仅是城市领导职能部门和城市规划建设部门的工作，更重要的是全体市民的实际行动。因此，努力提高全体市民的城市形象意识十分重要。只有在全体市民都具有强烈的城市形象意识的条件下，在城市居民素质普遍提高的条件下，城市精神理念才能够树立起来。这是树立城市美好形象，创建城市特色的根本。因此，需要通过各种形式的宣传教育，使市民关心城市、热爱城市、建设城市、美化城市，努力形成全民自觉、自愿维护城市形象的良好风尚。

第十四章　常见的专题公共关系活动

专题公共关系活动是指内容单一、目的明确、主题鲜明、富有特色的活动形式。公共关系专题活动包括的内容很多，本章探讨的是各类社会组织通用的公共关系实务，包括危机事件处理、公共关系广告、演讲、谈判、辩说以及庆典仪式、社会赞助、形象展示、新闻发布和娱乐联欢等。

第一节　危机事件处理

俗话说："天有不测风云，人有旦夕祸福。"其意义在于告诫人们要"防微杜渐"、"居安思危"，正确对待和处理可能或已经遭遇的各种祸患。在激烈的市场竞争中，任何社会组织都难以做到一帆风顺，遇到风险和危机是不可避免的。在对风险和危机的预防和处理过程中，公共关系活动具有特殊的作用。正如著名的公共关系学者卡特利普所说："公共关系只有与危机联系起来才有意义。"本节我们将探讨公共关系危机事件的处理。

一、公关危机事件的特征

公共关系危机事件是指影响组织生存与发展，与组织的公共关系活动密切相关，需要通过有针对性的公关活动才能妥善解决的突发事件或偶发事件。

公共关系危机事件具有以下基本特征：

1. 必然性与偶然性。必然性是指公关危机事件的发生难以避免；偶然性是指公关危机事件的爆发往往由偶然因素造成。必然性是公共关系作为开放复杂系统的结果；偶然性则决定于系统的动态特性。

2. 未知性与可测性。这一特征可以说是由偶然性与必然性特征所决定的。即偶然性导致未知性，必然性使其具有可测性。

3. 突发性与渐进性。突发性是指危机的发生往往是突如其来的，这与偶然性有关联。渐进性是指导致危机的因素通常有一个累积渐进的过程，这与必然性有联系。

4. 急迫性与严重性。急迫性源于突发性，其严重性与破坏性密切相关。危机事件的突然爆发，在人、财、物遭受重大损失的同时，往往给社会公众带来恐惧和不安，组织的形象也会受到严重损害。

5. 破坏性与建设性。破坏性是指危机事件具有破坏作用。建设性是指危机事件的发生使组织潜在的问题得以充分暴露，通过对危机事件的妥善处理，既可以挽回影响，也有可能建立信誉，塑造形象，使原本不佳的公共关系状态获得转机。

二、处理危机事件的程序

公关危机事件的处理应该按照以下程序进行：

（一）全面调查，搜集信息

社会组织的公关危机状况是由突发性事件引起的。对于突发性事件的处理，一定要行动迅速，对整个事件进行全面调查和分析。一般应该做到：

1. 组织人员，立即行动。得知发生了突发事件后，应该立即组织有关人员，成立专门处理事故的小组。小组要由组织的有关负责人、公关人员以及有关职能部门的人员共同组成。该小组应在事发后的最短时间内赶赴现场。

2. 保护现场，寻求援助。事故调查人员赶到现场后，应该想尽一切办法保护现场，以便迅速、准确地查明事故的原委。同时应根据现场情况与公安、消防、卫生等相关部门取得联系，采取紧急措施救人、救物，使损失减少到最低程度。

3．了解情况，搜集信息。专门小组应该迅速与目击者或者当事人取得联系，了解事故发生的时间、地点、原因，了解人员的伤亡程度和人数，了解事态的发展及控制情况等。

4．整理分析，形成报告。调查人员要将在现场听到的、看到的所有情况认真记录下来，在可能的情况下可以利用照相机、摄像机拍摄现场，用录音机录下相关信息，以便作为分析和澄清问题的依据。在全面搜集有关信息的基础上对材料进行分类整理，组织有关人员进行考察，分析、查找事故的真正原因，形成事故分析报告，并上交有关部门。

（二）分析信息，确定对策

在对信息进行整理分析的基础上，针对不同的公众对象确定相应的对策。这些对策大体上包括如下几个方面：

1．对组织内部的对策

（1）公之于众。迅速而准确地把握事态的发展，及时地向内部相关人员公布事故的真相。

（2）制定方案。制定处理事故的基本方针、基本对策和总体方案并通告全体人员，以统一认识，协调行动。

（3）善后服务。本组织职工如有伤亡，应立即通知其家属，并尽可能提供条件，满足治疗和善后事宜等要求。

（4）挽回影响。如果事故确系组织本身行为所致，应该立即采取有效措施以控制事态发展。然后，再经过详细调查分析，追查事故原因，迅速加以改进。

2．对受害者的对策

（1）了解情况，承担责任。认真了解受害者的情况，实事求是地承担相应的责任，向受害者表达歉意并通知有关各方。

（2）倾听意见，赔偿损失。冷静地倾听受害者的意见，及时了解并尽力满足有关赔偿损失的要求。

(3) 把握分寸，注意方式。如果受害者家属提出过分的要求，应力戒在事故现场与其发生争辩，要尽量忍让，有分寸地作出让步；如果需要拒绝对方的要求，则应该把握时机，选择场合，注意方式方法。

(4) 积极提供善后服务。应该给受害者以安慰和同情，尽最大努力做好善后工作，提供其所需要的服务。

(5) 尽快兑现物质补偿。公开向受害者及其家属说明补偿方法及标准，并尽快实施。

(6) 保持工作人员稳定。在处理事件的整个过程中，要保持专门小组成员的相对稳定，一般不要轻易更换。

3. 对新闻界的对策

(1) 统一发言口径，表达明确简练。向新闻媒介公布危机事件之前，在组织内部应该统一认识、统一口径；向媒介说明事故时应该简明扼要，尽量避免使用模棱两可、含混不清的词句。

(2) 权威人士发言，提供准确消息。最好是由组织总负责人如厂长、经理等介绍事故情况。一方面主动向新闻界提供真实、准确的消息，公开表明组织机构的立场和态度，以减少新闻界的猜测，促使新闻界作出准确的报道；另一方面对重要事项应该尽量以书面材料的形式送发给记者，以避免报道失真。

(3) 切忌主观猜测，积极与之合作。在事实没有完全明了之前，传播消息需要谨慎，不应该对事件发生的原因、损失的程度以及其他方面进行推测性的介绍；不应该轻易地表示肯定或否定、赞成或反对的态度。同时，对新闻界的调查和采访也要主动配合，不可采取隐瞒、搪塞或对抗的态度。对确实不便发表的消息，也不要简单地以“无可奉告”对付，而应该说明理由，求得记者的同情、理解与协作。

(4) 公众利益至上，及时提供信息。要注意引导新闻界以公正的立场和观点进行报道，不断提供公众所关心的消息，如补偿方法和善后措施等。除新闻报道外，还可在有关的报纸上发表歉意广告，向公众说明事实真相并向有关公众表示歉意及承担责任。万一有个别记者发表了不符合事实真相的报道，则应该尽快向该报提出更正要求，指出其失实之处，并提供全部与事实有关的真实资料；同时派遣重要发言人接受采访，表明立场，要求公平处理，但必须避免产生敌意。

4. 对上级主管部门的对策

(1) 及时汇报。事故发生后，及时向组织直属的上级主管部门汇报，不得文过饰非，更不能歪曲真相，混淆视听。

(2) 定期联系。在事故处理中，应定期报告事态发展情况，及时与上级主管部门取得联系，求得上级主管部门的支持和指导。

(3) 总结报告。事故处理后，应详细报告处理经过、解决方法以及今后应采取的预防措施等。

5. 对业务往来单位的对策

(1) 传递信息。尽快如实地传递事故发生的信息。

(2) 告知对策。以书面的形式通报正在采取何种对策。

(3) 当面解释。如有必要，要选派职员直接到各个单位去当面解释。

(4) 说明经过。在事故处理过程中，应定期向各单位和各界公众通报处理情况。

(5) 表示歉意。事故处理完毕时，要以书面的形式向对方表达诚恳的歉意。

6. 对其他公众的对策

(1) 疏通传播渠道。通过各种渠道向其他公众说明事件梗概，介绍事故经过及其处理方法和今后的预防措施。

(2) 热情接待来访。如果有人前来询问，不能拒绝回答，不能隐瞒事故真相，而应该热情接待，并且诚恳地与之商讨对策。

(3) 公开道歉赔偿。可根据事故的性质和造成损害的程度，以组织或个人名义向社区公众表示歉意；也可以在报纸上刊登真诚的致歉书。必要时，应该适当赔偿经济损失。

(三) 实施对策，分工协作

措施制定之后，就要组织实施。实施对策是处理公关危机事件的中心环节。在实施对策的过程中应该做到：

1. 统一思想认识。各项工作的负责人员要统一思想、统一认识，尽心尽力减少事件造成的损失，以避免组织形象进一步遭到破坏。

2. 选择传播媒介。负责处理各项事故的人员，要根据自己负责处理项目的特点，选择适当的传播媒介以及活动方式。

3. 相互支持配合。负责各项工作的有关人员要在分工的基础上进行密切配合，相互理解和支持，共同排除实施过程中的障碍。

4. 做好实施记录。详细记录实施细节，写成书面材料，便于向组织负责人、各主管部门、新闻单位以及有业务往来的组织通报。

(四) 评估效果，查漏补缺

措施实施以后，并不能说明事故的处理工作已经万事大吉，有关人员还需要检测对策实施的效果。通过信息反馈，了解公众和社会舆论，以便采取相应的措施，使处理效果进一步完善。

除以上步骤外，在通常情况下，还需要公布处理事故的结果，说明准备采取的预防措施以及进一步开展经营活动的计划方案，及时向新闻界提供赔偿损失的消息，并利用适当的传播媒介刊登致歉广告。

三、处理危机事件的方法

(一) 认清真相，从容不迫

当危机降临时，应该头脑冷静，及时采取以下行动。

1. 要认清危机发生的事实真相。防范和消除焦躁情绪的第一策略，就是需要认清危机事件的庐山真面目，从而避免盲目性，采取有针对性的行动。

2. 要制定处理危机的详细计划。如果面对危机有计可施，有切实可行的解决办法，那就可以做到从容镇静，而不会出现焦躁情绪。

3. 要转变观念，增强危机意识。在竞争日益激烈的现代社会里，任何组织的生存和发展都面临着异常复杂的社会环境，因此，危机事件是难以彻底避免的。但危机事件大部分与组织自身行为密切相关，为了尽量避免出现危机，就应该增强危机意识，将危机消除在萌芽状态。

（二）坦诚公开，直面危机

危机事件突如其来，任何愤懑、掩盖，都于事无补。最明智的办法是：正视现实，实事求是，敢于公开，增强透明度，及时向社会公众开放必要的信息传播渠道，以尽快求得公众的谅解和信任。

（三）调查分析，决策果断

任何危机事件的发生都不是孤立的，都会受到各种因素的影响。因此，要处理好危机，就必须以清醒的头脑、镇定自若的态度，对危机事件进行全面细致的调查分析，针对公众心理需求，果断地采取有效措施。

（四）抓住关键，力挽狂澜

危机一旦爆发，往往涉及到方方面面，例如牵涉到财务、法律、人事、生产经营销售等领域，需要处理的问题往往是千头万绪的。因此，首先应该立即组建一个精悍、高效的指挥班子，以便负责指挥协调工作。一般说来，应该注意以下几点：

1. 解决主要问题。危机一旦爆发，需要解决的问题很多，但关键是要分清主次，集中力量解决主要问题。只要抓住主要问题，次要问题便可迎刃而解。

2. 避免横生枝节。要设法避免与危机不相关的组织或部门的干预，以免延误处理进度，导致危机蔓延。

3. 做好善后工作。设立专门办事机构，在现场紧急情况处理完毕之后，尽最大努力进行善后工作。

4. 重视沟通协调。抓住关键、解决主要矛盾不等于忽略其他，还应该重视全方位地沟通协调。危机事件的处理是组织被迫开展的公共关系活动。在开展活动时，不能仅仅依靠单一的处理方案，而应该考虑综合应用多种渠道，从多个侧面、多个角度，全方位地开展活动。这样才能及时扭转局面，迅速平息风波。

四、处理危机事件的原则

公共关系危机事件的处理既具有一般公共关系活动的共性，同时又具有它的特殊性。这决定了对危机事件的处理应该在遵循公共关系基本原则的前提下，还应该遵循一些符合其基本特点的特殊原则。一般认为，公关危机事件的处理，应该遵循以下原则：

1. 事先防范原则

所谓事先防范原则，就是在危机事件发生之前，必须对可能出现的潜在危机进行预测和防范。这是危机事件公关策划最基本的原则。我国有很多古语、俗语，如"宜未雨而绸缪，毋临渴而掘井"，"患至而忧，不如预谋"，"闲时做下忙时用"，"晴带雨伞，饱带干粮"等，说的都是这个道理。任何危机事件的发生总有一个渐进的形成过程，只要增强预测和防范，便有可能发现潜在因素，将危机消除在萌芽状态。

凡事预则立，不预则废。古今皆然。对于危机事件，必须建立早期预警系统。在科学预测的基础上，做好思想准备，采取防范措施。千万不要"平时不烧香，临时抱佛脚"，事到临头，仓促应战。

2. 公众至上原则

"公共关系必须以公众利益为目标"是公共关系的总体原则。

在处理公关危机事件的过程中，更能够体现这条原则的重要作用，必须充分重视。公关危机事件的突然发生，在公众遭受损失的同时，组织自身也难以避免损失，然而，作为代表组织的公共关系工作人员首先应该考虑的是公众利益。不管事件的责任在谁，组织都必须站在公众的立场上考虑问题，以公众利益为重，主动承担事故责任，妥善处理善后事宜，才能赢得公众的理解和支持。

3. 及时沟通原则

在危机发生前后，要及时与组织内外沟通，准确地传播相关信息。这对于提高全体员工的危机意识，预防危机的发生有不可低估的作用。危机一旦发生，各种信息将迅速传播，只有与公众及时沟通，尽快地把正确可靠的信息告知公众，才有可能避免有损组织形象的消息蔓延。

4. 兼顾法律原则

处理公关危机事件，在采用公关手段的同时，也要注意法律手段的配合运用。因为法律可以公正地判断是非，能够有效地端正视听。法律手段和公共关系活动的有机结合，更有利于挽回影响，重塑组织形象。

第二节　公共关系广告

公共关系广告是指运用传播媒介，传递组织为公众服务的理念、精神、行为等方面的信息，从而得到公众的信任与支持，以提高知名度、增强美誉度为主要目的的广告。公共关系广告具有反映组织情况、阐明组织宗旨、宣传组织业绩、弘扬组织理念、提高组织信誉、增强组织实力、维护组织形象等重要作用。公共关系广告与一般的商业广告比较，在广告的内容、目的、手法、效果等方面都有着其自身的特点。

一、公共关系广告的主要类型

1. 观念广告。观念广告是以向公众宣传组织的价值观为主，以增强组织信誉的广告。

2. 形象广告。形象广告是以向公众宣传组织已有的良好形象为主，以增强组织信誉的广告。

观念广告和形象广告一般应该选择组织的主张、政策或服务水平等内容来进行设计。

3. 情感广告。情感广告是通过组织与公众的直接沟通，由公众公开表达对组织及其产品或服务的赞誉和信任的公关广告。情感广告应该强调公众与组织之间情感的双向交流，真实地反映公众对组织的态度。

4. 祝贺广告。祝贺广告是以向各类公众贺喜为内容的广告。祝贺广告对受贺方和祝贺方的组织来说，都能够起到提高知名度、增强美誉度的效果。

5. 致歉广告。致歉广告是用来向公众承认错误、表示歉意的广告。致歉广告的作用在于取得公众的谅解，维护组织形象。

6. 响应广告。响应广告是对社会生活中某一重大主张表示响应和支持的广告。通过响应广告，可以直接向公众表示意愿，从而达到树立组织形象的目的。

7. 征询广告。征询广告是向公众征询意见和建议的广告。通过征询可以吸引公众的注意力，引起公众对组织的兴趣。

8. 说明广告。说明广告是指向公众说明、告知或解释某种事件的广告。一般指针对产品、服务、地址、人员等向公众所做的通告说明。

二、公共关系广告的基本要求

这里所说的基本要求特指对公共关系广告中所使用的自然语言的要求。广告语言的基本功能是完整、准确地传达信息内容。

为了达到这一目的，公共关系广告所使用的语言应该符合以下基本要求：

1. 真实准确。广告的生命力在于真实，弄虚作假是广告之大忌。虚假的广告在欺骗消费者的同时，也会使广告主丧失信誉。如果触犯了广告法，还必须承担相应的法律责任。因此，做广告时应力求用语真实准确。这是使广告产生说服力和感染力的基础，是赢得公众信任的前提。

2. 通俗易懂。广告可以说是一种大众文化。它要面对广大的、不同行业、不同层次的消费者，因此，只有语言通俗易懂，才能让人一看就懂，一听就明。要做到这一点，广告语言应该力求采用那些富有民族特色和生活气息、读起来亲切有味、为群众喜闻乐见的表达方式。在力求通俗化的同时，也应该注意不要流于粗俗，争取做到雅俗共赏。

3. 简洁明了。广告是广告主有意识、有目的的能动行为，但在大多数情况下，公众对广告并不是十分留心。要想使广告在短暂的瞬间给公众留下深刻印象，广告词必须简洁明了、易读易记。

4. 精练含蓄。使用精练含蓄的语言是做广告的一项基本要求。精练含蓄的语言不但可以以较小的篇幅传达尽可能多的信息，减少广告版面和播映时间，节省广告的媒体费用，而且能给人以更多的回味，从而达到较好的广告效果。

5. 新奇独特。好奇心理人皆有之。千篇一律的广告词难以给人留下深刻印象。要想快速地抓住公众的注意力，广告用语新奇独特不失为有效方法。

6. 用语规范。广告的语言应该符合现代汉民族共同语的语言规范。只有规范，才便于人们理解，才能广泛传播。

三、公共关系广告的表现手法

无论是以优化社会环境为目的的广告，还是以树立组织形象为目的的广告，要想达到预期的效果，都必须能够打动公众。这就要求广告必须使用多种表现手法。公共关系广告的表现手法主要有：

1. 一语双关。一语双关是有意利用词的谐音或词义的转换，使语句在特定的语言环境中含有双重意思。恰当地运用双关语，可使广告语具有含蓄、耐人寻味的效果。

2. 寓意言外。一条好的广告标题不仅必须简明扼要，同时，也要表达出尽可能多的意思，寓意言外，露中有隐，才会显得含蓄隽永，让人回味无穷。

3. 妙设悬念。在广告中适当地运用悬念，能够引发人们的好奇心理，能使广告收到事半功倍的效果。

4. 借助名人。在广告中用名人做模特，既能有效地借助名人的知名度，打开产品的销路，同时也能利用名人的形象提升产品的形象，用名人的声誉提高产品的信誉。

5. 现身说法。现身说法是现在广告中常用的一种表现手法，即引用顾客的证词来颂扬其产品或服务。

6. 实据证明。运用事实证据来证明产品的优点，能够增强广告的说服力，使广告显得真实、可信。

7. 数量对比。通过构思巧妙的数量对比，能够突出本产品与同类产品相比所具有的优势，能够对受众起到暗示、吸引和鼓励的作用。

8. 自我颂扬。自我颂扬就是运用优美动听的语言，或强调组织的信誉和实力，或突出产品给消费者所带来的享受和满足。

9. 注入情感。以情动人是广告常胜不败的秘诀。通过表达对消费者的关心和引导，使消费者感受到体贴和温情，从而产生好感。

第三节　演　　讲

演讲是在特定的时空环境中，演讲者使用有声语言并借助体态语言，面对广大听众发表意见、报告情况、抒发情感，从而达到说服、感召听众的一种现实性的信息传播活动。从公共关系的角度来看，演讲是一种效果最为显著的专题活动。

一、演讲的本质特征

对演讲本质的认识涉及到正确理解演讲的真谛，认识演讲的作用，掌握演讲的规律及特点，从而更好地学习演讲、应用演讲、发挥演讲的作用。演讲的本质特征主要表现在以下几个方面：

1. 现实性。演讲属于现实性的传播沟通方式，而不属于艺术活动范畴。从演讲反映的对象来看，它反映的是现实的真实，而不是艺术的真实。从演讲者的活动来看，演讲者是现实中的自己，发表的是自己的主张和见解，而不是扮演角色的主张和意见。从表现形式来看，演讲是以口头语言的“讲”为主，以体态语言的“演”为辅，“演”只是“讲”的一种辅助手段。

2. 艺术性。演讲虽然不属于艺术活动，但它却讲究艺术性。演讲的艺术性体现在语言美感、形象美感、音乐美感等主要方面。演讲的语言美感是闪光的思想、敏捷的才智和浓烈感情的高度统一，应该具有：相声般的幽默，小说般的形象，戏剧般的冲突，诗歌般的激情。形象美感体现为：根据演讲主题的需要和听众的审美需要，使服饰自然、大方、得体，使辅助语言更能传情达意，使体态语言更富有启发性和感召力。音乐美感表现为：根据思想感情的需要对声音的高低升降（声调）、轻重强弱（节奏）、快慢缓急（语速）进行巧妙处理，使声音不但清晰、圆润、洪亮，而且抑扬顿挫，变化有致。

3. 整体性。演讲是由语言系统、声音系统、表演系统、主体形象系统和时空环境系统等要素所构成的综合传播实践活动，并且是这些系统要素的有机结合而表现出来的综合语言艺术。

4. 协调性。演讲的各个构成系统或构成要素不仅应该为实现演讲目的发挥各自的作用，而且更应该默契配合、协调一致，不能过分强调或突出某一个系统而压抑或贬低另一个系统。

5. 应变性。演讲是在特定的时空环境中面对听众进行的现实活动。为了增强演讲的效果，应该根据现场的情况和听众的反应，在原来准备的基础之上，审时度势地对演讲内容、结构、语言、姿态作出适当的调整。

二、演讲的传播效果

演讲是公共关系专题活动中传播效果最为明显的一种口语表达形式。一个好的演讲，应该具有以下传播效果：

1. 较强的劝说作用。演讲是演讲者面对听众进行的直接传播，具有较强的劝说作用。说服听众赞同自己的观点是演讲的重要目的。在面对面的场合中，一旦发现听众对演讲的观点、意见出现怀疑、否定的表情，可以及时以更多的事实依据进行推论、解释或说明，加之以语音、表情、动作等的配合，同时诉诸听众的听觉和视觉，因此，会起到良好的劝说效果。

2. 有效的信息交流。演讲的现时性能为演讲者和听众提供即时的双向交流机会。演讲的整体性和协调性，能使演讲的内容通过多种途径、多种方式、多种技巧进行有效的传播和及时的反馈。双向交流越充分，信息反馈越及时，信息的交流便会更具有明显效果。

3. 较强的表现力度。演讲是“讲”和“演”的结合。演讲具有宣传真理、感召听众的明确目的性；“讲”具有用事实道理阐发思想感情的主观意念性；“演”具有以姿势、动作、表情辅助口头表达的语言艺术性。明确的目的、严谨的阐述和艺术的表达相结合，必然会具有较强的表现力度。

4. 有助于提高声望。好的演讲绝不是道理的空谈和事实的罗列，而应该是演讲者渊博知识、丰富经验、先进思想、敏锐智慧、浓烈情感及杰出口才的有机结合和高度统一。因此，通过演讲可以提高演讲者本人以及所在组织的声望。

5. 有助于塑造形象。演讲总是具有明确的目的性和鲜明的针对性；演讲的观点具有先进性、典型性；论证观点、说明问题的材料具有真实性、权威性；演讲者在组织的成员中具有突出性、代表性。因此，好的演讲既有利于树立演讲者的良好形象，也有助于塑造组织的良好形象。

三、对演讲口头表达的基本要求

演讲的口头表达技巧可以划分为三个层次或称为三级要求，即初级要求、中级要求和高级要求。以下分别加以介绍：

1. 清晰性，规范性

这是口语表达的初级要求，也是最基本的要求。

(1) 清晰性要求。主要是指演讲者的语音要符合普通话的标准，表达时能够做到吐词清楚，发音正确，音量适度；能够将每个词语、每个句子、每个句群（或称句组、语段）乃至全篇传递到每个听众，并且能使他们听得真切。

(2) 规范性要求。主要指口语表述要合乎两个规范：一是合乎本民族的语言规范，二是合乎全人类共有的逻辑规范。现代汉语的规范包括了语音、词汇、语法三个方面，即“以北京语音为标准音、以北方话为基础方言、以典范的白话文著作为语法规范的普通话”。运用汉语演讲的人应该努力争取实现上述三项标准。逻辑规范对全人类都有制约性。全人类都要使用概念、判断、推理、论证这些思维形式，都要接受同一律、矛盾律、排中律等思维规律的指导。

2. 流利性，自如性

这是在初级要求的基础上，对口语表达的中级要求。

(1) 流利性要求。主要是指口语表达的流畅通达、连贯无阻。这里包含了两个方面的技巧：一方面是口语本身的结构清晰，没有冗繁累赘、成分残缺、搭配不当以及句式杂糅等语病；

另一方面是指在口语的表达中语流的行进通畅，没有滞塞阻碍，没有迟疑、沉吟、欲言又止、重复啰嗦、结结巴巴等各种毛病。

(2) 自如性要求。主要是指口语的使用达到了纯熟的程度。演讲者在使用标准语音、重音、停顿、节奏、语气等各种表达技巧方面能够做到随心所欲、熟练自如。

总起来说，流利性、自如性是对演讲内容充分理解的结果，是思维畅达的反映，也是口语操作功夫娴熟的表现。有了三者的有机统一，才会有流利自如的表述。

3. 丰富性，多彩性

这是在前两项要求的基础上所达到的高级要求，也是高级的口语表达技巧。它实质上已不是单纯的口语表达技巧问题，而是演讲者各种良好修养的综合反映。

(1) 丰富性要求。主要指口语表达的内容充实、语言丰富、思想内容与语言形式和谐一致，从而产生整体上的良好效果。口语表达的语言丰富性主要表现为词汇丰富、句式多样、表达方式灵活、语气富于变化。

(2) 多彩性要求。这是指在语言丰富的基础上，使口语表达在整体上呈现出某种特有的色调或多姿多彩的效果，使演讲具有更强的感染力和征服力。口语表达的多彩性主要表现在以下几个方面：

①形象色彩。形象色彩是指根据演讲的需要适当描绘所涉及事物的形态色泽和所涉及人物的音容笑貌、性格特征、神态动作以及人物的矛盾冲突等。通过这种绘声绘色的描述，使听众如临其境，如见其人，如闻其声，从而使叙事说理的演讲增加情节性、形象性，生动活泼，富有情趣。

②感情色彩。感情色彩是指善于在口语表达中体现出自己的基本立场观点和思想感情的倾向，体现出对演讲内容和对听众的双重感情，体现出表述每一事物时的不同心境和感情变化，演讲

者表述中这种喜怒哀乐感情的流露和适当节制，是最富有感染力的因素。

③理性色彩。主要表现在所阐述的道理本身的真理性、观点和材料的一致性、逻辑思维的严密性。

④风格色彩。主要指具有较高修养的演讲者经过反复的演讲实践而形成的一种特殊风格。这种特殊风格具有很强的个体差异性，有的热情，有的冷静，有的朴素，有的绚丽，不论哪种风格都具有强烈的感人肺腑的魅力。

四、对演讲稿语言的基本要求

书面语言的基本要求是指对演讲稿的语言要求，具体地说有以下几点：

1. 符合口语特点

符合口语特点就是要“上口”、“入耳”。这是演讲语言的基本要求。为了使演讲稿的语言口语化，可采用如下方法：(1) 把长句改为短句；(2) 把倒装句改成正装句；(3) 尽量少用文言词语和成语；(4) 把单音词换成双音词。

2. 做到通俗易懂

为了做到语言通俗，可采取如下办法：(1) 把生僻的词换成常用的词；(2) 不用生造的、不合汉语规律的词语；(3) 恰当地使用方言词语；(4) 用明白的语言解释难以理解的术语。

3. 力求生动活泼

写好演讲稿，光有语言的明白、通俗还不够，还要力争语言生动活泼、亲切感人。为了使语言生动活泼，应该采用以下办法：(1) 用形象化的语言；(2) 运用幽默、风趣的语言；(3) 注意声调的搭配和节奏的变化。

4. 注重准确朴素。准确是指演讲稿使用的语言能够确切地表现讲述的事物和道理，揭示其本质和相互关系。朴素是指用普普通通的语言，明晰、通畅地表达演讲的思想内容。

第四节　谈　　判

谈判是人们出于某种欲望、需求，彼此阐述自我意愿，协调相互关系，为取得一致、达到目的所进行的语言交流活动。

谈判的目的是满足需求。为了满足需求就必须交换条件，交换条件既需要合作又需要竞争。参与者在竞争与合作的理性对抗中既需要坦诚沟通又需要示形用佯。因此说，谈判是实力和智慧的抗衡，谈判是知识和素质的较量，相关的理论、知识、方法是参与谈判的必备条件，智谋、策略、技巧的应用是取得谈判成功的重要前提。

本节简略地介绍谈判的基本理论、谈判的基本方式、谈判的基本原则、谈判的主要工作、谈判的策略技巧、谈判人员的素质。

一、谈判的理论基础

谈判是人的理性行为，对谈判人员行为的认识是制约谈判的关键因素。谈判人员的行为取决于需要与动机，因此，对谈判人员的需要、动机以及行为的研究便成为谈判的理论基础。

1. 谈判的需要与动机

需要和对需要的满足是一切谈判的共同基础。动机是促成人们去满足需要的一种驱使和冲动。需要是动机的基础和前提，动机是需要的表现和反映；而谈判又是在需要和动机的基础上产生的理性行为。谈判人员只有了解对方的真正需要和真实动机，掌握动机和需要的特征以及它们之间的关系，才能预测对方的行为，进而采用有效的策略和方法充分发挥自己的主导性去引导对方的行为，调动对方的积极性，进行富有成效的谈判。

2. 需要理论及其应用

西方最为流行的“需要理论”，将人的各种需要划分为七个层次：即生理的需要、安全的需要、社交的需要、尊重的需要、自我实现的需要、认识和理解的需要、追求完美的需要。美国谈判学会会长杰勒德·I. 尼尔伦伯格将谈判分为三个层次：个人间的谈判、组织间的谈判和国家间的谈判。他将谈判过程中的适用方法分为六种：谈判者顺从对方的需要；谈判者使对方服从其自身的需要；谈判者同时服从对方和自己的需要；谈判者违背自己的需要；谈判者损害对方的需要；谈判者同时损害对方和自己的需要。他应用这三组要素构建了谈判的策略系统。尼尔伦伯格以需要理论作为基础构建的谈判理论在西方已广泛地应用于谈判活动。

3. 动机的激发与强化

为了使谈判顺利进展，需要不断地激发谈判人员的成功动机，也需要针对谈判的具体情况使用策略技巧。在激发动机的问题上，应该遵循针对、结合、强化的原则；在制定和使用策略的问题上，应该将合意性与合理性有机地结合起来，根据各种谋略（常规式、利导式、迂回式、冲激式）的不同特点、不同作用，有选择地加以应用。

4. 行为的预测与引导

谈判是人的行为，人是谈判的主体，对主体行为的认识、预测、激励和引导是任何谈判的基本因素。

5. 发挥主体能动作用

主体的行为既具有复杂性，又具有规律性。谈判人员应该通晓主体的行为规律，了解影响行为的主要因素，掌握预测行为的方法，善于运用激励行为的技巧，有效地发挥主体的能动作用，以使谈判获得成功。

二、谈判的基本方式

参与谈判的人员是谈判的主体，谈判所涉及的内容是谈判的客体，谈判的主体和客体构成谈判的结构。根据谈判所涉及到的具体情况，可以选择不同的谈判方式进行谈判。谈判的结构和方式是谈判的基础知识。

1. 双边谈判

双边谈判是指由两个主体参与的谈判，即两方面的谈判人员就一个或多个问题进行的谈判。如果双方只谈一个单独的问题，就叫做双边单一型谈判；如果双方就多个问题进行协商，就叫做双边统筹型谈判。由于事物之间总是相互联系的，即使谈判的开始仅就一个单独问题进行交涉，在谈判过程中也会逐渐涉及到其他问题，由于问题之间互相牵连，必须统筹考虑，因此，绝大多数的谈判是统筹型的。

2. 多边谈判

多边谈判是指由多个主体参与的谈判。谈判学上将代表多个（两个以上）方面利益的谈判人员为解决多个（两个或两个以上）问题而进行的谈判叫做多边统筹型谈判。

3. 横向谈判

横向谈判是主体首先确定谈判所涉及的所有议题，将各项议题综合起来考虑，循环往复地讨论，齐头并进，交错进行。这种方式适用于所谈条款的内容属于并列式的互相联系的几个问题。

4. 纵向谈判

纵向谈判是主体对所确定的议题按先后顺序一个一个地依次进行商谈。这种方式适用于所谈条款的内容属于原因与结果关系的问题。

5. 从属谈判

从属式谈判是指针对单方主体提出的议题而展开讨论的谈判方式。这种方式多见于索赔谈判。在谈判过程中，提出议题的一方主要是应用证明方式来构建议题，另一方则主要是应用反驳方式来驳斥议题。

6. 独立谈判

独立式谈判是指针对双方主体各自提出的议题而展开讨论的

谈判方式。这种方式多用于价格谈判。在谈判过程中，双方都需要既构建自己的议题，又驳斥对方的议题。

7. 软式谈判

软式谈判也叫做温和式谈判。这种谈判是其中一方主体有求于另一方，希望避免冲突，顺利达成协议而采用的方式。谈判应该区别谈判对象、谈判场合、谈判的具体条件和内容，否则采用软式的一方将一无所获或者吃亏上当。

8. 硬式谈判

硬式谈判也叫做立场式谈判。这种谈判是其中的一方主体自认为实力强于对方并企图压倒对方，达到以强胜弱目的而采用的方式。这种谈判方式不利于长期合作，或导致谈判破裂，或导致关系中断。

9. 原则谈判

原则式谈判也叫做事实谈判法，最先由哈佛大学谈判研究中心正式提出，所以也叫做"哈佛谈判术"。此种方式主张在态度上对事实强硬，对人温和；在方法上事先要制订方案；在技巧上要坚持客观标准。这是一种最有利于合作又能实现谈判目标的谈判方式，因此，为大多数谈判所采用。

10. 电信谈判

电信谈判是指应用电话、电报、电传、电脑或多媒体进行的谈判方式。随着通信技术的飞速发展，此种方式的谈判正在逐渐增多。

三、谈判的基本原则

谈判的基本原则即谈判的指导思想和基本准则。谈判是人类文明的行为，成功的谈判既应该有利于社会的发展和人类的进步，又应该使参与者各有所获并建立起良好的合作关系。一切成功的谈判都是参与者共同努力的结果，而能否成功的关键在于谈判人员是否遵循谈判的基本原则。

1. 平等互利原则

平等互利原则是指在谈判人员在享受平等权利、承担平等义务的基础上进行洽谈，以求取得对各自都有收获的谈判结果。平等互利原则要求谈判人员在谈判过程中，应该本着互利互惠、彼此尊重、相互理解、平等相待的精神去谋求共同利益。

2. 谋求一致原则

谋求一致原则是指在谈判过程中谈判人员必须考虑谈判各方的利益，找到利益的结合点，认定共同利益之所在，求同而存异。谈判中的共同利益能使各方均有收获，利益的结合点是合作的机会，谈判人员应该努力寻求。

3. 依据客观标准

所谓客观标准是指独立于各方意志之外的合乎情理的、具有普遍性、公正性、适用性的准则。如市场价格、以往惯例、通用准则、道德标准等。坚持客观标准可以使谈判各方的矛盾与冲突得到公正的解决，可以避免无谓的争执。所以说，坚持客观标准是合作的前提和基础。

4. 真诚守信原则

真诚守信是谈判的首要条件和重要原则。只有真诚的愿望才能认真地对待谈判，才能产生友好合作的行为；真诚守信是有实力的一种具体表现，谈判人员应该凭借实力去说服对方。

5. 确定灵活原则

确定灵活原则是指谈判的目标要确定，应用的策略技巧要灵活。确定的目标是努力的方向，灵活的策略是保证实现目标的方法和措施，确定与灵活的有机结合才能取得谈判的成功。

6. 时间效率原则

时间就是生命，效率就是金钱。任何有实际意义的人类活动都不能脱离时间和效率，谈判也不例外。重视时间效率，抓住合作机遇，可以赢得竞争优势，可以占据天时地利，顺利地实现谈判目标。

7. 坚持正义原则

坚持正义原则主要是指谈判人员应该奉行公正、有利于社会进步、有利于和平和人类发展的谈判标准。坚持正义是历史发展的必然，只有顺应历史，才能经得起实践的检验。这条原则主要适用于政治和军事谈判。

8. 遵规守法原则

遵规守法原则主要指谈判的内容及所签订的合同必须严格遵守国家以及国际的相关法律、法规、政策、惯例等。这条原则主要适用于经济和科技谈判。

四、谈判的主要程序

不同类型、不同内容、不同方式、不同性质的谈判可以有不同的程序。如果我们将谈判当做一个完整的系统的活动，那么，从理论上讲，一般比较正规的大型谈判多数可以划分为以下几个阶段：准备阶段、开局阶段、交流阶段、磋商阶段、协议阶段、签约阶段、履约阶段；如果在履约过程中发生纠纷，那么还需要进行后续谈判。

1. 准备阶段

谈判是一项错综复杂的活力对抗，谈判人员为了能够在复杂多变的局面中头脑清醒，有条不紊地左右谈判形势，控制谈判进程，谈判之前应尽量做好以下工作：搜集有关信息，制定谈判决策，拟订谈判计划，选择谈判策略，做好物质准备。

2. 开局阶段

开局阶段的重要作用有：形成深刻印象，明确谈判态度，确定谈判方式，形成等级观念。开局阶段的重要任务是建立洽谈气氛。为了创造和谐友好的气氛，应该做到注重第一印象，服饰整洁大方，寒暄恰到好处，动作自然得体，破题引人入胜，讲究表情语言，注意察颜观色。开局阶段的主要工作是：确定谈判议程、确定人员分工、提出谈判方案。

3. 交流阶段

交流阶段即探测阶段。交流阶段的主要任务是“谈”。应该充分发表自己的意见，将自己的动机、意图表述清楚，通过观点交流达到思想沟通。为此应该广开言路、探讨合作途径；应该避免互相询问，避免纠缠细节。探测对方的策略主要有火力侦察、四面出击、漫天要价等。通过交流应该有针对性地调整方案，为进一步磋商做好准备。

4. 磋商阶段

磋商阶段即交锋阶段，在经济谈判中该阶段的中心是讨价还价。对立与交锋是谈判的本质，没有对立与交锋就不能称其为真正的谈判。交锋阶段既需要“谈”，又需要“判”；既要为实现目标而勇往直前，又要时刻牢记“谋求一致”；既需要针锋相对，也需要彼此妥协；既需要坚持不懈，又需要灵活机动；既需要努力争取，又需要互相让步。

磋商阶段是集中使用策略技巧并能够充分体现其作用的主要阶段。应用策略技巧的目的是处理反对意见，充分发挥优势，及时消除压力，争取占据主动。谈判的策略和技巧不胜枚举，大部分都适用于交锋阶段。

5. 协议阶段

成功的谈判需要通过交流信息，达到思想沟通，实现利益互换。前两个过程如果比较顺利，那么，谈判就可以进入协议阶段。协议阶段的主要工作是观察对方意图、表达最终意愿、回顾谈判过程、作出适当让步、通过谈判记录。

成交的意愿是通过特定的言语和表情、动作表示出来的，谈判人员必须掌握有关的知识和观察与表达的技巧。通过回顾可以认清形势、明确方向、鼓舞士气、采取措施、加快进度。最后的让步决定着谈判结果，让步与妥协的关键是要掌握好时机和幅度，让步的基本原则是应该得到相应的回报。谈判记录是洽谈的原始资料，是起草合同的重要依据，通过谈判记录的目的在于核实谈判过程中各方发言的观点，以免出现误解与偏差。核实的重点是价格、规格、仓储、运输、索赔、验收等条款。

6. 签约阶段

谈判契约是用文字形式表述谈判结果，规定当事人的权利与义务并具有法效性质的条文。经济谈判的契约通常称为合同。合同具有严肃的法效性、严格的制约性，要求内容完整、条理清楚、格式严谨、表达准确、语意严密、书写规范。合同的作用是保证当事人所享有的权利，约束当事人履行所承担的义务。合同的履行必须符合全面、实际、协作的原则。合同的变更和解除必须具备一定的条件。

7. 履约阶段

履约阶段即合同的执行阶段。在履约过程中，可能由于各种原因出现合同纠纷，处理纠纷的方法主要有：协商、调节、仲裁、审判。

8. 后续谈判

后续谈判是以原先的谈判内容为依据，以解决遗留问题为目的的接续谈判。除了内容和目的的特殊外，其他方面与一般的谈判相同。

五、谈判的策略和技巧

谈判策略是指谈判人员在谈判过程中为了达到预期的目标，根据形势的发展变化而制定和采取的行动方针和斗争方式。技巧则是使用方法、实施方针过程中表现出来的技能。策略和技巧的应用对谈判的成功有着至关重要的影响。探讨策略和技巧的应用效果及其规律是谈判学的重要内容。

1. 策略和技巧的作用

无论我们翻阅政治、军事谈判的经典案例，还是饱览经济、科技谈判的当今现实，都可以从中领悟到策略和技巧的应用对谈判局势的重要影响。策略和技巧在谈判中的作用大体可以归纳为以下几点：创造良好开端，掌握前进方向，控制谈判进程，促进双方合作，保证理想结局。

2. 策略的应用规律

应用策略的关键是要掌握谈判的特点和策略的应用规律。谈判是一种理性的活力对抗，对抗的主体惯于示形用佯，往往奉行反常原则，常常采用逆向思维，而对抗的形势通常呈曲线型发展状态。因此，谈判人员不能简单孤立地看待对方的某一行为，必须将对方的行为与其他有关的因素结合起来考虑问题。策略的应用必须建立在对方的判断失误、心理错觉、认识偏颇的基础之上；必须顺应人们趋利避害即“两利相权取其重，两害相权取其轻”的心理趋势；必须符合客观事物的发展和竞争规律。

3. 策略的应用效果

谈判是一项复杂的、系统的、综合的理性对抗，策略的应用效果取决于多种因素的优化组合。从总体来说，每一条策略都有用，策略本身并不存在好坏优劣之分，也不存在用处大小的区别。其应用效果取决于“对症下药”，适时、适度、巧妙，即将策略用到该用的地方，用到该用的时候，用得恰如其分；应用策略时要不动声色、不露痕迹、不出破绽。

六、谈判人员的素质

谈判是人的理性行为。在理性行为相互对抗的谈判中，谈判人员的素质或能力对于谈判的成功与失败起着至关重要的作用。谈判人员的素质主要表现在道德修养、知识结构、能力结构、气质性格、风度仪表、合作精神等方面。

1. 谈判人员的职业道德

不同国家、不同民族、不同社会制度的谈判人员有着不同的价值观念、道德观念。对社会主义的中国来说，我们认为谈判人员在道德修养方面应该做到：立场坚定、纪律严明、作风民主、廉洁正直、勇于奉献、坦诚守信。

2. 谈判人员的知识结构

不同内容、不同类型的谈判，对谈判人员的知识结构也有不同的要求。但从总体上说，谈判人员应该具有以谈判为中心内容的相关知识所构成的全面完整、有机结合的知识体系。这主要包括：基础学科的理论知识、谈判的专业理论知识、谈判的常用实务知识、与谈判相关的专业知识。

3. 谈判人员的能力结构

根据现代谈判的特点和多数专家的意见，认为谈判人员除了必须具备一般人的观察、想象、记忆等能力外，还必须在以下方面具备强于一般人的能力，这主要包括：交际能力、表达能力、判断能力、决策能力、应变能力等。

4. 谈判人员的气质性格

谈判学认为，人的气质性格没有优劣之分。一支优秀的谈判队伍，必然是成员之间气质性格相互补充、心理素质彼此相容、职责分明、默契配合的群体。这就需要根据具体情况，有针对性地对谈判人员进行选择和培养。

5. 谈判人员的风度仪表

谈判人员的风度仪表主要表现在衣着、言谈、举止方面。理想的风度应该是：衣着美观大方、言谈温文尔雅、举止洒脱沉稳。

6. 谈判人员的群体构成

谈判具有不同的内容，内容简单的谈判的谈判人员是单枪匹马，复杂的谈判则需要群体来完成。组成谈判群体应当依据谈判的议题来确定群体规模；依据谈判的内容确定成员分工；群体应该由不同专业、不同经历、不同职务的人所构成；群体成员既要职责明确，又要密切合作。

第五节　辩　说

公关活动中的辩说是把争执、议论、说理融合在一起，以阐明道理和说服对方为主要目的的具备口语特点的语言交流活动。在交际活动中，“辩”的主要表现形式是“说”即口头语言；“辩”不是单纯的争议，而是自然地将“辩”融合于交谈或会话之中；“辩”的目的不仅仅是阐明道理，更重要的是从公共关系活动的目的出发，与公众建立、协调和改善关系。

一、辩说的主要功能

在现实生活中，善交际者不能不善辞令，善辞令者不能不善辩说。只有辩说才能促进深刻的交流，只有辩说才能形成有力的说服，只有辩说才能进行有效的商议，只有辩说才能不卑不亢地交往……总而言之，在交际中处处需要辩说。公关活动中的辩说主要有以下功能：

1. 交流思想。思想是复杂的，语言是复杂的，环境也是复杂的。以复杂的语言在复杂的环境中，交流复杂的思想无疑具有相当的难度。而巧妙的辩说可以冲破种种障碍，促进思想的交流。

2. 疏通情感。辩说不仅具有直接的交流作用，而且具有疏通见解的作用。所谓“疏通见解”是指通过辩说，使人们在情感上引起共鸣，从而达到相互理解、谅解和信任。因此，通过辩说可以促进情感的疏通。

3. 化解矛盾。社会组织需要与各种类型的公众建立并协调关系，涉及到形形色色的人、方方面面的事。组织与公众之间存在着各种各样的矛盾和冲突。常言道“话是开心锁”，通过辩说，能够明辨事理，消除误解与隔阂，缓和冲突与矛盾。

4. 摆脱窘境。在公关人员与公众交往的过程中，有时难免出现由于误解而导致令人窘迫的场面。通过辩说能够明辨是非曲直，能够消除误解偏见，从而使心理压力得以释放，使窘迫心情得到解脱。

5. 维护尊严。互相尊重是人际交往的基本原则。在交际过程中，既需要尊重别人，更需要自尊。如果没有人格的互相尊重，交际将难以正常进行。公共关系活动中的辩说可以使无理无德者理屈词穷，可以使有理有德者得到肯定。因此，辩说具有维护尊严的功能。

6. 争取公众。公众是组织生存和发展的基础，争取公众是公共关系活动的根本任务。巧妙的辩说能够恰如其分地展示事理，能够使公众心明眼亮、是非分明，能够有效地说服公众。辩说语言的生动形象，辩说方法的幽默风趣，有利于维护组织的信誉，有利于宣传组织的形象，有利于吸引和感化公众。

二、辩说的基本原则

公共关系活动中的辩说目的是促进或维系组织与公众之间的和谐关系。所以，不应该将辩说当做一支致对方于死地的投枪，而应当将其视为一柄手术刀、一把防雨伞、一支催化剂。这就决定了辩说时必须遵循相关的原则。

1. 有理有据。辩说的过程是摆事实、讲道理，以理服人的过程。任何一个观点都应该建立在事实材料的基础之上。引用的材料必须真实充分，既不能夸大，也不能缩小，更不能无中生有，应该能够充分说明论题。论据与论题之间必须存在着合乎逻辑的必然联系，而不能违反逻辑规则。

2. 掌握分寸。公共关系活动中的辩说，应该以促进或改善互利互惠、和谐友好的交往关系为准绳。因此，辩说语言的应用要特别讲究攻守的分寸性。攻，要攻得恰到好处，不能一击致命；守，要守得优雅得体，不能一躲了之。

3. 生动形象。辩说的基本功能是阐明事理。摆事实、讲道理并不难，难的是让公众明白、信服。任何道理都有一定的抽象性，辩说应用的语言生动形象，便可以使抽象的事理变得通俗易懂。所以，辩说中应当尽量采用通俗明白的语言和形象生动的表现手法，以利于人们理解和接受。

4. 机动灵活。公共关系活动中的辩说，其目的在于通过争论，以明确是非曲直，从而争取公众、维护信誉、宣传形象。基于以上目的，在辩说的过程中往往需要根据具体的场合、对象，采取灵活多变的表达方式，否则，便难以达到预期的目的，也无法取得理想的结果。

三、辩说的基本类型

根据辩说的不同性质可以将辩说区分为劝导性辩说、探询性辩说、解惑性辩说、自卫性辩说和反驳性辩说等主要类型。辩说的性质和类型不同也具有不同的表达技巧。

1. 劝导性辩说

所谓劝导性辩说，就是用道理说服对方，使其对某种观点表示赞同或者同意去做某件事。如果一个人对某个观点明确表示赞同并欣然去做，那么，辩说根本无需进行；只有当他反对某事，不愿去做或处于犹豫不决的状态时，辩说才具有意义。显然，要使一个人改变已有的观点并非易事，因此，辩说者必须采取一定的技巧。

(1) 导之以理。辩说的目的是为了劝说、开导对方接受自己的观点。要达到这一目的，首先需要“导之以理”。应该针对对方观点中的谬误，摆事实，讲道理，用合乎逻辑的恰当判断、严密推理来帮助其认识自己的错误之处。只有合情合理的言辞才能真正打动对方的心，使其心甘情愿地接受你的观点。

(2) 动之以情。劝说具有双向性和互动性。如果说“导之以理”是劝说双方智慧的较量，那么，“动之以情”则是劝说双方情感的碰撞。“人非草木，孰能无情”，每个人的内心世界中都珍藏着一份火热的感情。只要劝说者倾注自己的一腔热情，肯定会让对方感受到温暖，从而在感情上倾向于你。

(3) 感之以诚。诚实是一种公认的美德。任何人都希望得到别人的以诚相待。在劝导性辩说中，诚实也是说服对方的有力武器，再顽固不化的思想在诚实面前也会软化。美国女作家惠莱洛珊曾说："一个英雄不能以假的武艺换取别人的信仰，那么说话者也同样不可以虚伪使人家心服。"只有怀有一颗诚心，以诚动人，才能获得对方的信任，为最终说服对方打下良好的心理基础。

(4) 诱之以利。理可服人，情可感人，利则可以诱人。每个人心中都有一本账，利弊得失自会忖度。劝说者在辩说过程中可适当透露对方改变观点、立场的利益所在，对方会通过利弊的对比而改变初衷。在运用此类方法时应特别注意针对性，涉及的利弊关系对比要明显，才能击中对方要害，才能动摇对方的立场，才会取得理想的劝导效果。

2. 探询性辩说

所谓探询性辩说是通过询问的方法来探求信息的一种辩说形式。一方提出问题，另一方作出应答，这是探询性辩说的主要模式。其目的在于通过循循诱导，不断地提出问题，使对方通过早已设计好的途径，逐步说出探询者欲想得到的信息。探询性辩说的技巧主要有：

(1) 隐语试探。在探询性辩说中，直言相询往往会赤裸裸地暴露询问意图，容易让对方窥得你的内心，并有可能产生逆反心理或采取对抗行为，使你欲罢不能，欲问不成。为了避免这种情况发生，辩说者可应用隐含问句，含蓄、委婉地向对方发出询问，以求得到所需要的信息。

(2) 投石探路。投石探路是探询性辩说取得成功的一种有效方法。它能使探询者完全隐藏询问目的，从而在辩说中掌握主动，及时出击。运用此法，辩说者应预先设计探询的途径和目标，然后按照设计的途径诱导对方向着目标迈进，逐渐接近并实现目标。

(3) 欲擒故纵。欲擒故纵是在对方守口如瓶，通过正常的方法不能顺利获得有关信息的情况下所采取的一种心理战术。它通过有意掩饰内心动机，表现出对所需信息的漠视或蔑视，来激发对方的好胜心理，从而将信息主动说出。这种方法在探询性辩说中常常具有出奇制胜的效果。

（4）复杂问语。复杂问语是在问话的表层含义中，隐含着另一个事实，而对表层含义的回答，不论是肯定还是否定，都会承认隐含的事实存在。当然，这种事实往往是应答者在不情愿的、没有意识到的情况下承认的。运用此法时一定要灵活巧妙，同时注意辅之以其他攻心之术，以解除对方的警戒心理，然后抓住时机，迅速出击。

（5）假设条件。假设条件是逻辑学中假言判断在探询性辩说中的运用。它是首先假定某个前提条件，然后让对方考虑在此条件下会作出何种反应。这种方法多用于各类谈判。它能帮助辩说者掌握主动，让对方沿着你所假设的条件去思考，这样既可掩饰自己的真实意图，又可掌握对方的内心动机，能够做到知己知彼。

3. 解惑性辩说

解惑，顾名思义就是释解疑惑。所谓解惑性辩说就是在释解各类疑点时所使用的辩说方法。在交际活动中，我们总要面临大大小小的问题，而解答这些问题，在很多情况下需要辩说。因此，解惑性辩说是应用范围广泛、较为重要的辩说形式。解惑性辩说的技巧主要有：

（1）借物喻理。为了使疑惑能够得到明白透彻的解答，在解释疑惑时，常常应用借物喻理的方法。借物喻理就是应用比较明确的其他事物的道理，来比喻自己所要说明的问题。使用这种方法的关键在于选择典型的有说服力的事例，才能恰到好处地说明自己所需要说明的道理。

（2）委婉含蓄。委婉含蓄的方法，往往能使简单乏味的辩说变得生动有趣。这类技巧的要点是把关键性的词、句用委婉的方式表达出来，同时要注意新颖和生动。只有给人以出乎意料的感觉并激发起人们的兴趣，这种技巧才能发挥效用。

(3) 巧引典据。巧引典据是指以既成的典故材料作为根据，解答对方的提问。这种技巧常用于对方在发问中提出的问题越出常规并没有直接答案的情况下。使用这种技巧的关键在于引用的典故具有典型性和针对性。

(4) 独创道理。即在辩说中，根据需要自己创造性地说出一番道理，使问题得到解释。这种技巧的要点是能够“自圆其说”。只要能够自圆其说，不管这种道理是否荒谬，都能够发挥作用。

(5) 避虚就实。避虚就实是指避开对方提问中的表面现象，针对其实质性问题进行回答。这种技巧的关键是首先能抓住问题的实质，不被表面现象所迷惑。

(6) 警句应对。以凝练的名言警句回答对方的问题，这是解惑性辩说的又一技巧。这种技巧可以使对方在回味中解开心中的迷惑。使用这种技巧的关键，一是选择的名言警句具有高度的概括性；二是名言警句中应该包含着深刻的道理，以便使对方在回味之中得以解惑。

4. 拒卫性辩说

在社会生活中，人们为了维护自身的安全、名誉、尊严等利益问题，需要具有某些相应的能力和措施。拒卫性辩说就是人们在处理人际关系问题上维护自身利益的有效方法之一。拒卫性辩说的技巧主要有：

(1) 含蓄威慑。在交际活动中，可能会遇到被人调侃或逼迫的情况，为了摆脱窘境，不使对方得寸进尺，可以采用含蓄委婉的手法指出对方的短处，以此作为对他的警告，往往会使对方受到威慑而自觉退却。这种方法常用于在对方实施攻击性的行为之前，以一种“特殊的”仅为双方所知的语言来达到警告的目的。

(2) 推己及人。推己及人是指从对方的思想观点出发，推出显然荒谬的结论，并以此诘难对方。这种方法常常以逻辑中的归谬法和类比法作为思维的理论基础。

(3) 借言反击。当一方提出带有侮辱性质的问题、观点或事实时，另一方据之作出相反的、显然不利于对方的解释、说明和推断。这种辩说技巧我们称为借言反击。在所有的辩说技巧中，这是最高明的，也是最有效的技巧。

(4) 先退后进。受到攻击时，先从表面上接受对方的观点和意见，然后给予反驳、回击。使用这种方法有利于削减对方的攻击力，同时积蓄自己反击的力量。

(5) 晓以利害。晓以利害是一种以退为进的婉拒方法。它在假设接受对方意见的前提下，通过直陈利害关系来使对方收回原来的意见。运用这种婉拒方法的关键在于发现自己所拒绝的事情与对方利益之间的内在联系。只要能够找到这种联系，并用适当的语言表述出来，婉拒便告成功，同时也会达到自卫的目的。

(6) 转移话题。在辩说过程中，如果认为继续就对方的问题作出回答，将会引起对自己不利的结果，便可以采取转移话题的方式表示拒绝。这种方法可使自己避免陷入尴尬的境地。

5. 反驳性辩说

反驳是指运用一个或一些真实命题来论证某一命题的虚假性或论证方式不正确的辩说过程。由于人们的思想观念存在着差异性和对立性，思想斗争也就不可避免。辩说正是人们思想斗争的外在表现，也是解决矛盾的重要方式之一。反驳作为辩说的一种方法、一种形式，在日常生活和人际交往中随处可见。反驳性辩说的技巧主要有：

(1) 限制辩题，区别主次。为了使反驳更有力度，我们在辩说中一定要注意锁定对方的主要观点，针对主要观点进行辩驳。如果对辩题不加限制，任由对方随意延伸、扩展，将会极大地增加反驳的难度，使辩说流于漫无边际的纯粹的论战。

(2) 攻守交替，破立结合。作为严格意义上的辩说，双方所持的观点应该具有矛盾关系，既不能同真，也不能同假。因此，我们在进行反驳时，既要注意“立”自己的观点，又要注意

"破"对方的观点。只有攻守交替，破立结合，才能使辩论向着有利于自己的方向发展。

(3) 以情驭理，有利有节。在辩说中，反驳往往会给对方造成一种错觉，似乎辩论并非指向他的观点错误，而是威胁他的人格和自尊。所以，我们在进行反驳时，一定要持慎重的态度，注意把握好分寸，只反驳对方的观点，而不要对对方进行人身攻击；应该做到以情驭理，万万不可损伤双方的感情。

(4) 以问诱导，迂回破解。在进行反驳时，如果正面反驳难以见效，便可以采取提问的方法诱导对方，通过迂回战术而达到破解对方论点的目的。这首先需要设计出一系列的问题依次向对方提出，对方对这一系列问题的回答将越来越接近我方观点。由于提出的这些问题并非直接反驳对方的观点，常会使对方放松警惕，在不知不觉中作出对我方有利的回答。

(5) 理直气壮，语言铿锵。在双方进行辩说的过程中，气势也是促成反驳成功的一个重要因素。理直气壮的态度，铿锵有力的语言，能从气势上压倒对方，而使自己辩驳的信心倍增。

第六节 其他专题活动

一、庆典仪式

组织成立、工程开工、厂房落成、达成协议、建筑物奠基、纪念碑揭幕以及重要纪念日等，都是开展公共关系的良好时机。社会组织都应该充分利用这些机会，通过精心策划而开展的庆典仪式，来展示组织形象，引起社会关注，并通过大众新闻媒介广为传播，从而改善与目标公众的关系，增强组织的信誉，在公众中产生深远的影响。

举行庆典仪式一般包括以下内容：确定传播的主要信息；选

择适当的活动方式；拟定出席的嘉宾名单；安排庆典的仪式程序；做好各项接待事宜；穿插必要的助兴节目；安排座谈或者宴请；征求重要来宾的意见并留言。

二、社会赞助

向社会提供赞助是公共关系活动的一种重要形式。社会组织是以社会的需求为基础而生存和发展的，向社会提供必要的赞助是其应该承担的责任和义务。社会组织通过支出一部分经费或物品赞助各种社会公益事业，以此来展示自身的实力，兑现应该承担的社会责任和义务，能够有效地赢得公众的好感和支持，对于树立良好的组织形象，优化生存和发展的社会环境，具有重要作用。

社会赞助的主要内容包括：第一，明确赞助的目的和意义。即通过赞助活动扩大社会影响，树立承担社会责任的良好形象；第二，选择赞助的项目。社会赞助的常见项目有：赞助体育运动，赞助文化活动，赞助教育事业，赞助社会慈善和福利事业，赞助建立统一奖励基金，赞助学术理论活动，赞助遭受灾害或疾病的难民和患者等；第三，拟定赞助活动的程序。一般来说，提供赞助之前，应该进行必要性、可行性和有效性研究；决定赞助之后，应该制定赞助计划，并对赞助项目以及实施措施进行审核评定。

三、形象展示

形象展示也是一种重要的专题公共关系活动形式。通过实物的展示或示范表演，能够给人以直观可视的感觉，给公众留下深刻印象，因此，可以有效地传播组织或产品形象；如果能够借助大众媒介报道，则能够进一步扩大传播效果。

形象展示的主要内容有：确定展示的主题和目的；确定参展

单位和项目；邀请参观者即目标公众；选择展示的时间和地点；选择和培训工作人员；成立对外发布新闻的机构；准备展示会的辅助设备和相关服务；准备展示会的各种宣传材料；制定展示会的经费预算；设计展示会的徽标以及准备纪念品等。

四、新闻发布

新闻发布会也叫做记者招待会，是政府、团体等组织邀请各新闻机构的记者出席发布某一消息，并就此回答记者提问的一种特殊会议。新闻发布会一般具有信息传播的及时性、广泛性和持久性，所以，是组织提高声誉，协调和改善关系的行之有效的途径和手段。

新闻发布的主要内容有：确定新闻发布的必要性；明确所发布的新闻主题；确定邀请的新闻机构及其记者；选择新闻发布的时间、地点；确定主持人和新闻发布人；准备报道提纲和宣传辅助材料；安排记者参观的路线、内容及宴请活动；制定记者招待会的费用预算等。

五、娱乐联欢

娱乐联欢是指由作为公关主体的组织出面，邀请外部公众代表或内部公众参加的文艺演出、参观游览、员工联欢、体育比赛、智力竞赛、演讲论辩比赛、摄影书画展览等活动。无论公众是个体、群体还是组织，参加联谊活动的总是活生生的人，人都是有情感并追求愉悦的，因此，通过娱乐联欢活动既可以增进与联谊公众的友谊，也可以提高组织的声誉。

娱乐联欢活动的主要内容有：选择活动形式，确定活动主题，确定邀请的公众对象，安排活动时间、地点及程序，选择工作人员，准备赠送纪念品等。